U0910884

巴东创举：
技术牵引下政府的自我变革

徐　勇　主编
邓大才　胡平江　张利明　等著

中国社会科学出版社

图书在版编目(CIP)数据

巴东创举：技术牵引下政府的自我变革 / 徐勇主编；邓大才等著.
—北京：中国社会科学出版社，2015.8
ISBN 978-7-5161-6747-2

Ⅰ.①巴… Ⅱ.①徐…②邓… Ⅲ.①地方政府—体制改革—
经验—研究—巴东县 Ⅳ.①D676.34

中国版本图书馆 CIP 数据核字(2015)第 175256 号

出 版 人 赵剑英
责任编辑 冯春凤
责任校对 张爱华
责任印制 张雪娇

出 版 中国社会科学出版社
社 址 北京鼓楼西大街甲 158 号
邮 编 100720
网 址 http://www.csspw.cn
发 行 部 010-84083685
门 市 部 010-84029450
经 销 新华书店及其他书店

印 刷 北京君升印刷有限公司
装 订 廊坊市广阳区广增装订厂
版 次 2015 年 8 月第 1 版
印 次 2015 年 8 月第 1 次印刷

开 本 710×1000 1/16
印 张 24.5
插 页 2
字 数 400 千字
定 价 88.00 元

《智库丛书》编辑委员会成员

《智库书系·地方经验研究》

总　序

地方经验研究是由华中师范大学中国农村研究院推出的系列著作。

中国作为一个古老的文明大国，能够在20世纪后期迅速崛起，展现出强大的活力，得力于改革开放。20世纪80年代兴起的改革开放，重要目的就是“搞活”，在搞活经济的过程中确立了市场机制。市场竞争机制不仅激活了经济，而且激活了地方和基层的自主性和创造性。极具战略眼光的顶层设计和极具探索精神的地方基层实践以及两者之间的良性互动，是中国政府推动现代化建设取得巨大成功的秘诀。中国改革开放的路径就是：先有地方创造的好经验，中央加以总结提高上升为好政策，然后经过若干年推广再确定为好制度。本书系正是在这一背景下推出的。

我们华中师范大学中国农村研究院自20世纪80年代开始，就关注农村改革，研究农村治理，并以实地调查为我们的基础和主要方法。调查一直是立院、建院和兴院之本。在长期实地调查中，我们经常会与地方和基层领导打交道，也深知地方和农村基层治理之不容易。地方和基层治理的特点是直接面对群众、直接面对问题、直接面对压力。正因为如此，地方和基层领导势必解放思想，积极开动脑筋，探索解决问题的思路和办法，由此有了地方创新经验。促使我们自觉主动与地方进行合作，通过理论与实践相结合，共同探索地方发展路径并总结地方创新经验，起始于2011年。当年初，地处广东西北部的云浮市领导为探索欠发达地区的科学发展之路，专程前来我院求助请教，我们也多次前往该市实地考察、指导和总结。至此，我们开启了地方经验研究的历程，并形成了基本的研究思路和框架。

地方经验研究的目的，主要是发现地方创造的好经验、好做法、好举措，突出其亮点、特点和创新点。中国的现代化是前所未有的伟大实践，必然伴随大量问题。对不理想的现实的批判思维必不可少，需要勇气；而促进有效解决问题的建设思维也不可或缺，需要智慧，两者相辅相成，各有分工，共同目的都是推动社会进步。作为学者，不仅要持公正立场评点现实，更要参与到实际生活中，理解现实，并运用自己的智慧与实践者一同寻求解决问题之道。历史的创造者每天都在创造历史，但他们往往是不自觉的，学者的参与有可能将其变为自觉的行为；历史的创造者每天都在创造历史，但他们往往并不知道自己在创造历史，学者的总结则可以补其不足。地方与基层的探索是先行一步的实践，需要总结、加工、提炼，乃至推介，使更多人得以分享。地方与基层的探索是率先起跑的实践，需要讨论、评价、修正，乃至激励，使这种探索能够可持续进行。我们的地方研究便秉承以上目的，立足于建设性思维。

地方经验研究的方法，绝不是说“好话”，唱“赞歌”。在地方经验研究中，我们遵循着以下三个维度：一是地方做法，时代高度。尽管做法是地方的，但反映时代发展的趋势，具有先进性；二是地方经验，理论深度。尽管是具体的地方经验，但包含相当的理论含量，具有普遍性；三是地方特点，全国广度。尽管反映的是地方特点，但其内在价值和机制可复制，具有推广性。正是基于此维度，我们在地方经验研究中，非常注意两个导向：一是问题导向。地方和基层实践者之所以成为创新的主要动力，根本在于他们每天都必须直接面对大量需要处理的问题。解决问题的过程就是实践发展的过程。二是创新导向。解决问题是治标，更重要的是寻求解决问题的治本之策，由此就需要创新，需要探索，也才会产生地方好经验。怎样才是创新呢？需要有两个标准：一是历史背景。只有将地方经验置于整个宏观历史大背景下考察，才能理解地方创新由何而来，为什么会产生地方创新。二是未来趋势。只有从未来的发展走向把握，才能理解地方创新向何处去，为什么值得总结推介。

我们正处于一个需要而且能够产生伟大创造的时代。地方经验研究书系因时代而生，随时代而长！

主编　徐　勇

2015 年 7 月 15 日

序　一

巴东县位于鄂西山区，长期历史形成的山大人稀、贫穷落后是其最真实的图景。让人震撼的是，在如此边远落后的山区，当地政府充分利用现代信息技术，将公共服务延伸到分散的千家万户，“让农民办事不出村”，带来了政府治理的革命性变化。

“让农民办事不出村”是一个历史性的伟大创举。我国地域辽阔、人口众多，广大农民居住分散。长期以来，国家治理以各个层级的城市为中心。由于地理交通和技术的原因，国家治理能力有限，由此形成上层统治与基层自治的双层治理体系。国家与农民的关系非常简单，主要是税赋关系。如民主革命的先行者孙中山先生所言：“中国人民的政治思想就很薄弱，人民不管谁来做皇帝，只要纳粮，便算尽了人民的责任。政府只要人民纳粮，便不去理会他们别的事，其余都是听人民自生自灭。”“中国人的团结力，只能及于宗族而止，还没有扩张到国族。”造成这一状况的重要原因是国家税赋取之于民，而并没有用之于民。家庭、家族、乡土能够给农民以庇护和所需要的“好处”，而国家则只是与自己日常生活无关的外在物。农民自然只有家庭、家族和乡土的“私心”。新中国成立以后，国家开始介入农民生活。但是，由于在城市实行国家所有制，在农村实行农民集体所有制，农村的公共产品主要由农民自我提供，由此出现民办教育、合作医疗、家庭养老。农民作为法律上的平等的国家公民，事实上并没有享受到平等的国民待遇。城乡差距不仅体现在经济领域，在社会领域更为突出。

农业税费废除后，国家实行公共财政，强调公平赋税、强化公共财政的阳光普照全民。由此开启了农村公共物品供给的国家责任制。这一体制意味着农民不再是历史传承下来的特殊人群，而是同样生活在共和国的平等国民，更是具有自主意识并积极参与社会管理的社会主体之一。特别是对于经济相对落后的农村，国家更应该加强对公共物品的供给。新世纪以来，国家先后在农村实行义务教育免费、新型合作医疗和新型农村养老制度，其方向均是将农村和农民纳入到现代国家公共物品供给体系中来。这一制度变迁不是一时之策，而是国家长远发展战略的制度方向。只有如此，才能使广大农民普遍分享国家发展带来的好处，强化对国家的认同，使之成为国家稳定的基石。农民对国家的归属不再是依托交税，而是从国家所获得的“好处”及社会主体意识。

随着农民进入现代国家体系，农民与国家的关系愈来愈广泛，农民需要政府办理的事务和政府为农民提供的服务愈来愈多。但是，长期历史形成的城乡差距，特别是边远地域的居住状况严重制约了政府将公共服务的阳光普照到农村，农民需要办理的事难以及时有效办理。高山峡谷阻隔着政府与农民的联系。正是在这一背景下才有了“农民办事不出村”的伟大创举。

事在人为。中国的高山边远地区很多，为什么是在巴东产生出“农民办事不出村”的创举？这与当地领导人的非凡眼光和创新意识密切相关。2011 年，陈行甲同志从全国百强县市的宜都市调任国家级贫困县巴东县担任县委书记。在三个多月的“县委书记边界行”活动中，陈行甲同志深切感受到巴东县农民面临出村难、办事难的困境。对此，陈行甲同志创造性地提出“让数据多跑路，让群众少跑腿”的理念。其核心就是利用信息技术，将政府搬到网上，让农民通过互联网在家门口就能享受到优质的公共服务。由此突破了农村公共服务“最后一公里”难题；借助信息技术“倒逼”政府的自我变革，突破了长期以来由管理型政府向服务型政府转型的“政府服务转型”难题。

巴东创举得以实现的最主要手段在于现代信息技术的应用。巴东县将被广泛认为只适用于城市的现代信息技术创造性地应用于农村，这既是巴东县创造精神的集中体现，也是巴东县推进政府自我变革的动力所在。

巴东创举最关键的内容在于公共服务的进村入户。推进城乡基本公共服务均等化是近年来政府的重要工作之一，但农民居住分散，自然环境差等因素极大地增加了公共服务的供给困难。而巴东县借助信息技术则为农村公共服务的有效供给探索出了一条有效路径。

巴东创举最核心的举措在于政府的自我变革。巴东县借助信息技术的应用，“倒逼”政府部门简政放权，实现由追求管理有序到追求服务有效的转变。这是巴东政府的一场自我革命，也是巴东县改革探索过程中最宝贵的精神财富。

巴东创举可以说是落实十八届三中全会改革精神，探索治理体系和治理能力现代化的一个地方范本。其价值主要体现在以下四个方面。

一是践行群众路线的创新实践。群众路线作为一项活动开展易，但作为一项制度长期坚持却难。群众路线实践了解群众所思易，但解决群众所需则是一道难题。巴东县的创新性实践在于将群众路线教育实践与地方改革创新相结合，并形成制度体系予以坚持执行。同时，通过将服务融入于群众路线，解决农民出村难、办事难的现实难题，以此让群众路线教育实践得以充实内容，充满生机。

二是治理能力现代化的积极探索。推进治理能力现代化是党的十八届三中全会提出的重要改革内容。对于偏远山区而言，由于经济条件、社会条件相对有限，其政府治理能力相对薄弱。而巴东县积极探索的意义在于，通过运用现代信息技术，而非传统“增人增事”的方式来变革政府治理方式，促进政府规范化、标准化、协作化运作，以此让政府搬到农民家门口，农民足不出村享受到基本的公共服务。这为基层政府实现治理能力现代化探索出一条有效路径。

三是破解城乡公共服务的有力尝试。均等城乡基本公共服务是统筹城乡发展，破解城乡差距的主要内容。然而，受制于农村特殊的地理环境和社会环境，农村公共服务的供给成本高、效益低，长期面临“最后一公里”难题。巴东县借助现代信息技术，通过让“数据跑路”代替“群众跑腿”，让“政府上山”代替“群众下山”，将公共服务、市场服务搭上信息化快车，有效破解了农民公共服务享受难的难题。可以说，现代信息技术是叩开公共服务山区大门的一把全新钥匙。

四是政府服务转型的地方典范。新中国成立以来，为打破传统社会“一盘散沙”的局面，强化政府对社会的有效管理成为社会治理的主旋律，由此形成了追求管理有序的“管理型政府”。改革开放后，国家以经济建设为中心，对经济发展的追求使地方政府逐步向“发展型政府”转型。近年来，建设“服务型政府”成为国家发展的新要求。然而，发展型向服务型的转变是一个更为艰难而缓慢的过程。巴东县借助现代信息技术牵引的方式，短时期内在贫困落后的山区率先实现政府职能的成功转型，为当前“建设服务型”政府提供了有益启迪。

2009年，湖北省巴东县因“邓玉娇案”而闻名互联网，成为新闻媒体的重点关注对象。近两年，巴东县再次成为媒体的焦点，频频见诸报端，并成为《新闻联播》《焦点访谈》《人民日报》等重量级媒体大力报道的对象。但巴东再次活跃于媒体，不是因为单个人的“事件”，而是源于巴东人民的伟大创举。

2014年是全面深化改革的元年。未来，全面深化改革将进一步推进。但中央的顶层设计不仅需要地方予以落实，更需要听到来自地方的声音，来自地方的反馈。我们研究团队之所以关注、研究巴东县这一改革样本，就在于希望尽我们的微薄之力，向中央、学界传递地方改革的最强音，以此服务于中央改革的顶层设计和理论学术的创新发展。

巴东创举的形成凝结了巴东县干部群众的巨大改革智慧和辛劳付出。尽管巴东的改革实践并非尽善尽美，且仍有待进一步完善，但我们坚信，在巴东县委、县政府的有力带领下，敢为天下先的巴东人民一定能够将巴东创举进一步推向新的时代高度，推进政府公共服务与市场服务、社会服务三位一体，为国家全面深化改革贡献更多的经验和启示。

徐　勇

2015年1月28日于桂子山

序　二

2011年10月，我调任巴东县委书记。巴东地处湖北西部边界，是国家扶贫开发重点县。全县12个乡镇，土地面积3351.62平方公里，总人口49.7万人，其中农业人口43.8万人。境内大巴山、武陵山、巫山三山盘踞，地形南北狭长，山大人稀，交通不便，最偏远的金果坪乡距县城单程长达200公里。在不断地深入调研过程中，我深切感受到老百姓办事是多么不方便。2012年3月，在金果坪乡，我花了整整两天时间竟然只跑了几个村。我是县委书记，坐的车是比较好的，路线安排是比较合理的，跑个村就那么不方便，可以想象我们的老百姓在镇上、县里办事的时候，是多么的不方便。看着眼前一座座连绵不断的高山和脚下一条条弯弯曲曲的小路，一个想法出现在我的脑海：要想改变贫困山区落后的面貌，唯有修路！而修路，对于山高路远的巴东来说，需要修两条路，一条是修在实地上的路，一条是修在空中的路，即连接县、乡、村的信息高速公路。于是县委决定将2013年定为"交通建设年"，先着手修建实地上的路。幸运的是，当年国家社会扶贫创新协作办公室推出了"农民办事不出村"信息化项目，县委、县政府积极争取，最终该项目在巴东落地，"两条路"的建设得以同步展开。2013年3月，首批试点的5个村开始通过信息网络实施"农民办事不出村"项目。经过近2个月的试运行，达到结项标准，随后在全县全面铺开。现在，这个项目不仅在我县全面铺开，还在恩施州及州外的部分县市推广。

实施"农民办事不出村"，老百姓真正得到了实惠。村干部在村里采取"传统+科技"、"面对面+键对键"的服务方式，十几分钟甚至几分钟就能为老百姓办好审批事项，让他们不出村就能享受到与城镇居民一样便利的公共服务，既省时、省钱，也省力、省心。在项目的实施过程中，虽然县级财政的投入和村干部的工作量都增加了不少，但我们的收获也不少，我们实实在在为老百姓做事，老百姓对我们更加信任、更加满意了，对基层组织的依赖性更强了，基层组织的战斗力也得到了较大提高，从这个角度来说，形式上的“减法”带来的是实质上的“加法”，我们用最低的成本，办了最惠民的事情。这达到了我们实施这个项目的初衷，我感到很欣慰。

我们的工作受到了各级领导的关注、关怀。2013 年以来，中央政治局常委、书记处书记刘云山，国家行政学院教授、电子政务专家汪玉凯，湖北省委副书记、省长王国生等领导先后调研我县“农民办事不出村”工作，并对它给予了高度评价和充分肯定。2014 年 4 月，中央党建领导小组秘书组在调研我县“农民办事不出村”工作后，形成专题调研报告，上报中央领导。5 月，《人民日报》、新华社、中央电视台等媒体对巴东“农民办事不出村”工作进行了专题报道。8 月，华中师范大学中国农村研究院徐勇教授在听取了巴东“农民办事不出村”工作汇报后指出，巴东的“农民办事不出村”项目，是以信息技术推动基层治理跨越，解决“治理落地”和服务群众“最后一公里”问题的有益探索，是新时期的“枫桥经验”。

老百姓的认可、领导和专家的支持是对我们工作最大的鼓励。目前，我们在深入推进“农民办事不出村”工作的基础上，也在对该项工作进行更深层次、更广维度的探索。2014 年 8 月，县政府与华中师范大学中国农村研究院签订了“巴东农民办事不出村信息服务平台——以服务为导向的基层治理工作研究”项目合作协议，对我县的改革实践进行调研总结、经验研究、理论提升和改革指导，目前，这项工作已基本完成。10 月，在省、州质监局指导下，我们申报的《村级公共服务信息服务平台建设与维护规范系统规范》《村级公共服务信息化便民服务规范》被湖北省质监局列为 2014 年度湖北省地方标准制修订项目第一批计划。12 月，我县又被省质监局确定为首批社会管理和公共服务综合标准化试点县。在此，谨对关心、支持我县“农民办事不出村”工作的各位领导、各级部门、华中师范大学中国农村研究院的专家学者和社会各界人士表示衷心的感谢!

要让“农民办事不出村”走上制度化、规范化、长效化轨道，真正做到代民办事、为民解忧、帮民致富、让民满意，还需要进一步探索总结经验教训、深化完善体制机制。下一步，我们将在改革旗帜的引领下，以服务群众为目标，以创新方式为手段，继续推进农民办事不出村工作，努力把巴东建成社会治理和公共服务示范县市。

陈行甲

2015 年 1 月 29 日

目　录

第一部分　理论研究

第四部分　社会反响

第一部分

理论研究

导　论

20 世纪 90 年代以来，“治理”一词逐步引入中国，并成为学界研究的“热点”。但此时，由于经济社会发展水平相对较低，政府更多地强调如何有效管理而非如何善治，治理也更多地停留在理论研究层次，重点区分管理与治理的区别。2013 年 11 月，中共十八届三中全会作出了《全面深化改革若干重大问题的决定》，并首次提出了“推进国家治理体系和治理能力现代化”。从有效管理上升到有效治理，治理成为国家发展和创新的战略需求。由此，推进治理能力现代化和治理体系现代化成为国家和地方政府探索和实践的重要内容。

基层治理是国家治理能力和治理体系现代化的基础，是国家治理现代化的基石。尽管中央对推进治理能力现代化和治理体系现代化进行了系统阐述，但所阐述的主要还是原则性、方向性的提法，其如何有效落实关键还在于基层的探索实践。而在国家提出治理体系和治理能力现代化的指引下，各地实践创新也不断涌现。但对于山区农村而言，如何有效提升治理能力，实现治理体系的现代化，则面临着更大的挑战。近年来，湖北省巴东县利用现代信息技术促进政府自我变革，实现了政府治理能力的有效提升，为山区治理体系现代化特别是治理能力的现代化做出了“创举”。

一　山区治理条件的艰巨性

巴东县地处湖北省西部，居恩施土家苗族自治州东北部，境内武陵山余脉、巫山山脉、大巴山余脉纵横交错，是集“老、少、边、穷、库、险”于一体的极度贫穷山区，其治理资源、治理条件受到极大的约束。

（一）人的限制

巴东县目前辖区总人口49.6万人，境内总面积3354平方公里。县乡两级干部人数仅3757人，平均每人要管理133人及0.89平方公里。对于一个山区县而言，一个干部管理这么多的人，管理如此大的面积，几乎难以真正有效实现。相对于城市而言，山区治理的主体更为单一，往往依赖于政府，而社会组织、市场组织往往处于欠发育状态。与平原地区居住相对集中，交通相对便利不同，山区居民往往居住更为分散，交通上往往也是看起来近，走起来远。可以说，山区的自然条件使山区政府的有效管理面临天然的障碍。同时，由于山区经济条件有限，干部待遇普遍偏低。在巴东县，一名乡镇普通干部一年工资不及3万元。经济上的有限，也限制了干部的工作积极性。

在农村社会管理过程中，村干部是治理的重要主体。但是在当前农村，村干部这一主体也面临着多方面的冲击与限制。一是人口流动带来的冲击。在山区农村，由于经济条件有限，就业机会有限，年轻农民大量外出务工，导致村干部普遍以“老人”为主，其文化水平、管理能力相对不足。二是村干部待遇偏低。如该县溪丘湾镇石碾村，政府打包的村委会干部误工补贴仅10000元，该村包括村支书、村主任、村会计、计生专干一共四人，平均每一位村干部一年的工资补贴不足3000元，仅相当于外出务工农民一个月的收入。而管理该村却并不是3000元所反应的那样轻松。该村上下海拔相差600米，村民间最远距离接近10公里，开一个村民大会都需要耗费两天时间。

农民是社会管理的重要对象，也是最大的主体。南北狭长八百里的巴东有43.8万农业人口散布在8000多个山头，人口居住分散，管理成本巨大。特别是20多年来，巴东县先后承担了葛洲坝、三峡、隔河岩、水布垭四大库区近10万人的移民任务。库区建设虽然为了国家这个大家做了巨大贡献，但也给巴东自身的社会管理增添了巨大的负荷。特别是巴东县移民搬迁大多属于后靠移民，大量移民社会矛盾继续在巴东遗留甚至扩散。近年来，因移民补偿、重点工程项目建设、惠农补贴等政策的差异性，致使农民在基层山林争界、土地确权、信访等矛盾纠纷层出不穷。按照巴东县县委书记陈行甲的说法，“农民积累了大量的怨气”。

一方面是干部力量与质量有限，一方面是为国家建设做出来巨大牺牲的农民积累了大量的怨气，巴东县基层社会治理陷入了极大的挑战之中。基层干部忙着调处矛盾纠纷，维护和谐稳定。加之税费改革后，村级收益被严重挤压，村干部待遇严重偏低，多数村选不到理想的带头人，农村村民自治功能极大收缩。其结果是政府事难办、农民办事难，干部与群众互不信任，干群关系紧张。据统计，巴东县县纪委每年接到反映干部不作为、乱作为等涉及干群关系的举报达300多件。

（二）物的限制

2012年，巴东县GDP总额65.6亿元，在湖北省106个县市区中排名86位。地方财政总收入7.2亿元，在湖北省106个县级市中排名86位，其中可支配财政收入在湖北省106个县级市中排名第86位。同时，巴东下辖12个乡镇491个行政村，平均每个村的人口不到1000人。面对落后的县域经济和境内8000多座坡陡路险的山头，单要把公路连通已然不是一件轻而易举的事情。特别是近年来，越来越多有能力的村民纷纷搬出大山，这些村庄面临着老龄化严重，人口稀少的局面。相较于山外普遍1000—2000人的村庄规模，这些村庄人口往往仅有几百人，少的甚至只有100多人，人口居住分散，极大地增加了政府治理的经济成本。

在阵地建设方面，相较于县乡二级相对较为完善的行政服务体系，村级明显处于弱势地位，农民群众长期难以享受到最基本的服务。近些年来，虽然村级也发展起了便民服务室，但与县级政务服务中心和乡级便民服务大厅相比，其能提供的服务可谓少之又少。服务群众，特别是山区群众“服务最后一公里”的问题，始终难以解决。据统计，截至2012年，巴东491个行政村中，有170多个村庄没有固定的村委会办公场所，在巴东县所有行政村中占比超过三成，20个行政村办公大楼处于危房状态，相当于巴东县所有行政村的1/20。如该县袁家坝村村委会就没有办公场所，老百姓有事都要爬坡上岭找到村干部家，村干部开展工作也是走家串户，不仅老百姓办事麻烦，村干部工作效率也低。

从政府自身来看，2006年乡镇事业单位改革在湖北省全面推开，撤销乡镇农技站、农机站、水利站、林业站、畜牧兽医站等“七站八所”，改革乡镇事业单位服务体制，综合设置服务中心，建立“以钱养事”新机制。“以钱养事”机制的特点是，将乡镇原事业站所的行政执法职能收归县主管部门，其行政管理和公益性服务职能分别向乡镇“三办”转移，政府以购买服务和购买劳务的办法，落实服务“三农”的责任。由于转制人员身份不稳定、失去岗位流动和政治培养的可能性，很大一部分人不是改行，就是集中精力做生意，在岗的也往往是不谋其事。

（三）事的限制

随着农村改革的深化和经济关系的调整，群众经济利益的摩擦、思想观念的碰撞等引发的矛盾更加复杂多样。作为典型的山区农业县，巴东有农业人口43.8万人，外出务工人员8.22万人。同时，巴东县处于贫困线以下的人口达16万，残疾人口达1.2万。这些特殊人群如何有效管理，也成为横亘在政府面前的一桩难事。这些弱势群体、特殊群体不是降低，而是极大地提高了对政府公共服务与社会治理的要求。如留守在家的老、弱、病、残及妇女和儿童由于文化水平有限，平时出村已属不易，出村办事更是困难重重。如何让这些文化水平、行为能力较低的农民享受政府的公共服务，对政府的社会治理也提出了新的挑战。

对于政府部门而言，政府受市场经济影响相对较弱，服务水平相对较低。一些部门甚至仍未改变计划经济体制下的本位主义、官僚主义和“衙门”作风。农民到政府部门办事经常不是找不到门，就是找不到人。“跑冤枉路、花冤枉钱、受冤枉气”成为农民办事的一种常态。特别是一些部门为规避责任，设置大量的前置条件，农民办事需要跑这个部门跑那个部门，找这个人签字找那个人签字，“门难进、脸难看、事难办”现象成了农民办事无法摆脱的阴影。农民有时为办一个证、盖一个章、签一个字而往返折腾数次，走数十里路，花费数百元甚至上千元。与政府交往的不便也间接造成了农民对政府的不满，蕴藏着引燃社会矛盾爆发的导火索。

在社会怨气不断累积和矛盾冲突愈演愈烈的背景下，巴东上访事件也在不断增加。在该县野三关镇甚至出现了“职业上访村”。该镇牛角冲村有超过40%的村民曾分别赴省、州、县、镇党政机关上过访，还出现过10多名村民串联闹事的事件。同样，在互联网上，各种集体上访、长期上访、专业上访的信息更是充斥在各种论坛、贴吧，“水库移民2000余人围堵县政府”等帖子也在网上随处可见。而2009年发生的轰动全国的邓玉娇事件和2011年检察官杀人事件则更像是农民怨气的一种集中宣泄。在政府下不去、农民出不来、怨气散不了的“高压”状态下，许多矛盾纠纷已呈现出“不讲理”的状态。

二 困境中的选择与探索

近年来，中央不断强调各级政府要积极开展简政放权，推进服务型政府建设。但是，对于受制于人力、物力、事务限制的巴东而言，政府更多的是强调对社会进行有效管理，实现服务型政府建设似乎极为遥远。

（一）修路修出“信息公路”

2011年，县委书记换届交流时陈行甲同志由宜都市交流到巴东县担任县委书记。从一个经济发达的全国百强县到一个“老、少、边、穷、库、险”县，对陈行甲书记的治理思路提出了新的要求。巴东县经济落后远近闻名，每年财政收入仅30多亿。巴东县尽管幅员辽阔，号称“八百里”巴东，但地无三尺平，整个县甚至难以找到两块平整的土地供发展大工业。面对发展如此落后、问题如此繁多的困难局面，巴东县委、县政府急需寻求一个解决问题的突破口。

陈行甲书记上任之后，为了进一步加深对巴东的了解，开展了“县委书记边界行”活动。一次，陈行甲书记到该县最边远的金果坪乡调研，从县城到乡镇路上花了6个小时。走访该乡宋子云村走路上下山花了四天时间。调研期间，一位领取低保的农民反映，自己领取50元钱的低保费要花上43元车费。路途的艰辛触发着陈行甲书记的思考：“自己提前安排好路程，来回一趟县城需要两天时间，而农民到县城办一件事该花多长时间、耗费多少成本呢？”由此，如何破解农民出村难、办事难的问题成为巴东县县委、县政府需要着手解决的头等大事之一。

2012年，巴东县出现山洪灾害，在救灾过程中，交通基础条件薄弱的状况给救灾带来了巨大阻碍。灾后，巴东县提出了“有钱要修路，没钱要修路，砸锅卖铁也要修路”的发展口号，并进行了积极动员。随后，一条条连通大山内外的公路迅速被建设了起来。然而，公路修建投资巨大，且依靠公路进行信息、服务传递依然需要耗费大量时间。此时，恩施土家族苗族自治州州委州政府提出将信息产业定为未来要重点打造的六大支柱产业之一。这些都启发着巴东县的思考，即是否可以利用已经铺就的农村基层党建网络，搭建一条信息高速公路，让农民通过互联网办事，享受更加便捷的政府公共服务。

（二）在艰难中“曲折前行”

“信息高速路”这一想法的提出，引起了诸多干部的猜疑。现代化的信息技术在落后的山区、在文化素质落后的农民身上应用似乎是“天方夜谭”。在第一次讨论决定是否启动实施“信息高速路”这一做法时，县委常委会的大部分干部表示不支持，认为这一项目难以落地。在说服县委、县政府主要干部后，县委、县政府将建设“信息高速路”这一提法作为重大民生工程来抓，并成立了县委书记牵头，县委办协调、组织部实施、县纪委督办的领导和实施小组。

“项目推动靠自身”，对于贫穷落后的山区而言，摆在政府面前的第一道难题就是项目实施的钱从哪儿来？县委、县政府首先把目标放在财政补贴上。对此，县委、县政府通过召开常委会议讨论财政专项拨款事宜，并由财政局、组织部、纪委和政务服务中心牵头，统筹各职能部门，先后整合三峡后续工作农村社区建设、重点贫困村卫生室建设、整村推进扶贫开发、彩票公益金、整村推进项目建设资金等4458万元，用于实施农村便民服务室提档升级，新建和改造村级办公活动场所。

信息技术是一项前沿领域的技术。但在偏远欠发达的巴东县，既无信息产业作支撑，也无专门的信息技术人才，如何将信息技术引入并应用于这样一个落后的山区县，成为巴东县委、县政府不得不考量的另一道难题。适逢此时，国家社会扶贫创新协作办公室拟在全国开展“农民办事不出村”信息化项目试点建设，得知这一消息后，巴东县委政府积极争取，主动与办公室领导交流想法。随后，中国社会扶贫创新协作办公室组织了相关团队到巴东实地调研和考察，确定将巴东县纳入信息化建设基地，并提供了一定的资金、技术和人员支持，还借用自己的平台，整合政务服务系统、远程教育网络、政府门户网站等，为巴东县量身定做了一套网上办公系统，即“农民办事不出村”信息服务平台。

事由谁来办？信息技术的应用关键在人们对技术的有效使用，但人才队伍的短缺正是巴东推进“农民办事不出村”信息服务平台有效运用的新“软肋”。因此，如何让从未接触过现代信息设备的农民用好、用活先进的信息技术，成为巴东县委、县政府面临的新难题。对此，巴东县从试点各村主职干部、大学生村官中选定2名受理员形成“AB”角，集中培训后持证上岗。2013年4月，巴东县组织了120个村240多名村级业务受理员进行了为期一个星期的集中培训。在一个星期内，诸多“电脑盲”必须学会电脑的基本操作和具体的业务办理，还要接受技能考核，考核未达标的学员将继续在下一期的培训中学习，直到达标才能上岗。

系统办什么事？在农村社会，农民与政府的交往有限，需要向政府办理的行政审批事务的总量也有限。如果“农民办事不出村”信息化服务系统单纯办理政府的公共服务，将导致系统运行效率低下。对此，巴东县与农业银行、电信、邮政等部门合作，整合农村商业银行、农业银行、邮政储蓄银行、电力公司、电信公司、联通公司、移动公司、供销社和商务局等部门功能，开通村级电子商务平台，实现惠农补贴资金领取、电费收缴、话费充值、网上购物、农资购买、办理小额信贷、信息咨询等综合服务。通过将不同市场服务、社会服务整合进入“农民办事不出村”信息化服务系统，农民可以在家门口享受证件办理、订购农资、汇款转账、领取补贴、信息咨询、车票代购等生产生活综合服务，使其成为农民生产生活的服务中心。

（三）技术带动“政府变革”

2013年5月，“农民办事不出村”信息化便民服务系统在经历了长时间的运行和调试后正式上线运行。随着系统的运行，巴东县委、县政府发现，“农民办事不出村”信息服务平台不仅是一项技术上的突破，更是政府自我变革的开始。如果政府不将自身的审批权力下放到“农民办事不出村”信息化服务平台，那么这一平台顶多也只是个空架子。但是让政府权力下放到“农民办事不出村”信息化服务平台，则是诸多部门和干部不愿意做的事情。一些部门认为：“审批权下放后村干部履行不了，不能下放。”抑或认为：“权力下放了，自己无法控制村干部，但承担责任的却是自己。”

在确定了简政放权的目标后，巴东县成立了由县纪委、政务服务中心人员组成的行政审批改革专项办公室，推进“部门审批职能向科室集中、部门审批科室向政务服务中心集中、审批事项向‘农民办事不出村’信息系统集中”，对全县涉农部门的行政审批和服务事项进行全面清理。通过出台《巴东县“农民办事不出村”行政审批和服务事项目录》，将与人民群众息息相关的民政、计生、公安、林业、国土等22个部门的76个事项划分为审批服务类、预约服务类、咨询服务类和商务服务类4类，纳入全县“农民办事不出村”信息服务平台。其中审批服务类涉及民政、国土、计生、地税、国税、公安、畜牧、农合、工商、林业、人社和党建12个部门，54项审批服务可以在乡镇直接办结。

在破解政府放权问题后，巴东县又面临另一大难题，就是村干部不愿领权。对此，该县负责“农民办事不出村”信息服务平台运行的巴东县政务服务中心管理办公室主任熊学红表示：“在刚开始提出简政放权的时候，机关干部为了自己的‘帽子’问题，很多部门不同意也不愿放权。但出乎意料的是部分村干部不愿领权。村干部认为这些事项在过去不是自己的任务，为什么现在让自己来做?”以往，村干部认为帮村民办成事是自己能力的体现，是给农民“送人情”。而“农民办事不出村”信息服务平台的建设，则使村干部替农民办事成为一种责任。对此，巴东县从村级主职干部、计生专干、大学生村官和大中专毕业生中择优选配村级业务受理员，采取集中培训，使其成为业务办理的“专员”。同时，对村级业务受理员进行绩效奖励，如根据办事员的事项办结情况、投诉情况等给予一项业务1元至8元奖励。

同时，为了化解部分干部对权力“一放就乱”的担忧，巴东县强化行政审批监督，推进审批全过程的“痕迹管理”。系统开发出在线考核功能，“办事员在线即在岗，下线即缺勤”，同时，系统还自动识别规定时间内未上线进行操作的账号。该县负责“农民办事不出村”信息化服务改革督办的纪委书记黄光辉表示：“以前大家办不办事我们都不清楚，现在打开电脑，谁在谁不在，一目了然。”另外，巴东县将行政审批办结数量、办结率等审批办理情况纳入各职能部门及乡镇年度综合考核指标，形成提升行政审批服务质量的“倒逼”机制。特别是通过在各村便民服务室设置显示屏，群众在村里就能知道自己申请办理的业务谁在办、办得如何。

三　治理的突破与升级

巴东县的改革探索以现代信息技术的有效应用为抓手，以公共服务下乡进村为主要着力点。但其改革的价值远远超出信息技术的应用和公共服务均等化范畴，而是对地方治理范式的一次重大突破。

（一）巴东探索是技术牵引下的治理大转型

在传统中国，皇权不下县，国家权力往往难以有效触及到乡村社会。特别是在山区，往往“山高皇帝远”，国家权力更是鞭长莫及。因此，新中国成立以来，国家通过政权下行、行政下乡等方式，建构起一个完整的民族国家，其目的就是使国家权力能够纵向到底。由于受国家经济社会条件的限制，国家权力如何真正纵向到底，建立起稳固的国家政权，仍然需要一个长期的过程。即使到改革开放后，类似巴东这样的山区县，国家权力如何有效下放仍然是政府的主要任务之一。

在这样的大背景下，改革开放后巴东县长期的治理形式是强调政府有效管理，或者说建立起政府的有效统治，所形成的政府形态往往是“管制型政府”或“管理型政府”。管理型政府强调对社会的有效控制，其核心特点就是向下向外不断进行权力渗透，追求社会的稳定和良好秩序。这一过程可以说是新中国成立以来，甚至是改革开放后相当长一段时间内政府发展的主要形态。“管理型政府”对我国由计划经济国家向市场经济国家的平稳过渡奠定了基础，为社会提供了一个稳定的大环境。

随着市场经济的发展渗透，发展成为国家和政府的第一要务。国家和地方政府对经济发展的追求占据着越来越重要的地位。一些地方政府甚至陷入了“唯 GDP 是论”的状态，村村点火、户户冒烟成为许多落后地区追求的目标，政府将招商引资作为最主要的工作来抓。但对于巴东县这样的偏远山区而言，经济发展面临先天不足，后天乏力的困境，因此长期处于贫困状态。尽管巴东县也长期将经济发展问题作为政府工作的重中之重，但取得的经济效果却极其有限。如巴东县 2013 年提出的发展战略中重要的一点就是“建设大交通、打造大园区、培植大产业”，但产业发展瓶颈却长期难以突破，巴东县的工业产值也长期处于较低水平。

打造“农民办事不出村”信息服务平台的核心价值在于实现政府的服务转型。近年来，虽然国家强调要建设服务型政府，但服务型政府的建设却是一个缓慢渐进的过程，可以说全国大多数地方政府都尚未真正实现政府的服务转型。其重要原因在于服务型政府的建设意味着转变政府传统的治理方式，由“高高在上”的政府变为“为民服务”的政府，这在某种意义上就是政府的自我革命。而这一革命的实现对于地方政府自身而言，缺乏有效的动力。巴东县的“农民办事不出村”信息服务平台建设，逼着政府改革，使政府不得不优化自身服务，实现了从“被动”接待到“主动”服务的转变。偏远山区的巴东县数百年来在社会治理上长期落后于其他县市，但“农民办事不出村”系统的建设则使其率先实现了其他地方未能实现的政府服务转型，这正是巴东创举的核心所在。

（二）巴东探索是对基层治理能力的大提升

巴东“农民办事不出村”这一改革到底是什么？我们怎么来定义这一改革？对此，我们华中师范大学中国农村研究院课题组在多次进村入户调查后将巴东的改革总结为“技术牵引型治理”，即以信息技术带动治理能力的提升。相对于传统的“人主导的治理”，“技术牵引型治理”实现了三大转变。

一是从“关系治理”到“制度治理”转变。传统的治理是人对人的治理，谁跟干部关系好，干部就替谁办事，就给谁提供服务。而巴东借助“农民办事不出村”这一信息化服务平台，实现了制度对人的治理。“农民办事不出村”系统规定了每一项业务的审批条件和需要提供的材料，只要满足这些条件，符合这些制度，申办人和办事员不用见面就能把事办成。

二是从“分割治理”到“协同治理”转变。传统的治理，纵向上，县、乡、村是分级的，农民办一个证，村干部盖一个章或者签一个字就不管了。农民还要去乡镇盖章，再到县里盖章，而不能一次性解决。同时，横向上，部门是分割的。如农民办一个房产证，需要到林业部门、交通部门盖章，甚至还要到税务部门盖章，最后才到国土部门盖章。“农民办事不出村”系统则打通了县、乡、村的纵向关系，联结了部门之间的横向关系。农民办事只要村里一个业务员点击几下鼠标，业务就自动跑到各个部门去了。

三是从“延时治理”到“实时治理”转变。在传统的治理过程中，治理是滞后的。比如村里发生了一件事情，县里可能第二天才知道。课题组调查过程中曾遇到一位农民，2009 年办理准生证跑了六次县乡部门，花了 3 个月时间才办下来。而“农民办事不出村”系统建成后则缩短了时间与空间的距离。同样是这位农民，今年办理第二胎准生证，上午 10 点把材料交给业务受理员，下午 4 点业务受理员就把证件送到了他家。

（三）巴东探索是技术牵引下的政府大变革

其一，“农民办事不出村”信息服务平台建设是政府简政放权的重要载体。“农民办事不出村”信息服务平台的有效运行，关键在于政府将审批权下放。巴东县通过与各部门谈判、协调，2014 年最终责成公安、林业、国土等 10 个县直部门梳理出和老百姓息息相关的事项 87 项交由“农民办事不出村”信息服务平台公开运行。进入“农民办事不出村”信息服务平台后，传统由县直部门行使的审批权下放到乡镇一级，而受理权则直接下放到村一级的便民服务室，且整个审批过程能够通过“农民办事不出村”信息服务平台在线查看，审批权的使用过程完全处于公开透明状态。可以说，巴东县这一改革实现了由传统“衙门办事”到“网上公开办事”的转变。对习惯于将权力掌握在自己手中的政府部门而言，将权力放置互联网系统公开行使，无异于一场自我革命。

其二，“农民办事不出村”信息服务平台建设是政府职能转型的重要契机。过去无论是征粮收税，还是行政审批、补贴发放、矛盾调解，不管路途有多遥远，也不管时间有多紧迫，都需要干部和群众见面，共同处理，这是典型的“面对面”管理方式。“农民办事不出村”信息化服务平台，将县、乡、村三级行政服务和商务服务关口前移至村党员群众服务中心，群众只需通过信息服务平台，与机关干部在键盘上进行交流沟通，通过数据在线传输，就能超越时空的限制，将事项办好，这是一种现代信息技术下的“键对键”、“点对点”的服务。同时，“农民办事不出村”信息化系统实行“网上办理、电子监察”，“阳光操作、公开透明”，杜绝了“看情面办事、见好处办事”等歪风现象，“倒逼”干部由管理者向服务者转变，推动基层组织由“管理型”向“服务型”转变。

其三，“农民办事不出村”信息服务平台的实施是提升干部行政理念的重要契机。以前，群众办事，能不能办，什么时候办，什么时候办完，干部一个人说了算，群众看不到也监督不到。干部往往是谁跟我关系好，我就替谁办事；谁给我好处多我就给谁办得快。这是一种“人主导”下的“他治”模式。而“农民办事不出村”信息服务平台的运用，通过建立统一的政务服务体系、规范的办事流程，实施网上办理、痕迹管理机制，农民的申办事项能不能办、什么时候办好、办得是否合乎规范，一目了然。群众只需要准备好材料，由村业务受理员上传到相关部门，就能把事办好。这是一种全新的“技术牵引”下的“自治”模式，促使干部由公“主”真正转为公“仆”。

四 拙著的章节安排

拙著以巴东县信息技术所推动的政府变革作为主线，来记录和阐述“巴东创举”何以在巴东发生以及这一创举的发生过程。拙著之所以命名为“巴东创举”，在于巴东县作为一个经济落后的偏远山区县却在短时期内实现了政府治理的大跨越。我们用管理型政府、发展型政府、服务型政府和互动型政府“四阶段论”来形容政府社会治理的历史阶段。而在全国大部分地区仍处于管理型或发展型政府时期，巴东县借助这一改革，实现了由管理型政府向服务型政府的跨越发展。

拙著的撰写侧重于改革纪实，同时借助理论的分析。全书分为八章。其中，导论部分主要介绍巴东县为什么要改革、改革面临哪些困难、改革是怎样一个过程。可以说，导论部分是对巴东改革的一个全景式展示，同时也是从理论上回答拙著的主题“巴东创举”是什么，以及巴东改革如何实现政府的变革这两个问题。

第一章背景部分主要介绍巴东县在改革发展过程中的经济社会状态，特别是巴东县改革发展需要破解的难题以及改革面临的困境。第二章侧重描述巴东县委、县政府面对经济社会发展中的难题如何破题，特别是如何转变思维寻求新的发展路径。第三章则主要讲述在巴东县委、县政府提出新的改革发展思路后，县委办、县纪委、县委组织部、县政务服务中心等部门如何推动这项改革的实施。

拙著第四章至第六章分别从县直部门、乡镇政府、行政村等主体角度，论述巴东县的改革探索对这些主体的影响。其中，县直部门部分重点论述通过“农民办事不出村”信息服务平台建设如何促使县直部门简政放权，实现政府职能由大包大揽向监督服务转型。第五章重点论述乡镇政府作为这一改革承上启下的一环，如何实现自身治理方式的转变。第六章则侧重描述行政村一级村委会职能的转变及村干部角色的变化。

拙著第七章主要描述和总结巴东县的改革创新所取得的成效，主要从对政府职能转型、社会治理方式转变以及农民享受到何种改革红利等角度予以论述。拙著结论部分是对巴东县改革创新的内容是什么、解决了巴东县哪些实际问题、有什么价值与意义以及这项改革存在哪些局限与进一步发展的方向等问题进行集中回答。

我们撰写此书，一方面是为了记录巴东县改革创新的实践过程，以此反映中国基层改革创新的基本状态和发展态势。另一方面也是为了夯实和提升华中师范大学中国农村研究院的理论研究水平，通过总结和提升改革实践经验，为学术研究提供新的理论源泉。由于我们撰述者理论与实践经验相对不足，因此拙著或许不能完全实现以上两个方面的目标，我们敬请学界前辈与同仁能予以批评、指导。

第一章　改革背景：夹缝中求突围

新世纪以来，随着农村税费改革以及农业税的取消，我国农村发展进入了综合改革阶段，随后进行了乡村债务化解、农村惠农政策、农村社会管理和基层治理等一系列重大的体制机制改革与创新。这些改革与创新对于促进乡村经济社会发展和基层治理能力的提升发挥了积极的作用。对于中西部的农业地区和欠发达地区而言，基层政权的税收职能逐步取消，“村村点火、镇镇冒烟”的传统发展道路和模式日渐式微，基层政府也逐步从管理型政府向服务型政府转变。而随着新农村建设的推进和城镇化的不断加快，乡村社会对公共服务和公共管理的需求越来越多，需求的层次也越来越高，形式也更加多样，城乡基本公共服务均等化的任务变得极其紧迫。在新的形势下，面对农民多样化和多层次的需求，政府提供公共服务的目标与能力之间形成了较大的差距，尤其是对于欠发达地区而言，基层政府由于受财力、资源、体制等各方面的限制，其公共服务的供给能力更为缺乏，这就为政府创新公共服务的供给方式和体制提出了要求和动力。

巴东县地处湖北省西南部，居恩施土家苗族自治州东北部。从地势来看，巴东幅员辽阔，东西狭窄，南北狭长，素有“八百里巴东”之称，特殊的地理环境与区位，使其集“老、少、边、穷、库、险”于一体，是国家重点扶持的贫困县。全县辖区内共 12 个乡（镇），491 个村（居）委员会，人口 49.6 万人，其中农业人口 43.8 万人，外出务工人员 8.22 万人，县域少数民族人口众多，土家族和苗族占 43%。长期以来，连绵不断的大山和封闭的环境阻隔了政府与群众的联系，导致政府公共服务进村难，农民走出大山办事难，从而引发了基层的公共服务困境。再加上农民日益增长的公共服务需求与政府提供公共服务能力的巨大差距，使得巴东县政府与民众有迫切希望改变现状的需求和动力。因此，创新公共服务体制，转变政府服务方式，提升公共服务的供给能力成为巴东县政府、社会与农民的一大共识。正是在这一大背景下，巴东县在立足本地实际的基础上，通过搭建“农民办事不出村”信息服务平台，将政府行政服务和公共服务的末梢延伸至乡村，使农民在村里就可以享受到便捷的行政服务与公共服务，探索出一条公共服务有效供给的新机制。

一　服务落地困局亟待突破

长期以来，我国农村公共服务主要由政府进行供给。在现代社会，能否为民众提供优质的公共产品和公共服务成为衡量政府治理水平的一个重要标志。尤其是进入新世纪之后，提升政府的公共服务水平和能力已经成为了政府治理的基础内容。随着行政体制改革的逐步深入，需要政府由过去的行政型政府转变成服务型政府，特别是随着市场经济体制的逐步完善、新农村建设步伐的加快以及惠农政策的规范落实，要求政府服务的范围越来越广，内容也越来越多样。如何满足群众日益增长的公共服务需求，切实解决服务群众“最后一公里”的难题成为政府亟须解决的问题。由于地理区位、资源禀赋、经济条件等诸多因素的制约和限制，巴东县长期以来在政府治理和公共服务方面的能力较为缺乏，政府的服务难以有效进村入户，难以落地。

（一）地理区位制约下的服务困境

公共服务的有效供给需要一定的条件，其中地理区位和环境是一个重要的方面。相对而言，对于地势平坦、地理环境较好的村庄，政府提供公共服务的成本较低，难度较小。无论是道路、水利、电力等基础设施服务的提供还是农村医疗、养老等社会服务的供给，对于地理区位优良的地区而言，其供给成本更低，效率也更高；而对于地理区位较差的山区而言，公共服务的供给难度则相对更大。巴东县属于典型的山区地貌，县域国土面积 3354 平方公里，地势狭长、西高东低，南北最大纵距 400 公里，海拔高差 2900 米，境内大巴山、武陵山、巫山三山盘踞，山大人稀，交通不便。据《巴东县志》载：“巴东居万山之中，森林茂密。田地多依山而为，以旱地为主，水田甚少，且田块零散，不胜旱涝。”“乌鸦歇脚土下挫，风吹石头滚下河。”地表多为坡面，平均坡度为28.6度。其中10度以下的面积仅占全县土地面积的4.3%，25度以上面积的比重高达66%。因此，从地理环境来看，巴东县作为典型的山区县，其自然环境较为恶劣，这在很大程度上影响当地基础设施服务和其他公共服务的开展。由于地形崎岖，地势陡峭，不仅限制了当地的农业生产和经济的发展，也制约了当地公共服务的有效供给。

另一方面，巴东作为典型的山区县，山大人稀，居住分散是其农村地区的一大特点。随着2001年大规模“合村并组”的推行，巴东县行政村规模变大，一般由过去的3至4个村合并而成，建制村的面积都变大，管理幅度相当于过去的3至4倍。这种建立在行政建制基础上的村庄治理，由于服务单元过大、服务半径过宽，导致公共服务难以在村庄落地。而就管理的人口规模而言，巴东全县12个乡镇，辖491个村，全县1000人以下的村有324个，占64.9%，500人以下的村有81个，占16.5%。可以看出，超过六成的村庄人口规模在1000人以下，行政村管理规模普遍较小。其一是行政村的地域管辖面积大、范围广；其二是管理的人口少，这使得山大人稀的问题非常严重。在这一情况下，政府提供公共服务面临成本高、效率低的困境，导致政府不愿意也没有能力实现村庄公共服务的普遍覆盖和有效供给。而这就需要政府改变以往公共服务的供给方式，重新思考新的路径来促进乡村公共服务的发展。

（二）财政资源匮乏之下的服务覆盖难题

作为基层治理的重要主体之一，基层政府在农村经济社会发展和公共服务的提供过程中扮演着重要角色，其供给能力和效率的高低直接影响着基层服务的效率。而公共服务有效供给需要政府公共财政的有力支撑。对于经济条件较好的县域而言，在雄厚的财政支持下，其公共服务的供给能力就较强；而对于经济欠发达的县域来说，财政基础薄弱，成为制约公共服务供给能力的最直接因素。

随着农村税费改革和1994年的分税制改革，财权逐层上移，中央拥有财政税收的最大权力，到了最基层的乡镇政府，财权几乎被压缩殆尽，这导致县乡政府财政收入大幅减少，尤其是对于地理区位和经济条件较差的基层政府而言，其财政收入更加紧缺。巴东县作为国家级贫困县，自身造血功能有限，主要靠国家转移支付。巴东是典型的山区农业县，由于缺少第二、第三产业的支撑，财政与经济状况受到很大制约。2012 年巴东 GDP 总额为 65.6 亿元，在湖北省 106 个县级市中排名 86 位，总体经济实力较为落后。而从财政收支情况来看，2011 年巴东县财政总收入 6.14 亿元，而财政支出达到了 22.71 亿元，支出远远大于收入。而从具体的财政支出情况来看，2011 年一般公共服务支出 2.68 亿元，比上年度增长了 19.33%；社会保障和就业支出、医疗卫生支出分别为 2.14 亿元和 1.82 亿元，同比增长了 70.75% 和 32.80%。[①] 可以看出，巴东县财政收入总体较少，但其财政支出尤其是在公共服务方面的支出呈现快速增长的态势，县域经济和财政收入的匮乏制约了当地政府公共服务的供给能力，在财政资源缺乏的情况下，偏远山区的乡村无论是硬件的基础设施服务，还是软件的公共服务，都难以有效覆盖。

另外，在条块分割的体制下，一部分从乡村汲取的税费被上级政府收取，一部分乡村资源通过“财政包干”从乡镇直接流向上级政府，使得乡镇一级的财政收入受到很大限制。自农业税改革后，以往由乡镇一级直接收取的农业税等取消，乡镇财政主要来源于上一级财政下拨，由于县级财政运行不良和收入不足，导致县一级对乡镇财政进行干预或直接管理。这种“乡财县管”的模式直接影响了乡镇政府的运转状况。可以说，乡镇政府没有真正意义上的财政。在事权不断下放、财政不断上移的情形下，乡镇政府的资金与财政条件使其难以具备职能转变的能力，这也留下了乡镇财政“空壳化”的危机。作为一级政府，乡镇一级没有完整的财权和充足的财政收入，面对辖区居民的公共服务需求难免有心无力。从巴东县乡镇的财政状况来看，野三关镇作为经济相对发达的乡镇，仍然面临财力不足的难题，当地干部坦言一年需要 150 万元至 200 万元的运转经费，目前存在较大的缺口。溪丘湾乡的党委书记卢静曼表示，目前在城乡统筹建设中，需要乡里承担大量工作，但只能依靠人均 3000 元的转移支付，没有财政收入的支持，“乡镇是有一级政府，没有一级财权，这是乡

① 参见巴东县财政局《关于巴东县 2011 年财政预算执行情况和 2012 年财政预算的报告（草案）》，巴东县财政与编制政务公开网 2012 年 2 月 17 日。

镇政府弱化的最显著表现”。而对于经济落后的农业乡镇而言，其面临的财政困境更加突出。大支坪镇要建一个群众文化活动广场，但是镇政府本身缺少资金，必须依靠争取上级项目来筹集资金。乡镇干部无奈地说，县财政还可以算“吃饭财政”，乡镇财政则是“要饭财政”，许多乡镇工作是“有想法，没办法”。从实际情况来看，乡镇的工作经费普遍在人均2000元左右，无论是城关镇还是远郊乡镇，都仅仅够维持基本的日常运转，不足以支持基层政府提供高质量的公共服务。因此，在经济和财政资源相对匮乏的条件下，巴东县长期以来的公共服务都难以实现有效供给。

（三）事权不清下的服务供给难题

为了保证政府提供足够的公共服务，就要坚持财权与事权相匹配的原则。从目前乡镇财权事权配置的情况来看，财权与事权的分离，削弱了乡镇政府的治理能力。基层政府的财政压力导致其陷入了服务资源短缺的困境，而基层繁重的事务压力则导致基层政府无暇顾及公共服务的提供。尤其对于直接面对乡村的乡镇政府而言，其面临的事务压力更大。从当前乡镇财权事权配置的情况来看，目前的乡镇财政体制仅对财权进行了县乡两级的纵向划分，而没有明确界定县乡政府职能，明晰划分事权。在压力型体制下，上级政府有权力管理下级政府，一些应由上级政府承担的职责便容易转嫁给下级，结果是财权与事权的进一步分离而非相匹配，也进一步削弱了乡镇政府的治理能力。乡镇政府本来承担着发展地区经济、维护地区稳定和上传下达的职能。但由于上级政府的指令性任务繁重，且直接关系着乡镇干部的晋升和收入问题，因此大多数乡镇政府通常把精力和时间都放在了完成上级任务上，从而忽视了地方性事物和公共服务的提供。另一方面，在“事权下放、财权上移”的情形下，乡镇财权小、事权多，运行成本高，导致治理效率低下。乡镇干部普遍反映，目前乡镇在社会治安、教育、卫生、医疗保险等基础工作上的投入不断增加，在农村社区建设、维护社会稳定等方面需要投入新的精力，乡镇进行治理的成本大幅增加，但需要治理的事务却越来越多，这不仅影响了干部的工作积极性，也使得基层的公共服务难以有效实现。

同时，在目前的县乡管理体制下，乡镇的工作主要是对上负责，县级政府对乡镇建立起分层化的“政治承包制”，乡镇政府的考核方式也转变为“目标责任管理制”，乡镇政府无“自主权”，几乎是作为县级政府的“执行人”。对于上级政府考核重点，乡镇政府一般作为“硬性任务”来对待，花费大量的人力与物力。而对于社会保障、居民增收等公共服务事项，则视为“软性任务”，难以成为关注的重点。由于财权与事权的不匹配以及基层考核的压力，使得基层政府难以从纷繁复杂的日常事务中抽出身来开展公共服务。绿葱坡镇的一位“老乡长”这样说道：“现在大家早上、中午、晚上得去做拆迁户的思想工作，白天上前线搞拆迁，忙开会，迎接检查，节假日还要截访维稳，哪有时间搞社会服务。”大支坪镇的干部反映，乡镇工作“上面千条线，下面一根针”的状况没有改变。他以社会保障为例，随着惠农政策的落实，乡镇的社会保障工作内容越来越多，新农合、高龄补贴、新农保与户籍人口信息又不能共享，每月统计、汇总、摸清情况的经办事务工作量艰巨。而该镇的社保所机构虽然建立了，但是没有人，解决的办法是由人社部门聘请3名协管员，完成乡镇的社会保障工作。他反映乡镇只能保障工资和运转经费，很多事务缺少工作经费，没能建立起“费随事转”的机制。在这种情况下，政府的服务难以向基层延伸，政府服务体系也主要将力量集中在县里和城镇，从而导致“服务层级延伸不到村庄、服务事项覆盖不了农民”的突出问题。

（四）政策与公共服务难以落地

在财政资源相对匮乏和基层事务日益繁多的双重压力下，基层政府提供公共服务的能力受到极大限制，这制约了政府公共政策和公共服务的有效落地。从公共服务的供给体制来看，由于长期形成的城乡二元结构，公共服务的供给在城镇和乡村之间呈现明显的非均衡性，农村公共服务一直处于相对薄弱的状态。从巴东县的情况来看，相较于县乡两级较为完善的公共服务体系，村级明显处于弱势地位，农民群众长期难以享受到基本的服务。近些年来，虽然村级也发展起了便民服务室、党员服务中心等服务机构，但与县级政务服务中心和乡级便民服务大厅相比，其能提供的服务可谓少之又少，服务群众“最后一公里”的问题始终难以解决。巴东面对落后的县域经济和境内8000多座坡陡路险的山头，单要把公路连通已不是一件轻而易举的事情，更不用说发展公共服务了。此外，各村所处环境的不尽相同也加大了统筹发展的难度。有的村靠近县城、乡镇或者公路，拥有一定的区位优势，推进审批权下放、促进服务一体化可以说总体难度不大，但对于大山深处的村庄来说，实现行政服务下乡难度就不言而喻了。特别是近些年来，越来越多有能力的村民纷纷搬出大山，这些村庄面临着老龄化严重，人口稀少的局面。相较于山外普遍1000—2000人的村庄规模，这些村庄人口往往仅有几百人，少的甚至只有100多人。在大山深处，要想使群众也享受到均等化的服务投入相对较大，有限的治理资源难以惠及更多的群众。

一方面，政府的行政服务难以有效落地和实现；另一方面，国家的惠农政策等公共政策也难以充分实现和落地。从惠农政策的初衷来看，国家推行的低保、新农保、新农合、粮食补贴等惠农政策本身是为农民提供便利或优惠，然而，由于特殊地理环境和其他条件的限制，许多农民为取几十块钱要花上同样多甚至更多的车费，使惠农政策变成了“鸡肋”。惠农补贴不取可惜，但计算成本，领取一次补贴不仅拿到手上没多少钱，还要浪费不少时间。金果坪乡桃李溪村五组的文清培老人今年已经71岁，而且体弱多病。其每月有50多元的养老金，但是取钱要到金果坪镇上，往返车费就要花40元钱。每次取款要么是别人代取；要么是一年一取。但对于没有任何经济来源的他来说，有时想用点钱，养老金却难以帮上他的忙。文清培老人如是说：“国家政策确实好，就是取款不方便。”惠农政策难以真正服务于群众，显然与全国“工业反哺农业”的大背景产生巨大落差，这不仅使巴东农民长期难以公平地享受各项惠农政策，还使得国家诸多公共政策难以“落户”农村。

此外，除了公共服务难以有效进村入户外，市场化的服务也难以在乡村得到有效承接。随着农村市场化和社会化程度的提高，农民与市场的联系也越来越紧密，农民日常生产和生活的许多活动都需要与企业等市场主体打交道，但由于地理区位和条件的限制，巴东许多村庄的农民难以享受便捷的市场服务。以农民日常需要的金融和电力服务为例，电信、邮政、中行、农行、电力等企事业单位往往将网点或营业窗口设在乡镇，使山区许多村庄的农民需要花一两个小时的时间才能走到乡镇，农民交个手机费、电话费、电费要像“求爷爷、告奶奶”一样去请别人代办。市场化服务也受到巴东环境因素的限制，企业在山村扩展业务难度大。人口居住相对分散、经济相对落后、基础设施相对薄弱的巴东农村，发展市场化服务投资大，回报率低，因此一直未能成为企业发展的主要市场。桃李溪村地处巴东最南端，不少农民存款、汇款、转账、代缴电费以及领取粮食直补款、新农保等惠农资金，要跑 30 多公里路，花 40 元车费到乡集镇办理。当然，电信、电业、邮政等企事业单位也不是不想进入农村，但由于种种原因而未能取得预期效果。如巴东农行从 2010 年 10 月起就承办新农保业务，在村里也布设了不少转账电话。但遗憾的是，这些转账电话由于使用率低而难以取得经济效益。无奈之下，农行只好从村组重返集镇，将大的城镇、片区和公路沿线的商铺及农保中心作为布放设备的主要地点。

二　农民办事难题亟需解决

从公共服务和行政服务的可及性来看，不仅需要政府提供的服务能够有效落地，而且需要民众可以方便快捷地享受到政府的服务。但对于山大人稀的巴东县而言，不仅政府的服务难以“上山”，为农民提供所需的服务；而且农民“下山”办事和享受服务也受到极大的制约。而随着经济社会的发展，农民需要到县乡政府办理的证件和事项等越来越多，由于巴东县特殊的地理区位和环境，再加上政府服务方式和机制的落后，导致农民出村办事难，农民办事难不仅体现在办事路程远、时间长、成本高，也体现在办事程序复杂、难以办成事。这就为政府探索和发现行政服务与公共服务的新技术新手段提出了要求和动力。

（一）办事成本难题

农民办事难一直以来是困扰着基层群众的一大问题，尤其是对地理条件较差的山区农民而言，其到乡镇和县里办事遇到的困难更多。对于巴东县的农民而言，到乡镇、县里办理事项，不仅受到政府服务本身的限制，还受到路途远近、政策知晓度和农民身体条件的限制，这些限制使得农民办事面临多重困难。

农民办事难首先反映在办事成本方面，随着经济社会的发展，农民需要到乡镇和县城办理各类证件和事项的情况越来越多，由于地理区位的制约，农民的办事成本很高。一方面，农民办事路程远、时间长。按照行政审批的一般流程，农民办事或办证一般需要经过村、乡镇和县三道程序，通过逐级盖章和审核才能办理好，这对于身处山区的巴东农民而言，需要花费大量的时间成本才能办理好事情。巴东县农民向永浩从家到县城，先要经历1个多小时的车程到沿渡河集镇，然后换乘客车或客船2个半小时才能到县城。巴东东西宽最窄处10.3千米，南北长水平距135千米，而农民出村去县城或者乡镇办事往往走的不是直线。在蜿蜒的山路上，农民少则要走上几十公里，多则要走上一两百公里才能到达目的地。最偏远的金果坪乡距县城单程长达200公里，开车也要走上5—6个小时，相当于去一趟省城。在没通车之前，农民去县城办事早上就要出发，可能第二天才能到县城。即使现在通了车，离县城最远的村庄也无法在一天内到达县城，农民跑一趟县城需要花费两天时间。如果遇上雨雪等恶劣天气，花费的时间就更长了。2009年的一个寒冬，大支坪镇十二岭村村民李坤凤为了去县城办个合作社的营业执照，足足在大雪中走了1天，走到县城时已经变成了“雪人”。

另一方面，办事成本高。农民到乡镇、县城办事的车费、食宿费成本高。在反复跑腿的过程中，花钱自然也是少不了的事情。有些村民去一次县城或者乡镇办事，来来回回跑几趟甚至十几趟，仅路费一项至少要花几百元。近两年随着物价不断上涨，农民入城办事不仅路上花费越来越高，进城之后花费也在不断上升。除了吃饭等基本开销，如果当天不能办完所有事情，在县城住宿一夜就是不可避免的事情。据了解，在巴东最发达的乡镇野三关镇住上一夜都要花费上百元，在县城住宿也自然不会低于这个价格。乐群药业合作社理事长田金阶介绍道：“过去到县里申领农民专业合作社执照，交通费、食宿费、误工费等加起来，要花将近2000元。”沿渡河镇界河村村民向永浩为帮同乡张志国办户口迁移，前后去了县城5次。办好这件事，不仅历时8个多月，还让向永浩花费了近800元钱。

（二）办事程序难题

行政服务作为政府提供的一项基础性公共服务，由于一直以来行政服务改革不到位，导致服务的程序复杂、流程繁多，造成农民面临办事程序难题。对于巴东农民来说，出村办事不仅路程远，办事过程更让农民心力交瘁。目前行政审批项目多，程序复杂仍是一个现实问题。按照行政审批事项的一般程序，农民办事，应当先将申报资料送到村、乡镇，再到县城政务服务中心窗口办理，就算资料、证件齐备，至少也需要两三个来回。巴东县沿渡河镇界河村9组村民张志国，办理个人建房土地使用证，先后5次往返县城，花费近800元，历时8个月才拿到证件。

不仅如此，农民办事前置条件过多也成了农民办事的“拦路虎”。为了办理一个事项，农民不仅要在各个部门之间来回周旋，还经常被各种让人“摸不到头脑”的条条框框弄得晕头转向。面对出村办事的重重困难，很多农民宁可不办证，甚至被罚钱也不愿意再前往县城办事。随着村民收入的不断增加，溪丘湾乡石碾村盖起了一座座新房，但这些新房中超过一半都没有建房许可证。村民陈开平虽然没有完成建房许可证的申办，但建房的材料已经买好，施工队也已经找好，建不成房自己可就成了全村人的笑柄，即使证办不下来也只能“硬着头皮”开工。于是，陈开平走上了边办证、边偷偷建房的道路。为了防止相关部门执法人员把建材拉走，陈本人只能天天住在地下室里，日夜守着工地。此间，建筑工地被停过无数次水电，先后停工了几十次，前期买的水泥、钢材、木料等施工材料到后期都没办法再继续使用了。

此外，农民去办事并不是一次就可以完全办结，跑上个四五次是很“正常”的事情。如建房许可证需要村、乡、县三级联办，农民跑了村委会还要跑乡镇，跑完乡镇还要跑县城。而农民走上几十公里甚至几百公里到达目的地之后，可能会出现被告之所带的材料不符合要求，要重新准备的情况。农民跑了“冤枉路”，还碰了“一鼻子灰”，最后还得原路返回，重新来过。溪丘湾乡石碾村村民陈开平就为了申办建房许可证，前前后后跑了七八十趟，可最后还是无功而返。

（三）办事体制难题

农民出村办事不仅面临客观的地理区位困境，也受到传统的行政服务体制的制约，尤其是受到传统工作模式和工作思维限制。一些部门仍未改变计划经济体制下的本位主义、官僚主义和“衙门”作风，县、乡下放的政府行政审批职能和乡镇基层站所履行的部门职能还没有完全转变到位，尤其还存在审批程序复杂、行政行为不公开、办事效率不高、服务意识不强等问题。在部分乡镇部门和少数干部当中，“门难进、人难找、脸难看、话难听、事难办”，群众办事难现象突出。办事不是找不到门，就是找不到人。上班实行8小时工作制，办事早不得、晚不得，碰上双休日、节假日又见不到、办不得。村民经常为办一个证、盖一个章、签一个字而往返折腾数次，走数十里路，花数百元钱，跑“冤枉路”，花“冤枉钱”，费“冤枉时”，听“冤枉话”，受“冤枉气”。在办事作风问题上，过去在巴东形成了“要办事，先送礼”的风气，工作人员办事“吃、拿、卡、要”的现象较为普遍。有官员风趣地形容道：“工作人员给群众说一句晚上到我家来，群众就知道该怎么办了。”在这种工作作风影响下，干部不再是人民的公仆，给群众办不办事情，就要看群众会不会适当“表示”了。

办事体制难题首先表现在政府“门难进”，这“门难进”既可以说是“门难找”也可以说是“找人难”。农民进城本身就人生地不熟，找到要去办事的政府部门已相当不易，要找到具体负责的工作人员更是不易，如果还要换办事地点那就等于是要重头再来了。大支坪镇水洞坪村村民夏青春为了给大女儿办准生证，先后跑县城6、7次，等孩子出生了才办好，而其中大多数情况都是找不到人。对此她无奈地说道：“找了政府，找半天找不到人。有时候你与那个要找的人‘擦肩而过’了，你都不知道。等你找到人，他说这儿需要审批、那儿需要审批，就只说让你耐心地等待。”与夏青春相同，向永浩也有类似遭遇。2007年10月向来到县城之后才发现当天是恩施自治州的州庆，县城放了假，所有工作人员都不上班。面对这种情况，向无奈地说：“老百姓只知道国庆、五一，不知道恩施州成立了还要放州庆。”2008年初向永浩再次进县城，要找房管局去开证明，到处找不到房管局，然而等他找到房管局的时候，却发现由于机构改革和职能合并，房管局已经更名为住房和城乡建设局。当他弄明白怎么回事的时候，住建局工作人员早已到了下班时间，只能再次无功而返。

农民办事的体制难题不仅表现在“门难进”，而且还表现在“找门多”。在传统的行政服务体制中，“政出多门”是一个普遍的现象。由于政府各个部分之间条块分割，难以协同，增加了农民办事的成本和难度。尤其是对于跨部门的证件办理和服务而言，农民需要到多个部门进行办理，这极大地增加了办事难度。农民许多证件的申办并不是只找一个部门就可以完成全部审批，农民往往是去了村委会，还要去乡镇和县城；找了土管所、供电所，还要找公路局、住建局、林业局等。药会坦村是大支坪镇的一个中心村，随着经济社会的发展，集镇规模逐渐扩大，新修房屋迅猛增加，到国土所申请办理房产证的农户也越来越多。而要办理一个房产证，不仅涉及到土管所、城建局等部门，还需要到住建局、供电所等部门盖章，由于各个部门不仅在地理位置上不在同一个地方，其需要准备的材料和手续也不一样，使得农民为了办理一个房产证即使花费大量的时间和精力，也常常难以办理下来。

三　村庄服务困境亟待破解

农村经济的发展与社会的转型不仅给基层政府的治理带来了一定的挑战和压力，也给乡村治理与服务带来了冲击。尤其是近些年来，随着集体经济“空壳化”和人口“空心化”程度的逐步加剧，村庄治理与服务“空心化”的问题也日益突出。

（一）集体经济空壳化

集体经济不仅是促进村庄经济和农民增收的重要手段，也是维持村庄有效治理和服务的重要保障。由于历史和现实因素的制约，巴东县农村集体经济的发展长期处于滞后状态，村集体经济空壳化和村庄债务扩大化的问题比较突出，这导致许多村庄的治理处于无序和混乱状态，村庄的公共事务和公共服务难以有效开展。从客观条件来看，巴东县大多数村庄主要以经营第一产业为主，由于农业经济的效益相对较低，客观上导致许多村庄的集体收入来源很少，集体经济难以获得有效发展。随着家庭联产承包责任制的深入推行和农村税费改革的实施，在一定程度上影响了农村集体经济的发展，而在农业税被取消以及“村财乡（镇）管”管理体制实施之后，村级财政面临更大的挑战。许多村庄不仅村集体经济基础薄弱，而且集体经济的发展也缺乏出路。

从巴东县村级集体经济的发展情况来看，2009 年巴东县村级集体经济总收入 1306.86 万元，其中，经营收入 31.8 万元，占总收入的

2.4%；发包及上交收入30.97万元，占2.4%；财政补助收入629.86万元，占48.2%；其他收入614.23万元，占47%。全县491个村民委员会中无收入的274个，占55.80%，即接近六成的村庄处于“空壳化”状态；集体经济收入1万元以下的有125个，占比25.46%；收入在1万—3万元、3万—5万元、5万—10万元的村庄分别有64个、9个和12个，三者合计占比17.31%；集体经济收入在10万元以上的村庄共7个，占比仅为14.26%。可以看出，巴东村级集体经济发展相对落后，许多村庄成为经济空壳村和薄弱村，由于村级集体经济发展基础差，底子薄，绝大多数村都是靠国家的财政补助收入艰难维持着日常的工作开支，而不是集体经营收入。这在很大程度上限制了村庄的治理与服务能力。再从乡村干部发展集体经济的能力来看，巴东全县有经商经历的村主职干部只有155名，仅占14.9%，大多数村级干部管理的村级经济，经不起市场竞争的冲击，缺乏运用市场规则保护自己的能力；缺乏科技知识，带领村民致富是心有余而力不足，因管理水平和技术水平跟不上，难以有效促进村级集体经济的发展。

一方面，许多村庄成为集体经济的“空壳村”或者“薄弱村”；另一方面，随着村庄经济社会的发展和政策的需要，村级公益事业覆盖面的扩大，村级组织的各项开支也相对增多，对于那些经常性收入很少的村庄而言，面临巨大的经济压力。特别是随着新农村建设工作的深入开展，村庄的财政支出不断增加。这些支出对于维持村级组织正常运转必不可少，但对集体经济收入缺乏尤其是没有收入的村庄造成了很大的负担，许多村庄为了维护正常运转只能举债经营。这就导致许多村庄负债累累，村级债务负担越来越重。从巴东县村级集体负债情况来看，2009年无负债的村有7个，负债5万元以下的229个，负债5万—10万元的118个，负债10万—20万元的84个，负债20万元以上的53个。本来就脆弱的集体经济还要接受累累负债的考验，大多数村的日常村级组织活动受经费制约难以开展，更谈不上为村民兴办公益事业。由于县级财力缺乏，村级集体经济薄弱，巴东县农村公共服务的供给情况受到很大制约。从村级卫生服务的供给情况来看，2004年巴东县491个行政村中，实行合作医疗的村庄仅有24个，占比4%；无医疗点的村有143个，占比25%，即接近三成的村庄没有医疗点（表1—1）。

表 1—1　巴东县 2004 年农村村级卫生组织情况

指标	单位（个）	备注
行政村总数	491	
实行合作医疗的村	24	占 4%
无医疗点的村	143	占 28%
村设置的医疗点数	348	
乡村医生	762	

（资料来源：巴东县 2004 年统计年鉴）

（二）乡村服务阵地缺乏

落后的“吃饭财政”让巴东在投资基础设施的建设上显得捉襟见肘，而无资源、无土地、无产业优势的“三无”村占绝大多数的现实状况，也断了村庄自我建设的后路。在公共服务难以入村的背景下，巴东农村也出现服务阵地建设滞后的困境，造成了村干部办公无场所，党群互动无媒介，服务群众缺手段、少载体等问题。2012 年之前，巴东 491 个行政村中，有 170 多个村庄没有固定的村委会办公场所。如大支坪镇袁家坝村村委会就没有办公场所，老百姓有事都要爬坡上岭找到村干部家，村干部开展工作也是走家串户，不仅老百姓办事麻烦，村干部工作效率也低。此外，村干部兼职化、村委会不定时开门、公章随身挂也成为多数村庄的常态，村干部就好像在“流动的办公室”里办公。而由此衍生出来的办事不规范、办事不认真、办事不热情则成了基层生态的另一种写照。溪丘湾乡石碾村村主任向太丙就此谈道：“过去村干部一个月也去不了一两次村委会，不想给村民办的事情，我就给他说让去什么部门就不再管了。”基层服务阵地的缺失，不仅难以凝聚群众共识，更为村庄治理和服务的“空心化”埋下了伏笔。

乡村服务阵地的缺失不仅体现在硬件的办公场所与设施的缺乏，也体现在乡村干部服务能力的薄弱和治理能力的滞后。首先，部分村干部年龄偏大，文化程度偏低，个人能力不足，服务群众能力有限，不能完全适应新时期农村工作的需要。村干部中近几年毕业的高中生很少，多数为 80 年代的初中、高中毕业生，因缺乏知识的更新，思维方式跟不上新时代的要求，过于看重经验，缺乏开拓创新的意识，对出现的新问题缺乏新方法，多数村干部难以应对乡村日益复杂的公共服务与管理。其次，村干部公共服务的能力缺乏。乡村干部及其成员的整体素质较差。主要表现在乡村干部思想观念陈旧，知识更新能力差。由于理论认识不足以及长期以来习惯强制性管理，大部分乡村干部认为“干得越多越好，管得越细越好”。最后，群众所期待的乡村干部是像“全科医生”那种的“全科干部”，对于老百姓的问题能够“问不倒、难不住”。而目前一些乡村干部及成员“对上不对下”、“不求有功，但求无过”意识严重。大部分乡村干部及其成员处于这种工作状态，真正熟悉农村、农业、农民，懂服务、会服务的人只是很少一部分。

村干部能力与素质的欠缺在很大程度上限制了乡村治理与公共服务的能力，而村干部角色不清与错位则进一步弱化了村庄的服务功能。总体来看，村干部是具有双重角色的特殊群体，他们既扮演了村民的“当家人”角色，同时又担当了政府的“代理人”角色。双重角色意味着双重职责，村干部一方面要承担政务；另一方面要搞好村务。村干部集两种角色于一体，因此便不可避免地存在身份上的冲突。巴东县野三关镇的一位村干部抱怨说：“我们对于上级的要求只能无条件执行，上级交办的各种事项，该办的要办，不该办的也要办。那么多的‘一票否决’，就像脑袋上悬了一把剑，哪个敢对着干。”村干部的角色明显失衡，他们把大量的时间和精力用来完成上级下达的工作任务，很少有时间处理本村事务，为村民提供服务。

此外，由于村干部长期待遇低下，造成其思想不稳定，影响其服务群众的积极性。如溪丘湾乡石碾村仅村支书、村主任两位主职干部享有每月不足500元的县级财政配套误工补贴，而从村集体无收入来源，这微薄的补助还要分给另两位村干部（计生专干和另一位支部委员）。石碾村上下海拔相差600米，村民间最远距离接近10公里，最远处到村委会骑摩托车超过25分钟，4个村干部分片管理9个村民小组1581位村民，工资不高但任务着实不轻。村支书邓光林说：“如果不给他们发钱，工作就没人干了，喊人下组也不好喊了。”而一些致富能手、村医、村教以及高学历等村庄精英在村庄留守人群中个人能力强、影响力大、群众基础好、受信任程度高，但缺乏服务群众的机制性通道使其个人能力不能充分发挥。

（三）农民原子化危机

集体收入的缺乏一方面弱化了村庄的治理能力，另一方面也使农民缺乏一种利益连结的纽带，农民之间的合作日益减少，这样使得农村原子化的趋势不断加强。同时在市场经济改革的浪潮中，农民的经济理性逐步增强，个体化的趋势也越来越明显，农民的组织化程度越来越低，进一步加深了农民的原子化程度。由于村庄集体经济的削弱和丧失，农民之间的共同利益因缺乏经济基础而难以维系，如此一来，村级组织和村民之间的联系也不断减弱。村级组织对于许多村民而言基本上成为可有可无的事物，而农民的原子化趋势也使得村庄的社会管理和服务难以“横向到边”，许多村民不愿意参与到村庄管理中来。大支坪镇耀英坪村的村民反映，以前村里的村两委基本上从未召开过村民大会或村民代表大会，而村民观念里也很少有“村集体”的概念，更谈不上对集体的归属感和忠诚度，“除了收钱的时候，谁知道村集体是干啥的”。由于农民缺乏对村集体的认同，导致村庄的公共事务难以开展。

而与此同时，外出打工现象的增多进一步加剧了农民的原子化危机。随着农村改革的不断深入，极大地激发了农民的生产积极性，加上科技水平的不断提高，农业劳动生产率不断提高，越来越多的农民从土地上转移出来。同时，随着改革的推进，乡镇企业和私营企业迅速发展，创造了大量非农就业机会，带动了一批又一批的农民进城务工。特别是近些年大量青壮年劳动力外出打工，留守的大都是老人、妇女和儿童。根据巴东县劳动部门统计，全县有 21 万个农村劳动力，其中外出务工的有 6 万多人，占当地农村劳动力的 30% 左右 ，占农业人口的 14% 。耀英坪村辖 10 个村民小组 402 户 1304 人，山大人稀，人口居住分散。全村大部分青壮年劳动力外出务工，常年在村的大部分都是老人、妇女、儿童。由于大量有较强社会参与能力的中青年农民外出，导致农村社会管理与公共服务难以有效开展。许多基层干部反映，现今要找一个能办事、愿意办事的村干部越来越难，“有能力当的不愿意当，没能力当的抢着当”。许多村民认为“当一年村干部，不如打半年工”。在打工经济的推动下，农村大量青壮年劳动力纷纷流向城市，村庄的“空壳化”使得村民自治流于形式，乡村公共产品由于缺乏农民的参与而陷入困境。由于缺乏村民参与，由政府主导的公共产品和公共服务往往无法有效满足农民的实际需要。

（四）村级管理与服务缺位

随着经济的发展，巴东农村不仅出现了“人口空心化”现象，而且也出现了“管理与服务空心化”问题。基层干部未能深入基层，对农村情况知之甚少。村干部沦为兼职，村委会不定时开门。在农村，虽然很多村建设了规范化的党员群众服务中心，但干部很少到那里办公，群众很少进门办事，经常关门插锁，没有“人气”，如何利用村级阵地服务群众，解决联系服务群众“最后一公里”的问题一直困扰着巴东政府。

从村级管理层面来看，由于管理体制和制度相对滞后，缺乏规范性，制约了农村基层的公共管理与服务职能的落实。从 2014 年的数据来看，巴东全县 491 个村（居）委会中，缺少村支书的村有 14 个，占 2.9%，缺村主任的村占 13%。村级干部的缺位导致村级管理的主体缺少一个重要环节，在很大程度上限制了村庄的管理。另外，村级的管理制度不健全，无章理事的情况也较为普遍。全县村级制度不健全的有 21 个，占 4.3%；落实制度一般的有 171 个村，占 35%，落实制度差的村有 11 个，占 2.2%。由于村级制度不健全或落实不到位，导致村庄管理陷入无序状态。同时，就村务公开而言，全县有 82 个村没有规范的公开栏，占 16.7%，村务公开不符合程序和要求的有 72 个，占 15%。总体而言，巴东“三无”村多，无人管事，无章理事，无阵地议事的问题较为突出。

但就村民自治的开展情况而言，村民自治是农村人口在本村范围内通过民主形式实行自我教育、自我服务和自我管理。由于巴东山大人稀，村庄管理的地域范围大，村民自治的开展也不太理想，农民参与村庄公共事务和公共管理的积极性偏低，从而制约了村级公共服务的发展。另一方面，大量外出农民工的出现则进一步阻碍了村民自治的有效开展。农民工在外地经商或工作，但户籍仍在农村，形成外地管得着但无权管、本地有权管却管不到的局面。导致农民工对村民自治的参与不足，参加选举的人数不多，无法对乡村治理进行监督，直接影响村务的民主决策和民主管理。以耳乡湾村为例，全村共 1516 人，其中有农民工近 400 人。由于该村大多数有知识、有能力的优秀人士外流，使其村委会换届选举时除了老人和妇女外很难找到男性选民，更是选不出大家满意的“当家人”。无奈之际，村民们相约给一个有兄弟在县政府任职的男青年投票，因为村民们期望该青年当选后可以通过其兄弟从县政府申请修路的资金，可是这个新村委会主任并不领情，不仅没有筹款，反而一走了之，外出打工两年多不见踪影。

四　基层矛盾问题亟需化解

随着农村改革的深化和经济关系的调整，农民的需求和利益呈现出多元化和多样化的状态，不同群体之间的发展也出现了较为明显的差异性，群众经济利益的摩擦、思想观念的碰撞等引发的矛盾更加复杂多样。由于长期以来，政府服务多只是“停留在嘴上”而没有将实惠真正落实在农民“身上”，政府缺乏提供公共服务的主动性，造成农民办事难和享受公共服务难。由于政府服务难以满足农民日益增长的需求，引发了基层干群之间的矛盾，造成了社会怨气的逐步累积，从而引发农民非制度化参与的增多，使得基层矛盾问题亟需化解。

（一）干群矛盾有所升温

基层治理的一个重要方面是为农民提供所需的公共服务和公共产品，但由于巴东特殊的地理环境和条件，基层干部和乡村干部在公共服务方面的工作一直难以有效开展。以往，村干部到村委会后只是“喝喝茶”、“扯扯淡”，不仅无事可做，而且也缺乏主动为村民办事的积极性。而农民也是“无事不登三宝殿”，多忙于自己家庭的农活和其他事务，鲜有与村里干部交流走动，村干部更多的变成了一种“符号”或职业代名词，由于农民想办事但找不到村干部或者村干部难以办成事，引发了干部与群众之间的矛盾和冲突。同时，在乡村治理的过程中，由于许多村级干部缺乏相关的法律知识，村民因山地、林地、继承、赡养等产生纠纷，村干部不能拿起法律武器进行调解，及时化解矛盾，影响基层社会的稳定。

“话不说死不开口，不骂党政机关不说话”成为干群关系对立的缩影。网上一些论坛上经常出现举报、辱骂官员干部的帖子，群众蜂拥跟帖，且评论多为负面。不仅如此，随着农村社会群众需求日益增多，公信力危机也在向村委会蔓延，村干部在村民面前毫无威信可言。在村民不断猜疑之下，村干部与村民的关系就像火药桶一样“一点就着，一碰就爆”。石碾村村民陈开雄，房子被大水冲坏了，村干部好心好意为他申请了500元危房补贴，但是他却不领情。当他看到村内另外两户各领了1000元补贴后，便不分青红皂白地指责村干部把原本属于他的钱给贪污了。陈不仅不听村干部解释，还把状一直告到了县城里。最后民政局一查，他才发现因为别人的房子是完全垮毁了，而自己的房子只是损坏了一部分。

（二）社会怨气逐渐积累

由于长期难以享受到便捷的行政服务与公共服务，不仅使得农民生产生活产生不便，而且也在一定程度上加剧了基层的矛盾与纠纷。同时，近几年来，巴东随着三峡工程、沪渝沪蓉高速公路、宜万铁路和经济开发区建设步伐的加快，各种发展机遇与挑战层迭出现，社会矛盾日益显现，社会心态敏感脆弱。过去长期按部就班的行政运行机制开始失灵，加之少数部门和干部长期处于养尊处优的“被人求”状态，以权谋私，办事不公，不仅损坏了党委政府形象及群众利益，也使得社会怨气不断积累。除了农民增收缓慢、产权纠纷、征地拆迁与安置等全国普遍性问题，巴东社会怨气的来源还因其有着特殊的社会土壤，导致各种矛盾盘根错节，越积越多。作为典型的山区农业县，巴东有农业人口43.8万人，外出务工人员8.22万人。在绝大多数农村青壮年外出务工的情况下，留守在家的主要是老、弱、病、残以及妇女和儿童。这些“389961部队”出村已不容易，出村办事更是困难重重。群众对完善农村公共基础设施及公共服务的迫切要求和落后的农村发展水平之间明显形成了矛盾。行政审批服务、市场化服务、社会化服务这些基本的服务本是农民应享受的基本权益。然而，巴东农民却长期被排斥在公共服务之外。一些部门甚至仍未改变计划经济体制下的本位主义、官僚主义和“衙门”作风，县、乡下放的政府行政审批职能和乡镇基层站所履行的部门职能还没有完全转变到位。农民外出办事经常不是找不到门，就是找不到人，“跑冤枉路、花冤枉钱、受冤枉气”的状态直接点燃了农民的不满情绪。

石桥坪隶属于巴东县野三关镇，距离集镇3公里，该村原来基础差，当地村民用“朝苦夕苦一年到头欠债款；春愁冬愁四季结尾缺吃穿”来形容该村的发展状况。因为穷，上访户多，被称为“扯皮村”，正如顺口溜所言：“昔日石桥户户穷，扯皮闹事真落耸（方言，意为丢人现眼），赌博拐骗到处弄，一家老少无钱用。”野三关镇石桥坪地貌特殊，地下溶洞多，地上水渗漏快，即使下雨半月，太阳一出来，在地上就找不到水了。每逢枯水季节，村民要跑到3公里以外的地方去背水吃。多年来，对于石桥坪的村民来说饮水不仅仅是一种困难，确切说是一种苦痛。长期无法享受到健全的饮水设施与服务，不仅给农民的生活增加了困难，也使农民的心中积累了一些怨气。

（三）农民非制度化参与的增强

在社会怨气不断累积和矛盾冲突逐渐明显的背景下，巴东农民非制度化政治参与的情况也有所增强，上访事件也在不断增加。近些年来，更是呈现出了上访次数越来越多、上访层级越来越高、上访群体化倾向越来越强的特点，甚至出现了野三关镇牛角冲村这样的“职业上访村”。据了解，该村5个组中，有超过40%的村民曾分别赴省、州、县、镇党政机关上过访，还出现过十多名村民串联闹事的事件。除此之外，各种集体上访、长期上访、专业上访的信息更是充斥着网络空间，水库移民2000余人围堵县政府、42人集体上访遭拒绝等帖子也在网上随处可见。上访事件及由此衍生出来的冲突事件就像是一块口香糖粘在地上，难以清理。这不仅使巴东社会矛盾进一步公开化，还使法制的权威受到践踏，制造了社会的不安定因素，造成了治理难题。

邓玉娇事件和2011年检察官杀人事件是民怨沸腾的一种宣泄，这些事件不仅引起了全国社会各界的强烈关注，也对矛盾的爆发起到了推波助澜的作用。以石碾村为例，该村一组在修路的时候规定每家必须按规定天数出工，否则就要补交落下的工时钱。而组员宋秀国缺了工还不愿意补钱，别的组员不让他走新修的路，他就去打官司。先后打了5次，审判结果都是他不在理，但他却反复到北京上访，纪委多次发回重审，但他仍旧执意上访。五组村民为了解决饮水问题，计划让住得比较偏僻的4户还用老水源，其他组员筹资修建新水源。但这4户农户因为没有用到新水源而不满，到处上访、告状。其实老水源也是五组村民集体出资所建，现在仅供他们4户使用，水源反而更充沛。在服务下不去、农民出不来、怨气散不了的“高压”状态下，许多矛盾纠纷甚至已呈现出“不讲理”的状态。这些矛盾和冲突的出现与增加，迫切需要政府改善乡村的基础设施与服务，为农民提供便捷、优质的公共服务。

第二章　思维引领：治理理念革新

新中国成立以来，我国政府治理模式经历了统治型政府、发展型政府和服务型政府三种模式的变迁，不同治理模式体现了政府不同的治理理念。其中，统治型政府强调国家对社会的有效控制，政府统治职能占据主导地位；发展型政府以经济发展为导向，在实现政府管理目标的同时，兼顾社会公共利益的实现；服务型政府致力于为社会提供优质的服务，以实现社会公共利益为最终目标。

当前，巴东政府处于建设服务型政府的起步阶段，如何在山区找到构建服务型政府的有效形式是巴东政府需要思考的问题。长期以来，巴东政府在求稳、主导和控权思维的束缚下，陷入了政府难创新、社会难参与和治理缺活力的困境，导致政府在为社会提供公共服务上出现了“无动力、无途径”的僵局。为了打破旧思维下的治理怪圈，巴东政府以简政放权为突破口，以信息技术为支撑，以政社互动为核心，逐步形塑了技术、放权、共治“三位一体”的新型政府治理理念，找到了为社会提供优质、便捷公共服务的新路径。

一　旧思维下的社会治理面貌

改革开放以来，巴东县在经济发展与社会治理方面取得了一定成就，但是，政府治理缺少突破性的改革和创新。尤其在大山环绕、交通遇阻的不利条件下，巴东政府往往容易陷入求稳、主导和控权的治理思维，从而难以有突破性的进展。

（一）求稳思维：政府难创新

“干事有风险、无事保平安”是普通群众乃至部分领导干部的惯性思维。对于政府官员来说，在政策中大胆创新，在行动中锐意进取需要相当大的勇气。巴东改革前夕，政府的“求稳”思维主要表现在政府治理存在路径依赖，各届政府在大多数情况下习惯沿袭上届政府的治理思路行事，很少有突破性的想法和实践。从历年巴东政府工作重点中可以发现，排在第一位的是经济建设，巴东政府在“产业兴县、工业优先”的发展战略下，将社会资源集中用于工业建设。

除了经济建设外，维护社会稳定也是巴东县政府行政资源的主要去向。从2005年起，巴东县人民政府每年承诺为巴东人民办好10件实事，如道路建设、农村危房改造、饮水安全工程建设、农村劳动力转移等。巴东县政府希望通过社会事业的发展来提高人们的生活水平，进而最大程度地稀释和化解社会中的不和谐因素。虽然经济和社会发展状况是一个县域治理水平的重要体现，但是政府行政水平的提高也不容忽视。

巴东县政府在“求稳”思维指引下实施的政策在一定程度上能促进经济发展，维护社会稳定。但是，当地方社会治理状况滞后于经济社会发展的需求时，在一定程度上反而容易成为限制其经济社会持续发展的因素。要从根本上破解这一难题，需要地方政府重新审视“求稳”思维，协调好政府、市场和社会三者的关系。因为，一个政府不能只有稳定而无创新。只有政治、经济和社会相互协调，改革、发展与稳定相互促进，才能成为一个县域经济发展的不竭动力。

（二）主导思维：社会难参与

无论是以经济发展为导向的发展型政府还是强调政府有效管理的管理型政府，其实质都是政府在社会中唱主角。巴东改革前夕，政府在社会中起主导作用，社会活力难以释放。巴东政府的主导作用主要体现在政府主导社会发展方向。每年年初，巴东县人民政府都会向县级人民代表大会作上一年的工作总结和新一年的工作计划，但是社会并没有参与政府政策制定过程，致使政府在大多数情况下只能凭借经验或者按照上级的安排来履行公共职责。

2011年，湖北省宜昌市创新社会管理模式，开始实施“网格化”管理机制，在农村领域表现为依托统一的综合信息平台，将行政村划分为若干个网格，每个网格配备由村治保主任、村后备干部或大学生村官担任的管理员，全面梳理管辖范围内服务事项，点对点、面对面地为群众提供代办、协办服务，实现“信息掌握、治安防控、帮扶解困、管理服务”一步到位。2012 年，湖北省在全省推广“宜昌经验”，要求各县市学习。巴东县积极响应上级政府号召，逐步在全县范围内推广“网格化”管理机制，这在一定程度上解决了政府管理范围过大，管理难以进村以及山区农民日益“原子化”的问题。

但是，巴东在“网格化”实施的过程中面临了一些新的问题。一是缺少硬件支持。巴东县作为国家级贫困县难以在短期内为“网格化”管理提供物质基础。二是山区幅员辽阔、村民居住分散，网格化管理难落地。地处山区的巴东县在行政区划调整前共有 491 个村、社区，其中规模最大的村的人口数量在 1500 人左右，规模最小的村仅有 100 多人。三是缺少人才队伍。在村级人口规模较小的情况下，村干部人力资源十分有限，加之村民由于缺少物质激励而不愿意担任网格管理员，使“网格化”管理机制在村级进驻缺少专业队伍支撑。可见，巴东政府推广的“网格化”管理机制虽然能加强基层社会治理，有利于政府及时掌握社情民意，但是该机制难以在巴东山区落到实处，很难真正将政府与农民联系起来，也难以彻底解决农民公共服务享受难的问题。

巴东县政府主导作用的发挥在一定程度上确保了上级政策的有效落实，但是在政府与社会缺少良性互动的基础上，政府决策往往容易出现脱离现实条件和社会需求的状况，最终带来的是“事与愿违”。对此，巴东县县委办副主任柯中焕反映：“政府做了事情，农民还不买账，我们这是在花钱来找骂。”

（三）控权思维：治理缺活力

控权一般是指社会对政府权力进行约束，而在这里控权这一概念主要是指政府长期以来将权力掌控在自己手中。巴东县政府控权思维的产生有其自身的社会土壤，一方面与政府对放权的种种担忧有关；另一方面与乡镇和村级缺少决策的独立性和办事的实效性有关。

改革之初，巴东县大多数政府部门不愿意下放权力与干部的“控权”思维有很大联系，他们担心权力“一放就乱”的问题。如巴东县国土局一负责人指出，国家、湖北省和恩施州在土地政策方面对农村土地管理十分严格，国土局在土地政策还没有理顺的情况下仍然不敢放权。以建房审批为例，农村土地建房审批涉及的前置条件较多，国土局担心乡镇干部和村干部违法滥用下放的权力，使农村土地规范使用难以得到有效保障。

从乡镇来看，由于受到县直部门“控权”思维的影响，作为与农民联系最为直接、最为紧密的基层政权拥有的实质权力却相对较小。学者于建嵘指出：“尽管乡镇政权长期以来扮演了基层政权的角色，但就当前中国的现实情境而言，我国真正的基层政权应该是县级政权。”① 因为，乡镇政权与县级政权相比缺乏完整的制度架构与权力设置，如它没有法院、检察院等机构，因而缺乏独立承担相应权责的权力基础。溪丘湾乡党委书记卢静曼用“上面千头万线，下面一根针”来形容乡镇的运行现状。

从村一级来看，村干部在村庄扮演了双重角色，他们既是村民的“当家人”，同时又是政府的“代理人”。依照《村民委员会组织法》规定，村干部有办理本村公共事务、公益事业和协助乡镇政府开展工作的双重职能。但是，村干部们的角色明显失衡，村委会作为基层村民自治组织，却承担了大量政府工作，如计划生育、信访维稳等。尤其对于村集体经济发展较为滞后使村庄公益事业难以开展的山村而言，村一级承接政府的任务远远大于村民自治本身赋予村干部的职责。在这样的情况下，农民生产、生活甚至可以跨越村委会而直接与县级政府发生联系，导致村庄自治范围受到压缩，政府“他治”抑制自治的状况时有发生。绿葱坡镇北界村村支部书记王祖华反映：“村干部不是‘官’，做的事情虽然多，但是没有实质性的权力。”

二　革新面临现实条件的制约

近年来，随着党的群众路线教育实践活动的深入开展，巴东县委、县政府逐步深入农村研究和解决农村发展面临的新情况、新问题。在考察过程中，巴东县委、县政府深感巴东农民公共服务享受的质量堪忧，农民办事存在“行路难、找人难、成本高”的问题，可以说，农民办事难的问

① 于建嵘：《我国农村基层政权建设亟需解决的几个问题》，《行政管理改革》2013 年第 9 期。

题已经成为强化干群关系纽带的“拦路虎”。在经过多次实地考察和讨论后，巴东政府决定以技术作为牵引力量，从农民最难办理的行政审批服务事项上“开口子”，让农民不出村就能办成事。但是，“一石激起千层浪”，巴东县委、县政府的改革蓝图遇到了权力下放难、资金筹集难、人才培育难和社会参与难的多重现实困境。

（一）权力下放难

巴东政府提出的“农民办事不出村”项目改革的理念就是要将行政审批服务的受理权和公共服务的办理权逐级下放，由村级业务受理员和各级业务办理员依托现代网络技术对农民办理事项的电子档案进行在线传输和审批，从而达到农民办事不出村的实效。要想实现农民在家门口就能办成事，各部门需要将部分审批服务的办理权下放到乡镇一级，将审批服务的受理权下放到村一级，并将审批的整个过程放在“农民办事不出村”智慧服务平台上进行公开运行。但是，各部门领导因为存在放权的种种担忧而对改革持有疑虑。该县县委办副主任谭文胜介绍道：“‘农民办事不出村’这一改革项目的设计方案在县委常委会上都引起了较大争议，部分干部担心改革会遭遇失败，因为当时巴东这一创举还没有现成的熟经验可以借鉴，需要自己‘摸着石头过河’。”

巴东县常委在县委常委会上表现出来的疑虑在政府各部门领导中也存在，各部门领导主要因为担心自己的“帽子”问题而不愿轻易放权。当时就有县直部门领导指出，各部门的公职人员用一辈子来做一件事情，都不可能做到完全不出错，现在却要让村级业务受理员办理几十个部门的行政审批事项，他们若是在工作中出了错怎么办？卫生与人口计划生育局王德曙说道：“村干部不是政府干部，行政管理体系中用于约束公职人员的那一套管理机制并不适用于村干部，村干部可能出现撒手不管的情况。而且如果村干部工作出现纰漏，也难以追究责任。”这种权责不对等的情况，使村干部的行为缺少必要约束。

具体来看，各个部门都面临着权力下放的现实难题和担忧。从审批程序烦琐，审批前置条件较多的林业局来看，要实现相关审批事项在网上办理，存在两点疑虑，一是担心材料的真实性；二是害怕出现重复办证的情况。以林业采伐证的办理为例，按照相关规定，对于公益林的采伐，每户每年限制在 2 立方米以下，株数不超过 15 株。改革实施后，村干部成了重要的“把关者”，如若村干部监管不严或者是给农民“走后门”，就有可能出现林木违规采伐的情况。

县公安局最初也不愿意下放权力，因为公安局掌握的户籍信息较为隐私并且十分重要。如出生证明的办理涉及到一个人的基本信息，包括年龄、姓名、民族、户口性质，这些信息一旦录入错误要想再修改更是件难事。公安局负责户籍证办理的魏世敬说道：“公安局的专职工作人员都不可避免地会出现错误，改革实施后，出生证明转而由村干部负责填写和上传实在很担心。”此外，公安局内部有四个相互独立的网上办事系统，可以说“内网”仍然存在难以整合的情况，因而，县公安局对“农民办事不出村”系统能否实现几十个部门办事系统的整合存在疑虑。

卫生与人口计划生育局对村干部能否胜任工作也存在担忧。如村级医疗诊所的审批，涉及的专业性比较强，表现在审批前需要做实地考察，一是要检查医疗场所的硬件设施是否过关；二是要核对申办人的资质，如要求医务人员必须要有医师证，护士也要有护士资格证。因而，如何将专业性较强的审批服务交给村干部和乡镇干部分别负责受理和办理是卫计局领导主要担忧的问题。民政局副局长李辉指出，民政局在社会救助事业方面经常与钱打交道，担心由于业务受理员素质不过关或者是责任心缺失使救助金不能落实在最需要的农民身上。

可见，巴东政府的改革蓝图在思想上对各部门产生了不同程度的冲击。此外，各部门表现出来的抵制情绪还源于他们不愿意放掉手中已有的利益。巴东县政府长期在部门分隔、条块分离的情况下已经形成了各个部门自身的利益格局，并由此形成了农民办事的固有行为方式。如巴东县纪委书记黄光辉提到，“农民去办事，经常要找好几个部门，甚至一个部门还要找好几个人”，“农民求人办事，身份是矮一截的，一般都要带点礼品去”。

（二）资金筹集难

一定的资金支持是改革得以发生的前提和基础。特别是在改革启动初期，尤其需要资金支持以带动地方改革实践的推进。巴东要想在这样一个集“老、少、边、穷、库、险”为一身的贫困县，通过技术的运用推动公共服务下乡，更需要强大的资金支持。“农民办事不出村”这一改革项目在很大程度上由乡镇和村一级来承接，并要求乡镇和村一级有一定的“领权”条件和基础，然而，对于长期以来处于“吃饭财政”的乡镇政府和缺少集体经济支撑的巴东山村而言，高昂的改革代价他们很难承担。从村一级来看，村集体经济十分薄弱。2012 年，在全县 400 多个村中，村集体经济年收入过万的只有 28 个，仅占 5.7%，而“空壳村”和空白经济村有 463 个，达 94.39%，482 个村还有债务负担。在这样的经济基础上，巴东县绝大部分农村的公共事务都难以开展，更不用说承接更多的政府公共服务。

改革的落实首先需要村一级有良好的硬件基础设施，而实际情况却是，巴东县大多数村庄村内常住人口较少，村民需要办理的事项也不多，导致部分村村两委没有专门的办公场地，平时主要在村干部家中办公。2012 年，在全县 491 个村中，有 100 多个村的村委会办公楼修建不达标，甚至有 20 多个村的村委会办公楼属于危房。因而，随着“农民办事不出村”改革项目的推进，需要新建和翻新一批村委会办公场所。除了办公场所外，改革的落实还需要配备相应的办公用品，如计算机、扫描仪、打印机等。大支坪镇党委书记周和平指出，要想修建标准的村级办公楼和配置齐全必备的办公用品，政府需平均给每个村一次性投入 20 万元左右的经费。

其次，村级业务受理员在实际上岗前需要经过严格的培训，而培训需要花费大量的人力、物力和财力。与县级和乡镇公职人员履行政府赋予的改革职责不同，村级业务受理员采用聘用制，因而，每年政府需要有一定的经费预算来购买村级业务受理员提供的公共服务。巴东政府计划由县乡两级财政共同支付村级业务受理员的基本工资，每月的坐班费为 250 元，一年的基本工资合计为 3000 元，业务员年终根据考核情况有适当的绩效补贴。相比之下，一个普通农民外出务工一年至少可以挣取 2 万元左右的收入，如此一来，在利益权衡下，业务受理员由于工资收入较为微薄，可能出现怠工甚至辞职不干的状况。因而，在低收入的负激励下，巴东改革很可能遭遇业务受理员队伍难稳定的问题。而这一难题的破解需要政府在基本工资和绩效工资上加强业务受理员的经济补贴，这对政府的财政供给能力也提出了挑战。

可见，要实现农民不出村就能办成事，充足的资金是改革的必要条件，巴东政府在自身和乡镇政府经济能力受限的情况下，其面临的困难可想而知。2012 年，巴东地方财政总收入为 7.2 亿元，其中中央级收入 2.69 亿元；县级公共财政预算收入 4.51 亿元。巴东县每年的财政收入除用于国防、公共安全、教育、医疗卫生、社会保障与就业等基础性财政支出外，只能勉强维持政府的基本运作。巴东县县委办副主任柯中焕提到，巴东县当前还处于致富阶段，属于“温饱型”政府，巴东改革是在将大家吃饭的钱用于发展公共服务。

（三）人才培育难

技术要想转化为现实生产力，需要人才作为技术运用的载体。巴东县实施的改革对人才的需求是多层次、多方面的。

从技术研发来看，农民要实现足不出村就能办成事，需要有相关的技术支撑，需要将思维层面的改革理念落实为现实层面的技术生产。但是巴东县缺少专业的技术研发人员，要想在巴东这样一个信息产业发展相对滞后的地方，凝聚已有的技术人员研发系统是件难事，而且，技术人才的培育很难在短时期内见到成效。巴东县县委办副主任谭文胜介绍道：“改革对巴东县上上下下来说，都是一个新鲜事物，但是，目前还没有人做过这方面的专门研究，就是研究也很难研究透彻。当时从上面派下来的技术专干，研究半天也不知道从哪里入手，下面的人更像是‘听天书’一般，大家真是束手无策。”而且，系统的研发并非一劳永逸，技术的运用需要在实践中不断改进，这也对巴东的技术人才提出了较高要求。可见，系统的研发和系统后期的升级换代在缺少专业技术人员的支撑下将寸步难行。巴东面临专业技术人才短缺的“瓶颈”。

从技术的具体运用来看，“农民办事不出村”改革项目的施行，意味着政府在逐步下放行政审批权的基础上，村民想要办理的林木采伐许可、土地建房和计划生育等审批事项，只需到村级便民服务站提供业务办理所需资料，由受理员指导填表后，经过扫描，“点对点”地在线向乡镇有关部门提交数据，经镇便民服务中心初步审核通过后，由镇提交给县相关职能部门，实现逐级网上审批。对于乡镇和县级的业务办理员来说，由于经过严格的考试选拔，他们都有较高的文化素养和技术基础，只需稍加引导就能进入办公状态，但是，只有在村级业务受理员熟练地掌握技术后，乡镇和县一级业务员后续的流程才能一步一步跟上。可以说，“农民办事不出村”改革项目有效运行的基础在于村级业务受理员的培养。县政务服务中心管理办公室主任熊学红回忆道：“县直各部门领导在听了‘农民办事不出村’改革思路后的第一反应就是这个事情太难了，行不通，村里面的那些‘大老粗’、‘泥腿子’们不会办理!”

实际上，各部门领导的担忧是有一定根据的。随着我国工业化和城镇化的稳步推进，农民流动性日益增强。巴东县由于自身创造就业的能力有限，村里面有能力、有文化的青壮年一般选择外出务工。2012 年巴东县有人口 49.6 万人，其中农村人口 43.8 万余人，外流人口超过 7.32 万人，村中常住人口大多是留守老人、留守妇女和留守儿童。在这样的条件下，村干部和村中常住人员的素质都不容乐观。在巴东县现有村干部中，近几年毕业的高中（中专）生很少，多数为 80 年代的初中、高中毕业生。他们因为长期生活在信息闭塞的山村，缺乏知识的更新，致使绝大部分村干部的思维方式已经跟不上时代的要求。而且多数村干部缺乏带头致富的能力，致使很多村干部管理的集体经济经不起市场的冲击，干部“双带”作用难以充分发挥。可以说，现有村干部的综合素质难以完全适应农村工作的需要，更不用说承接此次改革。

因而，要让村干部在短时间内掌握一门新技术，掌握正确的理论和方针政策，熟悉数十种业务的办理流程，还要熟练电脑操作、成为业务能手，存在一定困难。此外，村干部虽然承接了政府大量的行政工作，但是其实际工资却远远低于政府机关的工作人员。2012 年，巴东县村干部的平均年工资收入仅为 3100 元，远远低于外出务工人员的收入。虽然县乡财政明确表态会给村干部发放一定的补贴，但是补贴的额度毕竟很有限，这与他们承担的任务和责任不对等，工资报酬太低也会对村干部的参与形成负激励，使改革难以在村一级形成稳定的技术队伍。

（四）社会参与难

“农民办事不出村”项目改革是巴东政府的改革构想，这一美好蓝图需要各方努力才能变为现实实践。然而，现实情况是巴东政府的改革蓝图不仅在政府内部难以达成共识，同时也面临村干部不愿领“权”，村民不愿参与和市场难以盈利的诸多困境。

在改革过程中，部分村干部基于自身利益的考虑容易出现不愿领“权”的情况。一方面，改革承接后，村干部的工作量会大大增加。村干部除了承接农民办事的一级受理权外，农民申请的证件最终也要由村干部转交给申办人。也就是说，农民申请的服务事项办结完毕，村干部该项服务职责才能宣告完成。巴东县广大山村由于受到地理环境的制约，普遍缺少村集体经济的支撑，因而，村干部的经济收入主要来源于上级政府有限的转移性支付。为了弥补工资性收入的不足，巴东县村干部一般是“兼任型”的，即在业余时间寻找副业支撑。而“农民办事不出村”项目改革实施后，需要村干部“脱产”，实行坐班制，这遭到了很多村干部的不满。以溪丘湾乡石碾村支部书记邓光林为例，“有事办公，无事打工”是他多年来的生活状态。他说道：“以前村民有事找我办，我才去开门，改革一来基本上就要天天开门了，”“以前村民找我办事，我可以说这个不属于我管，可以推，以后就不能推了”。

另一方面，村干部承担的压力也会加重，以前农民到村委会办事，村干部只需盖一个章或签一个字就可以了，后续程序由乡镇和县级干部进行核对和办理，“农民办事不出村”项目启动后，服务事项的受理权下放到村一级，在“谁签字、谁负责，谁办理、谁负责”的改革配套机制下，村干部不仅要把好第一道关口，还要应付上级政府的日常检查，这对长期以来只是“挂牌子”和“收发室”的村委会来说是一个严峻的挑战。

行政审批服务是“农民办事不出村”平台运行的基础性工作，但是行政审批事项的办理可能存在办件少的问题。为了扩展平台服务功能，挖掘平台潜力，需要鼓励市场的多元参与。而市场的细胞是企业，企业生存的核心是利润，哪里有利润，企业的触角就会伸向哪里。“农民办事不出村”项目改革希望整合银行、电力、通信、供销等商务类的服务，实现“农资村里订、费用村里缴、补贴村里领”。但是，各大企业对在农村进驻这些服务功能能否在短时间内获利存在一些疑虑。

首先，各大企业在村内开展服务需要大量的前期投入，如基础设备的安装、机器的维修和管理等；其次，大部分农村分布较为分散，有的村规模太小，在这样的村进驻服务，难以盈利；最后，部分企业担心改革能否持续的问题，如果改革只是“半拉子”工程，他们不仅不能盈利，反而难以收回成本。以经济实力较为雄厚的电信公司为例，电信公司指出，要在巴东这样一个山大人稀、高山险阻的县城实现491个村网络下通的任务，需要投入5000余万元，巴东政府采用“以租代建”的方式，即每年给予电信公司60万元的网络使用费来缓解其资金回收的难题。然而，即便通过这种方法，电信公司仍然需要100年左右的时间才能收回成本。面对投入大、收益小、周期长的难题，电信公司对支持改革望而却步。

在内部质疑和外部抵制两面夹击的情况下，巴东政府的革新梦想仿佛走进了一个“死胡同”。不过，任何改革都会有“阵痛”，对于一个求创新、求发展的政府来说，关键是要找到解决问题的有效方法。

三 以多重路径凝聚改革共识

革新虽然遇到了重重阻碍，但这也阻挡不了巴东政府想要带领巴东这样一个穷乡僻壤的山区走向全国，并与世界接轨的脚步。他们信心满满，决心要寻找多种途径，将政府资源和社会资源组织起来，朝着一个共同的目标进军。

（一）思维碰撞解疑云

巴东县委、县政府为了破解改革面临的困境，以召开会议的形式让涉及改革的相关部门主动说出针对改革存在的疑虑，从而对症下药，找到问题的“症结”。

1. 改革具有可行性

从资金缺口上来看，巴东县委、县政府指出经济方面并不是难题，可以通过整合现有的各方资金和争取社会帮扶资金来弥补资金缺口，如1600万元的三峡后续移民工作农村社区建设资金、420万元的重点贫困村卫生室建设资金、300万元的彩票公益金项目文化活动场所建设资金、600万整村推进扶贫开发项目建设资金和“网格化”建设资金都可以通过整合发挥更大效用。对于经济基础较为薄弱的乡镇和村庄而言，可以争取社会帮扶资金来填补资金缺口，或者以县乡两级财政共同承担的方式来缓解乡镇的经济负担。对于产业发展能力较强的乡镇和村集体经济发展较好的村庄来说，政府主要是加强补贴。

从人才培养上来看，巴东县计划按照“优选、交叉、培训、帮带”的八字方针来创新人才培养方案。具体来看，对业务受理员进行“优选”意味着要尽量从村干部、村级后备干部、大学生村官、计生专干、财政专管员和大中专毕业生等人员中挑选政治素质好、业务能力强的同志担任业务受理员。“交叉”则是指村级业务受理员尽可能和村干部交叉任职，受理员既是村干部又是受理员，这样一来，村干部工作能达到饱和，获得“双份工资”，这在一定程度上有利于解决村干部长期以来工资太低的窘况，因而能有效稳定村级业务受理员队伍。很多人担心部分村干部由于年纪过大，学习能力和操作能力受限，受理员只能从普通村民中选出，使业务受理员在低工资的负激励下可能出现辞职不干的情况。对此，巴东政府通过考察这部分业务受理员潜在发展能力的基础上进一步指出，由于他们在工作中长期与村民接触，为村民服务，因而这部分人很有可能成为村干部的后备队伍。而且业务受理员在担任村干部后还能获得村干部考取乡镇公务员专项名额的资格，这也将成为稳定村级业务受理员队伍的有利因素。“培训”方面，每年巴东政府将投入100万元用于对县乡业务办理员和村级业务受理员进行集中统一授课，业务员培训后需要经过严格的考试才能持证上岗。“帮带”则是指政府在改革初期安排大学生村官和年轻公务员到村帮带，让选出来的业务受理员能较快进入工作状态。

从政策支持上来看，实施简政放权，推进行政审批制度改革是近年来我国政府的一项重大战略部署，该项目的施行正是回应了长期以来国家对各级政府的期望。近年来，恩施州提出了产业化和信息化“双轮”驱动的战略，将信息化作为核心竞争力产业进行着力打造，这也为巴东县开展此次改革提供了契机，这一改革构想也得到了恩施州政府的高度认可。

2. *改革具有必要性*

要凝聚改革力量，需要让各部门、各乡镇和村一级干部意识到改革的必要性。巴东县委、县政府指出“农民办事不出村”智慧服务平台建设使简政放权的落实有了载体。该项目创新性地将部门的部分行政审批服务事项授权给村级便民服务室受理，并通过信息化系统的搭建成功实现网上逐级审批，达到农民在村里就能办成事的目的。此项改革既让各职能部门实现了简政放权，又尽可能地方便了农民，节约了农民办事成本。

“农民办事不出村”智慧服务平台建设是转变干部作风的有利契机。

该平台使农民由村、乡镇、县三级跑腿办事转变为村级业务受理员、乡镇和县级业务办理员网上办事。巴东县组织部组织科副科长张祖军说：“以前是农民办事跑断腿，现在是干部办事跑断腿，农民动嘴，干部就去跑腿，着实减少了干部‘摆架子’、‘说空话’的不良作风。”而且，“网格化”管理机制在“合村实组”的基础上与“农民办事不出村”改革项目相结合，能有效解决政府管理与服务难以衔接的问题。由此，广大党员干部由“管理者”变为“服务者”，由“被动”服务变为“主动”服务，能增强党群、干群关系，切实改进工作作风。

“农民办事不出村”智慧服务平台能有效杜绝“微腐败”。从村一级来看，多年来，“乡土社会”中一直存在着一种微妙的人际关系，老百姓找干部办事总有一种“欠人情”的心理。这种村民办事行为规则为村干部的“微腐败”行为提供了土壤。而“农民办事不出村”智慧服务平台在村级授权专员提供服务，服务百姓成为村级业务受理员该做的事儿。这样一来，老百姓办事“只认受理员，不找村干部”，能有效杜绝村干部的“微腐败”行为。

另一方面，对于乡镇和县级的业务办理员来说，通过实行网上办理，使业务员在办理审批服务时“只见材料，不见人”，减少了服务对象和服务者“面对面”接触的机会，能真正实现权力“阳光操作、公开透明”。巴东县纪委组织部部长王辉介绍道：“以前农民来办事，和农民有点关系的窗口人员对农民的服务态度就很好，给点好处的就提高办事效率，亲自跑腿。”“农民办事不出村”项目改革实施后能着实减少公职人员“看情面办事、见好处办事”的现象。

3. 改革具有持续性

如前文所述，各部门领导对改革能否持续持有较大疑虑。对此，巴东县委、县政府回应，巴东改革是一件惠民工程，解决的是服务群众“最后一公里”的问题，农民通过改革能享受到技术带来的便利和便捷，巴东改革若想“开倒车”，农民首先会持反对意见。而且，巴东县委、县政府指出，改革若能在巴东这样贫困的山区实现，意味着此次改革将具有较强的可复制性，巴东政府在改革取得实效后，会将这一改革成果推广出去，让全国各地的农民都能享受到优质、便捷、高效的服务。

从企业来看，政府通过前期投入，已经将“农民办事不出村”服务平台搭建好，企业可以借助平台直接进驻服务，不需要过多的成本就可以运营，这对以“利润”为导向的企业有很强的吸引力。而且随着国家经济社会的发展，农民对市场服务的需求也将日益增加，各大企业若能转变观念，紧跟改革脚步，将服务进驻到农村，一定能获得较为可观的收益。因而，农民的需求和市场的支持将为改革持续发展提供有力保障。

（二）多方求证增信心

巴东改革虽然有一定的基础做支撑，但为了更加科学、合理地推进改革，巴东县委、县政府在改革正式拉开帷幕前，将改革蓝图带出山村，积极为改革做论证，以找到推进改革的最佳方案。

巴东改革的思路最先得到的是全国社会扶贫创新协作办公室的认可，2012 年巴东县委、县政府一行到北京拜访了当时全国社会扶贫创新协作办公室的领导，领导听后对巴东政府改革饶有兴趣，随后，全国社会扶贫创新协作办公室狄森秘书长、江源副秘书长亲自带队到巴东调研，调研过程中发现，部分村的党员服务中心已经接通了网络，但是平时用得很简单，只是组织群众看一下上面的宣传片。调研团队看到这一情况后，顿时产生了灵感，提出改革可以借助服务中心已有的网络资源，通过网上办理行政审批，改变农民世世代代翻山越岭的办事方式。

2012 年 10 月，受全国社会扶贫创新协作办公室领导的邀请，巴东县委、县政府率领团队到北京做了一次现场汇报。会后，当时在场的国家行政学院汪玉凯教授认为这项改革虽然难度较大，但值得一试，并亲自率领团队赴巴东进行实地考察。2013 年 4 月，巴东政府在有关专家的协助下出台了《巴东县信息化发展规划》，专门用于指导和规范巴东县未来几年的信息化建设。

（三）试点建设助推广

在改革还未正式启动前，任何改革计划所带来的结果都难以预知。改革的推动者信心满满、斗志高昂，改革的实践者却忧心忡忡、进退维谷。为了降低改革风险，巴东政府改革采取了“先试点、再推广”的路线。2013 年 3 月，在系统研发最终落地后，巴东政府开始着手选取试点村开展试点建设工作。

巴东县首先选取了野三关镇冉家村、杨家店村、石桥坪村、麻沙坪村、鼓楼山村 5 个村作为改革试点。野三关镇是全县第一大乡镇，辖内村庄数量最多，且 5 个试点村硬件设施良好、群众基础好、村干部综合素质高，因而为试点建设的成功奠定了基础。2013 年 3 月，巴东县委、县政府在试点村做了第一次现场办公。当镇上业务办理员成功收取到村级业务受理员上传的户口簿换新申请，并将最终处理结果当场在线反馈时，巴东政府领导用实际行动证明了改革是切实可行的，改革并不是纸上谈兵。他们向在场的干部和农民展示了一台电脑、一台多功能一体机能够通过“数据跑路”办成事，而且是办成了长期以来让千千万万群众伤透脑筋的行政审批事项。

2013 年 5 月 13 日，巴东政府邀请了国家社会扶贫创新协作办公室领导和各乡镇的“一把手”来到野三关镇冉家村进行现场观摩。当天上午，巴东县野三关镇冉家村五组村民田徐金来到村便民服务室，通过“农民办事不出村”信息化平台申办临时身份证，从提交资料、受理员审核到收到系统回复，仅用时 17 分钟。当她得知证件办好后，可由村干部代其取回时感叹道：“这种便民服务跟网店购物一样，只需在家门口‘下单’和‘收货’，实在是太方便了！”村民田徐金的这句话打消了在场干部和群众长期以来对改革能否成功的疑虑。巴东县溪丘湾乡镇党委书记卢静曼介绍道：“最开始大家对改革大多是持怀疑态度的，直到改革推进会那天，亲眼看到农民不用跑腿就办成了行政审批事项，而且还那么便捷，才转变了乡镇观望的态度。”

野三关镇 5 个试点村的“政务网店”总共涉及 15 个部门 57 项行政审批与服务事项，农民办事不需要到县、乡办理，在村级便民服务室就可以轻松实现。试点村目前已经有 44 户村民足不出村就办结了有关行政审批和服务事项，办结率达 100%。“‘政务网店’为我们基层组织增添了活力！”冉家村村支部书记张晓明深有感触地说道。对此，汪玉凯教授评价道：“‘农民办事不出村’信息化项目在巴东成功试点是非常有意义的事情，完全可以在全国很多地方复制和放大，并且广泛推广。”

（四）社会认可添动力

2013 年 5 月 13 日，全国社会扶贫创新协作工程办公室、中国西促会社会扶贫工作委员会向巴东捐赠了价值近100万元的“农民办事不出村”信息自动化办公设备和一套信息化系统软件，这为巴东政府改革的推进打了一剂兴奋剂。而且通过推进会上媒体的宣传，巴东县“农民办事不出村”改革实践的顺利运行逐步吸引了社会各界人士前来考察。从2013年5月巴东改革试点成功以来，恩施市委组织部、孝感市委组织部等单位都纷纷前来学习巴东改革经验。

尤其在2014年4月11日，中央政治局常委、中央书记处书记刘云山在恩施调研时，现场观看“农民办事不出村”平台的运行状况后给予高度评价：“你们通过网络平台，让农民办事不出村，抓得很好，是深入贯彻党中央关于发展服务型党组织的具体体现，转作风就要从实际问题改起，解决联系群众‘最后一公里’，服务好群众‘最后一步路’的问题。”2014年6月4日晚，中央电视台《新闻联播》《焦点访谈》栏目分别以《湖北巴东：信息平台让村民办事不出村》《服务送上门，办事不出村》为题，报道了巴东县“农民办事不出村”的主要措施和成效。报道指出该县利用组织部门已经铺就的农村党员电教化远程网络，全面推进网上政务往村级下沉，让老百姓不出村就能办成事，成效显著。

巴东改革在得到各界的积极评价后，巴东政府坚定了要将改革进行到底的信心。巴东县委、县政府强调，信息化项目建设是一项全局性、系统性、综合性和战略性的工作，各相关部门要强化与各位专家的沟通，部门之间要相互协作，进一步完善规划，使信息化发展规划更加具有科学性、前瞻性，更加切合巴东发展实际，力争在3年之内完成“农民办事不出村”信息化项目建设全覆盖，真正惠及全县人民。此外，要进一步清理、整合审批事项，拓展服务领域，优化办事流程，压缩审批时间，更大范围为老百姓办事提供方便，进一步完善系统功能建设和绩效考核工作措施，确保此项工作顺利实施。

由此，巴东政府通过召开多次联席会议，吸纳相关领域专家智慧，逐步凝聚了改革共识。改革在试点村获得显著成效的基础上已经势在必行。巴东县委、县政府在多次进行实地考察和自身评估的基础上，画出了改革路线图。路线图明确指出“农民办事不出村”信息化项目建设要以“让群众少跑腿、让数据多跑路”为总体思路，以“农民办事不出村”为工作目标，以“试点先行、全面推开、三年为期、整体覆盖”为原则，用三年时间，实现全县491个村“农民办事不出村”信息化系统全覆盖，其中2013年完成125个村，2014年完成180个村，2015个完成186个村。

四　思维转型引领的改革创新

总体来看，巴东改革促使巴东政府由“求稳”思维转变为以创新服务方式为先导的“技术”思维，由“控权”思维转变为以简政放权为核心的“放权”思维，由“主导”思维转变为以释放社会活力为目标的“共治”思维，实现了政府治理思维的转型。

（一）技术思维：以信息技术带动变革

随着经济社会的发展，信息技术的发达程度日益成为衡量国家综合实力的重要指标。可以说，科学技术是推动经济发展、影响社会变革的巨大力量。因而，对于政府来说，不仅要鼓励社会进行技术创新，还要学会将技术运用到政府治理的过程中去。可见，政府治理也需要技术思维，政府要善于运用新技术这个有效“法门”，加大实践探索和改革创新，不断提升政府的治理能力。当前，我国城乡政府在治理能力上有较大差距，城市在运用技术的广度和深度上都高于农村，导致农民大部分事项的办理都需要进城。对于城郊村和城中村的农民来说，进城办事还不算难，但对偏远山区的农民来说，实属不易。村级公共服务领域的改革亟须在技术层面进行突围，才能缩小城乡公共服务水平的差距。

巴东县地处山区，交通十分不畅，农村信息化程度远远落后于城市。虽然城市中已经形成了以县政务服务中心为龙头、以乡（镇）便民服务大厅为主体的行政审批及服务网络，实现了行政审批及服务的提速，但农民办事仍存在“路程远、耗时长、成本高”等难题。巴东县政府在调研的过程中深感需要解决农民千百年来办事难的问题，而在当前信息时代下，只有通过信息技术这条“高速公路”才能更高效、便捷地为农民提供服务。巴东县县委书记陈行甲在考察美国农村时，十分赞赏美国在农村开展的信息化建设。“我看到美国的农村在搞信息化，美国的农民在享受信息技术带来的成果，我相信我们山区农村同样能做成信息化，我们的农民同样能使用先进技术。”由此，技术思维融入了巴东县委、县政府的治理思路中。

（二）放权思维：以简政放权为突破口

2013年3月14日全国人民代表大会通过了《国务院机构改革和职能转变方案》，其主要思想是倡导各级政府要简政放权，处理好政府与市场、政府与社会的关系，把该放的权力放掉，把该管的事务管好。2013年5月13日国务院总理李克强在动员部署国务院机构职能转变工作时指出，行政审批制度改革是转变政府职能的突破口，是释放改革红利、打造中国经济升级版的重要一招。然而，从现实情况来看，很多地方欠缺改革的动力和勇气，使简政放权工作的开展难以推进。

然而，就是这样一件看似很难的事情却在集“老、少、边、穷、库、险”为一体的巴东县得以有效实施。随着市场经济体制的逐步完善、新农村建设步伐的加快以及惠农政策的规范落实，加之农民物质生活和精神生活水平的提高，农民要求政府服务的范围越来越广，需要政府由过去的管制型政府向服务型政府转变。巴东县在深入践行党的群众路线实践教育活动基础上，发现行政审批事项的办理由于体制机制的不完善，成为了农民的“心头痛”。这样一来，如何改善行政审批事项办理的现状，切实解决服务群众“最后一公里”、服务群众“最后一步路”问题，成为了巴东县委、县政府强化干群关系需要解决的重大课题。

巴东政府最初希望在优化行政体系架构，转变工作作风，提高行政效率等内容上下功夫，但成效甚微，原因在于各部门条块分割，审批事项前置条件太多甚至不合理的情况长期存在。与此不同，巴东县委、县政府提出的改革在“技术”思维的引领下，要求各部门厘清权力清单，简化办事流程，逐步推进行政审批事项在“农民办事不出村”系统上实现“一网式”办理。可见，巴东政府以简政放权为突破口进行的改革，如若没有技术思维的引领和创新，很有可能因为找不到载体而成为“空架子”。正是通过技术的运用才使巴东县委、县政府能清晰、快速地掌握各部门和基层政权改革实施的情况，从而“倒逼”政府进一步落实了简政放权。

可见，巴东政府以简政放权为突破口的改革，并不是最初就想要“革政府权力的命”，而是在寻找更好地服务群众、便利群众的实践中逐步蕴育并推动的。也就是说，巴东改革不是就简政放权而简政放权，而是找到了推动的支点，这为全国各地政府推动简政放权提供了可以借鉴的具体经验。

（三）共治思维：以多元互动促成合力

国家治理能力的现代化需要融合“技术”思维，而国家治理体系的现代化则需要借力于“共治”思维。具体来说，国家治理体系包括政府体系、市场体系和社会体系。国家治理体系现代化目标的实现首先要明晰政府、市场和社会各自的治理内容，进而明确三方治理主体的相互关系，以共同服务于国家公共事务的发展。长期以来，政府管制市场，政府行政权力嵌入乡村，压缩社会治理空间，从而造成了政府在治理体系中唱“独角戏”。单一的一元管理模式使政府在运作过程中不堪重负。

治理型政府则强调多中心治理，倡导政府和社会共同参与，以更有效地对公共资源进行合理配置。巴东改革在技术思维的引领下借助“农民办事不出村”服务平台将政府与社会紧密联系起来，赋予社会更多的参与空间和参与渠道，集中体现了“共治”思维。具体来看，政府在改革中起先导作用。改革的路线图是巴东县委、县政府与国家行政学院电子政务中心、国家社会扶贫创新协作办公室三方共同谱写的，改革的具体推动也由政府作为主要行动力量。社会在改革中起联动作用，“农民办事不出村”智慧服务平台在开展行政审批服务的同时，还进一步将农行、邮政、供销社等部门整合到平台中去，面对需要长时间才能获利的改革行动，市场给予了支持。村庄也在改革中发挥了巨大作用，它作为改革实践最大的承接者，在改革中显示了极大热情。

综上所述，巴东改革首先是政府治理思维的革新，巴东改革在突破重重困境的基础上将技术思维、放权思维和共治思维逐步融合到改革过程中。三种现代化新型治理思维齐头并进，既能解决农民办事难的问题，也能逐步引导农民由封闭走向开放，逐步学会运用现代信息技术；既有利于规范和压缩政府权力，又能调动多元力量参与社会建设；既能有效提升政府的治理能力，又能为国家治理体系现代化目标的实现找到切实可行的路径。可以说，巴东改革最终若能成功，其所取得的成效离不开巴东政府技术思维、放权思维和共治思维的引领。

第三章　政府推动：改革实践起点

我国改革开放以来的前三十年，改革的基本特点是自下而上“摸着石头过河”，即先有基层探索的好经验，再有中央的好政策，最后形成国家好制度的“三好”路径。而现阶段我国的改革则有所变化，其基本特点是上下互动的模式，即先有顶层的好设计，再通过基层的好探索来落实，基层的探索经验又反过来进一步完善和丰富顶层设计。因此，现阶段各地方政府要突破现有制度模式束缚，不仅要有中央的顶层设计，与此同时，在改革启动初期，由于社会缺乏改革的意识和缺乏整合改革资源的力量，也需要凭借地方政府力量组织资源，系统性地推动改革，以此激发和带动社会其他主体的积极性。可见，新时期改革的首要问题，就是要发挥好政府的推动作用。

地处“老、少、边、山、穷、库”地区的巴东，与其他地方相比，经济社会发展更为落后，对政府的依赖性更大。离开了政府，许多公共事务都难以办成。加之巴东民间社会组织尚未发育，民间社会力量微弱，难以产生改革意识和改革动力。可见，在巴东这样的贫困地区，政府是推动社会改革极为重要的力量。为此，巴东县委、县政府整合多类资源，开发服务平台，完善服务流程，构建多重机制，成为技术推动下政府改革创新实践的起点。

一　整合资源形成改革合力

改革是一项浩大烦琐的工程，需要协调好各类资源，才能顺利推进。在巴东改革过程中，县委、县政府通过协调内部权力资源，引进外部智力资源，发掘已有网络资源，整合社会配套资源，为建设“农民办事不出村”信息化项目，推动政府服务下乡，创新社会治理方式打下了坚实的基础。

（一）协调内部权力资源

长期以来，政府内部的权力呈现横向部门分割和纵向层级分割的状态，而改革是一项系统性极强的工程，涉及统筹、落实、监督等各个环节，若不将分割的权力重新协调，很有可能导致改革中出现“左右不调”，“上动下不动”的局面。为有效整合政府内部的权力资源，巴东县通过“县委办统筹，纪委监察局督办，组织部主抓，政府服务中心具体实施”的模式，将横向权力和纵向权力充分组织利用起来，以形成地方顶层的改革合力。

一是县委办负责统筹，这是改革的地方顶层设计环节。任何一场改革都离不开顶层高瞻远瞩、全局性设计，若在整个改革之中，没有顶层指引改革方向，那么改革就会如火车脱离轨道一般，难以到达目的地。巴东改革过程中，县委办对外主动联络中国（海南）改革发展研究院政府改革研究中心、全国社会扶贫创新办公室，以获得改革的外部支持；与此同时，巴东县委办对内整合项目资金和部门力量，以保证改革顺利实施，如整合三峡工程后续工作农村建设资金 1600 万元、彩票公益金文化广场建设资金 300 万元、整村推进扶贫资金 420 万元、重点贫困村卫生室建设资金 600 万元。巴东县委办通过对内与对外统筹相结合，既为巴东改革获取了外部力量，又充分挖掘了巴东改革自身的内部力量。巴东县委办的正确统筹牵引着巴东社会改革朝着正确的方向行驶。

二是纪委负责督查，为改革提供了坚实的纪律保障。“无规矩不成方圆”，在改革过程中，若缺乏强有力的监督，改革主体的行为很难受到约束，导致改革很难落到实处。为此，巴东纪委通过全方面、全过程地渗入到改革过程中，使得巴东改革处处有纪律，时时有约束，规范着改革前行。巴东纪委监察局首先通过“线下”和“线上”两种方式对“农民办事不出村”项目的建设情况和平台的运行情况进行督办，所谓“线下”就是纪委监察局人员每季度一次不定期进镇、下乡现场进行督查；所谓“线上”就是纪委监察局派驻两名专人在周一、周四轮流到政务服务中心坐班，监察全县“农民办事不出村”工作人员的在线情况和办件情况。

同时，纪委监察局修订完善了“农民办事不出村”绩效考核办法，并组织制定《巴东县农民办事不出村信息服务平台服务规范》，每年年底，纪委会在县组织部、县政务服务中心管理办公室的配合下，对全县各乡镇和县直部门“农民办事不出村”建设和运行情况进行年度绩效考核。对于工作不力的单位和个人实行行政问责，对存在失职渎职、不作为、乱作为、慢作为等行为严肃追究责任。“农民办事不出村”信息化项目建设和运行以来，县纪委监察局会同相关部门开展专项督办检查 8 次，明察暗访 12 次，对项目建设滞后的 4 个乡镇、事项办理不符合要求的 8 个职能部门和 9 名工作人员进行通报批评，约谈单位负责人 5 次，查处违纪工作人员 1 名。

三是组织部负责推动，这是改革的协调环节。改革往往是“牵一发而动全身”，巴东此次改革就涉及到多个部门，需要得到各部门的配合才能开展工作。因此组织部首先从横向上协调部门关系以推动改革，如国土局最开始考虑到下放权力的风险，不愿意将建房用地许可证审批下放到乡镇一级办理，组织部与国土局的主要领导约谈了 3 次，与分管领导、业务员约谈了 10 次，使得国土局同意把与农民息息相关的审批权逐步下放到乡镇。在协调横向部门关系的同时，组织部也从纵向上协调乡镇，推动各乡镇党委、政府将“农民办事不出村”各项工作落到实处。当然，“农民办事不出村”项目建设归根结底是服务群众，只有充分了解农民真实需求，听取群众意见，才能使改革不断完善。为此，组织部还借助党的群众路线教育实践活动，听取群众需求和意见。在活动开展过程中，不少项目村的群众就反映：“农民办事不出村”系统虽然方便，但实际运行中还有一些问题，比如有的部门办理时间过长，严重影响整体办事进度。组织部通过组织相关部门进行实地暗访、电话抽样、群众座谈，发现个别乡镇和县直部门存在官僚主义、形式主义，思想上对“农民办事不出村”工作重视程度不够，同时对项目运行遇到的问题研究不够，业务指导不力，没有将工作真正落到实处，导致“农民办事不出村”项目实施过程中，出现“走样”“变通”现象。为及时扭转改革中存在的这些不良风气，组织部多次约见出现问题的部门及乡镇相关负责人进行会谈，从思想上加强教育，使他们提高对“农民办事不出村”项目推进意义的认识，从而在行动中做出改变。

四是政务服务中心负责实施，这是改革的执行环节。该县政务服务中心一方面要负责协助北京宇星新语公司开发设计“农民办事不出村”系统；另一方面要与其他单位、社会企业协商，将行政服务、社会服务、商务服务整合融入“农民办事不出村”系统。此外，县政务服务中心还要承担全县“农民办事不出村”信息化系统业务受理员和办理员的培训工作，制定“农民办事不出村”网上办理操作流程以及负责全县“农民办事不出村”信息化系统及网络的维护和运行管理。通过县政府服务中心，政府顶层改革思想彻底地深入下去，同时能够更有效，更快速地推进改革。

（二）引进外部智力资源

巴东县地处“老，少、边、山、穷、库”的山区，要在这样落后的山区通过技术实现政府公共服务下乡，无疑是难上加难。为克服改革的阻碍，巴东县积极争取中国（海南）改革发展研究院政府改革研究中心、全国社会扶贫创新协作办公室支持，通过借脑引智解决技术落地难题。自2012 年 10 月以来，中国（海南）改革发展研究院政府改革研究中心相关专家多次亲自带队调研巴东，对巴东此次改革的可行性、风险性进行评估，并指导制定实施方案。全国社会扶贫创新协作办公室也为“农民办事不出村”项目做了大量工作，不仅协助巴东县研发“农民办事不出村”信息化系统软件，还亲自派相关技术专家多次莅临试点村考察，为试点村提供技术指导。与此同时，国家社会扶贫创新协作办公室与巴东县政府签订了总投资 1100 万元的“农民办事不出村”信息化项目示范协议，并捐赠价值近 100 万元的自动化办公设备。

在中国（海南）改革发展研究院政府改革研究中心、全国社会扶贫创新协作办公室的支持下，“农民办事不出村”信息服务平台建设工作初显成效。但巴东县对为什么要进行此次改革以及此次改革有什么重要价值还不甚清楚，这就需要从理论上进行提升。对此，巴东县最终决定与研究农村与基层社会治理见长的华中师范大学中国农村研究院合作。2014 年 8 月，巴东县政府与华中师范大学中国农村研究院签订合作协议，携手进行“巴东农民办事不出村信息服务平台——以服务为导向基层治理工作”的研究。至此，巴东县也成为华中师范大学中国农村研究院的地方改革试验县市之一。中国农村研究院的介入，主要着眼于三方面的思考：

首先厘清巴东改革是什么。课题组认为巴东县是通过运用先进的信息技术，打造“农民办事不出村”系统，促进政府规范化、标准化、协作化运作，让政府搬到农民家门口，农民足不出村就能享受到基本的公共服务，不仅是现代技术推动政府服务下乡的创举，同时还是技术牵引下政府治理能力提升的有益探索。

其次进行经验总结。课题组通过深入到乡镇、村服务窗口进行现场观摩指导，并与镇干部、村干部、业务受理员、办事农民等展开了深入交流互动，充分了解巴东县“农民办事不出村”平台的特色，总结出巴东治理方式、服务方式、监督方式等多方面可推广、可复制的“巴东经验”。

最后为进一步深入改革提供指导方案。课题组指出目前巴东的改革实现了政府治理能力的提升，是治理能力的现代化，但还没有达到治理体系的现代化。而要实现治理体系的现代化，必须进行“扩面、延伸、互动”。为此，巴东县重新选取确立了两个村作为试点，在华中师范大学中国农村研究院的指导下，巴东县开始进行治理体系现代化的探索。

（三）发掘已有网络资源

“农民办事不出村”信息化项目是通过专业的系统办事软件，实现办事材料在线传输与审核，因此必须要打通网络，搭建一条“信息高速公路”，将山里与山外连接起来，让数据来替农民跑腿。对于巴东这样的山区地形，搭建网络的技术难度大，花费成本高，如巴东县野三关镇的石桥坪村，离县城有100公里，搭建网络电缆费每公里需要3万元，那么石桥坪村拉通网络，仅电缆费就需要300万元，而石桥坪村还不是离县城最远的村庄。因此，对于巴东政府来说，要在短时期内逐步推进信息化建设，同时降低改革成本，有必要发掘已有网络资源的价值。

2000年初，在中组部的号召和支持下，巴东县就有135个村修建了党员远程教育网络系统。巴东县委、县政府多次深入了解农村网络资源的建设发展状况时，发现这些有党员远程教育系统的村庄，其网络保持着与外界的畅通联系。然而，花费了巨大投入建成的党员远程教育网络却在许多村庄成了“摆设”，农村党员干部很少组织群众利用远程教育系统进行学习，每个村平均每月一次，利用率十分低。巴东县委、县政府认为这是对网络资源的一种巨大浪费，决定充分整合农村党员远程教育系统网络，承载“农民办事不出村”系统的信息传递。2013年，巴东县首先在已有网络的135个村中推进“农民办事不出村”项目建设。由于可以利用现成网络，第一年项目建设进度很快，仅2013年就有125个村的“农民办事不出村”系统投入运行。

与此同时，巴东县政府将“农民办事不出村”信息化平台网络与网格管理网络融合。巴东县2012年进行网格管理建设，在县成立了一个网格化管理服务中心，承担全县城乡网格管理工作的指挥、调度、指派、监督等工作，并在12个乡镇分别成立了农村网格管理工作中心，督促落实县网格化服务管理中心指派的工作任务；同时，部分村（社区）成立了农村网格工作站，负责网格管理日常录入、更新工作。目前形成了覆盖县、乡镇、部分村三级的网格管理系统，同时县网格管理中心还与县民政局、人社局、卫计局、城管局、公安局、司法局等多家县直单位成功对接，初步实现了部门、乡镇、村（社区）数据共享。巴东县政法委书记吴以忠指出：“通过‘农民办事不出村’网络与农村网格管理网络的整合，巴东县实现了管理和服务传输载体共享。”

巴东县通过充分利用已有的网络资源承接“农民办事不出村”系统，实现了“农民办事不出村”、农村党员远程教育、网格管理三大系统的网络传输载体共享，充分发挥了农村网络作用。从全国来看，大部分农村地区已有党员远程教育学习网络，网格化管理也正在铺开，充分重视和利用整合这两股网络资源，对改变农村地区面貌具有重要意义。

（四）整合社会配套资源

“农民办事不出村”平台建设投入大，若仅仅用于行政审批事项的办理，利用率不高，发挥的效益不大，并且农民经常办理的并不是行政审批事项，而是领取养老金、农业补贴，缴纳电费、水费等，对社会服务和商务服务的需求更大。针对农村实际与农民需求，巴东县在“农民办事不出村”平台建设过程中，不仅把与农民息息相关的行政审批事务进驻“农民办事不出村”平台办理，还整合了社会配套资源，将社会服务和商务服务融入到平台办理，使平台效用最大化。

以巴东县整合电信服务为例，巴东县电信公司最初不愿将网络搭建进村，主要原因在于农民居住分散，安装网络成本高，使用范围小，并且农村经济水平发展较为落后，很少有农户使用网络，网络建成后的收益也很低。针对这些问题，巴东县政务服务中心负责“农民办事不出村”的领导多次与巴东县电信公司协商，同时县组织部也多次从中协调，最终与电信公司达成“以租代建”的合作共识。具体而言，就是让电信公司一次性投入建设资金，政府每年支付少部分租用资金，以补偿电信公司前期投入。“以租代建”是政府项目建设、技术服务外包方面的有益探索，通过整合社会资源，可以减少政府的直接投资，降低建设与运行成本，且有利于提高运行的可靠性和稳定性。短短两年时间，巴东县电信公司就完成了288个村庄的网络架设工作，共投入5000多万元。同时，县电信公司还积极争取湖北省建设“国家农村信息化示范省”、恩施州“双轮驱动”产业建设的相关政策支持，缓解了农村网络建设的资金难题。

中国农业银行巴东支行与县电信公司情况相似，最开始也不愿意配合“农民办事不出村”项目建设，只是当作一项政治任务参与进入的。实际上农业银行在2010年就开始做新农保业务，起初是在村里安装转账电话，但由于村里没有固定的办事人员，未能得到充分利用。后来就沿公路、大的集镇、经济比较好的乡镇布了252个点，但真正发挥效应的就100多个，这样做不仅投资较大，2013年就达600多万元，而且服务离村里的农民也远。随着“农民办事不出村”平台的建立，农业银行将服务融入平台内，渐渐尝到“甜头”，不再需要操心选代理点、选代理人的问题，自身运营风险也降低了。加入“农民办事不出村”项目以来，县农行平均每年固定费用投入在70万以上，包括器具投入费、人员工资、车辆费用、代理费等。“虽然现在加入这个项目我们是赔钱，但从长远来看，对我们是十分有利的，因此我们的建设力度还要加大，准备在村安装转账电话、发卡机、查询机、自助服务终端、体验机、POS机等，让这项民心工程真正深入民心，让农民真正享受到金融发展改革成果和金融发展红利。”中国农业银行巴东支行行长赵万华说道。

巴东县邮政局的积极性也随之被调动起来，借助“农民办事不出村”平台建设契机，巴东县邮政局通过将“商易通”搭建进办事平台，实现农民在村里就能取款、汇款、转账等，同时邮政局还在平台提供代理农资分销业务，根据农户需求统计数据和资料，邮政局负责送货上门。除此之外，邮政局根据各服务点受理员业务水平情况及周边农户需求，逐步推介并叠加其他业务，如订购机票、购买彩票、代理保险等。

巴东县通过整合电信、农行、邮政等社会配套资源，政府力量与社会力量形成合力。在“双轮驱动”下，巴东改革更加大步向前迈进，同时也扭转了政府与社会长期隔离、不合作的状态，形成了政府与社会的良性互动。

二 打造平台奠定改革基石

根据《巴东县“农民办事不出村”信息化项目建设实施方案》文件精神，实施“农民办事不出村”就是要着力深化基层便民服务，坚持把方便群众办事作为项目实施的出发点和落脚点。为此，巴东县通过向下延伸服务中心，对外设置服务窗口，研发专业服务系统，精心组建服务队伍，开发出全新的平台，搭建起承接服务的载体。

（一）向下延伸服务中心

近年来，城市社区的行政服务中心发展越来越快，越来越完善，如上海、佛山的“一门式”办理，城市里的居民进一个门，找一个窗就能办理任意一项行政审批事务，同时在服务中心开发有自助服务终端机，居民可自助办理一些社会服务。但对于巴东来说，学习上海、佛山等发达地区的模式是行不通的，一方面是服务仅仅停留在城市，无法解决广大农村地区农民公共服务“最后一公里”的难题；另一方面是平台建设、自助终端系统开发成本较高，受益面小，如佛山仅信息平台的硬件建设就投入超过4000万元。巴东改革者选择了一条适合自己的发展道路，即将政府服务中心向下延伸，打造县便民服务中心、乡镇便民服务大厅、村便民服务室，以此形成覆盖县、乡镇、村三级的服务阵地，将公共服务纵向延伸到底。

由于县便民服务中心发展较早，硬件设施较为完善，因此巴东县政府重心主要放在乡镇服务大厅和村便民服务室的建设上。首先，对乡镇便民服务大厅进行标准化建设，严格实行“八统一”，即统一机构名称、统一窗口设置、统一机构标识、统一进驻事项、统一人员选配、统一办事流程、统一收费政策、统一绩效考核。同时统一配备较高质量扫描仪，确保农民办事不出村信息和电子资料能正常上传。这种统一的建设标准能够避免各乡镇建设的随意性，有利于各乡镇承接“农民办事不出村”服务。

村便民服务室更是建设的重中之重。为解决便民服务室的安置问题，巴东县对各村的党员群众服务中心进行改建、扩建后，将便民服务室安置在内，这就扭转了大部分村庄由于没事可办，党员群众服务中心长期“荒置”，作用无法发挥的局面。据统计，巴东县2013年、2014年共对207个村的党员群众服务中心进行改建或扩建，每个村平均投入20万，共投入4458万。安置问题解决后，巴东县政府对便民服务室进行统一规范，要求便民服务室要符合“十有”：有办事柜台、有办公桌椅、有电脑、有打印扫描复印一体机、有宽带网络、有档案柜、有背景墙、有业务吊牌、有便民设施、有管理制度，以实现各村都能有良好的办公服务环境。对于巴东山区里的农民来说，村便民服务室具有重要意义，有的农民形容说：“我们是做梦都笑醒了”。以前山里的农民很难享受到政府的公共服务，并且享受一次，要付出很大的代价。

以野三关镇北界村为例，农民到镇里办事约8公里，办一件事情平均要往返3次，往返一次平均要用时一天，车费20元，误工补贴每天150元左右，那么北界村农民到镇里办成一件事平均要花费500元左右。农民若要上县里办事，花费则更大，村离县城约100公里，一天不能往返，还要在县城里吃饭、住宿，保守估计平均每件事情往返县里2次，每次2天，往返一次车费150元，住宿吃饭100元，误工300元，两次就要花费高达1100元。除了这种经济上高昂付出以外，遇到办事人员服务态度不好，被拒之门外的时候，农民还要承受一定的精神压力。特别是对于农村老人来说，不识字，不认路，办事情更是难上加难。“我们长期在村里，出去办事什么都不懂，常常担心上当受骗。”北界村一位老人这样描述以前出村办事的心情。

而现在，政府搬到了农民家门口，农民不用出村，就能享受到政府提供的服务，不仅节约了办事成本和时间，也让农民办事不再有心理上的顾虑。与此同时，巴东县农民能够与城市居民一样，享受到政府提供的公共服务，这将有利于推进城乡公共服务的“均等化”。

（二）对外设置服务窗口

县、乡镇各部门分割办公室的办公方式存在弊端，一方面，群众办事“难进门，难找人”；另一方面，权力运行不公开，难免会出现“吃、拿、卡、要”的现象，权力寻租也有很大空间。为此，巴东将县、乡镇所有部门的行政审批事项按照“人员进中心、公章进中心、分管领导进中心、所有手续进中心”的原则，进驻窗口，实行“一窗式”办结。县便民服务大厅进驻39个部门，基本实现县直相关部门的行政审批服务分窗口提供。乡镇便民服务大厅根据需要设置窗口，办理事项比较多的乡镇部门，如民政、计生、人社等，分别单独设置一个办事窗口，而办理业务比较少的乡镇部门，则合并为一个综合窗口。巴东县茶店子镇村民作了一首打油诗来反映办事发生的变化：“过去办事急死人，提起猪头找庙门；找了张三找李四，脚板磨破事不成；现在实行信息化，农民办事方便哒；不要装烟不提酒，办好事情乐哈哈。”

随着县、乡镇服务窗口的前移，巴东县在村一级也将服务窗口前移到了村便民服务室，每个村一般设置1到2个窗口。除了受理行政审批事务以外，为了方便大山里的农民，村服务窗口还能提供社会服务，如领取新农保、新农合等，以及提供市场化的服务，如购买农资、转账汇款、网售农产品等，巴东农民真正实现了“证件村里办、信息村里查、费用村里交、补贴村里领、农货村里卖”。

（三）研发专业服务系统

虽然便民服务室下乡了，服务窗口向农民打开了，但许多事情毕竟不能在村里直接就办好。如何有效利用网络，将山里与山外连接起来，让农民不跑腿，事情就能到山外办好，这就需要一个网上办事系统，各级服务人员进入系统操作，实现“网上办结”，让服务实现从“面对面”到“键对键”，消除办事的空间距离。

为此，巴东县政府聘请北京宇星新语公司，研发专业的服务系统。同时县政务服务中心人员形成专业的业务团队，在研发系统整个过程中，负责配合系统设计员，以便让他们设计出符合巴东需求的运行系统。经过不断探索与试验，“农民办事不出村”系统最先实现了在线传输与同步审核功能，打破了办事的空间距离。具体而言，就是村业务受理员将所办事项的相关材料扫描之后，上传进入“农民办事不出村”系统，然后由相关部门进入系统审核办事材料。这不仅使农民办事不用为送材料多次跑腿，还使得部门办事方式发生了巨大转变：从“见人办事”、“一支笔办事”到“见事办事”、“一条网办事”。

网上办事固然有很多好处，但是如何对办事人员网上办事进行监督，一直困扰着县政务服务中心人员，在多次与设计公司人员商讨之后，“农民办事不出村”系统又融入了流程跟踪功能和监察统计功能，实现了网上自动监督。具体来说，流程跟踪功能让办事人员行为受到制约，受理事项一旦进入系统后，系统将会自动记录各个办理事项在几时几分由谁在办理，未被办理退回事项，必须要有退回理由。监察统计功能让事后奖惩有根据，进入系统的“检查统计”界面，通过查询条件的输入，可以统计出全县、各个乡镇、各个村以及各个部门、各个办事员所办理的业务总数。与此同时，为了避免服务人员办事拖拉现象，“农民办事不出村”系统又新增了实时提醒功能，进入系统的事项若没有及时办理，一方面，系统会自动弹出对话框提醒业务员及时办理；另一方面，系统又与办事人员手机号码相联系，若事项长时间没有办理，还可以通过短信督促业务员及时办理。

可以看出，通过不断完善设计，“农民办事不出村”系统实现了集多种功能于一体，巴东县农民享受到了“智能化”的服务，“让群众少跑腿，让数据多跑路”的先进服务理念在巴东落到了实处。

（四）精心组建服务队伍

人力资源是一切资源中最主要的资源。因此，平台的运作必然离不开一批服务队伍的培育。为此，巴东县政府根据需要，精心组建了系统管理员、业务办理员、业务受理员三支服务队伍，支撑起平台的运行。

一是组建系统管理员队伍。“农民办事不出村”系统的运行具有系统性，需要有较为专业人员进行协调指导，后台督促，以及对项目的设备、软件等进行维护，因此巴东县在“农民办事不出村”项目建设的各乡镇和县直相关部门各配备1名系统管理员。为了保证系统管理员队伍质量，首先在选拔上严格把关，各乡镇和县直部门在编人员中，只有具有大专以上的文化水平，具备熟练的计算机操作技能和“农民办事不出村”信息化项目系统运用技能的人员才能申请。其次，高度重视系统管理员的教育培育，各乡镇党委和县直相关部门采取多种形式对系统管理员进行业务指导和培训，同时关心他们的思想、工作和生活，激发他们工作的主动性和创造性；县委组织部每年对系统管理员有计划进行调训、轮训，对符合后备干部条件的系统管理员，县委组织部纳入科级后备干部进行管理。最后，对系统管理员进行严格管理和考核，从管理上看，实行双重管理制，即系统管理员既在各乡镇党委政府和县直相关部门的领导下开展工作，又要由县政府服务中心管理办公室统一指导业务；从考核上看，实行年度绩效考核制，乡镇系统管理员从在线抽查、办件考核、项目实施、设备维护四个方面考核，县直部门系统管理员从在线抽查、业务办结、培训指导、流程优化四个方面考核。考核结果是对优秀系统管理员进行表彰，对责任感不强、工作不力的系统管理员，县纪委将对其单位和个人进行通报批评，个人不得提拔重用。

二是组建业务办理员队伍。业务办理员主要是在乡镇便民服务大厅提供服务的一支队伍，其主要职能是在窗口值班，进入“农民办事不出村”系统审批事项。为了让业务员熟悉“农民办事不出村”的操作流程，县政务服务中心统一对乡镇相关人员进行系统操作的培训，熟悉之后才能够进驻窗口办理业务。同时为了提高业务员的办事效率、服务意识，乡镇业务员考核也十分严格：工作日内由县农民办事不出村领导小组办公室对全县各乡镇业务办理员在线登录情况实行上午和下午两次在线抽查，一周内有 1 次及以上抽查未在线的，分别按照提醒、全县通报、县领导约谈单位主要负责人进行处理；经县农民办事不出村领导小组办公室抽查在一周内有 1—4 件及以上未办结事项的，分别按照提醒、全县通报、县领导约谈单位主要负责人、换岗进行处理。

三是组建业务受理员队伍。业务受理员是在村一级打造的一支服务队伍。村一级是人才队伍最薄弱的地方，但也是“农民办事不出村”平台顺利运行的最为关键的一个环节，其主要职能是对广大农民提供行政审批受理服务、社会化服务和市场化服务。为了在落后的山区培育一批服务基层的队伍，巴东县在每个村精心选取了 1—2 名素质相对较高的人员，集中到县里进行为期一个星期培训，培训内容主要包括：计算机基础知识

（系统安装、计算机安全、网络安全、文件备份、常用操作、电子邮件、QQ使用等）；各个部门的审批业务知识；农村网格化建设业务知识；农行、邮政等商务服务知识；政务服务相关政策法规知识；劳动就业、移民项目技能培训；服务礼仪知识共六个方面。

虽然选拔出来的人员算得上是“农民精英”，但是面对电脑这样的现代设备，很多人还是连打字都不会。因此巴东县在全员培训的同时突出重点培训，即重点培训文化水平低、基础差、接受能力低的村级业务受理员。经过严格培训后，县政务服务中心组织考试，对培训人员进行考察，考试合格者颁发《农民办事不出村结业证书》，可以上岗成为村业务受理员，不合格者则转入下一期继续参加培训，直到合格为止。与此同时，对于上岗的受理员也有严格管理，每周星期一、星期四受理员必须到村便民服务室进行值班，登录“农民办事不出村”系统在线办件，县农民办事不出村领导小组办公室对各村受理员在线登录情况实行上午和下午两次在线抽查，一次抽查未在线的村扣除村基本运行经费15元。

3支队伍的组建与管理，使得巴东县“农民办事不出村”的系统运行有人管，事件办理有人做，解决了长期以来网络办事系统“难得管和难得用”的问题。

三　稳步推进确保改革落地

搭建起有效的在线服务平台为“农民办事不出村”项目的顺利开展提供了硬件保障。然而，如何有序推进这项便民服务工程，使之真正深入每一个村庄，真正惠及大山深处的农民，成为了此时摆在巴东县面前的新难题。对此，巴东县以清理行政审批权力为突破口，积极推进行政审批制度改革，并以此“倒逼”政府服务流程再造。同时，根据不同乡镇、村庄的网络状况、办公场所等基础设施配备情况，通过试点先行的方式进行实践探索，随后分步有序推进直至在全县范围内铺开，真正使这项惠民工程落在实处。

（一）全面厘清服务清单

对于大山深处的农民而言，获得优质便捷的公共服务实属不易，巴东县委书记陈行甲也感叹道："2013 年 4 月，我到水布垭镇调研，只跑了几个村，就花了一天多时间，可谓是亲身体验到了老百姓到镇里、到县里办事不容易。"可以说，农民办事难，不仅是地处山区的巴东农民所面临的难题，同时也是全国各地农民遇到的一大普遍性难题。这种难不仅体现在行政审批难办理，同样表现在社会保障服务、便民商业服务难享受。因此，明确山区群众需求，制定针对山区农民生产生活实际的涵盖行政审批服务、日常生活服务、商务服务的服务名录清单成为了平台落地运转的关键所在。

首先，对于居住在山大人稀的巴东农民而言，行政审批难一直是阻碍山区农民生产生活的巨大难题。想办一张林业采伐证、开具一张婚育证明往往都要跑到乡镇甚至县里才能办结，一张小小的审批单背后往往是农民大量的时间成本、经济成本的投入。这深刻地反映出山区自然条件对村民生产生活带来的不便，同时也意味着我国现行的行政审批制度存在着亟需改进之处。

针对人民群众行政审批办理难的普遍性问题，近年来，党和国家站在国家战略高度大力推进行政审批制度改革。党的十八大报告提出："深化行政审批制度改革，继续简政放权，推动政府职能向创造良好发展环境、提供优质公共服务、维护社会公平正义转变。"党的十八届三中全会更是明确提出要"进一步简政放权，深化行政审批制度改革"。对此，一段时间以来，全国各地方政府都在积极探索行政审批制度领域的新变革。

可以说，进行行政审批制度改革是加快政府职能转变，建设"服务型政府"的迫切需要。而开展行政审批制度改革，首要任务就是要通过合法途径取消不必要的行政审批项目，这是推进服务型政府建设的重要条件。有学者甚至认为治理行政审批权是转变政府职能、创新社会治理的关键，并且将成为中国行政体制改革的拐点。① 自 1997 年深圳经济特区政府开始规范、清理行政审批事项开始，再到 2001 年国务院对全面改革行政审批制度工作做出部署，行政审批制度改革在全国全面铺开，十余年间，国务院已分 7 批取消和下放了 632 项行政审批权，行政审批制度改革中的"简政放权"工作取得一定成效。但与此同时，部分行业领域仍存

① 刘琼莲：《中国行政审批制度改革的关键：放权与监管》，《领导科学》2014 年 3 月。

在行政审批事项过多过滥，审批程序烦琐复杂、审批办理效率低下等问题。与此同时，部分行政审批虽手续得以简化，但审批事项的前置条件却不断增加，使“明规则”变成了“潜规则”，这都不利于行政审批制度改革的有效落实。

对此，巴东县在切实深化行政审批制度改革上走在了全国前列。为使身处大山深处的农民群众能够享受到便捷的、贴近山区农民生产生活实际的行政审批服务，巴东县自 2013 年 1 月份开始，在县监察局的组织协调下，开展了针对行政许可、非行政许可、行政处罚、行政征收等 15 类事项的行政执法依据、主体、职权的清理和确认工作。截止到 2013 年 7 月，该项工作初步完成。在此次县级行政权力清理审核过程中，共清理和规范行政权力事项 3455 项。厘清行政权力为接下来选择适合进驻“农民办事不出村”平台的行政审批事项打下了坚实的基础。

而早在 2012 年 11 月份，县政务服务中心在官渡口镇进行调研，在乡镇层级的 22 个镇直部门中梳理出 103 项与农民群众息息相关的服务事项，并将其分为审批服务、商务服务、咨询服务和预约服务 4 大类。在 2013 年 3 月至 5 月期间，巴东县政务服务中心先后与涉及农民服务事项办理的各县直部门召开会议进行协商，在县委办、县委组织部、县纪委的支持下，督促各部门下放审批服务权限。2013 年 5 月，巴东县制定出可以通过“农民办事不出村”信息化服务平台进行办理的事项名录，在此中，巴东县将与人民群众息息相关的民政、计生、公安、林业、国土等 15 个单位提供的服务事项划分为审批服务类、预约服务类、咨询服务类和商务服务类 4 类 57 项，纳入全县农民办事不出村服务平台进行办理。到 2013 年底，原有的 4 大类 57 项服务内容已增加至 4 大类 76 项，其中，审批服务类项目包括农村建房审批、《生育证》审批、流动人口生育证明、独生子女光荣证办理、户口迁移审批、土地流转承包经营权证申报办理、山林权及林木采伐办理、新农合办理、婚姻登记、农村五保、农村低保、特困群众大病救助、税务登记办理、营业执照办理、党组织关系转入转出等与群众生产生活密切相关的事项。其中审批服务类涉及民政、国土、计生、地税、国税、公安、畜牧、农合、工商、林业、人社和党建 12 个部门可直接由乡镇、村办理的相关事项 54 项；预约类涉及民政、司法、农业、农合、林业 5 个部门 10 项；咨询类涉及农业、畜牧、农合和人社 4 个部门技术及政策咨询 4 项。截止到 2014 年底，可以在“农民办事不出村”服务平台办理的服务事项已增至 4 大类 87 项，服务项目不断增加，也让农民获得了更多的便利。

当然，巴东县“农民办事不出村”平台建设的初衷旨在让农民真正足不出村便可享受到便利而优质的公共服务，因此，仅仅建设“农民家门口的政府”以提供行政审批服务是远远不够的，如何更好地整合涉农生活服务、商业服务也是厘清服务清单的重要内容。截至目前，巴东县已将养老保险金、惠农补贴支取，代收电费、水费、气费，代收移动、联通、电信通信费用等生活服务，农资购买、农产品供销及网上购物等商务服务，小额存款、取款、转账等金融服务纳入服务平台。中国农业银行巴东支行每年为 7 万多农民提供养老金领取服务，为农民节省交通费 200 多万元。基层农民在该系统至今已完成取款、转账业务 6.2 万笔，办理电费缴纳、话费充值 5.1 万笔，受益农户达 30 万人以上。还有大学生村官依托“农民办事不出村”平台建起了淘宝网店，帮助村民网上购物的同时外销农特产品，让村民能够从中获利。

通过明确行政审批权力目录、厘清涉农服务清单，巴东县形成了一整套贴近农民生产生活需求的“农民办事不出村”服务清单名录。与此同时，巴东县还从方便群众办事的角度出发，出台全县行政审批事项目录及办理流程清单，在全县各村的便民服务中心、乡镇服务大厅放置宣传手册，并通过其他多种形式进行宣传，让更多的老百姓了解这一平台。可以说，“农民办事不出村”信息化服务平台建立后，业务范围从最初单一的政务审批办理逐步拓展到汇集便民生活服务、商务服务、网上购物、网上销售农特产品等业务，真正实现了从 1 到 X 的裂变聚合，让“农民办事不出村”信息化服务平台从单一职能走向多元服务，实现了平台容量转变，让群众在家门口便可以享受多样化的便民服务。

（二）着力再造服务流程

涉农服务事项的全面清理，尤其是对涉农行政审批事项的厘清也在不断“倒逼”政府再造服务流程。我国目前的政府组织机构基本上沿用韦伯式的官僚层级制形式，这种官僚制组织结构，横向按专门职能划分部门，纵向采用分等级的层级结构进行管理。在现实中，这种官僚层级制的组织结构导致政府在提供公共服务时存在一定问题，这些问题主要体现在以下三个方面：

首先，上下层级间存在的领导关系导致岗位绩效取决于直接上级，导致部分部门官员工作重点偏离为民服务理念。其次，部门间互动协同较弱导致了跨部门的行政审批流程无人负责。最后，在现有行政审批环节中，政府公职人员为了实现层级控制，将大量行政资源耗费在公文上报和层层签字上，极大影响了行政审批的实效性与便捷性，行政审批服务的办理质量和人民群众的满意程度大打折扣。

因此，深化简政放权不仅需要清理权力并制定明确的权力清单，还需要进一步优化政府服务流程，这就为巴东县提出了新的难题，即怎样进行政府服务的流程再造。在行政管理理论中，政务流程再造是政府为了利用信息技术提高政府管理和社会服务水平，对传统政府行政管理和服务的业务流程进行重新组合和更新改造的过程。[①] 可以说，政府流程再造体现了服务型政府以满足公共需求，提供优质服务为导向的核心理念。巴东县也积极顺应这一行政体制改革思路，围绕着服务型政府的建设理念，从“农民办事不出村”平台运行实际出发，积极探索从“大政府小服务”到“小政府大服务”的政府服务流程再造的方案。在优化政府服务流程的过程中，巴东县提出了三项工作原则：

其一是“限时办结，马上就办、办就办好”的原则。在行政审批流程再造过程中，巴东县力图形成办结流程最简、办结时间最短、办结速度最快、办结时效最优的行政审批办理机制。所谓“限时办结”就是每一项办理事项必须公布时限，按照相关规定公开办理时限，并接受公开监督。“马上就办”即意味着在接受群众相关申请后马上启动办事程序，能办好的马上办好，不能办的由业务受理员负责解释清楚，并在规定时限内尽快办结。“办就办好”是指对于办理的各种证件，要通过最便捷的方式尽快送到办理者手中，不能各个环节的审批都通过了，结果村民十天半月还拿不到证件，这样就违背了“农民办事不出村”系统设计的初衷。其二是按照“按需下放、能放则放”的原则，推行“部门审批职能向科室集中、部门审批科室向政府服务中心集中、审批事项向农民办事不出村信

① 何洋：《政务流程再造浅析》，《电子政务》2007 年第 8 期。

息系统集中”的工作办法。政府各职能部门的行政审批都集中到了窗口办理，办理行政审批由原来的“进多门找多人”到现在的“进一门找一人”，审批事项办理便捷程度大大提高。其三是坚持“应进必进、能进则进”的原则，即凡是可以进驻“农民办事不出村”信息化平台的审批事项一律实现在线办理。例如，县卫计局就将涉及农民计划生育的全部12项审批事项全都放到“农民办事不出村”系统中进行办理。

结合这三项工作原则，巴东县将行政审批全流程作出了明确规范。现阶段，普通村民办理行政审批按照规范的5个步骤进行，即村民提交材料、村级业务受理员初审、资料扫描上传、县乡逐级审批、办理证件领取。农民群众提出申请后，由受理员受理申请事项并填写登记簿，根据全县行政审批和服务事项目录，确定申请事项应填写的相关表格，在系统中下载相关表格并指导服务对象填写。对符合办理条件的，由村委会签署意见并盖章，扫描申请办理事项必需的资料和表格并整理填写系统表单，上传电子档案，申请上级部门办理所受理的事项。经审查符合条件的，办理好后，服务对象凭受理通知书在本村便民服务中心领取证件。需要预约审批办理的，由业务受理员整理受理事项纸质档案并传递到相关部门进行预约。对由相关部门审核不合格的申请事项退回至村便民服务中心，告之服务对象进行材料补交等程序进行重新办理。

通过“农民办事不出村”服务平台，巴东县真正实现了政府服务流程、内部支撑流程与管理流程的全方位再造。在服务流程上，巴东县一改原来农民办事进多个门，找多个人，盖多个章的办理流程，现在只要前往村便民服务中心，找到业务受理员，提供相应的申请材料并填写申请表，剩下的便是等待手续办结拿证了，农民办事流程大大简化，行政审批事项办理更加快捷便利。巴东县大支坪镇水谷坝村十组村民袁成彬夫妇二人都在深圳务工，2013年10月夫妇二人准备生育二胎，需办理《二孩准生证》，因孕妇已怀胎6个月坐车回乡不方便，夫妇二人无法回乡办理，于是联系到本村业务受理员樊琼进行办理，樊琼通过查阅《二胎准生证》办理流程，让袁成彬夫妇将所需证件的原件扫描通过在线聊天工具传回了村，当天就帮袁成彬夫妇办好了《二孩准生证》并邮寄了过去。这样的例子在“农民办事不出村”系统建成之后数不胜数，而在这行政审批便捷办理的背后离不开行政审批办理流程的简化、优化。

对于政府内部的支撑流程而言，由于行政审批由“面对面”走向“键对键”，审批事项的网上办理减少了公职人员当面审批与审批文件的逐级呈送环节，行政审批效率得以提高，行政成本大大压缩。而在政府内部管理流程中，通过共用一套审批平台，使得一些涉及不同部门的审批事项得以进行并联审批办理，不同部门的工作人员可以通过这一平台进行工作上的协调交流，也使得政府部门间的工作协同更加有序。

可以说，“农民办事不出村”平台的开发和涉农服务事项的全面清理“倒逼”了政府服务流程的再造，政府部门与群众不需“面对面”接触，既让机关单位减少了行政成本，也使政府公职人员少了官僚习气，杜绝了“看情面办事、见好处办事”的“吃、拿、卡、要”不良现象，从源头上铲除了腐败的温床。群众形象地说：“一个系统软件进了村，群众受惠、机关受‘冷’，上级政府主动办，办事少了中转站。”

（三）积极探索试点先行

在“农民办事不出村”项目规划建设的最初方案中，巴东县提出了“试点先行、全面推开、三年为期、整体覆盖”的建设原则，即自2013年开始，计划用三年时间，实现全县491个村“农民办事不出村”信息化系统全覆盖，其中，计划2013年完成120个村，2014年完成180个村，2015年完成191个村。

为了更加积极稳妥推进“农民办事不出村”项目建设，自项目启动以来，巴东县首先进行了三个阶段的前期准备工作。第一，完成了项目落地、软件研发。第二，完成了审批服务事项清理，2013年内计划推进的120个村的筛选锁定。第三，在野三关镇冉家村、杨家店、石桥坪、麻沙坪、鼓楼山5个村开展试点运行工作。

之所以选择野三关镇的这5个村庄进行试点，是巴东县看中了这5个村庄农村党员服务中心设备设施齐全，网络条件相对较好。而良好的办公场地条件得益于巴东县在2012年开展的农村基层党员服务中心的修缮建设工程。在这项工程中巴东县共投入4458万元，对207个村庄的农村党员服务中心进行了改扩建，使很多村庄的党组织阵地面貌焕然一新，而这5个村庄正是通过修缮之后农村党员服务中心中硬件设施条件较好的典范。

在野三关镇5个村进行试点的一个月内，系统平台共受理群众申请事项31件，办结率达100%，这一系统的投入运行得到了村民的广泛欢迎和好评，试点工作取得了成功。这一试点工作的顺利开展也充分证明了“农民办事不出村”信息化服务项目建设工作具有现实层面的可行性。但与此同时，在试点过程中巴东县也发现了一系列系统平台运行所存在的问题，例如有村民反映林业采伐证和建房许可证的办理程序仍然较为烦琐，能否进行简化。对此，“农民办事不出村”项目组立即联系了这两项审批事项的归口部门，即林业局与国土资源局进行商谈，使其充分研究农民群众提出的意见建议，切实简化办事流程，真正实现让农民足不出村即可进行这两项业务的审批办理。随后，通过有关部门充分调研与反复论证，这两项行政审批业务的办理流程均得到了最大程度的简化，也让农民群众真正受益。

巴东县在2013年完成了125个村“农民办事不出村”平台的建设工作，这125个村庄均是已经通了光纤网络的村庄，系统运行的网络条件相对成熟。而在2014年内，项目组在推进过程中发现，部分村庄由于村民外出务工情况较为显著，常住人口数量大幅下降，甚至出现了一些不足百人的空心村。与此同时，部分位于大山深处的村庄，由于生产生活环境相对恶劣，村民已经逐渐迁往别村居住，村庄人口数量急剧减少。倘若在这些村庄也拉通光缆、搭建系统，既建设成本巨大，服务的有效性也得不到保证。因此，在进行充分调研后，巴东县于2014年进行了全县行政村的合并工作。

此次合村以“村民自愿，合理规划”为主要原则，先由下辖各乡镇提出较为科学合理的合并方案，随后交由各村村民进行审议票决，票决通过后再进行村庄合并的实际工作。截至2014年10月，巴东县已完成了此次合村工作，原有的491个行政村现已合并为322个行政村。行政服务资源得以更加有效配置，在降低公共服务成本的同时，也为基层农民提供了更为高效便捷的服务。现阶段，“农民办事不出村”平台的辐射范围已可形成“一小时便民服务圈”，项目分步有序推进卓有成效。

四　构建机制保证改革持续

改革是一项系统而长期的工程，若没有完善的机制作为保障，终将会昙花一现，消失在历史的长河中。为确保改革走地远、走地好，巴东县领导班子特别重视改革中的机制建设，确立了多部门的协作机制、多层级的分流机制、多方位的监督机制、多样化的保障机制，为改革注入持续发展的动力。

（一）多部门的协作机制

随着社会经济发展的推动与政府改革的深入，政府部门间关系的问题逐渐开始成为关注的焦点。在创新社会治理的背景下，如何建构政府部门间协调机制成为政府自我改革深度推进的重要维度。但是，长期以来，由于职能分工，带来政府内部“部门林立”、“各自为政”，部门之间这种“碎片化”关系导致各部门之间会存在“施政缝隙”，所谓“施政缝隙”是指在政府部门间的权责配置中有一个各部门职责都难以覆盖的“空白地带”，这个“空白地带”是政府各部门都不愿意承担职责的领域；因此造成“权责壁垒”，即政府内各部门之间固守各自权责与利益范畴，淡漠合作，政府“整体性”的价值认同裂化。[①] 而其带来的结果，一方面是由于不协作带来行政效率的低下，部门之间互相扯皮、互相推诿现象时常发生；更深层次的影响则是群众办事“难找人”、“难进门”，最终“事难办”。长此以往，群众对政府的埋怨会越来越多，而对政府的信任将越来越少，社会治理也必越来越难。

巴东县“农民办事不出村”平台建设以前，农民进城办事可谓是阻碍重重，比如办理“房屋建设许可证”，涉及到国土、交通、林业、电力等多个部门，农民往往要在几个部门之间来回奔波，找人签字盖章十分困难，还经常会遇到被部门推来推去的“踢皮球”情况。农民有时办理一个证件，要来回奔波二三十次，耗时几个月，花费成本上千元。一谈及以前办证经历，巴东农民心酸的话语中就流露出对政府的怨气，对政府的不信任。

为此，在巴东县改革实施过程中，县委、县政府多次强调要加强协作，指出信息化项目建设是一项全局性、系统性、综合性、战略性的工作，需要多个部门相互协作。在“农民办事不出村”项目落实规划的过

① 张翔：《中国政府部门间协调机制研究》，南开大学，2013 年 5 月。

程中，巴东县充分利用部门业务办理专网与县政务服务网络，借助“农民办事不出村”平台，建立了“多部门的协调机制”，部门之间关系由“碎片化”逐步走向“跨部门协作”。具体来说，部门协作运行主要是通过两种方式，一是网上并联审批，农民待办事件进入系统后，涉及到多个部门审批的，各部门按照先后顺序，自行在网上进行审批；二是部门联席会议审批，如“建房许可证”的办理涉及到国土局、林业局、交通局等多个部门，且需要现场勘探，流程十分复杂，各个部门相关人员需要通过召开联席会议共同协商证件的办理，通过这种方式避免了群众办理证件在各个部门之间奔波，农民“跑腿”变为干部“跑腿”。

“协作机制”使得部门行政方式得到根本性的变革，大大提高了政府的行政效率，如县卫计局自“农民办事不出村”系统运行以来，共受理了12635多件，办结12623件，办结率高达99.9%。从全县来看，各部门的行政审批事项办结率也达到了94%。同时政府从“被动”办事到“主动”为民服务，政府与群众之间的关系得到缓和，政府在社会中的形象得到提升，推动改革持续进行。

（二）多层级的分流机制

巴东县隶属湖北省恩施土家族苗族自治州，辖12乡镇491个村（社区），共49.6万人，县域面积3354平方公里，南北最大纵距400公里，海拔高差2938米，境内大巴山、巫山、武陵山盘踞，长江、清江两江分割，是典型的“老、少、边、山、穷、库、险”地区。山高路远坡陡，农民到镇里、县里办事极其不便，花费成本也十分昂贵。如何建立有效的机制，打通农民办事“最后一公里”是巴东领导班子面临的重大问题，也是巨大难题。

秉持着“解决农民奔波之苦”的重要目标，在巴东县“农民办事不出村”平台建设运行之后，县、乡镇、村三级通过网络系统连通，“分流理事机制”也随之而产生，具体如下：

村一级负责受理。村里农民要办理相应的行政审批事项，首先准备好需要的证件到村便民服务室，村业务受理员指导农民把相关表格填写好后，将证件和表格统一扫描进电脑，通过“农民办事不出村”系统上传到相关部门，成为待办事项。若办理成功，农民只需到便民服务室领取证件，若办理不成功，村业务受理员将会告知农民被退回原因。2013 年巴东县 125 个村智慧平台累计受理行政审批服务事项 8951 件，直接为群众节约办事成本 470 万元。群众形象地说："一个系统进了村，办事少了中转站，机关受'冷'、群众受惠，智慧服务平台就是'亲民岗'。"

乡镇一级负责办理。按照"应进必进、能进则进、进必授权"的原则，凡与农民息息相关的事项一律进入乡镇服务大厅办理。乡镇服务窗口必须有人员固定办公坐班，定时登录"农民办事不村"系统，负责处理由村一级业务员上传到系统的待办事项，对于条件不符合的事项，说明理由退回；对于符合条件的事项，乡镇业务员要下载相关表格，交给乡镇相关负责领导签字盖章后，扫描成电子文档签署意见并发送到县相关部门，同时能在乡镇里办结的事项，乡镇业务员要在部门的内网上进行办结。此外，涉及到现场踏勘的审批事项，乡镇要派相关人员现场踏勘后才能办理，如林业采伐证的办理，乡镇业务员就要通知驻村护林员，两个工作日现场填写好《伐区简易调查设计表》。

县一级负责统筹。随着审批权力下放到乡镇，县一级审批的事项减少，但是仍然有部分不适合下放的审批权力没有下放，如临时身份证的办理可以在乡镇派出所审核材料，但最后必须将相关材料传到县公安局统一办理发证。因此，当乡镇不能代理办结的时候，要上传到县相关部门，由县相关部门进行审批，县一级办理好后，将证件返回到村里；若事项不能办理，仍然需要说明理由，通过系统退回到乡镇，再由乡镇退回村里，村业务受理员告知农民不能办理理由。

县、乡镇、村三级"分流机制"改变了原来三级只是单纯地指导与被指导关系，三级分别承当相应的公共服务职能，将服务纵向延伸到村，农民在家门口就能享受到政府的公共服务。巴东县老百姓激动地说："以前办事少则十几天，多则几个月，花费好几百，如今办事不出村，不出钱，方便快捷。"

（三）多方位的监督机制

习近平总书记指出，要健全权力运行制约和监督体系，把权力关进制度的笼子。然而，传统的监督体系以政府监督为主体，以上级监督下级为主要方式，导致监督"主体单一、标准模糊、方式低效、内容空转"，使监督难以有效落地，权力运行“暗箱操作、潜规则、走后门、托关系”等问题仍然存在。

为此，巴东县领导班子创新了一套全方位的监督机制，让监督真正落地，把权力放在阳光下运行，确保各项工作落到实处。

首先，建立横纵监督体系。县以县纪委监察局牵头，县委组织部、县政务服务中心配合，对全县进行总体监察；乡镇以乡镇纪委牵头、乡镇组织办和乡镇便民服务中心配合，对本乡镇进行区域监察；县直相关部门对本系统的乡镇直单位进行系统监察。通过横纵监督体系，巴东县完善了对“农民办事不出村”项目实施的建设和运行情况监督，对于出现的问题，及时纠正，限期整改，对整改不到位的乡镇、有关单位要予以通报。

其次，创新监督方式。巴东县将电子监察嵌入“农民办事不出村”系统，通过网上实时动态跟踪，弥补了监督“死角”，县、乡、村工作人员是否在线，办理了什么事项，什么时间在办理，签署了什么意见，都有详细的日志记录，业务办理员办理事项的每一个环节，在网上都留下“痕迹”，形成一条完整的“监察链”，使得权力在运行过程中时时有监督，处处有监督。

最后，实行严格考核。考核属于事后监督，是一根指挥棒，具有导向作用、鞭策作用和激励作用。巴东县根据现实情况，科学设置了县、乡（镇）、村三级考评层级，明确单位和个人两类考核对象，成立由县委办、县纪委、县委组织部、县政府服务中心管理办公室相关人员组成的考核领导小组，负责组织实施农民办事不出村绩效考核工作。考核方式采取每月考核与年终考核相结合，量化评分与综合评价相结合进行。同时，把考评结果与行政问责、党风廉政建设、评先评优、奖励惩戒等有机结合起来，鼓励先进、勉励后进，在给职能部门、村以及相关个人增加压力的同时，也调动了各方积极性和主动性，保证了工作顺利开展。

通过全方位的监督，巴东县规范了权力运行，优化了权力使用，最大程度地遏制了腐败的滋生，巴东县纪委黄光辉书记谈道：“监督机制能够有效地治理微腐败，以前农民办事总是有种‘求人’办事心态，空手不好意思进门办事，即使没有钱，都要带上一些家里的土特产才去。现在处处有监督，什么都是公开的，你只要证件齐全，相关人员不敢不办啊！但从更大的意义上说，是对农民人格的提升，以前‘求人’办事，农民在人格上就要低人一等，而现在严格的监督机制使得办事人员必须按规则办事，农民不用再‘求’他们，这对于他们来说是一种人格上的解放！”与此同时，自“农民办事不出村”平台运行以来，干部作风转变使得干群关系得到极大改善，大支坪镇耀英坪村村民孙仁梅说：“现在干部就像我们亲人一样，我们动嘴，他们跑腿。农民办事不出村，的确让我们农民得到不少实惠。”

（四）多样化的保障机制

除了协作机制、分流机制、监督机制以外，为了避免因资金不足中断社会治理的变革，巴东县制定了资金保障机制；为了解决村里人才不足问题，巴东县实施了人才保障机制；同时为了顺应落实“依法治国”需要，配备了司法保障机制。

资金保障机制主要是指确立“农民办事不出村”工作运行经费由县、乡镇财政共同负担，全额纳入县、乡镇财政预算制度。首先为保障信息化系统的正常运行，“农民办事不出村”平台运行、维护、升级及项目工作经费纳入县级财政预算，由县政务服务中心管理办公室管理使用。其次为保障村级业务正常开展，每建设完成一个村，经考核验收合格后，每年补助村工作经费6000元，其中县财政承担5000元，乡镇承担1000元。

人才保障机制主要是保证村一级能够培育出好的人才，同时能够留下一批人才扎根农村，为农村服务，避免农村因人才薄弱、人才缺乏而无法将改革持续推行。人才保障机制主要体现在三方面：一是选优，村业务受理员从村级主职干部、计生专干中产生，村级主职干部、计生专干不能胜任的，可从大学生村官、后备干部、财政专管员和大中专毕业生中选定，同时选拔出的人才应在50岁以下，具备政治觉悟高、熟悉和热爱农村工作、熟悉计算机基本操作、具有初中及以上文化程度等条件；二是建立常态化的培训机制，2013年和2014年，巴东政府每年统筹人社、移民等部门的培训资金100万元，用于村级业务受理员的专项培训，从2015年起，县财政将每年预算一定的培训资金用于“农民办事不出村”工作人员培训。三是工资，为留住村业务受理员，使他们愿意干、乐意干，每年给予村业务受理员3000元的基本工资保障，同时县财政还安排每村1000元用于审批服务、商务服务、预约服务、咨询服务的办件奖励，绩效奖金按照

5∶3∶1∶1的比例在全县统筹后进行奖励。有了工资保障，村业务受理员干劲十足，农村培养出了大批的后备干部。

司法保障机制是通过专业的律师事务团下乡镇，定期驻扎乡镇，一方面，普及相关法律知识，为农民提供相应的法律援助，让农民在遇到纠纷的时候，能够通过法律途径解决问题；另一方面，法律团也为乡镇干部、业务办理员提供相应的法律援助，使他们办事符合法律规定。大支坪镇组织委员李宁深有感触地说："有了司法保障，群众有什么事情可以找法律，村里的纠纷少了，上访也少了，同时也督促我们干部办事不仅要合理，还要合法。"

第四章　部门变革：政府职能重塑

政府低效运作、政府的内部性与扩张①、条块分割的部门单干、寻租等问题，严重阻碍着政治体制改革和现代政府的建构，这就使得政府管理理念和方式的变革迫在眉睫。在传统政治体系下，政府的职能主要是行政管理，即掌握行政权力的政府承担国家功能和职责，是相关政治权利主体按照一定规则和程序，通过多种表达形式实现彼此价值观念和利益关系的契合，从而赋予国家行政机关在广泛的国家政治生活、社会生活过程中各种任务。但是在社会日益分化、群众需求日渐多元、群众权利意识日趋增强的今天，仅仅依靠传统行政职能的政府显然已无法满足广大民众的公共需求，因此，重塑政府职能已成为现代政府改革的重心，而这一重塑过程是由政府内部各部门的变革来实现的。

位于湖北省西部山区的巴东县，山大人稀，交通不便，长期以来，农民到县乡办事极为不便。加之受传统工作模式和思维所束，一部分政府行政部门仍未改变计划经济体制下的本位主义、官僚主义和“衙门”作风，行政审批职能还没有完全转变到位，存在审批程序复杂、行政行为不公开、办事效率不高、服务意识不强等问题。为此，需要建立新的政令畅通渠道，搭建新的群众办事平台，从源头上有效化解社会矛盾，减少农民负担，从而维护社会稳定，服务发展大局。

在政府职能转变的新经验方面，全国各地都进行了积极探索，其中

① 黎民：《公共管理学》，高等教育出版社 2011 年版，第 38 页。政府的内部性是指改革机构尤其是政府部门及其官员追求自身利益或组织自身的目标而非公共利益或社会福利；政府部门的扩张包括政府部门组成人员的增加和政府部门支出水平的增长。

湖北省巴东县“技术牵引型治理”为核心的改革又有其特殊性。一是作为典型的“老、少、边、山、穷、库、险”地区的巴东县，较之经济社会发达地区，其改革阻力更大、条件更差。二是巴东县政府通过自上而下的改革，再造了政府服务流程，理顺了政府职能关系，强化了职能部门整合，实现了政府职能的重塑。三是巴东县委书记陈行甲作为这一改革的重要指导者，对政府职能转变有着与时俱进的想法和先行一步的探索。

一　传统政府模式的弊病

（一）管理型政府下的部门集权

在马克思主义者看来，国家是阶级矛盾不可调和的产物，是阶级统治的工具。政府是国家的代表，国家管理是靠政府去实现的。因此，管理型政府模式是政府一经产生就存在的一种早期的政府类型，其主要职能是实现统治阶级的意志和利益。在管理型政府控制下，军队、警察、监狱等暴力机器视之为国家的支柱，政府是执行统治阶级意志的工具。因此，政府权力集中于那些时刻掌控暴力工具的部门，在政府内部呈现出一种不平衡的资源分配状态和不平等网络体系，甚至政治权力部门可以比较随意插手教育、司法 、舆论等本应独立的部门，甚至这些政府部门的职能也被剥夺了，政府部门间的互动缺乏自由。政府管理表现为权力部门的单向度支配和管控。

我国历史上是一个管理型政府主导的国家，血亲连带、等级制以及内部权力的高度专制性，造就了一种以集权为特征的政府。新中国成立之后相当长的一段时间里，受历史制度惯性的影响，确立了中央到地方高度集权的层级体系，形成了“全能主义政治”的社会，政治机构的权力可以随时地、无限地侵入和控制社会每一个阶层和每一个领域。政府内部的部门间不平等结构在政府与社会、公众构成的网络中进一步放大。“他们的自由活动范围的大小和内容 ，是政治权力机构决定的。[①]”

① 邹傥：《二十世纪中国政治：从宏观历史与微观行动的角度看》，牛津大学出版社 1994 年版，第 7 页。

在当今中国，政府管理的色彩虽然比改革前弱化了，但依然可以看到，权力部门因其自身的利益，不愿意退出这些舞台，不愿意简政放权，这极大阻碍了行政改革的继续推进。部门掌握的权力越大、越集中，其拥有的其他资源也就越多，无疑越能主导政府的运行、管理。

（二）发展型政府下的集体行动困境

改革开放以后，随着以“经济建设为中心”发展战略的确立，国家重心转移到经济建设上来，政府职能的侧重点也从政治统治转向了社会管理。但由于经济建设的紧迫性，政府的职能主要落在经济管理上，忽视了社会其他方面的管理，形成了以经济建设为中心的政府管理模式。尤其是一些地方政府，唯“GDP论英雄”，在经济增长中扮演着决策者、投资者、招商者、管理者、监督者等角色，成为地方经济发展的“全能型家长”。这就使政府的权力和资源主动流向能够在经济增长方面取得立竿见影成效的部门，而社会服务类、文化生活类等相关部门则一度冷落，政府的社会服务功能受到抑制，在失业问题、弱势群体的保护方面难以充分发挥作用。由于市场机制发挥作用的空间被压缩，行政垄断和审批事项增多。

如果说管理型政府的弊端在于政府部门内部的资源分配和权力关系呈现不平等、部门集权的倾向，那么发展型政府的缺陷就在于经济效益促使政府部门的条块分割与惰性僵化，政府部门间缺乏有效的、促成集体行动的机制。任何政府部门和组织都致力于通过对其知识和意图的保密来增强专业上的优势，从而造成单一的、非弹性的、死气沉沉的组织氛围和行政情境。政府长期充当经济建设主体和投资主体角色，导致了政府权力的异化、公共利益部门化，权力寻租无法避免，助长了地方保护主义，市场分割，政出多门。一是政府部门之间的职能分割与利益分化。部门之间的职能分割导致利益分化加剧，同时催生了不同的利益主体，不同利益主体有不同的利益诉求。各种利益主体在社会经济发展中碰撞、摩擦，使得社会利益越来越多元化与复杂化，而社会缺乏有效的调节机制，导致各类矛盾缠绕、重叠，形成社会的“高压锅”，缺乏政府内部各部门间的齐心协力和集体行动。二是官民冲突激化。近年来，官民冲突的群体性事件越来越多，如海南省东方暴力袭警事件、江西省南康事件、广州乌坎事件，等等。当前中国社会官民矛盾愈演愈烈，一方面是源于地方政府不但漠视为民众提供公共服务的职能，而且自恃垄断的政治社会资源，与民争利，成了追逐经济利益最大化的“公司型”政府，权利制约失衡，官员贪污腐败泛滥，引发群众不满；另一方面源于群众的利益表达和诉求机制不畅或欠缺，因此，只能需求非制度化的冲突伸张正义，以非正常的暴力来获取正常诉求无法获得的利益。

（三）服务型政府下的协同性运作

回顾古今中外出现过的不同样态的政府管理模式，我们可以发现，这些政府管理模式都不同程度地具有满足公众需求的功能，都或多或少地具有满足公众需求的职能特征。然而，不论是我国历史上的管理型政府，还是改革开放后的发展型政府，均因其动力来源的不同而产生管理差异。管理型管理模式依托的是传统农业文明和家长制，主要将权威因素作为其整合力量；发展型管理模式依托市场经济的充分发展，将权威因素和经济因素作为整合力量，其管理具有支配性的特征，政府内部的部门间也不可避免。这两种管理模式与公众需求的联结并没有足够的紧密，甚至存在脱节的问题。因此，公共服务型政府应运而生，即以“管理就是服务”为根本理念，以提供私人或社会不愿意提供，或没有能力提供的公共产品为主要职能的政府。

伴随我国经济社会的不断发展，人民群众的民主意识、法治意识和参政意识不断增强，公众对政府公共服务的需求不仅在量上增多，也在质上有了提高。一方面，伴随时代的进步，公众需求不断发展变化，新的公众需求将会不断涌现；另一方面，随着温饱问题的解决，农民的需求也进入一个新的层次，对服务质量的要求越来越高。这一趋势意味着政府将会面临新的挑战，要求政府摆脱以往仅以经济为中心的管理模式，把服务放在政府职能最中心的位置，从“官本位”到“公民本位”，从“替民办事”到“为民办事”，从“独舞”到“共舞”，以实现公共利益最大化。政府只有不断加强自身建设，持续提高满足公众需求的能力，才能更好地应对这种挑战，有效满足公众需求。

因此，转变政府职能、打破政府内部部门间的分割和不合作局面，建设由多部门联动协同行动、开放式的服务型政府，是人民群众的迫切愿望，也是当前民主政治发展的迫切要求。

二　转向服务型的政府

在传统政府治理中，管理型政府扮演了重要的角色，在加速推进服务型政府的背景下，政府各部门的职能转变应把促进公共服务水平，实现公共利益最大化的善治作为价值取向。巴东县政府部门以“农民办事不出村”为载体，通过明确服务主体、丰富服务内容、规范服务流程、创新服务方式，实现了从任务型政府向服务型政府转变，破解了基层治理中政府职能难发挥的“僵局”。

（一）明确服务主体

相对于传统行政政府而言，现代服务型政府强调服务主体的多元性、主体责任的明确性。在以往的公共服务供给过程中，公共服务主体责任不明确，政府部门间相互推诿、扯皮是公共服务供给低效的主要原因。巴东县在政府部门层面，通过明确的职能划分和多部门间的协同互动，实现了服务主体责任化、明晰化，有效避免了服务过程中的无部门管、无人负责、相互推诿的局面。

明确各部门的职能分工。解决部门职能交叉，是建立“行为规范、运转协调、公正透明、廉洁高效”的行政管理体制亟待解决的重要问题。巴东县县直的各个职能部门通过任务分工、责任独立来实现公共服务效率最大化。在划分过程中，当地成立由县委、县政府及相关部门组成的工作机构，分工协调，统筹组织。建立县委办公室统筹、县委组织部主抓、县纪委监察局督办、县政务中心具体实施的工作机制以及建立了以县政务服务中心为龙头，县直相关部门服务窗口和乡镇便民服务大厅为主体，村便民服务室为基础的服务体系。[①]（表1所示为巴东县各职能部门的职责项目录）

① 资料来源：《湖北省巴东县“农民办事不出村”信息化项目建设实践探索》，2014年。

表 1　巴东县“农民办事不出村”信息化便民服务平台事项目录（2014 年）①

部门名称	事项名称
民政部门	出具婚姻登记记录查询证明
	出具无婚姻登记记录查询证明
	农村五保
	孤儿求助
	优抚对象优待金发放
	发放百岁及以上老人长寿补贴
	城乡特困群众大病救助
	自然灾害生活救助
国土部门	农民个人占集体土地建房（原地改建、扩建、新建）
	农村村民宅基地使用权初始登记
	农村村民宅基地使用权转让登记
	农村村民宅基地使用权遗失补证
	规模化畜禽养殖用地备案
卫计部门	《生育服务证》办理
	农村再生育《生育证》办理
	组合家庭再生育《生育证》办理
	病残儿鉴定再生育《生育证》办理
	收养后再生育《生育证》办理
	“双独”再生育《生育证》办理
	特殊生育政策《生育证》办理
	《流动人口婚育证明》
	流动人口一孩生育登记单
	《独生子女父母光荣证》
	计划生育情况证明
	补办《医疗卡》
	《医疗卡》信息变更
地税部门	税务登记证

①　摘自《巴东县“农民办事不出村”工作手册（2014）》。

续表

部门名称	事 项 名 称
国税部门	税务登记证
公安部门	申办临时身份证
	出生申报
	死亡注销
	换发《户口簿》
	《户口簿》的丢失补领
	开具户籍证明
畜牧部门	动物防疫条件合格证核发
工商部门	个体户设立登记
	个体户变更登记
	个体户注销登记
	农民专业合作社开业登记
	企业名称登记
	公司及其分公司登记
	企业法人及其分支机构登记
	合伙企业及其分支机构登记
	个人独资企业及其分支机构登记
	家庭农场登记
	12315 投诉、举报
	信息公开查询
	企业基本作息查询
林业部门	林木采伐《许可证》
	林木种子生产《许可证》
	林木种子经营《许可证》
	木材《运输证》
	陆生野生动物驯养繁殖许可证核发

续表

部门名称	事项名称
组织部门	县内党组织关系转入
	县内党组织关系转出
	县外党组织关系转入
	县外党组织关系转出
人社部门	城乡居民养老保险参保登记
	城镇医疗住院审批
	企业退休人员生存能力证明
	就业失业登记证办理
	丧葬费补助
	新农保的领取
	办理退保金
民政部门	结婚登记（预约）
	离婚登记（预约）
	补领结婚登记（预约）
	补办结婚登记（预约）
	办理《老年人优待证》（预约）
司法部门	法律援助（预约）
农业部门	农机购置补贴（预约）
林业部门	《林权证》的核发（预约）
	《林权证》的变更（预约）
卫计部门	新农合患者县外住院费用补偿费用结算（预约）
工商部门	12315 咨询
农业部门	农技、农机技术咨询
畜牧部门	畜牧技术咨询
卫计部门	合作医疗政策咨询
人社部门	劳动就业咨询
农行	农行转账电话业务（新农保的支付、转账、取款等）

续表

部门名称	事项名称
建行	建行转账电话业务（新农保的支付、转账、取款等）
中行	中行转账电话业务（新农保的支付、转账、取款等）
邮政	邮政商易通业务（交电费、转账、取款等）
电信	电信空中充值机业务（话费充值、交网络使用费等）
供销	供销裕农网业务（交电费、话费充值、转账、取款等）
人寿保险	人寿保险业务咨询及办理
财产保险	财产保险业务咨询及办理

2013 年以来，巴东县纪委监察局主要督促职能部门认真开展“三集中”改革，要求职能部门将行政审批职能、审批事项、审批人员向一个科室即行政审批股集中，督促职能部门充分授权，对进入系统的事项要求各职能部门一律将受理权全部授权给村级业务受理员，审批权则授权给部门设在各级政务服务机构的业务办理员。

多部门间的无缝隙衔接。在公共服务体系中，一方面要求部门分割与职能划分，但同时又得强调多部门间的无缝隙衔接。在“无缝隙政府”模式下，政府打破传统的部门条块分割的局面，充分整合机构中的各个部门、各种资源以及可用人力，将各个部门及其职能进行无缝隙衔接，以政府最终目标为导向，消除层级和部门壁垒。然后集中于统一的对外办事窗口，以单一界面接触公众并提供高效优质的公共产品和服务，最大限度地满足公众需求，实现从单一部门的条块政府向多元主体共治的服务转变。

政府公共服务涉及诸多的部门与科室，在以往，农民进城办事时常遇到“门难找，人难见，事难办”的状况。巴东县通过推进政务服务体系标准化建设，一是实现了公共服务以“一门式”为主导。推行“部门审批职能向科室集中、部门审批科室向政务服务中心集中、审批事项向‘农民办事不出村’信息系统集中”，以便对全县涉农部门的行政审批和服务事项进行全面清理。多部门实现无缝隙衔接的突破口在于将所有部门的所有事项纳入同一个平台，统一办理。即涉及审批服务类的民政、国土、计生等 11 个部门 64 项；预约类的民政、司法等 5 个部门 10 项；咨询类的农业、畜牧等4个部门技术及政策咨询5项；商务类的农行、邮政、电信等8个部门8项全部实现有效衔接。二是重构行政审批服务流程，将公共服务从“多级”转化为“一级”，将政务服务的关口前移到村便民服务室，由业务员受理农民的服务申请，由纪委和县直部门负责监管行政审批事项的办理情况。县原组织部部长任伦杰在全县“农民办事不出村”信息化项目建设推进会上讲话时指出：“此项目涉及的15个县直部门，都应克服一切困难，将涉及的审批和服务事项、工作人员按要求分别进驻县政务服务中心和乡镇便民服务大厅窗口。各单位需要将57个事项的受理、初审及电子印章使用，按照相应的程序和规定，以书面形式委托授权给进驻大厅的窗口工作人员，让其真正地能为老百姓直接办成事。各相关县直单位要进一步梳理，精简办事程序。”

政府部门间的无缝隙衔接打破了以往“多头管理”的困境，转向由统一机构、统一筹划、统一管理的模式，充分发挥服务中心综合协调、统筹管理的作用，进一步理顺内部管理机制，对各部门进行统一培训、考核和监管，由政务服务中心对其公共服务的办理进行指导和监督，形成了“一头式”管理机制，最大限度地减少了政府工作中的推诿、扯皮。

（二）丰富服务内容

服务型政府的角色定位关键在于公共服务内容的多元化、丰富化、现代化。随着市场经济的繁荣，社会日益分化、群众需求日渐多元，政府对于公共物品和准公共物品的生产与供给也需要惠及全民、实现均等化。乡村的农民也需要享受到以前只有城市居民才能享受的公共服务，政府供给的服务不仅仅包含传统的行政服务，更需要提供完善的、优质的社会服务和市场服务，逐步形成多元化、多层次的服务内容和服务体系。

一是高效化的行政服务。长期以来，我国农村公共服务由政府提供，造就了一个高成本、低效率的全能政府。对于交通不便的偏远山区的村民来说，办理行政事务的成本很高，为改变这种不良的状况，巴东县直部门大刀阔斧进行行政审批改革，简政放权，将与农民息息相关的87项行政审批服务整合进信息系统，利用县政务服务中心，借助全县巴东电子政务网、政府门户网、长江巴东网“三网”，整合县政务服务中心网络，建成统一的“农民办事不出村”电子政务服务综合平台，改变了过去农民办事“分层级奔跑，分部门报批”的烦琐程序，实现“一网式”办公。巴东县主要通过系统的在线传输、同步审核、结果反馈、实时提醒、监察统计、流程跟踪等功能，变“面对面”为“键对键”，群众办事可直接在政务服务网上下载填写相关表格和资料，提交给村便民服务室业务受理员，由业务受理员通过“农民办事不出村”信息化系统同步传递乡镇、县直单位服务窗口进行审核办理。强化对重叠、交叉、界限不清、履行不到位、运作效率低下、评估与监督乏力等导致县一级行政服务失范的领域和问题进行改革。如水布垭镇大面山村八组村民李章勇所言：“原来去政府办事，一去一来车费三十元，耽搁一天工一百元，碰上其他原因，还要跑好几趟，现如今，如办理建房审批手续在村里就办好了，‘农民办事不出村’真惠民，为民着想。”降低农民享受行政服务的成本，提高行政服务效率，是地方政府各部门转型的第一步。

二是人性化的社会服务。改革开放以来所取得的丰硕成果应由全民共享，这是党和政府在新时期一贯的主张。而人们享有的改革成果更多的是体现在由政府所能供给的社会服务的广度、均衡度方面。由农村积累起来的财富支持城市社会繁荣发展以后，城市又需要反哺农村，而政府的政策无疑是这一进程中的主导。当下针对农村的社会服务主要包含低保、五保、新农合、特困群众大病救助、粮食直补等。巴东各县直部门将上述的这类与农民生活息息相关的社会服务全部纳入服务平台，其行政审批权、业务办理权都下放到村一级的工作平台，让农民在家门口就能领取低保补助、办理医疗费用报销等事项。重点围绕解决衣食住行、就医、就学等具体困难和促进产业发展增收致富进行精神、物质、发展和保障性帮扶。一方面使得农村的老、弱、病、残等弱势群体的生活状况大为改善，更重要的是解决了弱势群体办事难的问题，不论是从实际的物质利益享受还是从精神、情感的照顾，都体现了政府提供社会服务的便捷化、高效化、人性化。如野三关镇木龙垭村 70 岁的谭圣泽老人不到 5 分钟就取出了养老金。而以前，他要先花 20 元钱坐汽车走 23 公里山路到镇上，然后再找银行网点才能把钱取出来。“这个系统搞得蛮好，不然我跑到镇上去花了钱不说，事情还不一定办得成。”谭圣泽老人赞叹道。

三是多元化的市场服务。伴随着市场经济的发展，部门的服务职能也需紧跟市场化的前进步伐。各部门通过行政审批权力的下放后出现无事可办的局面，为此，巴东县直各部门大力推进多元化的市场服务。对涉及农行、邮政、电信等8个部门8项服务纳入信息化服务平台。在做好行政审批和服务事项的同时，整合银行、商务、供销、通信、供电等部门功能，建立农村公共服务信息平台，供给邮政商务通、金穗支付通、供销裕农网、电话空中充值机等多元化的市场服务，实行惠农补贴领取、电费收缴、话费充值、网上购物、汇款转账、信息咨询等综合服务，打造“政务服务连锁超市”。同时，开通党建网上村村通，建设好村级党组织和党员信息网络，发布党务村务、招商引资、产品供求等信息，让群众了解惠民政策和致富信息。农民在家门口就可以享受到市场化所带来的多种类的产品和服务。该系统至今已完成取款、转账业务6.2万笔，办理电费缴纳、话费充值业务5.1万笔，受益农户达30万人以上。可见，通过公共服务的市场化兼顾，不仅可以统筹城乡公共服务建设，还能有效提升公共服务水平与质量，实现公共服务均等化的最终目标。

（三）创新服务方法

以信息技术创新服务手段，实现政府角色以服务为导向的转型，突破口在于服务方法的创新。政府管理和公共服务在传统的公共行政模式下是以过程为导向的，而服务型政府的构建要求以结果为导向，重视产出和效益。即继续推动和发展电子化政务，通过计算机技术和信息设备的应用，以迅速便捷、顾客导向、成本—效益等这样不同而又更好的方式为公众提供公共产品和服务，同时又改变了政府与公民之间的基本关系。

科学技术与农村公共服务的结合是巴东改革最大的创新点，其强化了向业已发生的新服务形式的变革。巴东“农民办事不出村”信息化项目建设，以“让数据多跑路，让群众少跑腿”为总体思路，利用现代信息手段，横向连接县直部门及单位窗口，纵向连接县、乡镇、村三级行政审批服务网络，构建县、乡镇、村三位一体的“一网式办结”的工作平台，形成“外网受理、内网办理、外网反馈”的工作格局，实现“变群众跑为干部跑，变多次办为一次办，变随意办为规范办”的工作机制，将政务服务关口前移到村党员群众服务中心。“农民办事不出村”信息服务开通后，网络由上向下传输变为上下双向互动，新增了办事渠道，通过一台电脑、一台打印复印扫描一体机，让数据跑路，通过网络或传真、邮寄提交相关资料。全县260个村已经实现了网络覆盖，近600多业务受理员已掌握了电脑操作。如业务受理员樊琼回忆道："2013年10月，村民袁成彬夫妇二人都在深圳务工，因女方已怀孕6个月，需马上办理《二孩准生证》，因孕妇坐车不方便，通过QQ把所需证件的原件扫描传给了我，当天就帮袁成彬夫妇办好了《二孩准生证》并邮寄给了他们。"

以技术突破推动政府转型。传统的公共行政模式是随着鹅毛笔以及后来的打字机书写通信技术而成长和繁荣起来的，信息和通信技术的革命更是对政府的现代转型提供了动力，而这种"转型"，它被描述为"运用企业过程重构来全面重组组织界限以分享信息"。巴东县成功实现公共服务转型的关键在于以"信息技术"为突破口和抓手，实现了公共服务的低投入与高产出，解决了农村公共服务"最后一公里"难题。据统计，"农民办事不出村"建设总投入仅4458万元，但每年能够让群众办事至少少跑360多万公里路，节省交通成本900多万元。信息技术的成功运用，不仅在于对信息技术的创新应用，更在于推动公共服务的现代化转型，发掘实现公共服务均等化的新途径。

以往的公共服务需要干部与群众面对面地交流，巴东县通过"网络高速公路"的建设，使农民在村里就能享受优质、便捷的服务。一是网络审核。由村级受理员统一扫描、上传所需资料，各部门在网上进行"一网式"审批办理。二是网络反馈。各级业务员通过信息系统在线答复业务审批结果，村民也可在电子屏幕上查阅事项的办理情况。三是网络监督。电子监察平台自动采集业务办理的全程信息，实时监督办事流程和办事效率。通过信息技术杠杆，撬动了政府职能的现代转型。

三 以简政放权再造政府

政府流程的再造是对传统政府管理和公共服务方式的改革与创新，由于政府流程再造的主体是行使公共权力，掌握公共资源、实施公共管理、提供公共服务和公共产品的政府部门和单位，因此，政府部门权力的运作状况直接决定了政府流程再造的成效。巴东县政府借助现代信息技术手段打造"农民办事不出村"信息化服务平台，深化简政放权，促进了政府部门的变革和整体性流程再造。

（一）清权以明责

组建机构。简政放权是深化政府改革、加快转变政府职能的关键之举。“简政放权、厘清权力”知易行难，因为这是要革政府的命。在传统行政管理体制下，权力本位一直是政府行政的价值理念，因此，清权的首要任务是组建一个专门的改革机构。巴东县抽调县纪委、政务服务中心人员组成行政审批改革专项办公室，依据巴东本地农村实际及工作需要，出台全县行政审批事项目录及负面清单，组织具有行政审批职能的部门进一步优化审批流程，精简审批环节，将适合在村受理的事项全部下放到“农民办事不出村”信息服务平台上受理。县审改小组办公室承担领导小组的日常工作，协调、督促、落实领导小组研究部署的各项任务，统筹协调各成员单位的行政审批制度改革工作，及时掌握、汇报、反馈、通报各方动态，提出各阶段工作计划，提前召开工作碰头会、协调会、督办会等，承办领导小组交办的其他事项。

规范职权。传统部门分割闭门办公方式，群众难以了解各个部门的权力职能，办事经常“走错门”、“找错人”，部门之间也会因为权力边界不清出现办事互相推诿现象。巴东县以“农民办事不出村”平台为载体，在县、乡（镇）、村开设三级服务大厅，打通办事“绿色通道”。通过“人员进中心、公章进中心、分管领导进中心、所有手续进中心”，实现各个部门办理事项在服务大厅“一窗式办结”，提高了办事效率。

巴东县从闭门办事到开门办事的转变，理清了权力边界，上下层级之间、横向部门之间分工明确，各司其职，规范了干部用权，方便了群众办事。正如茶店子镇洞坪村高云祥所说：“以前要去政府好几次才找得到人办事！现在好了，我去服务大厅窗口就能办，再也不用来回奔波了。”首先村受理，把与农民联系紧密的行政审批事项授权给村级服务中心受理申办；其次乡（镇）办理，按照“应进必进、能进则进、进必授权”的原则，凡与“农民办事不出村”信息化工程有关的单位一律进入乡（镇）服务大厅进行业务的代理；最后县监督，统一对全县各个乡镇推进“农民办事不出村”平台建设工作进行监督，对于实施不积极或不配合的乡镇，要给予处罚。此外，“农民办事不出村”系统将县、乡（镇）、村三级以及各部门通过网络连通。村受理事项在线传输到镇，而镇上不能代办时，将由镇直接上传到县办理；涉及到多个部门的事项，由部门联席会议进行审批，如建房许可证办理时，会涉及到国土局、交通、林业、电力等部门，国土局将召集各部门进行联席会议，并联审批。

明确责任。改革的落实与责任的明确息息相关。强化担当意识，需要建立“改革责任机制”，只有真正做到明晰责任、明确分工，奖励尽责者，问责失职者，才能确保政令畅通、激励改革创新，防止消极懈怠贻误改革时机。巴东县政府通过“农民办事不出村”平台，厘清了各个部门的权力，对于办理程序复杂的审批事项，在不违反法律法规的前提下，通过归并审批部门、减少审批环节等方式简化办事流程。针对部分审批事项前置条件多，前置审查程序繁杂的情况，相关部门充分调研，对于不必要的前置条件进行简化甚至取消，真正实现了各司其职、各归其位。

根据《巴东县“农民办事不出村”信息服务平台建设工作推进方案（草案)》，要求各工作组拟定具体实施方案，明确工作目标，量化工作任务，安排工作进度，明确“任务书”和“时间表”，落实工作责任，有序落实各项工作。对一个季度内没有使用信息化系统办理事项的乡镇和县直单位，由县委、县人民政府领导约谈相关乡镇党委政府、县直单位主要负责人。一年内约谈达 2 次以上的，由县纪委监察局追究相关负责人的纪律责任。中共巴东县委组织部、巴东县政务服务中心管理办公室发布的关于加强“农民办事不出村”信息化项目建设工作的通知中明确指出，县直各部门的工作人员的主要职责：（1）必须及时登录“农民办事不出村”信息化系统；（2）及时受理、办理、上报、回复村（社区）业务受理员上报的审批服务事项，在规定时限内办结；（3）负责对村业务受理员的业务指导和培训等。

（二）放权以还权

坚持放权原则。政府权力的下放，是实践群众路线和民主监督、民主政治建设的内在要求，是由集权型政府向服务型政府转型、密切干群关系的通途。政府总揽全局，抓关键、把方向，而将一部分涉及实际操作的权力下放给乡、村，让其代替政府行使这部分权力，以更好地实现乡村社会的自我管理与服务，更好地方便人民群众。以往的农民办事去找乡某一部门、村委办事，经常会被以无权处理的理由推脱下来或者办一件事要跑很多部门、盖很多个公章，不禁会为之烦恼。巴东县政府向最基层的授权，扭转了乡镇、村级无权办事的局面。

巴东县在行政审批制度改革中借助信息技术手段推进简政放权、充分授权，进行政府的"自我革命"。一是按照"按需下放、能放则放"的原则。推行"部门审批职能向科室集中、部门审批科室向政务服务中心集中、审批事项向'农民办事不出村'信息系统集中"的工作办法。例如巴东县卫生计划局将涉及人口计划生育的13项审批权力全部下放到村级授理、乡镇办理，并实现了相关业务的100%在线办理。二是坚持"应进必进、能进则进"的原则，即凡是可以进驻"农民办事不出村"信息化平台的审批事项一律实现在线办理。2013年以来，已先后有21个部门的87项行政审批服务事项进驻"农民办事不出村"信息化平台，农民在家门口就能办结计生证明、建房手续、林木砍伐许可等贴近生产生活实际的行政审批，真正把政府建在了农民家门口。

强化基层权力。简政放权、回归基层权力是乡村自治的内在需要。权力下放之初，县里的各部门不同意，都不愿放权，在一定程度上，机关干部为了自己的利益，对行政审批权力的下放力度不够，加之村干部不愿领权。"村干部不愿领权的原因在于，这些事项在过去不是自己的任务，为什么现在让自己来做?"但是，这项工程由县委书记亲自狠抓，通过协商沟通，最终在县直部门实现了思想上的统一。巴东县国土资源局副局长李银凤就说："现在把所有的县以下的行政许可都下放到村里的便民服务室，在农民要求办理这方面的业务时，我们就几个部门的干部开联席会议、集中审查，方便老百姓办事。"但审批权力下放是个逐步推进的过程。下放都是尽量的少放，选择比较简单的，危害少的先试一下，办好了再进一步下放，像要到县里审批的那些权力下放还是有一个过程的。

权力下放到乡镇这一级，其实就是把个关，事情做的好不好，材料合不合适。通俗的说就八个字："同意上报"、"同意审批"。通过推行"部门审批职能向科室集中、部门审批科室向政务服务中心集中、审批事项向'农民办事不出村'信息系统集中"的工作办法，将领导手中的权力交到窗口，将公章交给业务受理审批员。比如当地国土部门实行"三到场"原则，要现场勘查，现场办手续。在以前，百姓先要到村里面盖章，然后到镇里面签章，接着相关部门（公路、电力）审批，再到县里审批。现在仍然是三到场，老百姓只需提供所需资料，包括户口、老屋土地使用证，镇里办完后，老百姓就不用管了。

（三）活权以赋能

整合政务资源，破解僵化机制。进入新世纪初期，中央深化了以政府职能转变为主体的行政体制改革，在建设法治政府、服务政府的新型政府治理道路上迈开了历史性的一步，对现代政府社会管理提出了“五位一体”的重大部署，开始了现代社会治理的理论和实践探索。在以往的行政体制下，权力主体单一，权力运用僵化，如此体制带来的是贫穷的国民、积弱的政府、窒息的政治和僵死的社会机制，日积月累就会形成巨大的政治和社会震荡隐患。而在巴东建设“农民办事不出村”信息化系统的过程中，加强权力下放的同时通过信息系统整合政务资源，充分利用已建成的农村党员远程教育网络、县政务服务中心网络实现了各乡镇、村基本办公网络的互通，并避免了网络设施建设的重复投资。巴东县通过开发“农民办事不出村”信息化系统，打通了县政府服务中心、乡镇便民服务大厅、村便民服务室等各层级审批单位，在线审批办理实现了行政审批“面对面”到“键对键”的转变。

盘活权力运行，延伸服务层级。巴东县通过用活网络审批服务平台，实现了审批资料线上传输、审批程序无缝对接、审批结果在线反馈，彻底改变过去农民办事“分层级奔跑，分部门报批”的烦琐程序，实现了“一网式”审批办理。权力的盘活随之又延伸了服务层级，使行政审批事项可以在村里办成。过去，农民办手续要逐层找各级干部，各种困难百出；现在，通过信息服务平台，农民只需要跑到村里的便民服务室，提交相关申请材料就可以转至业务员来代为办理，金果坪乡村民田金阶对此深有感触：“同样是审批业务，放在过去往县里跑、乡镇跑，时间非得个把月，跑路费没有四五千元钱办不下来。现在借助村里的服务平台，省钱、省力更省心了。”此外，方式也更为灵活，使行政审批事项可以在“线上”办好。巴东县打造了“外网受理、内网办理、外网反馈”的行政审批新模式，使审批业务可以在网上直接办理，节省了一直以来农民办事的人力、物力和财力的成本消耗。可以说，巴东县借助现代技术，厘清了政府的权力清单，用活了行政审批权力，更重要的是将便利留给了群众，方便了大山深处的办事农民。

（四）控权以监督

事前监督公开化。巴东县在各村便民服务中心设置显示大屏幕，向群众公开每一步办理流程细节，真正把行政审批置于群众的公开监督之下。针对以往审批制度改革中存在的权力下放后没有收到应有的效果、权力下放后失去了控制等情况，巴东县直强化行政审批监督，推进各部门行政审批全过程的“痕迹管理”，实现了对行政审批监督有效化。群众办理的审批事项按规定在线上操作，成为了防止腐败的保护层，以往办事要带好烟带好酒的现象不见了。同时起到了一定的监督干部工作的作用，审批事务办理更加公开透明，“倒逼”干部工作效率必须提高。

强调各部门政务公开内容的全面性、方法的多样性、操作的简便性，彻底改变了机关传统的工作方式，形成了高透明度的服务，提高了机关办事效率。而在遏制腐败现象蔓延方面，政务公开的要求是坚持面向社会，实行社会监督、群众监督、舆论监督三管齐下，加上交叉管理和重大决策集体研究制度的建立健全，加强了权力运行的分解制衡，从源头上铲除滥用权力、滋生腐败的土壤，有效填补了可能产生不正之风的漏洞。巴东县下放与百姓密切相关的包括农村建房审批、生育证审批、流动人口生育证明、独生子女光荣证办理、户口迁移审批、土地流转承包经营权证申报办理、山林权及林木采伐办理、新农合办理、婚姻登记、农村五保、农村低保、特困群众大病救助、税务登记办理、营业执照办理、党组织关系转入转出等事项纳入行政审批范围，并通过网络、纸质媒体、街头标语等各种方式“示权”，让群众清楚知道在家门口就能通过网络办成什么事。

事中监督实时化。首先，在线监督，在岗情况可考化。事中监督的首要内容体现在在线监督，以往的监督无法实现事中的在线监督，其原因在于缺乏网络信息技术的引用。而“农民办事不出村”信息系统将政府的监督在线化，即“办事员在线即在岗，下线即缺勤”，通过“农民办事不出村”的电子系统，轻松地实现考察办事员“有没有在办事”的目的。同时，为规避“在线不在岗”情况，自动识别规定时间内未进行操作的账号，实现考勤自动化。巴东县纪委监察局实施再监督强力推动“农民办事不出村”，创新网络平台监督办法，健全坐班监督巡察网络机制。每周一、周四，县纪委监察局安排专人到县政务服务中心坐班，实施在线抽查，接受群众来信来访；既对县、乡、村工作人员的在线登录状态进行检查，又对“农民办事不出村”系统反馈事项办理结果、办结时间、领证时间等方面进行监督，对超时限办理、慢作为、乱作为现象及时跟进询问。

该县纪委书记黄光辉说道：“以前大家办不办事我们都不清楚，现在打开电脑，谁在谁不在，一目了然。”过去监督部门的监督无抓手，一般是事后的监督，使得监督人员监督主动性不强。依托技术监督，监督人员可以坐在办公室实时监督，监督也有了依据，工作作风明显提升。大支坪镇党委书记周和平说，过去都是“蒙着搞”，干部可以推脱不干事，或者慢点干事，现在拉开了权力的“帘子”，也同时“倒逼”干部转变工作作风。

其次，环节监督，行政效能高效化。对业务员办事的每个环节进行的监督，无疑是旨在提高行政效能的监督方式。巴东县将电子监察平台与职能部门的行政服务业务系统直接对接，自动采集行政服务办理过程的信息，实现办事操作全记录与办事环节全覆盖，扩大了政府网上办公的范围，使监督管理的内容全面展现在督查人眼前，实现了监督无漏洞、行政高效化。这不仅调动了行政人员的积极性、主动性和创造性，更增强了各部门工作人员的“公仆”意识，使其做到用部门职能去管理，用行政机制去完善，用良好的人格去影响，不断提高其办事效率和工作能力，提高为社会公众服务的质量。

最后，时点监督，监督手段精准化。办事员的每一项操作精确“时、分、秒”，监督人员对办事员的办结效率一目了然，方便他们进行及时督办，提高部门的响应能力，促进行政效能升级。以村级便民服务室为平台，将工作分解到具体平台，科学合理优化办事流程。

事后监督规范化。一是监察统计，奖惩有依据。依托电子统计系统，每月可对县、乡、村三级办事员的在线率、办事件数、办结率等情况进行统计，对“办事多、质量高”的办事员予以物质、精神奖励，对“办事少，质量低”的办事员实行约谈或通报，实现“奖惩有依据，绩效考核精细化”。二是服务反馈，反映有渠道。巴东县在各级服务中心设立电子服务评价体系，并公开“县长邮箱”，使农民反映有渠道，让意见“上得去”。三是巡察督办，纠偏有机制。巴东县纪委与组织部施行巡察督办制，监管部门派出工作组每个季度巡察下辖各镇一次。如2013年5月，巴东县纪委在基层巡察以后，约谈林业部门相关领导人，责令其进行整改，精简林业砍伐证办事流程，方便群众办事。巴东通过技术化的规范监督，实现了监督现代化，对落实党风廉政建设，打造勤政清廉的政府具有重要意义。2013年10月，巴东县纪律检查委员会、县委组织部、县政务服务中心管理办公室三个部门联合发布了关于“农民办事不出村”信息化项目建设情况的督查通报，主要指出了存在的共性和个性问题。监督现代化需要政府的自我改革为前提，然而“革自己的命”往往缺乏动力性机制。如何将虚拟化、信息化的监督方式做到实处是改革者们的普遍疑虑。

巴东县实现监督现代化是靠政府的改革配套来做实的，其关键在于政府进行自我改革，做到管该管的，下放不该管的。如果技术监督离开政府的放权与让权，将成为“无本之木、无源之水”。因此，监督现代化应该与政府推进国家治理能力现代化与治理体系现代化相配套，实现协同共进。以现代信息技术为手段，让监察机关对政府工作人员的一言一行“看得见”，对政府部门的一举一动“管得住”，这使得各部门不得不提升行政效能，优化部门协调机制，从而“倒逼”政府改革。可见，技术监督是实现“情况明、数字准、责任清、作风正、工作实”的现代化监督、系统化监督、规范化监督的有效突破口之一（如表2所示，巴东通过制定规范化的监督细则来保障“农民办事不出村”信息化项目系统的正常运作）。

表2　巴东县“农民办事不出村”信息化项目系统运行工作督察细则（县直）

单位：

项　目	督察内容	督察方式	督察情况	整改通知
组织领导	1. 成立以单位负责人为组长的“农民办事不出村”信息化项目建设领导小组，并成立工作专班。	查文件		
	2. 召开“农民办事不出村”信息化项目建设工作专题会议。	查记录		
	3. 制定本单位“农民办事不出村”信息化项目建设方案及运行管理办法。	查记录		

续表

项　目	督察内容	督察方式	督察情况	整改通知
充分授权	1. 对业务办理员和审核员充分授权。	查文件		
	2. 明确进入“农民办事不出村”信息化系统的审批和服务事项。	查文件		
	3. 制定系统中事项的工作流程（按村、乡镇、县分级分步骤分事项明细）。	查文件		
在线运行	1. 县业务办理员和审核员坚持工作日在线登录运行。	查系统记录		
	2. 在县政务服务中心大厅窗口统一受理，限时办结。	看现场		
	3. 及时受理、审核、回复村、乡镇上传的审批服务事项，杜绝办件不登录、迟登录现象。	查系统、看工作现场		
	4. 负责对乡镇、村业务受理员的业务指导。	查记录		
	5. 业务办理一件一档。	查档案		
绩效考核	制定业务办理员和审核员的绩效考核办法。	查文件		

四　重塑政府职能

政府职能的核心就是追问“政府能做什么，政府不能做什么”。但是能与不能的标准却不是一蹴而就的，一直伴随人们对政府认识的始终。政府在经历“统治行政”到“管制行政”再到“服务行政”的转变，政府在公共事务治理过程中扮演的角色也在经历着变迁。政府职能转变不仅深化了行政体制改革，保障了市场经济体制改革的顺利进行，也促进了政府机构数量的精简。但是，历经了30多年的改革，转变政府职能依然困扰着各级政府。在职能主体上，要从政府包揽向政府指导、社会共同治理转变，鼓励和支持社会各方面参与，实现政府治理与社会自我调节、居民自治良性互动；在职能方式上，要以管控规制向法治保障转变，运用法治思维和法治方式化解社会矛盾；在职能手段上，要从单一手段向多种手段综合运用转变，强化道德约束，规范社会行为。巴东县政府通过自上而下的改革，理顺了政府职能关系、强化了职能部门的整合和政府流程再造，实现了重塑地方政府职能的新探索。

（一）政府职能多元化

政府职能是由特定的技术及经济背景下社会对政府的需要决定的。目前我国的市场经济体制正处于不断发展、不断完善阶段，市场经济在中国已成为一个不可逆转的事实和进程。随着市场化程度不断加深，需要政府对市场的监管统筹规划。综合事务的不断上升，要求政府部门进行职能整合与综合管理。政府不仅要为经济主体提供经济性的公共服务，还要行使以提供基本公共服务为重点的社会职能，让全民共享改革发展成果。

鉴于巴东形势发展所需，不管是在政府部门的公共产品供给层面，还是在群众自我需要层面，都对政府部门履行多元化职能寄予了重大期待。如巴东这样的县级政府，直接面对基层企事业单位和广大农村，具有管理政治、经济、文化等多项事务的完整职能，是机构设置齐全的行政建制；与之匹配的地方政府则是担负着落实党和国家的方针政策，直接为本区域经济建设和人民生活提供良好外部环境和各种社会服务的行政机构。为了与体制转轨相适应，巴东政府职能也经过了一系列改革，在政府职能的市场化方面有了大的突破。在公共行政服务的供给方面，县直部门大刀阔斧进行行政审批改革，简政放权，将与农民息息相关的87项行政审批服务整合进入信息系统，利用县政务服务中心，借助全县巴东电子政务网、政府门户网、长江巴东网“三网”，整合县政务服务中心网络，建成统一的“农民办事不出村”电子政务服务综合平台，改变过去农民办事“分层级奔跑，分部门报批”的烦琐程序，实现“一网式”办公。在新形势下的社会服务保障性供给中，巴东各县直部门将与农民生活息息相关的社会服务全部纳入服务平台，其行政审批权、业务办理权都下放到村一级的工作平台，让农民在家门口就能领取低保补助，办理医疗费用报销等事项。重点围绕解决衣食住行、就医、就学等具体困难和促进产业发展增收致富进行精神、物质、发展和保障性帮扶。同时，在最活跃的市场服务的加速推进中，整合银行、商务、供销、通信、供电等部门功能，建立农村公共服务信息平台，开通邮政商务通、金穗支付通、供销裕农网、电话空中充值机等电子商务终端，实行惠农补贴领取、电费收缴、话费充值、网上购物、汇款转账、信息咨询等综合服务，打造“政务服务连锁超市”。

但是，面对各种市场经济主体独立性地位的加强和市场经济体制的进一步完善，地方政府职能的市场化、多元化仍显不够，这不仅影响建立有限政府、责任政府的行政改革目标的实现，而且也弱化了市场经济发展的内部动力并影响到我国“全面建设小康社会”目标的实现。

（二）职能部门协同化

政府职能主体在公共服务方面的协调性运作是完善治理体系和提升政府治理能力的重要内容。在传统的政府管理理念下，政府管理社会或防范管控社会，通过政治动员和行政命令方式达到管理的目的，对方只有服从和配合的义务而缺少应有的权利。而现代国家治理则强调多元主体通过协商协作方式实现对社会事务的合作管理，倡导社会自治、参与式治理，使社会成员在社会治理过程中拥有发言权和影响力。

对于社会治理逻辑而言，地方政府在履行公共服务职能，进一步推进社会治理现代化的进程中，各职能部门的协同联动显得尤为关键。巴东出台相关法律规定，将与人民群众息息相关的民政、计生、公安、林业、国土等 21 个单位划分为审批服务类、预约服务类、咨询服务类和商务服务类 4 大类 87 项，纳入全县“农民办事不出村”信息服务平台。实现多个部门、多元主体的资源统一整合到“农民办事不出村”平台，由平台搭建保障部门协同。通过多部门的协作服务，克服了传统政府管理模式下的条块分解、内部沟通不顺、外部协调不畅的弊端。如农民宅基地使用证的办理，就由以往农民单独找各个部门，变成了国土部门办事员找其他部门协调，并且在一周办结制的约束下，“倒逼”各个部门互相督促，协同将事更快更高效地办好。从“单干”到“联动”除了横向的衔接，在纵向的上下互动中也充分体现了合作与协同效应。近两年，巴东县已下放 87 项行政审批权到乡镇。权力下放、让县级部门从业务办理员变为业务监督员。该县国土资源局副局长李银凤表示：“农民村里办业务让自己能抽身出来，不用天天向农民重复解释。”

政府内部各部门的系统性、协同性变革，也为地方政府权力格局的调整和变化打开了一扇门。由于地方政府具有较强的资源动员和配置能力，如果出现不该由某一部门管，而且管不了也管不好的事情。其结果一是使其他部门失去了进行理性选择的自由和机会；二是使社会权力过分向某一部门集中，部门权力过大，腐败必然产生；三是单个部门不分轻重无事不管，最终管不过来，导致效率低下。而政府内部各部门系统性、协同性变革的实现使得过多过滥的政府组织机构得以清理简化，从而使各个部门间的相互扯皮、争权夺利、自利保护等问题将迎刃而解。

（三）职能手段技术化

改革和创新政府履职手段有助于社会治理品质的提升。政府改革的一个重要目标是提高公共管理水平，提升社会治理品质。政府的公共权力特性使其天然地以行政手段为其发挥职能的利器。然而，随着社会日益市场化、多元化、信息化，必然要求政府履行职能手段的多元化、效率化。除了行政手段之外，职能的履行还需市场手段、社会组织自愿自发的手段、宣传教育的手段、道德的手段，以及经济的手段和法律的手段等。在复杂的职能实践环境下，有独立应用一种履职手段的，更多的是打“组合拳”，多项履职手段结合使用，或主要用一种手段、同时辅以其他手段。而众多手段中最有效、最具现代性的手段无疑是技术手段，也正是因为技术手段的引进，使政府内部的各部门间的合作、沟通、联动更加便捷、高效、透明。技术手段在政府职能履行中的运用，是发挥市场作用、减少行政干预的必然要求。如某些行政审批事项由事前审核制改为事后备案制方式，推行网上电子审批，“一个窗口对外”、“一站式服务”等。巴东的改革亮点就在于通过政府履职手段的创新，将公共产品、公共服务供给到了农民家门口，实现了“农民办事不出村”。

然而，巴东政府履职手段的创新起初也遇到了不少阻碍，正如巴东县委书记陈行甲所谈到的，“在当初提出通过信息化技术手段向实现服务型政府转变时，曾遭到政府内部不少部门的反对，认为这样的创新是形式主义的、哗众取宠的”。其实不然，巴东以信息化网络技术创新履职手段，搭建“农民办事不出村”信息服务平台，按照“农村信息化、城乡一体化、服务均等化”的要求，集成服务事项搭建多功能服务平台，形成“一网式”服务体系。政务超市将与农民群众息息相关的民政、计生、人社等行政审批服务事项授权村便民服务室受理，既方便了足不出户的群众，更给外出务工和外来流动人口提供了便利，只要按规定流程符合相关条件就能通过“一张网”办结行政审批服务事项。连锁商务网店整合银行、通信、电力、供销、商务等部门资源，将服务终端延伸至村。驻村干部和乡镇站所都到现场办公，实现了“小事不出组、大事不出村、难事不出乡”，村级便民服务室成为了党员服务群众最有效的阵地，社会矛盾调处、科技咨询服务以及重大事项重点项目的前期风险评估都在群众家门口进行，逐步形成了“党委领导、政府负责、社会协同、群众参与”的社会管理格局，探索出了一条社会管理创新的好路子。50多岁的大支坪镇十二岭村委会主任刘宇兰兼任村业务受理员，他明显感到“村干部与村民沟通机会多了，老百姓对村干部意见少了，村里的矛盾纠纷也少了，现在当个村官‘有搞头’”。

“农民办事不出村”信息化项目的实施，将党的方针、政策和政府的职能、作用置于农村基层最前沿，使过去党政部门、干部与农民的关系由管理与被管理变成了服务与被服务的关系，政府自觉加快行政审批制度改革，把能下放的审批权尽可能下沉前移，除了从源头根治了极少数部门和公务人员“高高在上”的“衙门”观念，给各级政府部门和干部为如何履行政府职能提出了更高、更严、更实的要求，需要在政策水平、电脑操作、业务咨询、管理服务等方面全方位发展，才能做到依法行政。过去，多数村干部文化水平不高，加之农村税费改革之后，村干部与村民打交道的事少了，更多地只能当个“传声筒”，接听电话、上传下达。现在，要使用智慧服务平台，很多村干部被逼着学业务、学电脑。大支坪镇耀英坪村的业务受理员吕奎不仅学会了电脑操作，还开通了个人微信群，接受群众政策咨询和预约办事。一批业务受理员在服务群众的过程中，增长了技能和才干，为村级后备干部队伍注入了新鲜血液。

第五章　乡镇变革：疏通中间环节

乡镇是我国广大农村人口生产生活的主要场所，也是国家政权行使的最低行政层次。无论从人口规模上，还是在宪法意义上，乡镇都是基本的公共治理空间，也是联系政府治理与农村群众自主治理的基本环节①。乡镇改革是地方政府改革的基石，对促进地方政府变革具有重要意义。目前的乡镇治理改革，是在30多年改革开放背景下展开的。随着传统计划经济体制向市场体制转换步伐的加快和以村民自治为代表的农村社会力量的兴起，乡镇政府的传统功能无法适应外部环境的变化，而且由于其自身利益的扩张和财政危机，乡镇政府管理困境逐渐暴露，这些都迫切需要政府以崭新的治理理念和有效的治理方式来整合当地经济社会文化资源，促进乡村社会稳定和谐秩序的构建。

处于城镇化和信息化进程中的巴东县，乡镇政府同样面临着权小责大、条块关系不顺、公共服务滞后、基层民主制度不完善等诸多问题。在此背景下，巴东县通过运用先进的信息技术，搭建“农民办事不出村”信息平台，推动了政府公共服务下沉到基层。信息平台的落地生根离不开乡镇的配合与承接。巴东县乡镇政府通过行政审批改革、承接部分县级审批权限、变革乡镇政府职能，促使乡镇治理向阳光化、服务化和互动化转变，成为“巴东创举”不可或缺的中间环节。

一　传统乡镇治理中的困境

为了适应客观环境的变化和现实社会的需要，20世纪80年代以来，

---

①　杨雪冬、陈雪莲：《构建与公共参与扩大相适应的乡镇治理机制》，《当代世界与社会主义》2010年第4期，第133页。

我国先后进行了多次较大规模的乡镇机构改革。经过 1983 年、1992 年、1998 年、2001 年和 2005 年的五次乡镇机构改革。特别是经过了 2005 年的乡镇机构改革与调整，我国乡镇政府职能转变有了一定程度的进展，但与农村行政环境变化发展的客观要求相比，还有相当的距离。可以说，乡镇政府职能转变尚未真正到位。

（一）分税体制下的财政压力，公共服务不到位

传统乡镇治理结构的不合理主要体现在“压力型体制”上。由于没有完备的政府功能（如无相对独立的决策和司法机构），乡镇政府缺乏足够的施政能力，乃至每个部门都要完成对口上级部门下达的各项“指标”和“任务”。为了自身的利益，乡镇领导会强调一些政绩工程，要求乡镇各部门在上级政府下达的任务基础上达标升级，最终使得乡镇政府在国家政权与乡村社会、责任与能力之间处于十分尴尬的境地。

改革开放以来，我国经济发展日新月异，举世瞩目。在经济腾飞的新背景下，许多乡镇政府却陷入了越来越严重的财政危机，这主要是由收入渠道小、财税上缴多、机构庞大冗员过多等因素造成的，其中压力型行政体制造成的机构臃肿和 1994 年实行的分税制导致的乡镇财政收入减少是根本性原因。1994 年分税制实行后，中央政府通过控制能够带来更多财政收入的税种与制定有利于中央政府的税收分享比例，使中央政府的财政状况得到了巨大好转。这种利益上收的做法得到了地方各级政府的相继效仿。①

在这样的背景下，乡镇政府的实际所得非常少，分税制实行后乡镇政府的法定税收都是一些分散、小额、难收的税种。在“权力支配财富”的格局中，处于行政体系最底端的乡镇政府成了最大的受害者。与此同时，乡镇政府维持机构运转和人员工资的费用急剧增加，造成乡级财政支出的不断扩大和乡镇债务负担的日益沉重，使其陷入生存困境。由于乡镇的经济基础薄弱，大多数乡镇财政收入构成以农业税为主，农业税一般占乡镇财政收入的 30% 以上，有的乡镇甚至可以达到 70% ~80%，工商税

① 马良灿：《“内卷化”基层政权组织与乡村治理》，《贵州大学学报》2010 年第 2 期，第 98—103 页。

收占乡镇财政收入的比重很小。2003 年，国家取消农业税，虽然缓解了农民的经济负担，但乡镇却失去了财政收入的重要来源，除了为数不多的乡镇有一定的工商税收外，绝大多数乡镇税源很少，有的乡镇工商税几乎是空白。

地处偏远山区的巴东县在乡镇财政收入增加困难的同时，财政支出口径依旧。农业税的废除使乡镇财力在普遍减少的基础上进一步削弱，而上级核定的税改转移支付资金有限。在乡镇政府职能还没完全转变、乡镇机构改革没有到位之前，农业税的废除对乡镇财政收入无疑是雪上加霜。乡镇政府的财政危机必然导致其行为变异，在运行过程中越来越把维持自身运作作为重要目标，组织越来越具有自利性。乡镇政府对自身利益日益关注的进一步发展便出现了目标替代现象，由于生存困境和体制缺陷的交互作用，基层组织作为公共权力部门，自利性目标在一定程度上取代了公共目标，为公共目标工作演变成为自己工作。可见，乡镇政府的财政危机不仅使其供给公共产品的能力大大削弱，而且导致其对公共服务职责的淡漠，从而使乡村社会公共产品供给严重匮乏，使乡镇政权处于一种财权与事权不相符的窘境。在这种状态下，实现乡镇政府由全面管理型政府向公共服务型政府的转变存在一定难度。

（二）条块分割的县乡困局，部门关系未理顺

当前乡镇政权中的许多体制性难题皆源于县乡关系尚未理顺。1982 年《宪法》规定，县人民代表大会建立常委会制改人民公社制为乡建制。同时，原有的生产大队和生产小队也被改建为村民委员会和村民小组。自此，县乡关系进入了一个新的构建时期。县乡关系不仅在形式上表现为上下从属关系，而且在实质上是一种领导与被领导的关系，乡镇为国家权力纵向结构的最底层。在中国共产党党群系统表现为县乡间党群系统的领导与被领导关系。“中国共产党组织是当代中国政府过程中核心的、主导的体制化政治结构。”为了方便县级党群组织对乡级党群组织的领导，县级党群组织按照“上下一致，对口设置”的方针设置乡级党群组织。乡级党群组织的权力来源于上级组织的设定，县级党群组织把乡级党群组织看作自己的下级组织，乡级党群组织把服从上级指令看作自己的职责所在。从理论上讲，乡党委以及本级纪检委产生于本级党员代表大会的选举，其

工作应该对本级党员代表大会负责。但实际上，县委通过运用党管干部原则，掌握了乡党政主要领导成员的任免调配权。而县乡权力部门的这种领导与被领导的关系也是依照《地方组织法》规定的。[①]

这种行政上的县乡隶属关系使得各地乡镇政府在不同程度上存在着部门职能尚未理顺的问题。大多数乡镇设有 7 个综合性办公室，即党政办、经发办、农林水办、民政办、计生办、社会治安综治办和村镇建设办。从机构设置上看，这些乡镇在农业、工业上未能“窗口”管理。从管理领域看，这些乡镇在如下几个领域的职能部门间的关系尚待理顺。一是人口管理，涉及的部门有计生办、计生服务所。二是环境管理，涉及的部门有村镇建设办、环卫站。三是企业管理，涉及的部门有经发办、企业服务中心和劳动保障所。四是农业管理，涉及的部门有农林水办、农业服务中心、国土所。这些管理领域明显存在着职能交叉、多头管理的现象。比如巴东县大支坪镇国土资源所干事陈中国说，办理土地使用证，有时涉及到公路、林业、水利、电力等多个部门，国土部门需要先让各个相关部门进行前置审批，才能进行现场勘查。而部门之间的关系不顺畅，则影响了办事效率，降低了政府为公众服务的水平。

（三）基层民主制度不完善，公共需求传达不通畅

一方面，虽然我国实施了农村村民自治制度，但是并没有改变基层民主机制缺乏的状况。乡镇政府官员依然没有来自农民的压力，有的只是来自上级的压力。当前体制下，我国乡镇政府官员由上级任命，而非民选产生，官员是对上负责，而对下反应不敏感。按照法律，乡镇政府与村委会是指导与被指导的关系，但实际上还是领导与被领导的上下级关系，乡镇政府可以通过人事安排、经济财务及工作内容对村委会施行直接或间接的干预和控制。在这样的情况下，乡镇政府改善公共服务的动力相对不足。

另一方面，农民公共需求难以有效表达。由于农民人数众多，又散居乡村，组织集体行动存在较高的交易成本和协调成本，加上公共产品和服务的外部性及农民的机会主义倾向，极易导致集体行动失败，因此农民作

---

① 王艳成：《论乡镇政府职能转变的制约因素》，《河南师范大学学报》2009 年第 2 期，第 48—52 页。

为一个整体不能充分显示自己的偏好。而其中最重要的是农民没有自己的代言人，农村的合作组织带有政府色彩，因而也不能够发挥其为农民说话，维护农民利益的职能。农村基层民主机制的缺乏导致乡镇政府没有压力去实现其为人民服务的职能，加之，农民缺乏有效的监督和评价公共产品的可操作程序，缺乏参与公共事务决策的实际权利，导致乡镇政府为农民提供公共产品与服务的效能不高。

（四）机制能力双重受限，职能转变低效未落地

经过 1998 年之后的机构改革，乡镇政府机构和人员得到了精简。乡镇政府机构一般精简为 3—5 个，行政人员编制总体精简 20%。如果用数量来衡量，乡镇政府机构改革成效显著。但由于配套监督机制不到位等问题，使得乡镇政府职能转变出现“假转、空转”现象。巴东大支坪镇组织干事蒋渊芳介绍，以前的监管往往都是不定时抽查，上门检查，但效果乏善可陈，监督无法落地。另外，基层工作人员的能力不足也影响着公共服务的进一步提升。随着信息化时代的来临，行政办公逐渐由“线下办公”变成“线上办公”，这就对工作人员的网络技术能力提出了新的挑战。巴东部分乡镇工作人员由于年龄偏大，影响了他们对网络技术的上手速度，这也限制了他们为农民服务的水平和能力。

二　乡镇治理内生改革路径

面对传统乡镇治理的诸多困境，巴东县通过实施“农民办事不出村”信息服务平台项目，运用现代信息技术，建设便民服务平台，“倒逼”政府职能转变，通过乡镇重构审批权限、乡镇窗口集中办理以及变革乡镇政府职能，找到了乡镇治理的改革路径，解开了乡镇治理转型最难的一环。

（一）乡镇重构审批权限

简政放权，就是要确立政府职能在市场、社会中的公共属性地位，既包括政府向社会与市场放权，也包括上级政府向下级政府放权。行政权力是一种公权力，行政审批是政府行政权力配置和进行公共管理的一种常态

方式，是行使这一公权力的重要体现[①]。1997年，深圳开始清理行政审批项目，掀起了行政审批制度改革的序幕，2001年，中央政府又在全国全面推行行政审批制度改革。

巴东以往的行政审批改革是在国家行政命令的要求下被动进行的，与全国其他地方类似，审批权不清、观念意识陈旧、配套改革跟进不足成为阻碍行政审批改革有效进行的主要因素[②]。具体而言，一是审批权的“放”与“管”界限不清晰；二是审批理念无法适应市场经济的需求；三是审批配套措施跟进不足，纵向无纵深，横向无并联。

巴东县针对上述行政审批改革存在的问题，利用信息技术，创新了一条“县放权、乡承接、村受理”的行政审批改革之路。首先，清理审批事项。主要由巴东县纪委、政务服务中心人员组成行政审批改革专项办公室，推进“部门审批职能向科室集中、部门审批科室向政务服务中心集中、审批事项向‘农民办事不出村’信息系统集中”，对全县涉农部门的行政审批和服务事项进行全面清理。其次，通过出台《巴东县“农民办事不出村”行政审批和服务事项目录》，将与人民群众息息相关的民政、计生、公安、林业、国土等21个单位划分为审批服务类、预约服务类、咨询服务类和商务服务类4类87项，并纳入全县“农民办事不出村”信息服务平台。其中，由乡镇可直接办结的审批服务类包括民政、国土、计生、地税、国税、公安、畜牧、农合、工商、林业、人社和党建11个部门在内的64项审批服务；预约类涉及民政、司法、农业、卫计、林业5个部门，合计10项；咨询类涉及工商农业、畜牧、卫计和人社5个部门，合计5项；商务类涉及农行、建行、中行、邮政、电信、供销、人寿保险、财产保险8个部门，合计8项。

巴东改革使乡镇承接了部分县级审批权限。乡镇承接审批权限的前提是县级审批权限的下放。简政放权、改革审批制度是一场政府自上而下的“革命”。由于审批事项的取消直接影响到一些部门的利益，取消审批事项对于习惯了审批的部门来说是“丧权失江山”，部门利益会通过各种渠道从上向下影响、阻碍审批改革工作。正如巴东县政务服务中心管理办公

---

① 魏琼：《简政放权背景下的行政审批改革》，《政治与法律》2013年第9期。

② 薛澜：《行政审批改革的最大难点》，《人民论坛》2013年9月。

室主任熊学红所言："在刚开始提出简政放权的时候，县里的各部门都不同意，都不愿放权，在一定程度上，机关干部为了自己的'帽子'问题，对行政审批权力的下放力度不够，加之村干部不愿领权。"但是，这项工程通过协商沟通，最终在县直部门实现了思想上的统一。通过推行"部门审批职能向科室集中、部门审批科室向政务服务中心集中、审批事项向'农民办事不出村'信息系统集中"的工作办法，将领导手中的权力交到窗口，将公章交给业务员。比如当地国土资源部门实行"三当场"原则，要现场勘查，现场办手续。在以前，百姓要先到村里面盖章，然后到镇里面签章，接着相关部门（公路、电力）审批，再到县里审批。现在仍然是三到场，老百姓只需提供所需资料，包括户口、老屋土地使用证，镇里办完后，老百姓就不用管了。2014 年，巴东各乡镇新增承接了县级 30 项审批权限，如林木采伐许可证、结婚登记等事项，在乡镇这一层级即可办结。随着承接审批权限数量的增多，乡镇为民提供服务的数量也相应增加。巴东县溪丘湾乡 2013 年在 9 个村进行了试点，9 个试点村于 2013 年共办理 1063 件行政审批事项，并实现 100% 办结，在 2014 年，这一数字增加为 1560 件。

（二）乡镇窗口集中受理

20 世纪 90 年代，随着政府过程从统治走向治理，从善政走向善治，传统审批制度改革势在必行。当前行政审批制度改革正是借助 WTO 外力，通过重构国家—社会关系、国家—市场关系率先突破传统政治—经济体制压力，构成我国政治体制改革和经济体制改革新的突破口[①]。因此中央提出必须下大力气适时地改革现行的行政审批制度，把它作为转变政府职能以及行政管理体制改革的切入点。

2002 年 10 月，国务院决定取消第一批 789 项行政审批项目。取消的项目中，涉及经济管理事务的 560 项，涉及社会管理事务的 167 项，涉及行政管理事务及其他方面事务的 62 项。与此同时，31 个省、自治区、直辖市的行政审批制度改革也取得新进展。据统计，到目前为止，国务院

① 蔡林慧：《我国行政审批制度改革现状及难点分析》，《南京师大学报》（社会科学版）2003 年第 6 期。

65个有行政审批职能的部门和单位共清理出审批项目4147项，第一批取消行政审批项目的审核和处理工作已经完成。巴东县自2003年起，在行政审批领域也进行了一些“微改革”。从巴东及各地行政审批制度改革的经验来看，审批改革主要体现在两方面。一方面，各地纷纷设立行政审批中心（亦被称为“政务超市”）。在传统审批制度下，审批部门分散，审批手续烦琐，审批流程过长，而“政务超市”汇聚了一个城市大多数具有行政审批权限的政府部门，对一个城市的行政审批事项进行集中管理，为客户提供节时省力的一站式服务。另一方面，各级政府部门根据市场和社会中介组织的发育程度及承载能力，大量精简与社会主义市场经济不相适应的行政审批事项，国家行政审批制度改革已取得了阶段性重要成果。巴东县于2008年开始在乡镇建设乡镇便民服务大厅，民政、公安等8个部门进驻乡镇便民服务大厅，进行窗口办理。

从巴东及全国其他县市过去的审批制度改革的实际情况看，前置授权不明与后续监管乏力两方面的问题同时存在，其核心在于没有真正做到行政审批集中化。审批中心的建立和审批项目数量的大幅削减构成了目前改革的主流，但政务超市的建立与行政审批项目数量削减并不必然意味着合理、有效的政府职能体系的建立。行政审批中心的优势在于提供“一个门受理，一条龙服务”，但由于中心得不到充分授权，两头受理、双重审批现象时有存在。据《人民日报》2000年4月14日报道，由于窗口工作人员没有办事的权力，包头市的一站式服务的“政务超市”门庭冷落；而由于两头受理、双重审批，国内较早开办的浙江金华“政务超市”也徘徊于关门的边缘。行政审批中心只有真正得到充分授权，办事员被授予充分的办事权，审批中心才能成为名副其实的“政务超市”。行政审批作为一种赋权和解禁的行政行为，其根本目标在于有效维护公共利益，但当前行政审批改革仍存在重审批、轻监管现象，导致行政审批后续监管匮乏、管理脱节。行政审批往往强调审批之前对审批事项是否合法、相对人是否符合法定条件的审查，而忽略了事后监督。巴东改革前，巴东县乡镇政府部门进驻乡镇行政服务中心只是人员、审批事项受理权的进驻，窗口办理事项的部门人员没有得到充分的授权，而且乡镇行政服务中心对服务窗口的部门人员相应的监管权力，使得来乡镇办事的巴东县农民仍然遇到了“门难进、脸难看、事难办”的困扰，深感办事流程之多、耗时之长。

巴东此次运用信息技术的行政审批改革，吸取了过去审批改革的相关教训，充分授权给行政服务中心，使行政审批事项向窗口集中。对于巴东县偏远山区的农民来讲，行政审批事项的办理长期都面临着路程远、时间长、成本高的难题，这也进一步加大了贫困山区群众对政府简政放权、深化行政审批制度改革的现实诉求。而“农民办事不出村”信息服务平台利用现代信息技术，通过清权、授权、活权与有效控权，使行政审批的受理关口下沉到各个村庄，搭建出了县、乡、村三位一体的“一网式办结”平台，实现了“让数据多跑路，让群众少跑腿”，使当地行政审批制度改革卓有成效。特别是巴东县将部分行政审批权下放给乡镇行政服务中心，极大方便了农民，节约了时间和成本。过去，农民办手续要逐层找各级干部，各种困难百出；现在，通过信息服务平台，农民只需要跑到村里的便民服务室，提交相关申请材料就可以转至业务员代为办理，部分行政审批事项在乡镇即可办结。金果坪乡村民田金阶对此深有感触：“同样是审批业务，放在过去往县里跑、乡镇跑，时间非得个把月，跑路费没有四五千元钱办不下来。现在借助村里的服务平台，省钱、省力更省心了。”

为了实现乡镇行政审批受理向窗口集中，首先，完善乡镇便民服务大厅建设。巴东县溪丘湾、东瀼口、官渡口、野三关、清太坪等乡镇的便民服务大厅按照统一机构名称、统一窗口设置、统一机构标识、统一进驻事项、统一人员选配、统一办事流程、统一收费政策、统一绩效考核的“八统一”要求规范建设，设计科学、美观实用。沿渡河镇积极创造条件完善乡镇便民服务大厅。完善资金除了向上级政府寻求支持外，整合乡镇政府资金也是一个重要途径。其次，充分进驻行政审批部门。按照“应进必进、能进则进、进必授权”的原则，凡与“农民办事不出村”信息化工程有关的单位一律进入乡镇便民服务大厅进行业务办理。再次，规范行政审批窗口建设。乡镇便民服务大厅的窗口设置成常设窗口5个，即民政窗口、计生窗口、公安窗口、财经窗口、人社窗口；综合窗口4个，即综合窗口1号为国土、林业，综合窗口2号为农业、畜牧，综合窗口3号为国税、地税、城建；综合窗口4号为工商、食药监。最后，乡镇服务窗口实行网络化办理。过去的乡镇便民服务大厅虽然也实现窗口化工作，但是这种窗口是纸质材料的窗口，也是面对面的窗口，更是只能受理审批事项的窗口。但是自“农民办事不出村”项目实施后，乡镇便民服务大厅将与农民息息相关的行政服务事项加入了“农民办事不出村”信息化系统，农民办理行政审批事项无需再带着厚厚的纸质材料，跋山涉水来到乡镇便民服务大厅，看窗口部门人员的脸色办事。村民在本村通过信息化系统就能够提出办理申请，由乡镇业务员在网上进行办理，且有54项行政审批事项在乡镇即可办结，大大缩短了时间。

（三）变革乡镇政府职能

农村税费改革以来，特别是2006年国家全面废除农业税以后，中国终于走出了延续两三千年的“以农养政”的农业社会时代，也走出了近现代以来“以农养工”的现代化起飞时期的向内积累期。农业税的废除，以及国家宏观政策转向城乡统筹发展、建设社会主义新农村，中国乡镇政府向服务型政府转型面临着前所未有的好时机。人们普遍赞成乡镇政府职能从“管治”为主转向“服务”为主，但是在实践中，乡镇政府的这种职能转变却极其迟缓。

传统的乡镇政府职能变革都是以乡镇机构改革来推动的。巴东县的乡镇机构改革始于2005年，以“精简机构”和“以钱养事”为核心内容的湖北乡镇机构改革，2002年从咸宁市咸安区发端；2003年在部分县市试点；2005年在全省全面铺开。在湖北省的统一要求下，巴东县乡镇行政机关大精简，只设3个办公室，即党政综合办公室、经济发展办公室和社会事务办公室，规模较小的乡镇只设一个综合性办公室，乡镇领导班子实行“交叉任职”；乡镇“七站八所”事业单位，如农技站、文化站、水利站等，都转制为面向市场的公益性服务组织，事业单位人员退出事业编制管理序列，办理养老保险，由“单位人”变成了“社会人”。乡镇政府改革取得了一定的成果，但仍然有亟待完善的地方，主要表现为：第一，乡镇机构改革不彻底，人员分流安置不合理。在人员分流过程中存在减兵不减官的现象。第二，职能定位不准确，难以适应乡镇治理的需要。但目前乡镇政府的职能依然存在缺位、越位、错位和不到位的现象，尤以农村公共物品的供给、农村产业结构的调整以及对农村社会的治理等多方面存在问题。

在此背景下，巴东县乡镇政府职能变革迎来了新一轮契机。2013年，为畅通联系服务群众的“最后一公里”，巴东县通过实施“农民办事不出村”信息服务平台项目，运用现代信息技术，建设便民服务平台，“倒逼”政府职能转变，在推进基层社会治理现代化和提升基层组织社会治理能力方面取得了明显成效。

首先，变革乡镇政府职能实施理念，变被动为主动。多年来，在农村形成了一种微妙的人际关系和政治生态，老百姓找干部办事总有一种“欠情”心理，干部为老百姓办事也有一种“送情”心态，这种以“潜规则”形式存在的村干部“微腐败”现象一直是难以根治的顽疾。服务平台通过网络阳光运行，最大限度的避免了办事人和管理者之间的直接接触，特别是通过实行痕迹管理、限时办理、系统在线查阅、在线投诉、纪委督查问责，固化党政部门的办事流程，减少了人为暗箱操作空间，降低了行政执法的随意性，压缩了乡镇部门“吃拿卡要”的空间，让“微腐败”失去了“隐形衣”，让行政审批“潜规则”去掉“保护膜”，开辟了基层源头治腐的有效途径，从而“倒逼”乡镇部门转变服务理念，变原来的被动接待服务为现在的主动创新服务。巴东大支坪镇耀英坪村业务受理员吕奎建立了名为“孕龄妇女心连心”的微信聊天室，用微信交流，主动为孕龄妇女提供服务。

其次，提高乡镇政府职能实施效率，变冗长为便捷。过去村民办事，村干部只能盖个章，出个证明，办理其他事项，还要跑乡镇、跑县城一个个部门地找，有时找不到人，有时因为资料不齐全而反复跑，可能一件事半年也办不成，浪费了时间，增加了支出，群众怨气很大，巴东农民把这种办事方式戏称为“跑断腿”。服务平台开通后，网络由上向下传输变为上下双向互动，新增了办事渠道，通过一部电话、一台电脑、一台打印复印扫描一体机，让数据跑路，农民在“家门口”就可以把事情办好，由“延时治理”变为“实时治理”，实现了政务服务从“跑断腿”向“不出村”的转变，不仅提高了服务效率，也降低了农民办事成本和政府行政成本。

最后，变革乡镇政府职能模式，变管治为服务。过去无论是征粮收税，还是行政审批、补贴发放、矛盾调解，都需要干部和群众见面，共同处理，这是典型的“面对面”管理方式。现在，群众只需通过服务平台，与机关干部在键盘上进行交流沟通，通过数据在线传输，就能超越时空的限制将事项办好，这是一种“键对键”“点对点”的服务。同时，服务平台实行“网上办理、电子监察”，“阳光操作、公开透明”，杜绝了“看情面办事、见好处办事”等现象，由“关系治理”变为“制度治理”，“倒逼”干部由管理者向服务者转变，推动政府职能由“管理型”向“服务型”转变。

三 乡镇治理困境成功转型

乡镇是我国政权体系的有机组成部分，是联系政府治理与农村群众自主治理的基本环节。当前，我国乡镇治理正面临着深刻转型。巴东县以现代信息技术为关口，横向连接县乡镇部门窗口，纵向贯通县、乡、村三级审批平台，通过技术“做媒”，在政府服务与农民之间拉起一条“红线”，以技术“倒逼”政府变革，促使乡镇治理向乡镇治权阳光化、乡镇管理服务化、村镇关系互动化转型。

（一）乡镇治权阳光化

乡镇治理是国家治理在乡村社会的最直接体现，国家对乡村社会治理的好与坏直接取决于乡镇政府治理的功能，乡镇政府的治理模式直接关乎国家的权威和合法性基础的建构。就新中国成立以来历次的乡镇改革实践绩效而言，自上而下的中央政府拉动力无疑是至关重要的，但自下而上的乡村社会推动力也是必不可少的。十八届三中全会明确提出要坚持用制度管权，让人民监督权力，实现权力在阳光下运行。但长期以来，权力运行“暗箱操作、潜规则、走后门、托关系”等问题仍然存在，阳光用权面临着“干部无动力，农民无途径”的问题。因此，巴东县借助“农民办事不出村”基层治理模式转变为契机，探索出了一条“以技术‘倒逼’权力阳光运行”的有效路径，取得了良好的成效。

第一，理清乡镇权力边界。传统乡镇部门分割闭门办公方式，群众难以了解各个部门的权力职能，办事经常“走错门”“找错人”，部门之间也会因为权力边界不清出现办事互相推诿现象。巴东县以“农民办事不出村”平台为载体，彻底拉开遮住权力的帘子。巴东县在县、乡镇、村开设三级服务大厅，打通办事“绿色通道”。首先村受理，把与农民联系紧密的行政审批事项授权给村级服务中心受理申办；其次乡镇办理，按照

“应进必进、能进则进、进必授权”的原则，凡与“农民办事不出村”信息化工程有关的单位一律进入乡镇便民服务大厅业务代理；最后县监督，统一对全县各个乡镇推进“农民办事不出村”平台建设工作进行监督，对于实施不积极或者不配合的乡镇，要给予处罚。巴东县乡镇便民服务大厅的窗口设置成常设窗口 5 个、综合窗口 4 个。

第二，规范乡镇权力运行。巴东县农民常用“签字难”“盖章难”来形容以前到政府办事的情形，这种现象在乡镇政府尤为明显。为此，巴东县通过构建“一网式办结”网上政务服务综合平台，破解了权力运行不规范的难题。农民提出办事申请后，村级受理员将所需材料扫描进入“农民办事不出村”系统，各部门在网上进行“一网式”审批办理。同时，乡镇服务大厅设有大屏幕和宣传栏，网上办理流程向农民公开。办理事项进入网络系统后，乡镇业务员何时开始办理、何时结束办理、由谁在办理都有明确记录，每个办事环节都留下“痕迹”，形成完整的“监察链”，有效制约权力运行。一方面服务大厅电子屏幕上同步显示网上办结事项；另一方面对于不能办理的事项，要写明原因，权力运行结果让群众知晓。巴东乡镇从一支笔办事到一条网办事的转变，规范了权力运行，业务员要严格根据网上流程办事，真正落实了权力按“规矩”办事。正如访谈中大支坪镇原组织委员李宁所言：“我们镇里现在可以说是权力无限小，责任无限大，群众交齐材料，证件齐全，干部没有理由不给办理。”

第三，预防乡镇权力腐败。以前巴东县群众到乡镇政府办事难免会遇到“吃、拿、卡、要”的情况。但“农民办事不出村”平台建立以后，群众与干部从“面对面”办事到“键对键”办事，使腐败没有滋生的空间。根据“在岗即在线，在线即办事”：乡镇业务受理员定时定窗口值班，值班期间必须处于在线状态，在线须办理事项，值班期间处于下线状态或没有一定的办结率要受到处罚，从而有效堵住了权力私用的空间和时间，实现权能为人人用。“农民办事不出村”系统与乡镇业务员的手机绑定，对于待办事项，系统通过短信实时提醒相关办理人员什么时候应该办结什么事项，权力能做什么该做什么清楚明了。乡（镇）监察人员在工作日对各部门的在线办公情况进行监督，所办理的事项在限定时间内办结完毕。让农民办理的事项能及时办理，权力滥用得到遏制。从见人办事到见事办事的转变，杜绝了干部“看情面、看好处办事”的现象，干部是见事“不得不办”“不敢不办”，从源头上避免了腐败滋生。

（二）乡镇管理服务化

从新中国成立至今60多年来，我国的乡镇治理模式曾发生过较大的变化，大致可分为三个阶段：从新中国成立至人民公社化前，为“议政合一制”时期；从1958—1982年为人民公社的政社合一制时期；从1983年至今，为“乡政村治”时期[①]。从管理制度层面来看，从“议政合一”到“政社合一”，再到“乡政村治”无疑是一种进步，但是距离“治理体系与治理能力现代化”仍有较远距离。最为突出的一点就是三种模式都是重汲取、轻服务。

党的十七届三中全会作出了《中共中央关于推进农村改革发展若干重大问题的决定》：“着力增强乡镇政府社会管理和公共服务职能。完善与农民政治参与积极性不断提高相适应的乡镇治理机制，实行政务公开，依法保障农民知情权、参与权、表达权、监督权。”这表明建设服务型、民主参与型乡镇政府，强化公共服务、扩大基层民主、强化权力制约和监督，已经成为农村基层治理体制改革的基本方向与重要内容。同时党的十八届三中全会提出了“国家治理体系与治理能力现代化”的宏伟目标。正是在这样的背景下，巴东县在现代信息技术的牵引下不仅实现了政府变革，而且促使乡镇管理向服务化转变。

巴东县在技术推动下实现了政府提供公共服务的现代化转型，首先，实现了服务手段从人工服务到网络服务的转变。以往的公共服务需要干部与群众面对面地交流，巴东县通过“网络高速公路”的建设，使农民在村里就能享受优质、便捷的服务。由村级业务受理员统一扫描、上传所需资料，乡镇各部门在网上进行“一网式”审批办理。乡镇业务员通过信息系统在线答复业务审批结果，村民也可在电子屏幕上查阅事项的办理情况。电子监察平台自动采集业务办理的全程信息，实时监督办事流程和办事效率。正如绿葱坡镇北界村村民谬光清所说：“这个办公服务中心确实是很实在，老百姓现在办事确实方便多了。”

---

① 严圣明：《我国乡镇治理模式的演变及启示》，《福建行政学院福建经济管理干部学院学报》2007年第4期。

其次，实现了服务方式从无序到有序的转变。我国政府公共服务长期以来存在服务流程不清晰、不规范的问题。巴东县将信息技术应用于公共服务的做法，使公共服务从“无序”转变为“有序”。服务流程方面，农民办事不出村平台以简单明了的方式明晰操作流程，明确业务办理主体。大支坪镇党委书记周和平表示：“过去我办事，随便一个理由就可以推脱，现在只要群众一来，你就不能不办。”服务内容方面，通过编辑出版全县行政审批和服务事项目录，为村庄业务受理员业务资料初审明确提供依据。办理时限方面，根据业务办理前置条件、审核部门和业务类别确定业务的办结时限，为群众提供了更为高效、优质、便民的服务。

再次，实现了服务理念从人情服务到法治服务的转变。传统公共服务是面对面的人情服务，关系的亲疏远近影响着服务的成效。巴东县通过信息技术手段，促进了公共服务的法制化转型。具体做法为：其一，律师进村。即乡镇司法所通过聘请律师为村庄业务受理员或村庄法律顾问的形式，为农民提供专业法律援助，使农民从“依理办事”向“依法办事”转变。其二，法规培训。对公开遴选的129名年轻干部进行为期10天的封闭式培训，进行最新政策与法律法规知识教育，使业务员在法律的框架和制度规范下行使权力。这些做法引导农民树立理性的人情观，促进了农村的法治化进程。

最后，实现了服务内容从单一到多元的转变。金果坪乡位于巴东县最南端，是巴东县唯一缺失邮政金融服务的网点。邮政金融服务项目缺失，给当地老百姓带来极大不便。在巴东县县政府统筹下，乡镇政府与巴东县邮政局积极磋商，率先在金果坪乡陆续开通布放商易通，使金果坪乡部分群众优先享受了此项业务。同时伴随商易通Ⅱ型机的投入使用，巴东邮政局在金果坪乡开始大力发展助农取款业务，取得了较好的成绩。截至2013年6月，金果坪乡共计布放助农取款点12个，月均交易笔数134笔，交易金额超过8万元；最高单户交易笔数达到月320笔，交易金额70万元。

（三）乡村关系互动化

20世纪80年代以来，我国农村基层管理体制和治理方式发生了深刻变化，其中最显著的变化之一，是实行村民自治并确定乡（镇）与村民委员会之间的“指导关系”。按照《村民委员会组织法》的制度安排，乡镇作为国家基层政权，依法行政；村民委员会作为村民自治组织，依法自治。乡（镇）村之间在法律上不再是行政上的上下级和直接的“领导关系”，而是“指导关系”。但是，与法律规定的乡村关系指导化不同，项继权教授认为虽然当前我国农村不同地区的乡（镇）村实际的关系状态呈现出明显的多样性、变动性和非均衡性的特点，但从乡镇对村委会人事、财务及事务的实际干预和控制能力及干预程度上看，当前我国乡镇与村委会之间总体上依然保持着明显而强烈的上下级行政命令关系，或者说是一种行政化的乡村关系，与法律规定的“指导关系”尚有相当距离①。

从实践来看，乡镇对村委会直接的行政干预主要表现在三个方面：第一，人事安排。乡镇通过选配和干预村支部和村委会的选举，控制村级组织的人员配备。依照《村民委员会组织法》及党的基层组织工作条例和组织原则，村民委员会成员及党支部成员分别由村民群众和支部党员民主选举产生。但实际上，一些地方的乡镇政府、党委对民主选举顾虑重重，为了“有效地领导村级组织”，力求控制村级组织的人员尤其是主要领导干部的选配权。第二，财政监控。乡镇凭借作为本乡镇事务的管理者，可以通过不同方式对村级财务进行监督和控制。一是乡镇对村干部的报酬和奖励标准提出指导性意见，进行间接监控；二是由乡镇统一收取乡村税费后，向村干部发放工资或奖金，进行直接监控；三是借助于“村财乡管”来强化对村委会的控制，其实质是扩张乡镇的权力，加大乡镇对村级以财务收支为核心的经济活动监督制约的力度，是乡政权力对村民自治权的一种制度侵权，为乡政侵占村级财产提供了便利条件②。第三，任务指标。通过下达各种指令性计划、指标、任务和命令，决定村民委员会的工作内容和方向。荣敬本等学者很早就将中国现行的县乡体制概括为一种“压力型体制”，这种体制最为主要的特征是将各种经济发展任务和财税利润指标从县到乡镇，再到村甚至每个农户，层层分解下达。而完成这些任务和指标是评价组织和个人的“政绩”的主要标准，进而与干部的荣辱、

① 项继权：《乡村关系行政化的根源与调解对策》，《北京行政学院学报》2002年第4期。

② 金太军：《中国乡村关系的现状及对策》，《扬州大学学报》（人文社会科学版）2002年第4期。

升迁“挂钩”，形成一种自上而下的压力[①]。

此外，乡镇管理机构的工作人员存在着明显的“去乡镇化”趋势。乡镇管理机构直接面对农村，其工作人员应该熟悉和了解农村生活，这样才能有利于基层政权与基层社会实现有效对接。近年来，乡镇工作人员的“去乡镇化”趋势值得重视。造成这种现象的主要原因有：一是乡镇工作人员的大幅度削减。首先被削减掉的是那些年龄偏大，但熟悉农村工作的工作人员。二是乡镇主要领导流动性过快，并且多数在县城居住，与任职所在乡镇的联系日益减少。乡镇干部在居住上也向县城集中，许多乡镇政府周末成为“空城”。三是乡镇新录用人员虽然受过良好的教育，但多数并不熟悉农村生活和工作，更重要的是，乡镇工作人员基本上都来自其他乡镇，甚至其他县市。我国农村虽然在经历着快速的变革，但是“熟人社会”传统依然根深蒂固，正式制度的逐步完善虽然为农村工作的进行提供了保障，但是还需要熟悉农村生活的工作人员因地制宜地执行，这是乡镇与上级行政机构工作方式的根本差别。

巴东实行的“农民办事不出村”信息化项目将行政审批事项的受理权、公共服务事项的办理权集中授权到村便民服务室，由村业务受理员和各级办理员依托现代信息网络技术对农民办理信息的电子档案进行在线受理和办理，实现了农民不出村就能办成事，切实解决了公共服务“最后一公里”难题。巴东县通过上下协调抓服务、系统互动办业务，促使了乡村关系从行政化向互动化转变。

一方面，乡村上下协调抓服务。针对村便民服务室办公条件差、管理不到位、作用发挥不明显等突出问题，近年来，巴东整合三峡后续工作农村社区建设、重点贫困村卫生室建设、整村推进扶贫开发、彩票公益金整村推进项目建设资金 4458 万元，新建和改造农村党员群众服务中心 207 个。“农民办事不出村”信息化平台，在农民家门口构建网上服务中心、打造全新政务超市、创办连锁商务网店，实现了“证件村里办、补贴村里领、信息村里查、矛盾村里调”，服务群众效应初步显现。自 2013 年 5 月在全县 125 个村运行以来，累计受理行政审批服务事项 1.01 万件，办

① 荣敬本等：《从压力型体制向民主合作体制的转变——县乡两级政治体制改革》，中央编译出版社 1998 年版，第 28—57 页。

结9418件，办结率达94%；让农民少跑路240多万公里，直接为群众节约办事成本470余万元；4.7万名农村老人和低保户在村里支取保险金。同时，完善了服务体系。近年来，巴东已逐步形成“以县级政务服务中心为龙头，以乡镇便民服务大厅为主体，以村便民服务室为基础”的三级政务服务体系。将政务服务的触角延伸至村级党员群众服务中心，建立了方便、快捷、安全的网络服务平台，由“面对面”变“键对键”和“点对点”，打通了便民、利民、惠民的“绿色通道”，在家的农民办事不用出村，外出务工的农民也不用回村，把方便让给群众，把麻烦留给干部，农民在家门口办事，“只认一个门，只找一个人”。

另一方面，乡村系统互动办业务。巴东“农民办事不出村”信息化系统在做好行政审批和服务事项的同时，整合银行、商务、供销、通信、供电等部门功能，建立农村公共服务信息平台，开通邮政商务通、金穗支付通、供销裕农网、电话空中充值机等电子商务终端，实行惠农补贴领取、电费收缴、话费充值、网上购物、汇款转账、信息咨询等综合服务，打造“政务服务连锁超市”。深入推进“农民办事不出村”信息化系统，人才队伍是关键。“农民办事不出村”系统整合了县、乡镇、农村三级业务服务，将工作人员进行了新的优化组合。调整了原有的县级政务服务中心的工作人员，在乡镇增设了一些业务管理员专门指导和监督乡镇的业务受理员。同时，重点培育了一批基层村级业务受理员。县、乡、村三级业务员在信息化系统中办理业务，他们建有统一的系统交流群，互相知道彼此的联系方式。村级业务员处理的事项最多，但是业务水平最低，因而遇到的问题也最多。当一级业务员遇有不了解的业务或信息时，可在交流群中提出，其余业务员都可以帮助回答，或者利用手机进行联系。按照系统流程，村受理员与乡镇业务员的联系最为紧密、交流最多。值得注意的是，村级业务受理员在办理业务中逐渐熟悉了相关政策，提高了业务水平，能够成为农村优秀的后备干部队伍；乡镇业务员一般由乡镇政府的各部门人员担任，在这样的互动交流中，促使了乡村关系走向互动化。

第六章　山村变革：展现基层创举

位于湖北省西部的巴东县，地处“老、少、边、穷、库、险”的山区，属国家级贫困县，经济发展相对滞后，社会贫富差距较大，社会矛盾较为突出。随着社会转型和经济发展，虽然生活水平有所提高，但社会矛盾和冲突也在加剧，民怨长久挥之不去。尖锐的社会问题，给巴东的社会治理带来了巨大挑战。实现有效的基层治理，是各级党组织和广大基层干部的期望，也是一项艰巨的考验。

巴东县推行“农民办事不出村”便民服务系统，通过信息化办公平台整合了行政审批、商务服务等便民服务，着力解决以往山区农民外出办事难的困境，颇受农民好评。巴东创举通过农村变革来直接体现，一是给巴东山区的基层治理带来了新的面貌。平台的搭建，优化了村委会服务阵地，改变农村干部的工作方式，整合优化村两委班子，有效解决了农村治理的困境。二是促进公共服务在巴东农村落地。服务平台进村，克服山区农村公共服务缺乏的难题，探索出政府主导、企业参与和群众受益的农村公共服务的供给模式。正是系统平台在最边远的山区农村落地运转，给巴东农村带来了明显的变化，如山区基层干部所言“小的平台引领着巴东山区农村大的变革”。

一　山区农村遭遇治理困境

长期以来，巴东山区农村存在着困扰广大农村干部和普通群众的三大难题，一是山大路远的自然条件，给村民和干部外出办事带来了困难。二是农村干部的整体素质和能力还有待加强，服务群众乏力，基层治理处于零散状态。三是农村公共服务尚未进入正轨，还未形成比较长久和稳定的农村公共服务供给机制，无法满足民众对公共产品的需求。这些困难使得基层干部和普通群众之间的矛盾难以化解，从而很难建立长久的信任关系。

（一）基层治理的客观条件较差

第一，工作环境较为艰苦。巴东县共 12 个乡镇，491 个行政村，全县平均海拔 1053 米，最高点 3005 米，最低点 66.8 米，相差 2938.2 米。多崇山峻岭、峡谷深沟和溶洞伏流。这种客观的自然条件，给基层村干部的工作带来了很大的麻烦。基层干部从村到乡镇办理公务，以较近的村为例，需要花费半天的时间。在条件非常艰苦的地区，不仅需要走山路，还需乘船渡河。遇到风雪等恶劣天气、山路滑坡等突发情况，更是无法顺利外出办事。在“农民办事不出村”项目推行之前，村干部外出办事在路上耗费的时间，远远多于实际办事所需要的时间。正如大支坪镇水谷坝村村主任吴东平所言：“以前到县里办事，光是花在路上的时间就很长，有时候办个事情还要等，跑一趟根本就办不成事。”村干部花费了大量时间办事，有时群众并不理解，反而抱怨干部办事太慢。长此以往，在村干部和农民之间产生了深深的隔阂。

第二，硬件缺乏限制了村治效率。长期以来，巴东各级政府对村两委班子建设的设施投入有限，使得部分农村无法做到村村建标准的办公场所，建标准的村委会大楼。“农民办事不出村”项目推进前，全县 491 个行政村中，有 95 个农村（占比 19.34%）没有固定的办公地点。正如绿葱坡镇村民钟祥强所言：“以前办事联系不到村干部，村里更是连村委会办公的地方也没有，现在好了，直接到村便民服务室。”山区农村干部缺乏最基本的工作阵地，这是困扰巴东部分山区农村干部的难题之一。办公场所的缺乏，办公条件相对较差，限制了村干部发挥自己的能力。

（二）农村干部素质有待提高

农村干部处在服务群众的第一线，农村干部的思想素质和工作能力直接影响到党员和干部在群众心中的形象。巴东作为典型的山区农村，农村干部在自身队伍建设和业务能力上还存在需要改进的地方，主要反映在思想和意识还需加强，工作能力还需提高，工作方式还需改进三个方面。

首先，农村干部思想和意识有待加强。基层干部的思想和意识问题，主要反映在两个方面。一是思想上不安心基层工作。巴东县近年通过招考村官和选调生，给山区农村增补了部分年轻大学生村官，增强了村干部队伍的工作能力。但巴东基层的村官和选调生离职现象较为普遍，高达八成村官合同结束后未能继续留在基层工作。二是农村干部在工作中缺乏主动和服务意识。农村干部习惯于原有指令式的工作方式，而不是主动为群众办事。正如大支坪镇原组织委员李宁所言："以前村里的干部习惯于听镇里的安排，没有主动服务的意识，现在不同了，'农民办事不出村'按照业务的办理数量来考核绩效，对村干部有激励作用。"

其次，农村干部素质能力还需提高。巴东县应三峡库区移民的要求，县城和部分沿河沿江的农村存在一定程度上的搬迁重建。移民搬迁重建工作量巨大，而且容易发生由于安置处理不当所造成的群体事件，仅2009～2013年间，因移民安置造成的上访事件多达36例。尤其是在群众极为关切的安置房分配、补偿款发放和划分土地等重要问题上，农村干部在实际工作中面临着巨大的难题，考验着巴东县移民长期安置工作的成效，是社会稳定的前提。如何在这种形式下实现有效的基层治理，直接考验着巴东广大基层干部。面对难题，迫切需要作风扎实、工作能力强的农村干部带领群众在纠纷调解、解决移民安置的后续问题，为提供全方位的指导和服务，但部分农村干部工作上难以满足村民的需求，本应由基层解决的事情不去认真解决，致使小事变大事，造成越级上访，给各级政府无形中增加负担。

最后，农村干部工作和管理方式较落后。巴东山区农村是传统意义上的熟人社会，农村干部对于管理村里的事务相对而言比较随意。正如大支坪镇耀英坪村村民张洪强称道："以前村干部办事情都比较随意的，哪像现在有了办事不出村这么好，坐在屋里来给老百姓解决问题。"同时，农村干部学习和交流的渠道较少，接受新的工作方法和管理方式的机会有限。巴东山区农村的干部普遍反映在办事过程中遇到过因不懂法、不懂办事细则而产生工作失误的情况，给干部和群众造成了不必要的麻烦。此外，乡村两级关系也是影响农村干部工作的重要因素，绿葱坡镇北界村支部书记王祖华称道："基层工作难做，而且上面对基层干部的管理太死，也太忽视，很多事情我们也没有办法去做。"

（三）农村公共服务的缺乏

巴东县是移民库区，部分山区农村由原来所在地搬至现居地新建而成，一定程度上改变了过去农户散居的状况，居住相对集中。同时，国家封山育林的政策也鼓励林业种植户搬到山下集中居住。农民聚居程度的提高，使得农户对农村公共服务的需求也逐渐增多。农村公共服务尚未跟上农村地区的经济社会发展，尚未满足民众的服务需求，是困扰基层治理的难题之一。巴东山区农村公共服务短缺的原因，一是大部分农村尚未建立起有效的公共服务供给机制，未能探索出多方参与受益的合作机制；二是村集体自身乏力，缺乏提供公共服务的能力。如何将农村公共服务从零基础做起，达到一定的水准，满足农民的需要，是影响到未来巴东农村基层治理的关键。

第一，公共服务供给机制的缺乏。巴东县群山林立，相对闭塞，广大农村地区处于自治性质的熟人社会，制度化的公共服务供给机制未曾出现，村集体和基层乡镇政府无法主动意识到农民对于公共服务需求的急迫性。随着农村地区社会经济的发展，对于公共产品的需求逐渐凸显出来，例如对于修路、架设路灯、设立医疗设施等需求逐渐增多。同时，农户也急需关于农业生产上的服务，例如巴东山区农户多种植烟叶，农户对于烟叶生产的相关信息需求明显增多，但苦于大山深处，与外界交流不便，农技服务很难延伸到山区农村。

农户和企业参与程度不够，村集体的引导意识不强，是巴东山区农村缺乏公共服务的原因。正如群众普遍反映的心声："以前哪能想象交电费、话费不用出村就可以办，还有现在更是不出村就能取钱，就能了解到种烟业的信息。"巴东县正是凭借信息化便民服务平台"农民办事不出村"系统，有效实现了行政审批业务和相关公共服务供给的有机结合，政府发挥了引导的作用，企业积极参与到农村公共服务，这是创新农村公共服务供给方式的有益尝试。正如大支坪镇党委书记周和平所称："农民办事不出村很有发展的前景，我们以后还可以整合更多的公共服务，将这种服务机制完善，能够为老百姓做更多事情。"

第二，提供公共服务的能力有限。影响巴东山区农村公共服务供给短缺的重要原因在于村集体和乡镇政府提供公共服务的能力有限。具体表现在主体权责不明晰，审批过程较多，市场化参与程度不够，以及财政上的相对困难，这些都是影响农村公共服务供给难的原因。正如大支坪镇党委书记周和平所言："为农民提供相关的公共服务，以前多是靠乡镇和村集体自己解决，后来改为向社会购买服务，现在直接用平台来引进相关企业，一举多利，解决了老大难的问题。"巴东县创新农村公共服务的供给形式，借用"农民办事不出村"信息化便民服务系统，吸引银行、电信、电力和农机农药种子等涉农企业的入驻系统，实现了有效的功能整合，使农户在需要各种生产生活需求时，不用再向村干部提各种要求，不用村干部外出争取各种进村服务的资源，只需借助这个平台就能够有效实现，在实现农村公共服务有效供给上取得了明显的成效。

二　平台入村实现治理落地

为克服困扰巴东农村干部和群众的三大难题，"农民办事不出村"应运而生。小技术带来山区农村大变革，关键在于信息技术能够真正在偏远的山区农村发挥其巨大的作用。技术平台进村，给村里带来了直接的变化，表现在：一是做实村便民服务室的功能，并成为村民与村干部交流的新平台新渠道；二是整合和优化了村委会的职能，将村级公共服务整合并融合进服务系统，提高服务效率；三是引入了商务服务，极大方便了山区农民的日常生活，深受农户的欢迎，也给合作企业打开了市场，实现了三方共赢。

（二）网络连通，便民服务室得以充实

巴东县把"农民办事不出村"便民服务系统延伸到最基层，延伸到村里，为村委会提供了标准的办公地点，使农村干部服务群众有了新的阵地。

一是新建标准的服务室。巴东县在推行"农民办事不出村"项目过程中，借项目推进的契机整合了村委会和便民服务室的建设。全县491个村，原有部分村庄未能建起标准的便民服务室，村委会的办公条件也较差。县委县政府借"农民办事不出村"项目的推进，加大对基础设施的一次性投入，先后投入了1600万元专门针对改善农村便民服务室，首批

新建了120个标准的村便民服务室。便民服务室按照统一的标准修建，配置了办公电脑，扫描打印机和摄像等业务需要的设备，同时充分考虑到群众的需求，明确将行政审批的事项做细致的分类并张贴出来，方便群众了解业务办理。另外，在有条件的村庄，便民服务室还承担了农村文化站的功能，其音响设备和网络设备为开展农村娱乐生活提供了较大的便利，村民渐渐开始把便民服务室当作村里的活动聚居地。

二是开拓服务群众的新阵地。农村便民服务室的修建和完善，开拓了基层干部服务群众的新阵地。首先，使得以往受够了山路崎岖、路途劳顿的村干部能够安心和轻松地工作，坐在便民服务室里为群众办事，既节省了时间又提高了效率。同时，村民平时在办理相关业务时，不用再把时间花在寻求村干部上，只需到村便民服务室，找到业务专员，业务专员就能够与群众协调业务办理的相关事情，能够做村民和村干部之间的信息传递员，为群众省事不少。此外，便民服务室成为村民和村干部交流的主要场所，改变了以往随时随地随意办公的方式，使基层干部接受了这种标准化的办公模式，有助于提升基层治理的绩效，提高服务群众的水平。正如茶店子镇洞坪村业务受理员高燕称：“现在村里人都爱到便民服务室来坐坐，有事没事过来看看，这里热闹起来了，办事情也方便。”

三是便民服务室保障了服务民众的质量。“农民办事不出村”信息化便民服务系统经历了长时间的运行和调试，不断地优化和完善。2013年2月，在前期的设计和规划成型后，电子政务专家汪玉凯教授及其团队在巴东县野三关镇现场进行操作办公，检验系统的可操作性。汪玉凯教授团队亲自在现场办公，农民向工作团队提出要求办理的业务，工作人员按照工作标准受理业务并审核材料，并将材料上传到审批的部门，实际操作整个业务办理的流程。试行效果良好。“该项目标志着巴东县在武陵山区率先实现农民办事不出村，具有重要示范效应，适合在全国中西部地区农村推广。”5月13日，国家行政学院教授、电子政务专家委员会副主任汪玉凯代表鉴定专家组宣布，该“农民办事不出村”信息化项目已达到结项标准。现场操作3个月后，即2013年5月，第一批“农民办事不出村”系统在全县120个村正式运行。当年，巴东县已经完成了125个村的“农民办事不出村”信息化项目建设。巴东县委书记陈行甲说，将按照“试点先行、全面推开、三年为期、整体覆盖”的思路强力推进，力争到2015年实现全县491个村全覆盖。

（二）整合资源，凸显平台服务功能

“农民办事不出村”便民服务系统进入巴东山区农村，给在基层工作的村干部带来了最直接的影响。这是对村干部原有工作方式的直接改变，县委县政府借用系统平台，整合了原有的村两委班子，改变了过去的村干部队伍班子缺乏团结力。整合优化后的村两委班子分工明确，职责明晰，提高了村委会工作能力和工作效率。

一是村干部定期坐班制度。“农民办事不出村”信息化便民服务系统，充分针对农民的需求特点而设定工作制度。农民在办理各项业务的过程中，往往需要与村委会进行商讨和协商，以及需要村委会干部盖章签字。同时，“农民办事不出村”虽将行政审批的受理权下放至村便民服务室，但在实际的业务办理中，村干部必须按照权责标准处理相关业务，涉及到盖章和签字的业务，必须由村委会同意和批准。但由于村委会干部往往属于兼职工作，工作时间和地点较为随意，甚至多数情况下通过打电话就做了某些决定，容易产生不必要的纠纷。所以，在推行“农民办事不出村”项目时，项目领导考虑设定村干部周一、周四定期值班的规章制度。需要村委会授权的业务，必须由村委会相关负责人在周四现场审核材料，现场签字盖章，责任到人，集中办事，为业务的办理提高效率。

二是平台有效承接了村委会的服务功能。巴东县借“农民办事不出村”项目，改革行政审批制度，将行政审批的受理权下放至村便民服务室，共计21大类86项审批项目。“农民办事不出村”项目将农村所涉及的公共服务，包括行政审批上的服务和商务服务等业务集中起来，而且委托给村便民服务室，使得村委会不再为村内的公共服务、行政审批业务所累，能够突出村委会在发展农村经济中的带头作用，有效减小了村委会的工作负担。所以，平台有效承接了以往村委会的公共服务供给职能，对于保证公共服务质量，起到了明显的作用。溪丘湾乡石碾村党支部书记邓光林称：“我们只需周一、周四来办事，效率提高了，可以专心做其他事情，为群众办事再也不像以前那样烦心了。”

（三）扩展市场，商业服务得以入驻

巴东县在推行“农民办事不出村”项目之前，充分考虑到了山区农

村、农民的需求，尤其注重山区农民对于日常外出办事的艰难。平台将商务服务与行政审批服务融合进“农民办事不出村”信息系统，通过联合邮政储蓄、商业银行、电信部门、农资部门在村内设置便民服务点的形式，实现了养老保险领取、电费代缴、话费充缴、农资购置等多项便民服务，真正实现了“补贴村里领、农资村里订、费用村里交”。

首先，引入电信和电网等商务服务进村。如何引入电信企业，将网络拓展至山区农村，巴东县委县政府充分动员了相关电信公司加入“农民办事不出村”信息系统，向电信公司阐明该项目的优势和未来前景，并承诺专项经营农村网络业务，并通过财政补贴来鼓励电信公司将基础网络扩展至农村。同时，电网企业借助平台的优势开展业务，企业只需将代缴收费的业务委托给村业务员，业务员通过代收电费，并通过系统及时反馈信息和完结核对账目。这种方式缩短了以往派片区专员到农户家上门收缴电费的时间，极大方便了电网公司的业务开展，也给山区群众提供了便利。

其次，成为落实惠农政策的端口。通过增加低保款、养老金代取业务。商务服务的另一项重要内容，即是方便农户取低保、养老金等款项。在项目推行之前，住在山区农村的农户取养老金和低保十分不便，往往取55元的低保花费一半甚至是超过55元的路费，使得农民感叹国家政策是好的，但在实际中还是存在问题。便民服务系统融入了代缴和取款项目，极大方便了村民取款，村民只需在村里的信息系统上查明相关款项的余额，然后转账给村业务员，村业务员即可将预留的现金交给村民。不仅节约了村民外出取钱的时间和开销，同时也减小了农村老人外出取钱上当受骗的可能性。这种不出村既能安全方便的取款，深受村民的喜爱和称赞，村民直夸“这件事办得太好了”。

最后，为外出务工人员提供邮件寄送服务。巴东县是劳动力输出大县，很多年轻人常年外出打工，甚至有很多全家外出在打工地点定居。由于相关的业务办理受到户籍条件的限制，使得外出农民工回乡办理相关业务审批手续十分烦琐。不仅耽误了务工，还花费了大笔开销，却不能及时解决事情。而“农民办事不出村”便民系统不仅开通了远程业务办理系统，还承担了相关文档的寄送和收件功能。远在千里之外的农民工需要办理业务，只需按照要求将相关证件和表格在网上填写好，然后发送给村业务员，业务员按照步骤传输至审批部门，然后在3个工作日内即可拿到纸质的审批档案。村业务员将纸质档案通过快递寄发给外出打工的农户，即可完成以往难以想象的业务办理工作。这种业务办理方式对于在外打工的农民工来说，具有实效作用，极大方便了外出务工人员的业务办理，为其解忧。正如有的村民所言："现在这个'农民办事不出村'，也可以说是'农民办事不回村'。"

总之，巴东在基层农村的实践，探索出一条政府主导、企业参与、农民受益的农村公共服务供给的新模式，实现农村公共服务供给常态化，农村公共服务的长效机制成型。巴东信息化平台的搭建，整合了行政审批服务、商务服务，同时为村级便民服务提供了阵地，通过一年多的运行和调试，效果显著。这样一套操作简单、流程清晰、省事省力的服务系统，借助平台能够有效发挥其作用，具有长久有效可持续的特点。所以，巴东探索出这样一条提供公共服务的长效机制，具有借鉴和推广的意义。

三　干部转型凸显治理成效

技术平台在巴东山区农村的运用，不仅为农民办理相关行政审批业务以及享用商务服务提供了便利，最明显的变化在于小技术的运用促进了广大基层干部的工作和角色的转型。基层干部改变了以往工作中存在的主观性强、权责不明晰和缺乏服务群众意识等问题。系统平台带来了新的工作方式，例如网络受理、一键式审批、专员专项以及流程式痕迹管理等，使得基层干部转变了工作角色，改进了工作作风，提升了工作效率，提高了服务质量。

（一）村干部工作权责更加明晰

基层工作杂乱，村集体权责和职能繁多。村集体承担着政治、经济和社会公共服务以及治安环保等多方面的职能。村干部在实际工作中，往往会遇到各种突发的情况，产生不必要的纠纷和冲突。所以，如何界定村委会和村干部的职责和工作范围，是解决基层工作烦琐，提高工作效率的前提。

1. 村里承接业务受理权

“农民办事不出村”村级业务员中有85%由村两委班子成员兼任，所以项目的实施直接给基层干部的工作带来了变化。通过将“农民办事不出村”标准化服务系统引入到最基层的山区农村，规范了基层干部的权责和工作标准。一是具体受理的业务通过公示展示给村民，责任主体明确到个人，减少了以往村民求助村干部办事时易遭到借口推诿的现象，提高了工作效率。二是有效协调了县、乡镇、村集体三级责任主体之间的关系，尤其减少了乡镇和村集体在具体业务受理办理中的权责关系，业务分类到具体的部门具体的人，减少了工作误差，提高了工作效率。正如耀英坪村业务员吕奎所言：“权力无限小，责任无限大，村里的责任更明确，项目潜在的效果更好，党群关系良性互动，打开了办事的窗帘子，以前是找陌生人办事，现在是找熟人办事了，也不讲什么，就给老百姓把事情办了。”

巴东县实行行政审批制度改革，将部分行政审批业务的受理权下放至村里，村干部承接部分业务的受理权。行政审批放权至村里，强化了村干部作为村治主体的角色，使得村干部的职能更加明确。同时，县政府对下放的行政审批受理的权力进行全方位的监督，对于在实际业务受理工作中不按标准程序办理业务的行为，以及村干部违法操作的行为进行严厉的查处。正如大支坪镇耀英坪村业务受理员吕奎所称：“现在业务员能够办很多事情了，但是村干部还是得按要求来做事，因为办事情在系统内都是有记录的，不按规矩盖章这种事情是要被查出来的。”溪丘湾乡石碾村业务受理员杜海奎也称：“我们现在去做，上级部门的任务减轻了很多很多，他们坐在办公室里看一下，嗯，我这个资料传过来了，嗯，行了，就四个字：同意审批。乡镇这一级的其实就是把个关，你这搞定了没有呀，材料合不合格。他就四个字嘛，同意上报或同意审批就可以了，县里、乡里和村里的责任很明确，各自做好自己的事情。”

2. 强化人员的工作责任意识

巴东农民办事不出村项目组制定了一套完整且严格的业务人员选拔和培训上岗机制，确保了基层工作人员的业务水平，保障其高质量的服务。一是电脑操作的培训。基础电脑操作知识扫盲，通过培训使他们能够流畅地使用电脑，是能够为农民网上办事的前提。业务员还需重点学习如何在专业的“农民办事不出村”网络软件上办理具体的业务，比如如何受理业务，如何上传相关的资料，如何查看信息，如何反馈业务办理的情况，等等。二是人员选拔和安排。将工作人员进行了新的优化组合。调整了原有的县级政务服务中心的工作人员，在乡镇增设了一些业务管理员专门指导和监督乡镇的业务受理员。

在业务员的考核和上岗上，项目组在培训结束后组织安排所有的学员进行考核，考核内容即为规定时间内在网上操作完成具体的某项业务办理。这对于业务员的电脑操作和业务流程的熟练程度有直接的帮助，也最能反映学员是否真正掌握了网上办理业务的能力。通过考核的检测，未能达标的学员将继续在下一期的培训中学习，直到考核达标才能够上岗。

2013 年 4 月开始安排学员培训，共有 120 个村 240 名的村级业务受理员通过了培训考核，达到了上岗的标准。前期培训工作的顺利完成，为系统能在 5 月底正式的全面运行提供了可能。

（二）村干部工作方式得以转变

巴东借“农民办事不出村”信息平台，直接改变了基层干部的工作方式，表现在：一是改以往随意办公为定时定点的专员坐班的工作方式，面向群众办公；二是改变了过去村民需自己跑部门签字盖章的方式，直接集中到村便民服务室进行网上审批；三是由以往农民找村干部面对面办公，到现在借助平台实现“键对键”的在线传输和审批；四是改变了过去基层干部被动地接受村民的要求，到现在积极主动地为老百姓办事，提高了工作积极性。

1. 村干部到服务室集中办公，开门办事

“农民办事不出村”改变了以往村干部随意办公的形式，以往农民在业务办理过程中，难以了解到业务办理的相关信息，往往“大事小事全找村干部”，自己到乡镇和县里办事经常“走错门”“找错人”，而且还要面对部门之间相互推诿的现象。“农民办事不出村”平台在村里建起来以后，改变了这种状况，村民办事变成了简单容易的事情，村干部集中到村便民服务室办公，“敞开大门为老百姓办事”。正如原大支坪镇组织委员李宁所言：“拉开了干部和群众之间的帘子，办事情更加直接了。”从闭门办事到开门办事的转变，理清了权力边界，上下层级之间的关系，职责

明确，规范了基层干部用权，方便了群众了办事。正如茶店子镇洞坪村村民高云祥说："以前要去政府好几次才找得到人办事！现在好了，我去服务大厅窗口就能办，再也不用来回奔波了。"

"农民办事不出村"实现了集中办公和开门办事，一改过去的工作方式。一是改零散为集中，集中到专人，集中到系统。以往村民办事难的原因之一即是村干部事务繁多，找村干部办事的效率比较低。平台在村里建起来以后，设立了专门服务办理业务的工作人员，实现了专员专事集中办理，有效改变了以往事难办的情况。同时，将以往各项审批事项集中到系统，集中到平台上，业务员只需在系统上操作即可完成业务的办理，提效增速。二是分流理事，优化了工作流程。"农民办事不出村"系统将县、乡（镇）、村三级以及各部门通过网络连通。村受理事项在线传输到镇不能代办时，将由镇直接上传到县办理；涉及到多个部门的事项，由部门联席会议进行审批，如建房许可证办理时，会涉及到交通、林业、电力等部门，国土局将召集各部门进行联席会议，并联审批。这样有效地提升了村级业务受理得到速度，为村民办事设定了详细的流程。三是开门办事，喜迎村民。村便民服务室的建立，使得村干部和业务员能够在设施齐全的办公场所为村民办理业务，信息化办公更使得业务办理变成"简单的事情"，同时，业务员的工资和业务完成量挂钩，这使得业务员更为积极主动地为村民办事。

2. 改分级盖章为一键审批

巴东县农民常用"签字难""盖章难"来形容以前到政府办事的情形，原因在于审批程序过于复杂，审批层级繁多。农民办事不出村"一网式办结"工作方式的推广，有效解决了签字难盖章难的困境。正如访谈中原大支坪镇组织委员李宁所言："我们镇里现在可以说是权力无限小，责任无限大，村里把材料收齐交上来，证件齐全，干部没有理由不给办理。"

一是网上审理，公开权力运行。农民提出办事申请后，村级受理员将所需材料扫描进入"农民办事不出村"系统，各部门在网上进行"一网式"审批办理。同时，村便民服务大厅设有大屏幕，网上办理流程向农民公开。二是网上监督，制约权力运行。办理事项进入网络系统后，何时开始办理、何时结束办理、由谁在办理都有明确记录，每个办事环节都留下“痕迹”，形成完整的“监察链”，有效制约权力运行。三是网上反馈，透明运行结果。一方面服务大厅电子屏幕上同步显示网上办结事项；另一方面对于不能办理的事项，要写明原因，权力运行结果让群众知晓。

3. 从面对面办公到键对键办事

在基层干部中，存在着为群众办事时“吃、拿、卡、要”的情况。“农民办事不出村”平台建立以后，群众与基层干部从“面对面”办事到“键对键”办事，使腐败没有滋生的空间，杜绝了干部“看情面、看好处”办事的现象。干部见事“不得不办”“不敢不办”，从源头上避免了腐败滋生。巴东县委书记陈行甲谈道：“通过网络阳光运行，最大限度避免了办事人和管理者之间面对面接触，极大压缩了可能产生腐败的空间。”

一是公开办事，避免权力私用。根据“在岗即在线，在线即办事”：业务员定时定窗口值班，值班期间必须处于在线状态，在线须办理事项，值班期间处于下线状态或没有一定的办结率要受到处罚，从而有效堵住了权力私用的空间和时间，实现权能为人人服务。二是提醒办事，避免权力错用。“农民办事不出村”系统与业务员的手机绑定，对于待办事项，系统通过短信实时提醒相关办理人员什么时候应该办结什么事项，权力能做什么该做什么清楚明了。三是限时结事，避免权力滥用。县纪委监察局和乡（镇）监察人员在工作日对各部门的在线办公情况进行监督，所办理的事项在限定时间内办结完毕。让农民办理的事项能及时办理，权力滥用得到遏制。

4. 村干部从被动办事到主动服务群众

巴东县从替民办事到为民办事的转变，优化了权力使用，为民解忧、为民谋利，拉近了干部与群众的距离，群众对干部的怨气少了，信任增多了。以往群众上门求办事，干部想理就理，推诿拖拉。“农民办事不出村”平台建立后，改变了这种“求”的心态，充分发挥了权力效能。大支坪镇耀英坪村村民孙仁梅激动地说：“现在干部就像我们亲人一样，我们动嘴，他们跑腿。农民办事不出村，的确让我们农民得到不少实惠。”大支坪镇党委书记周和平生动描述了干部与群众距离拉近的现状，他说：“农民办事不出村回应了老百姓的切身利益问题，以前政府光搞自己的，那是自娱自乐，自拉自唱。现在就像开演唱会一样，干部在上面唱，下面群众跟着节奏走。”

一是逐步放权，便于民。在行政审批改革中，根据农民需要，一步一步下放权力。如卫生局开始只下放了6项审批权，今年又将农民办理较多的“二孩特殊情况”5项审批权下放，给农民办事带来方便。大支坪镇水洞坪村村民夏青春讲道：“2009年给女儿办第一胎准生证时，前前后后跑了六七次，办了几个月，直到孩子都要生下来了，才办好。今年为女儿办第二胎准生证，3天就拿到了。”二是整合资源，惠于民。服务上，除了能受理相关行政审批事项，巴东县还进一步整合金融、邮政、通信等部门，使农民在家门口就可以上网缴费、订购农资、汇款转账、领取补贴等，为农民节约了办事成本。绿葱坡镇北界村村民谬光清感慨道：“以前交电费去镇里，电费才30元，车费都要用50元，现在不花一分钱，在村里就交了！”

（三）改善了村干部的工作作风

“农民办事不出村”信息化便民服务系统的运行，直接改变了广大基层干部的工作方式，使处在服务群众最前线的基层干部改善了工作作风。一是以服务为导向的新型工作标准，使基层干部更加注重转变自己的思想作风，增强服务意识和效率意识。二是标准化的业务受理审批办公程序，转变了基层干部的工作作风，工作更加务实，更加注重业务的办结效率，更加对群众负责。三是严格的业务流程监督管理方式，使基层干部转变了纪律作风，在工作中减少了官僚作风、树立了节俭之风、压制了贪腐之风。

1. 技术运用“倒逼”基层干部思想作风转变

“有事找业务员”，使业务人员与群众之间的距离缩短了，农民不用出村，不用再自己跑到乡镇和县里去办理相关的业务。“农民办事不出村”平台建在最基层，建在农民最需要的地方，服务窗口的前移，服务方式的转变，促使以基层党员干部为主体的业务员必须转变思想作风，以适应“农民办事不出村”新型便民服务系统的要求。

提高村干部的服务意识。一是熟人办公，服务更显亲情。“农民办事不出村”便民服务，统筹县乡村三级审批权力，实现审批权落地下沉，做到“能在村里审批绝不跑镇里，能在镇里审批绝不跑县里”，真正服务于民。村庄拥有业务的受理权，使得农户不出村既能办理业务，又减小了农户进乡镇办事难的问题。村业务员由村优选产生，熟人办公，服务更显亲情。二是角色明晰，服务毫无压力。“农民办事不出村”便民服务，受理、审批的项目和权限通过条文公示，各级业务员角色明晰，权责分明。村业务员严格按照权力审批权属定位来处理各种业务，规范了项目处理中可能产生的误差，减小了因权责不明晰所产生的纠纷。三是业务增值，服务更加热心。“农民办事不出村”便民服务整合了商业缴费项目，村受理员能够通过办理商业服务获得一定的报酬，既方便了群众日常服务，也增强了业务员的工作积极性。通过增值业务，能够有效解决村级业务员工资待遇问题，这对于提高服务效率、服务质量作用明显，为民服务更热心。

层级痕迹管理，提高效率意识。一是层级管理，促服务增效。“农民办事不出村”便民服务系统将受理业务分为急办件和待办件，分别规定不同的时间标准，督促各级业务办理员按时按量完成规定业务，有利于提高业务员的效率意识。二是痕迹管理，助服务规范。农民办事不出村通过三级统筹、痕迹管理，设立独立于业务办理系统外的监督体系，加强管理，使得各级业务受理人员提高工作效率，规范业务流程，有效减少在职不做事的现状。同时，乡镇设业务指导员、县级组织部门专人监督，通过网络化在线监督、实时汇报、定期回复等手段实现了对业务员的远程监督管理，这对提高业务员的效率意识、规范意识有明显的作用。

2. 平台抓手助推基层干部工作作风转变

“农民办事不出村”网络化办公，通过网络在线传输技术，将行政审批方式由过去“自己找部门”改变成“数据找部门”，有助于基层干部转变工作作风，更加务实，更加负责。

流程简化，增进作风务实。一是杜绝“办事求人”的现象。“农民办事不出村”便民服务系统，简化了业务办理的流程，改变了原有的工作方式。将农民急办事件作为服务的核心，农民只需在村服务中心完成各项受理，减少了与上级审批部门的工作来往，由“面对面”变为“键对键”，杜绝了以往“求人办事难，办事跑断腿”的现象。正如大支坪镇系统管理员、镇纪检委员蒋渊芳所称：“我们镇一个村的60岁的老人，由于她长期在外，回到村里不清楚村里的情况，她要办新农保新农合，直接找到村干部，村干部就给她办理好了，她很激动地说：‘这么多年不在村，与村干部不熟，更别说镇里的干部，现在他们都给我办好了，还送到家里来。'老太太甚至还激动得送上一包烟，看见村干部还多次叫村干部到家里去坐坐。"二是减少"办事推诿"的现象。农民办事不出村明确各级受理办理权限，责任到人。村民能够通过审批项目公示板了解项目办理的责任人，而且能够督促业务员查询业务办理状态，减少业务办理人员互相推诿的现象。同时，监督员能够对拖延的办理件进行在线提醒督促，促使业务人员及时处理和反馈业务办理的进程，减少了中间重复审批、重复核实的环节。

监督全面，促使工作负责。一是专员监督落实办公责任。"农民办事不出村"整合党委组织部、纪委以及政府政务服务中心等相关部门，通过设立县级监督专员、乡镇业务指导员来监督业务工作。同时，通过网络渠道管理全县的业务员，达到即时监督、全天候监督，对于促进业务员工作更加负责，为民服务更加负责，起到了明显的作用。二是制度完善强化工作责任。巴东县实施农民办事不出村，通过完整的业务员培训上岗机制、业务员服务流程设置来强化各层级业务受理人员在工作中的责任观念，通过制度化的管理条例来改进工作人员的作风，实现"为民办事责任到家"，为农民所称赞。周一、周四会在线监察，每天都要进行统计，早上十点半进行同步监察、同步审核。村里业务员是每月 250 元的基本工资，一个月没有办理一件业务，就没有月基本工资，并按照全县预存资金和总业务量来计算每一件业务的价值，以此来鼓励业务员积极主动地为群众服务。同时，乡镇设业务监督员，负责全乡镇的业务员监督和指导工作，对村级业务员进行实时监督。在村业务员三次不在线时应及时督促其在岗在线。镇里办事不出村的正职部门还要单独进行考核，每年五六月评选五佳部门，先进单位。

3. 系统管理促使基层干部纪律作风转变

"农民办事不出村"推行网络化标准办公模式，通过统一的系统化管理方法，转变了基层干部的角色，凸显出干部服务群众的功能。同时，减少了铺张浪费之风，有利于压制贪腐之风，促使基层党员干部的作风转变，重树纪律。正如水洞坪村支部书记夏善友所称"搞了三年的党建，不如一个'农民办事不出村'好"。

从主到仆，减少官僚作风。农民办事不出村，实现了网络化办公，农民办事不再像以往到乡镇和县里找工作人员，减少了以往“门难进、脸难看、事难办”的现象。如村民所言：“现在都是熟人办事了，不出村，只需去村便民服务室，找到业务员就可以了，业务员就是本村人，大家很熟悉。”同时，系统通过痕迹管理、限时办理、在线投诉、纪委督查问责等管理方法，改变了基层干部的角色，由主变为仆，对干部形成了有力的监督。溪丘湾乡石碾村第九组村民黄耀琼称道：“一个系统进了村，大家办事不求人，维护了群众的尊严。”大支坪镇耀英坪村计生专干兼业务受理员吕奎称道：“党员干部服务群众的底气、勇气足了，干部更有成就感，群众更有幸福感。”

从繁到简，培养节约之风。巴东县“农民办事不出村”改变了传统的部门审批办事的工作方法，优化了纵向的审批流程，简化了横向的部门联动，有效降低了政府职能部门的工作流程。第一，提高了行政效率，降低了行政成本，树节约之风。线上审批取代了以往的纸质办公，各级办公信息化网络化，有效降低了行政成本。正如溪丘湾乡便民服务大厅计生业务员王红所言：“现在网上办事省事不少，笔纸之类的办公材料也节约了不少，你看我近年的笔都没用多少。”第二，网上审批办理业务，服务便民，为农户省钱省时，助推社会节约的风气。便民服务受惠于民，农户称赞办事系统大大节约了办事成本，有力地带动了社会风气转向勤俭节约、抵制铺张浪费。溪丘湾镇石碾村村支部书记邓光林称：“群众现在到村便民服务室来办事，除了证件别的不用带，服务室都能提供，而且网络办公减少了很多不必要的开销，以前光是办事的档案就要很多，每年村里买办公用品的花费也不是小数，为村里省了钱。”

从暗到明，压制贪腐之风。巴东县“农民办事不出村”的运用，将以往的各部门散落式办公变成了整体的网络线上服务，办事流程明晰，业务责任到人。具体表现在：第一，业务办理事项的公开透明。在县、乡、村三级服务中心，业务权责明确公示告贴，公开透明。第二，办事流程实现网络公开透明。业务办理员在网上办理相关业务，其操作痕迹能够通过系统实时在线查看，做到了业务办理流程的公开透明。

通过公开业务事项和办理流程，使得业务办理过程从暗到明，网络系统架起了农户和审批者之间的桥梁，改“面对面”为“键对键”，减少了暗箱操作的空间，杜绝了“吃拿卡要”的现象，有效降低了各级业务办理人员的贪腐行为。

小　结

《中共中央关于全面深化改革若干重大问题的决定》中指出：“改进社会治理方式，必须坚持源头治理，标本兼治、重在治本，以网格化管理、社会化服务为方向，健全基层综合服务管理平台，及时反映和协调人民群众各方面各层次利益诉求。”“必须加强和改善党的领导，充分发挥党总揽全局、协调各方的领导核心作用，建设学习型、服务型、创新型的马克思主义执政党，提高党的领导水平和执政能力，确保改革取得成功。”巴东实施“农民办事不出村”体现了党在群众中“为民、务实、清廉”的工作本色。要确保把这个项目建设成民心工程、阳光工程、廉政工程，使其走上制度化、规范化、长效化轨道，真正做到代民办事、为民解忧、帮民致富、让民满意，还需要进一步探索总结经验教训、深化完善体制机制。

（一）合理规范了县、乡、村之间的权责

十八届三中全会明确提出要“进一步简政放权，深化行政审批制度改革”，为深化行政审批制度改革，加快政府职能转变，建设“服务型政府”指明了方向。精简机构与建立责任政府，是县级政府实现“简政”目标的关键。如何精简县级政府的职能机构，在行政体制改革的过程中重塑政府的服务意识和责任意识，关系着未来县级政府的治理绩效。构造一个责任政府，防范苛政，建立良政，应该按照权责一致的原则设计和构造县级治理体制。简政放权需要有承接权力下放的可靠之处，从长远来看，县级政府简政放权的职能主要下放至基层。如何使乡镇部门和村委会能够积极主动的承接权力下放，并且保障权力在行驶过程中合乎规范，是县级政府简政放权的关键。

巴东县借“农民办事不出村”信息化便民服务系统，不仅有效整合了县级部门之间的权力分散的问题，同时将部分行政审批权限下放至乡镇职能部门甚至是村便民服务室，直接服务于广大群众。“农民办事不出村”整合了部分行政审批权力，优化了政府职能。行政体制改革涉及到

各部门切身利益，下放到村级直接办理或者代办的事项凑数量、走形式，把按传统方式办理的事项又返回到信息服务平台走一遍，不仅不便民，相反更麻烦。巴东县进一步理清县、乡职能，进一步提高认识，出台全县行政审批目录及负面清单，有行政审批职能的部门最大限度下放审批权，优化审批流程，精简审批环节，将适合在村受理的事项全部下放到“农民办事不出村”信息服务平台上受理，切实解决“明进暗不进”“人进事不进”“事进权不进”等问题，压缩办事时限，提高办事效率，减少行政成本。

（二）为基层自治和乡村治理创造了条件

基层自治和乡村治理的过程中，乡村精英的政治参与必不可少，甚至是至关重要的。如何促进基层社会的精英能够承担起治理过程中的责任，建立高效且多方受益的工作机制，能够刺激基层干部长久和负责的承担基层治理的职责，是提高基层自治和乡村治理水平的要求。巴东县建立科学合理的考评制度，把“农民办事不出村”工作纳入乡镇目标考核内容，科学设置考核指标，细化监督机制，同时建立协调沟通机制，组织相关部门集中查勘、综合审批，分管领导定期签批，使流程更优、程序更简。同时，系统的运转增强了农民的权利意识和参与意识，使民众越来越认为基层干部应该好好为民众服务，应该主动为民众办事。

在系统的运行中，锻炼了一支受群众欢迎、工作能力强，服务意识好的工作队伍。正如原大支坪镇组织委员李宁所言：“村里的业务员和群众打交道多，又给群众办了这么多事情，下次换届选举肯定都要投业务员的票了。”干部队伍的壮大也为提高乡村治理的水平创造了条件。“农民办事不出村”建立了一套完整的人才培养机制。通过培训学习，使县、乡（镇）、村（社区）工作人员熟悉政务服务相关的政策法规，掌握计算机的基础知识和系统业务，提升业务受理人的服务意识和业务素质，具备熟练操作巴东县“农民办事不出村”信息化系统的基本能力。

（三）完善山区农村公共服务的有益尝试

农村公共服务的有效供给，是关系到城镇化能否顺利过渡的关键。当前，农村公共服务的提供远没有达到农民的需求，如何探索有助于农村公共服务供给的机制，是摆在基层政府面前的难题。巴东县通过改革创新，通过“农民办事不出村”将行政审批服务和商务服务相结合，使得农户不出村即能享受到村干部提供的各种社会服务，效果显著。巴东的经验表明，在落后的山区农村，同样能够提供及时和持久的农村公共服务，满足民众的需求。

当然，巴东探索的农村公共服务供给机制尚未完善，还没有完全建成上下联动、科学合理的行政审批系统，还面临信息网络拓展难、信息资源共享难、系统运行管理办法不完善、应用服务水平不高等问题。未来进一步的探索，还需整合电子政务网、政府门户网、“农民办事不出村”专网和农村网格化管理网，清理、整理各部门的系统软件，努力实现全县各部门各门类办事软件系统“一网打尽”，实现党的建设、网格管理、行政审批、政务公开、协同办公、网络问政、新闻信息有效融合，实现“对外一个站、到村一张网”，畅通县、乡镇、村三级网络无障碍通道，开通乡镇与部门窗口的“直通车”，逐步建立起以县政务服务中心为龙头、乡镇便民服务为主体、村（社区）便民服务室为基础、县直部门及乡镇站所配合的服务网络，以此降低成本、提高效率。商务服务要拓展领域，对一人多卡、一户多卡现象进行清理，将各项补贴进行整合，由一家专门银行兑付，建立一个“漏斗头向下”的发放机制，实行惠农补贴“一卡通”，避免多头发放，简化办事程序。同时，对受理项目实行动态管理，以农民需求为导向，定期调整代理项目，把反映较多的国土、林业、交通城建环保等基层站所、中心的办事力量整合进来。

第七章　改革绩效：山区治理转型

加强社会建设，是社会和谐稳定的重要保证，也是我国政府顶层设计的一项重要研究课题。从党的十七大到十八大，我国对社会管理格局的完善和优化始终处于不断推进发展中。2013 年 11 月，中共十八届三中全会作出了《全面深化改革若干重大问题的决定》，提到“全面深化改革的总目标是完善和发展中国特色社会主义制度”，并首次提出要“推进国家治理体系和治理能力现代化”。我国在由“管理”到“治理”的转型上迈出了重要一步。

政府作为国家制度的主要执行者，与过去的“国家统治”与“国家管理”不同，国家治理能力现代化对政府提出了更高要求。特别是在十八届三中全会提出的“六十条”战略部署中，“加快转变政府职能”“创新社会治理体制”以及“改进社会治理方式”等的具体要求为各级政府变革拟出了一份“问卷”，而能否交上满意的“答卷”，在很大程度上考量着政府自我“革命”的智慧和魄力。对于一个现代政府而言，一是效率要高；二是成本要低；三是为政要廉。[①] 但对于偏远贫困山区来说，探索现代化的基层治理手段，寻找治理能力提升的有效路径，则显得尤为重要。

湖北省巴东县以“让数据多跑路，让群众少跑腿”为总体思路，利用现代信息手段，横向连接县直部门及单位窗口，纵向贯通县、乡（镇）、村三级行政审批服务网络，构建出县、乡（镇）、村三位一体的“一网式办结”工作平台。通过将公共服务送到村庄，使农民在自己家门

---

① 徐勇：《热话题与冷思考——关于国家治理体系和治理能力现代化的对话》，《当代世界与社会主义》2014 年第 1 期，第 9 页。

口就可以办成以前只能到乡镇、县里才能办的事情，现代信息技术成了巴东县惠民的“传输带”。可以说，巴东县政府推动、部门乡镇联动、农民受益的基层治理变革，既对国家治理能力现代化做出了有力回应，也为山区的有效治理提供了全国性的价值借鉴，其率先成为“领头兵”，打造了山区有效治理的“创举”。巴东县县委书记陈行甲表示：“自上任到现在，主要修了两条路，一条是乡村公路，一条是信息高速路。而后者给农民带来的影响甚至大于前者，因为这是修在‘空中’的利民、便民之路。”

一 现代技术牵引政府转型

自新中国成立伊始到改革开放前，由于过多主导和管理手段上的“大包大揽”，我国各级政府角色定位更多地是做全能型政府，由此也衍生出了特殊时期内的“全能主义政治”。[①] 经济改革之后，国门的全面打开也在一定程度上为政府全方位深入经济领域提供了阶段合理性，政府致力于打造“积极”的管理模式，但也因此管了很多“管不了”“管不好”的事。2003 年，在不断变化的新形势下，建立服务型政府被提上日程，政府开始进行有选择性地退出，就此开启了新的政府管理模式。当前，党的十八届三中全会最新提出了全面正确履行政府职能、改进社会治理方式的战略部署，而深化行政体制改革也同样必须紧抓住改进政府职能定位这一核心。巴东县从信息技术入手助推政府转型，实现了政府治理从理念、方式、过程乃至治理能力上的全面提升，推动了传统行政审批型政府向现代公共服务型政府的转变，巴东县也因此成为地方政府自我变革的成功范本。湖北省政协副主席刘善桥对此评价称，巴东县的改革对当地的政治生态人际关系做了一个调整，成为“政治生态上的一场革命”。

（一）理念转变，治理机制健全完善

变革起步于思维理念的转变。然而，理念转变也恰恰是变革过程中最困难的一环。历史上，任何一次大大小小的改革，往往都因为牵涉到原有

① 邹谠：《二十世纪中国政治：从宏观历史与微观行动的角度看》，牛津大学出版社 1994 年版，第 69 页。

利益格局的重新排列组合而增加了许多难度。就巴东县来说，“农民办事不出村”信息服务项目的推进，则首先是在思想上取得了统一，这里面包括各级党政部门领导、县乡部门工作人员，以及村干部等在内的诸多主体的理念转变问题。据巴东县卫生与计划生育局工作人员反映，在信息服务项目推进初期，部门对向下授权都是抱着想办法尽量少放的态度，选择比较简单的、危害少的先进行尝试，等办好了再进一步下放，而像需要到县里进行审批的那些权力的下放工作，还是要有一个过程。

然而，正是基于转变思维为先的行动，巴东县保障了信息服务项目的顺利开展，当前，县卫生与计划生育局更是实现了权力的100%下放。而这一过程推进下来，巴东县也同时形成了带有突破性和先进性的治理理念，取得了极大成效。一是服务型治理理念。现代政府的建立要求必须转变过去简单拿权力进行管理的狭隘观念。对此，在利益分配上，巴东县要求政府不能再成为唯一的“裁判”，也不能再唱“独角戏”，而必须将权力下放，更多的是扮演“搭台人”的角色。二是现代技术理念。现代信息技术往往被认为只有在经济发达、人口素质高的地区才能落地生根，但巴东县却大胆突破思维定势，将现代技术运用到了居住最偏远、经济最贫困的山区农民身上，其本质上也是政府权力观念的转变，因为现代信息技术形成了对基层干部转变治理方式在某种程度上的“倒逼”。三是法治治理理念。信息技术进入村庄，让农民办事成为“打开天窗说亮话”的事，巴东县这一理念的树立，使政府处事更加公开透明，农民办事也从“依理”转向了“依法”。巴东县大支坪镇党委书记周和平同样提道：“‘农民办事不出村’不仅应该是一个平台，还应该是一个理念，一个制度层面的考虑，那些不为农民带来实际利益的，都是乱做。”

理念是行为的先导。正是在治理理念转型的牵引下，在“农民办事不出村”信息服务项目的推进过程中，巴东县成功建立了一整套完善的治理持续推进保障机制，进一步带动了这一民生工程的发展。更重要的是，这也极大地推动了当地服务型治理的有效实现。

一是形成了部门协同的治理格局。为顺利推进信息服务项目，巴东县建立了由县委办负责统筹，县纪委监察局负责督查，县委组织部负责推动，县政务服务中心负责实施，乡镇党委负责落实，以及县直相关单位参与的工作推进机制。在这一工作机制中，巴东县利用“农民办事不出村”

信息服务系统，进一步将多元主体吸纳进来，通过纵向上的互动和横向上的互联，形成了政府部门协同治理的良性局面。一方面，县、乡（镇）、村三级形成互联，村便民服务室受理事项后可直接在线传输到镇一级办事部门直接办理；对于乡镇不能代办的事项，则进一步上传到县里，通过三级协作让数据代农民“跑”起了路。另一方面，对于牵涉到需要多个部门共同审批才能办理的事项，巴东县则在三级互联的基础上开拓出同级部门“并联审批”的机制。如村民建房许可证的办理，往往就要涉及到交通、林业、电力、公路等多个部门、多道程序的审批工作，在这种情况下，国土资源部门就牵起了头，将关联到的各个部门负责人召集在一起开联席会议，以此实现了“集中式”审批，免去了原来由农民奔波于各个部门的办事流程。

二是形成了规范的运行管理模式。巴东县在“农民办事不出村”信息服务项目的推进过程中，研究建立了一套明确的长效管理机制，对县直各部门、乡镇党委、村支两委和县、乡镇、村级业务办理员和受理员的工作职责、待遇、绩效等方面内容进行了重新分类梳理。其中，明确规定了“农民办事不出村”工作的考核原则、考核对象和考核方法等内容，同时要求成立由县委办、县纪委、县委组织部、县政务服务中心管理办公室相关人员组成的考核领导小组，具体负责组织实施和落实“农民办事不出村”的绩效考核工作。在巴东县政府文件中可以看到，里面具体要求村业务受理员要从在线运行、业务受理两个方面进行考核；乡镇业务办理员从在线运行、业务办结两个方面来考核；乡镇系统管理员从在线运行、办件考核、项目实施、设备维护四个方面考核；县直部门系统管理员从在线运行、业务办结、培训指导、流程优化四个方面进行考核等内容。[①] 完善的运行管理机制，在一定程度上促进了巴东县各级政府自我治理方式的规范化，成为当地政府变革的重大转型和突破，而这些最终无疑是极大地便利了广大农村群众。

三是形成了严格的监督奖惩机制。为保障项目实施的顺利开展，巴东县将便民服务工作纳入到了各级部门基层党建的考评工作，定期开展实地暗访、电话抽样、群众座谈等形式的督查和审核，并进一步加大对违纪违

① 《巴东县农民办事不出村工作绩效考核办法（试行）》，2014 年 3 月 25 日。

规行为的查处力度。其中，县党风政风室坚持每季度一次的现场督查，对事关“农民办事不出村”事项办理的档案等纸质材料进行核实；对于周一、周四不在线办公的业务员则直接通知所在乡镇的负责人进行督办。现场考核与系统在线监督相互配合补充，使办件的数量和质量都有了保障。而在年度考核上，巴东县进一步设计出“组织领导、阵地建设、运行管理、基本保障、制度管理”这五大考核指标，将“农民办事不出村”纳入到了政府的日常工作范畴，保障监督更为高效。仅在2013年，巴东县纪委监察局会同相关部门就一共开展专项督办检查8次，明察暗访12次，对检查时发现项目建设滞后的4个乡镇、事项办理不理想的8个职能部门以及9名工作人员在全县范围内进行了通报批评，约谈了单位负责人5次，其中还对1名工作人员的违纪行为进行了查处。此外，通过系统的在线监督、及时反馈等功能，也同时增加了基层干部权力行使的时效性，克服了“庸政懒政”，农民的待办事项能够得到实时办理，可以不用再为着急办理的事情被无故拖延、被反复推脱而担忧。

县政务服务中心管理办公室主任熊学红曾反映称，在“农民办事不出村”项目开始推行后，确实存在着“走样”“变通”等现象，使这一惠民服务项目在执行上打了折扣。他认为，干部作风不实、衙门习气重、执行政策变样，是导致“肠梗阻”的主要原因，而“归根结底，还是有些干部放不下架子、俯不下身子”。无疑，巴东县通过“线上”和“线下”的双线作业，使监督奖惩机制得以“落地”，大大疏通了干部心理上的障碍，成为基层政府的一次内部“革命”。县委书记陈行甲也表示：“以往，因为没有良好的监督机制，‘百姓事，马上办’的口号往往流于形式。现在，通过信息技术，我们就可以马上知道到底有没有‘马上办’。”

（二）手段革新，治理方式创新优化

一直以来，我国基层政府管理多为依靠人事，并将“增人增事”作为充实管理内容和提高管理效率的主要方式，结果往往是增大了政府行政成本，而管理成效却不尽如人意。在巴东县，长期存在着政府服务层级延伸不到村庄、服务事项覆盖不了农民的突出难题，这对政府的有效治理提出了更高要求和严峻挑战。然而，正是借助于“农民办事不出村”信息服务平台，巴东县找到了解决这些问题的新手段，现代信息技术的运用为

巴东县的政府治理方式创新挖掘出了宝贵资源。

"农民办事不出村"系统在设计之初，就以让农民不出村庄能够方便办成事为目标，为此，服务系统主要开发出了在线传输、同步审核、结果反馈、实时提醒、监察统计及流程跟踪六大功能。在这一信息系统支撑的条件下，巴东县成功实现了三个"集中"：即部门审批职能向一个科室集中；部门审批科室向政务服务中心集中；审批事项向信息化服务平台集中，以此来全方位地保障农民将事情"多、快、好、省"地办好。

以现代技术助推手段革新，巴东县在政府治理方式上实现了创新优化，并进一步探索出了一套有效的治理模式。其一，标准化治理，使农民办事不再被"随意"。巴东县政府牵头统一编制了一套系统的服务标准化手册，对县乡村各级就农民事情如何办、由谁办、办多久提出了规范化的要求，避免了为民办事的随意性。县政务服务中心管理办公室主任熊学红讲道："农民只需按照手册上的规定提交相应材料，其他工作网络就'自动'办好了。"其二，流程化治理，使农民得到"一条龙"服务。通过设置网上审核环节，巴东县将每一项服务事项的办事程序均细化梳理了出来。一般而言，农民只需要到村里便民服务室提交材料，并由村干部上传至统一的信息服务系统内部，之后再由乡镇、县一级逐层审批，办理结果便通过系统自动反馈到村业务受理员和办事农民那里了。也就是说，与过去的农民"跑断腿"所不同，现在，仅仅是群众动嘴，由干部服务、数据跑腿，农民的事情就办好了，山区农民获得了极大的便利。其三，制度化治理，使农民享受均等化待遇。治理方式的创新离不开有效的制度化机制的保障。巴东县要求每一项业务事项必须对应一定的办理制度，尽量降低人为的主观意愿因素对办事效果的负面影响，工作人员要根据审批制度来进行核实审批，依靠技术而不是人情来治理，这就保障了农民办事过程的客观性和公正性，农民享受均等化的服务待遇也找到了"抓手"。

"农民办事不出村"信息服务平台开通后，通过一台电脑、一台打印复印扫描一体机，就使原来仅能依靠网络由上向下的传输变为了上、下的双向互动。新增了办事渠道后，农民也由原来的跑腿变成了现在的数据"跑路"，真正实现了办事"足不出村"。而即使是身在他乡的务工农民也同样省去了来回奔波之难，农民只需电话联系自己所在村的业务受理员，通过网络、传真、邮寄等方式提交相关资料即可办好事。等办妥后，村干部或业务受理员再帮忙将证件邮寄过去，轻轻松松就完成了办理。群众动嘴、干部动手、数据跑腿，可以说，“农民办事不出村”信息服务平台优化了政府的治理方式，将“机关门”搬到了农民的“家门口”，成为巴东县山区农村一件群众喜闻乐见的大事。

巴东县大支坪镇水洞坪村三组村民夏青春，每当回忆起两次帮大女儿办《准生证》的经历就激动得不得了。2009 年，夏青春替大女儿办理第一胎的《准生证》，但是直到女儿快生了，准生证还是没有办下来。夏青春和老伴前后往镇里跑了六七趟，都找不到人。由于不认识镇里的工作人员，有时，办手续的人从他们身边走过去，他们也难辨认出来，而且即使是好不容易找到了办事人员，“他说这儿需要审批，那儿需要审批，这就是说要让你耐心等待”。结果，等夏青春大女儿的孩子马上要出生了，《准生证》才办下来，而这一等就是几个月，每每想到这里，夏青春不由得都要出一身汗。

然而，就在去年，帮大女儿办《二胎准生证》的夏青春，第三天就拿到了准生证，回忆起那时候的情景，夏青春还印象深刻。当时，看到贴在村委会大门上的“农民办事不出村”宣传页后，她自己也是半信半疑地不敢相信，想到自己又不懂电脑，怕办不好事。那时候，夏青春就抱着试试看的心态来到村里的便民服务室，找到了村干部，让她没有想到的是，准生证竟一下子就办好了。她回忆起那天，自己把大女儿生第一胎时候的《准生证》和头胎孩子的《出生证》、身份证交到了村里的便民服务室，村干部当时就告诉她，最多三天就可以拿到证了，让她还多少感到有些惊讶和意外。而就在第三天，真的拿到大女儿《二胎准生证》的夏青春感叹道：“现在的政策太好了，帮老百姓解决了很多麻烦。现在当农民还是蛮舒服的事情。”

巴东县政府治理方式一转型，带给山区农民的是极大的欢喜。据县政务服务中心管理办公室主任熊学红介绍，在 2013 年 5 月最先推行“农民办事不出村”信息服务系统时，县里首先在 125 个村进行了项目示范；2014 年，计划建立信息化服务平台的村庄会达到 180 个，全县 62% 的村庄都可以囊括在内；到 2015 年，巴东县将计划实现全县 322 个（2014 年合村后，由 491 个村庄合并为 322 个）村（社区）的全覆盖，惠民范围将进一步扩大。

（三）简政放权，治理过程规范透明

政府的社会治理成效，不仅体现在治理结果上，同时体现在对治理过程的推进上。党的十八届三中全会提出要进一步简政放权，深化行政审批制度改革，以最大限度地减少中央政府对微观事务的管理；同时要求市场机制能够有效调解的经济活动一律取消审批，对保留下来的行政审批事项要规范管理、提高效率；直接面向基层、量大面广、由地方管理更方便有效的经济社会事项，则要一律下放到地方和基层管理。对于基层地方政府来说，真正做到简政放权无疑成为转变政府职能的重要突破口，这也直接关系着整个政府的治理过程是否能够公开、透明和规范，而不再是将政绩仅停留在口头的“汇报”上，更重要的是让基层群众办事时心里“有底”。

巴东县要求政务服务中心牵头，将各个部门的审批事项统一进行细化梳理，能纳入网上办理的事项全部进入系统，特别是与老百姓日常生产生活密切相关的审批事项，要求必须能够通过“农民办事不出村”信息服务平台来实现办理。县委书记陈行甲在 2013 年 5 月的“农民办事不出村”信息化项目建设推进会上也说道：“各个部门的审批事项进入这个系统后，要服从这个系统的统一规划，你不要又唱京剧又唱越剧。”也正因如此，巴东县借助于简政放权，进一步理顺了政府与社会的关系，把该放的权力放掉，把该管的事务管好，改变了原来完全的“政府配餐”管理模式，将部分行政审批权下沉到了乡镇与村庄。这一方面促进了政府的高效协调运转；另一方面也进一步激发了乡镇、村庄的参与动力与活力。在此基础上，巴东县成功打造出了三项工作管理模式，力保政府治理过程的规范化与透明化。

首先，源头管理，让事项明确。截至 2014 年 9 月底，巴东县共调整和取消了项目行政审批服务事项 174 项，“农民办事不出村”信息化服务平台的受理事项优化增加到了 21 个部门 87 项。在此条件下，巴东县通过网络、纸质媒体、宣传标语等各种方式来“示权”，让山区农民都清楚知道自己在村里、在家门口能够通过“农民办事不出村”信息服务系统办成什么事，这也在一定程度上“倒逼”政府用权更加规范。其次，痕迹管理，让过程可控。从本质上讲，痕迹管理注重的是实时考察各级政府部

门包括村便民服务室等关口在办理事件过程中的进展情况。通过对县乡级政府日常办公实行时限判别、异常处理、分析预警等，实现了事前、事中和事后的全过程考核；同时，系统的实时提醒、监察统计、流程跟踪等功能，对业务受理员在网上的操作能够进行全记录，甚至精确到了分和秒，这也让办事更加公开。最后，考核管理，让效果可量。“农民办事不出村”信息系统设置了从村到乡镇再到县的循环互动模式，可保证相互交流不留“死角”，而每一个办理细节和流程，都体现着“流水式”作业的严密性，这样也就实现了不管在任何一环出差错都能够马上追责到个人，让农民办起事情来心里也更“踏实”。巴东县纪委书记黄光辉对此表示：“材料到了哪个部门、谁在审批，系统记录得清清楚楚，一旦出现问题纪委便能准确地问责相应部门。”

此外，信息服务平台提供的事项办结数、办结率、出勤率、群众满意率等的统计数据，更是为监督取证的精细化、客观化提供了依据，在更大程度上规范了权力监督的操作手段和程序。这样，巴东县就打破了传统的依靠人事监督造成的“主体单一、标准模糊、方式低效、内容空转”的死循环，实现了“多主体、全过程、客观化”的管理监督，进一步理清了权力边界，避免了办事过程中的拖延和地方“微”腐败。大支坪镇党委书记周和平同样反应道：“过去办事都是‘蒙着搞’，干部可以推脱不干事，或者慢点干事，而现在就拉开了权力的‘帘子’。”

（四）技术助力，治理能力有效提升

在巴东县偏远山区，山高路远、山大人稀成为长期困扰地方政府有效治理的一块“心病”，不仅政府治理一直“下不去”“管不到”，就是农民简单地进一次城都可以用“折腾”来形容。“农民办事不出村”信息服务项目的建设，将技术送到了山区深处，使山区治理能力的提升找到了“指挥棒”，巴东县也实现了在山区治理创新上的“领先一步”。

首先，政府治理“手臂”得以延伸。过去，巴东县的基层治理往往是“捉襟见肘”，大山成为阻隔服务进村的重要障碍，而如今的“农民办事不出村”信息服务系统，则为延伸政府治理手臂带来了“福音”。县乡政府的部门审批事项，可以通过网络传输直接在线办理，信息技术成了“输送带”，这直接破解了政府治理下不到偏远山区农村的难题。其次，

治理资源得以充实。以往，政府的管理都是依靠大量的人动口、跑腿来进行，特别对于偏远山区来说，自然环境条件限制和物质的匮乏，导致政府治理资源极为单一，进而不得不依靠增加大量的人事来管理。那么，技术下沉则无疑极大地丰富了治理资源，其一方面节省了政府的治理成本，增人增事不再成为唯一的治理手段；另一方面也提高了政府的治理效率，数据“跑路”代替人力“跑腿”，便捷而有效，与过去相比，通过“农民办事不出村”信息服务系统，巴东县行政审批事项的办理时限缩短了近1/3。最后，干部能力得以提高。过去，巴东县山区的多数村干部文化水平不高，在村民心中就是个“泥腿子”“大老粗”，更多地也只是做个“传声筒”，接听电话、上传下达，在群众心目中“能力平平”。自从信息化项目启动建设以来，巴东县累计强化培训了县乡系统管理员、业务审核办理员以及村级业务受理员达到1200人次，既提高了基层干部的业务素质和办事能力，又让其在回应和满足老百姓诉求的主观意愿和服务态度方面有了大的转变和提升。

大支坪镇耀英坪村是巴东县“农民办事不出村”信息化项目首批启动的125个村之一，但在最初的时候，用电脑、网络等现代信息技术在“家门口”为老百姓办事，却让以往习惯靠一双腿、一张嘴，用老办法、找老关系给群众办事的村干部们感到十分“迷茫”。为了使用好信息服务系统，很多村干部不得不被“逼”着学起了业务、政策和电脑。2013年，47岁的村计生专干吕奎因工作责任心强被推荐为村里的业务受理员，她本人也成为大支坪镇首批“农民办事不出村”业务受理员中年龄最大的一位女同志。在接手工作之初，她面对电脑束手无策，只能试着用“一指禅”的方式敲打键盘，也正因如此，在县里进行业务集中培训时，她非常“上心”，除了正常的学习时间外，她还充分利用午休和晚上的时间来练习，像一位备考的学生。功夫不负有心人，如今，吕奎不仅学会了基本的电脑操作，还开通了个人微信，建立了微信群，接受村民的政策咨询和预约办事，而通过微信发送各种办证所需的证明、照片等，更是大大提高了村干部的办事效率。之后，她还利用网络微信，建立了名为“孕龄妇女心连心”的微信聊天室，通过该渠道与孕龄妇女进行交流。吕奎还将自己村庄里的新婚夫妇、二胎夫妇、流动人口等都加为微信好友，并按时把各种计生信息发到微信群里，让服务对象及时了解和掌握育龄妇女不同阶段应该保持的状态，她本人成了村民知心、能干的“大姐大”。

十二岭村村主任兼业务受理员刘宇兰，同样是通过微信经常和村里在外务工的村民、政府机关干部进行交流联系。村里要组织学习、开会、活动等她也可以通过QQ、微信来通知，这样既节省了时间，又节约了话费，更方便了老百姓随时掌握村里的工作和活动动态。更重要的是，一批业务受理员在服务群众的过程中增长了技能和才干，成为村里带头致富、带领群众过好日子的经济或政治能人，同时也为村级后备干部队伍注入了新鲜血液，其治理能力得到极大提升。

二　公共服务惠及山区农民

福利共享既是政府的责任，也是群众的生存权利。改革开放三十多年来的发展经验表明，一味强调发展而不重视让群众共享成果的道路已经走不通了。惠及民生、保障民利，切实促进人民群众共享社会改革发展的成果，成为各级政府一切工作的出发点和落脚点。在十二届全国人大一次会议上，习近平总书记特别指出：“生活在我们伟大祖国和伟大时代的中国人民，共同享有人生出彩的机会，共同享有梦想成真的机会，共同享受同祖国和时代一起成长与进步的机会。”然而，在我国当下工业化和城镇化进程仍占据主导地位的背景下，市场经济下的社会竞争机制往往追求机会均等而忽视了结果平等，所以虽然国强了但是部分群众还没有真正富裕起来，对于偏远山区的农民来说尤为如此。

服务均等化作为福利成果共享的有效途径，其中包括了共享主体的全覆盖和共享层次的同待遇两个主要方面。巴东县作为偏远山区里的一个贫困县，率先引进了现代信息技术，通过技术牵引促使服务层级的延伸、服务内容的丰富以及基层干部服务群众态度的转变，达到了服务均等化的目标，让山区农民切实享受到了多样化的公共服务，实现了“证件村里办、信息村里查、补贴村里领、矛盾村里调”的便民服务目标，巴东县打造出一项真正的惠民工程。

（一）服务层级延伸，农民便享服务

因境内大巴山、巫山、武陵山三山盘踞，并且有长江、清江两江分

割，巴东县方圆800多里内分布着3000多个山头。同时，由于县域内地势狭长，西高东低，南北最大纵距达400余公里，海拔高差2900多米，地表崎岖、山峦起伏，交通也极为不便。特别是在夏季和冬季，下雨下雪后山高路滑，走在弯度极大的山路上得时刻提防危险的路况和自身安全。巴东县最偏远的金果坪乡距离县城单程长达200公里，且不说地形地势，就是简单安全地出行，来回的时间和花费都是“老大难”，农民到县城、乡镇办事难上加难。巴东县沿渡河镇界河村村民向永浩在2007年时帮同乡张志国办理户口迁移手续，但是一说起那次办事经历，他就一直用“跑断腿”来形容，“我前后到县城去了5次，花了500多元钱”。

2005年以前，巴东县还没有开通从界河村去县城的汽车，农民从村里到县城得全靠腿走，早上7点多钟出发，傍晚5点多钟才能到，而2005年通车后，单程仍需要3—5个小时。2007年8月份，向永浩第一次到县城帮同乡办户口迁移手续，但被告知要返回村里重新准备材料，因为政策规定，户口迁移可以随父母，但是不能随兄弟，而同乡委托办理的户口迁移正是想随自家兄弟，所以违背了政策导致不能办理。一个月后，他选择第二次去县城，这次材料是没有问题了，但是同乡张志国的名字被迁出地派出所打错了一个字。原来，张志国所在的巫山县派出所将名字里的“志”打成了“治”，造成两证不相符，因此也不能办理。一字之差，向永浩又白跑了140多公里的“冤枉路”。对此，他有一肚子的“苦水”：“我自己晕车晕得没有办法，有时候站都站不起来，所以这个手续当时就不想办了，因为太远了，感到很烦恼。”而在2007年10月和2008年年初，向永浩又前后两次去县城，但分别因为放州庆假无人办公和县房管局改名为住房和城乡建设局导致没找到地方耽误了时间，而最终均无功而返。已经反复“折腾”了4次，3个多月以后，向永浩不得不第5次进县城，这次总算是把事情办成了。只是“找到领导把字签好了，还要在国土资源局这些单位去签字，签下来的时候因为你不熟悉，走到这个单位那个单位又下班了，等到第二天早晨才拿到这个东西”。就是这样一件小事，却使向永浩5次进县城，2次夜宿旅馆，往返了700多公里的山路，一共花费500多块钱，而前后办成事就用了8个月零28天。

像向永浩这种办个小事“跑断腿”的经历，巴东县山区的很多农民都遇到过。因为山高路远，生活中的很多简单事，在大山里却成了农民的

“拦路虎”，交个电费要跑几十公里的山路；领55块钱的养老金，要花60元的路费；给手机充个值，要求爷爷、告奶奶地找人帮忙代办。村民丁世雄也反映说：“我取一趟养老金还不如车费贵。”在巴东县山区，农民要办一件小事也显得“没那么简单”。

这样的情况，直接导致了巴东县在政府公共服务提供上的难题。一是不能提供。受限于恶劣的自然环境条件，巴东县公共服务的提供长期以来都是“鞭长莫及”，山高路远使服务很难延伸到村庄，或者延伸到村庄的行政成本要远远超出政府的预算。二是不愿提供。正因为服务成本高，也很容易使政府提供服务的主动性和积极性受损，基层干部对待公共服务的提供也是“能免则免”“能少则少”。由于村集体可提供的资源非常有限，而上级政府又难以提供，对于山区农民来说，其在提升公共福利方面往往采取“等、靠、要”的被动方式，自我满足的能力很差。然而，“农民办事不出村”信息服务项目的到来，却为之前的种种不利状况找到了“解药”，通过将公共服务的层级往下延伸，为农民搬来了“救星”。

巴东县通过自上而下的方式，在县、乡（镇）、村建立三级便民服务大厅，成功延伸了公共服务的层级，打造出“外网受理、内网办理、外网反馈”的行政审批新模式，使审批业务可以在网上直接办理，彻底打通了农民享受政府服务的“绿色通道”。首先是村级受理。巴东县将与农民联系紧密的行政审批事项授权给村级便民服务大厅来直接受理，农民办事只需要到服务室提交资料、填写表格，再由村业务受理员负责初审并上传相关材料的电子附件到乡镇一级即可。像林木采伐证的办理，在过去，办证农民本人得先在村里写好申请，由村委会盖章后，接下来还需要自己跑路到镇林业站、乡政府管理部门等地去盖章。在“农民办事不出村”信息服务系统开通后，现在农民办证只需要将材料交到村里的便民服务室，由业务受理员直接审核上传就可以了，既便利又快捷。其次是乡镇办理。按照“应进必进、能进则进、进必授权”的原则，巴东县要求凡与“农民办事不出村”信息服务项目有关的单位一律进入乡（镇）服务大厅进行业务代理。通过“人员进中心、公章进中心、分管领导进中心、所有手续进中心”的调度和安排，实现了各个部门办理事项均在服务大厅内的“一窗式办结”。农民在村里上传的相关材料，首先在乡镇服务中心按照管理权限进行审核后，对于可办理的事项直接在乡这一级就可以办理，随即便进行结果反馈，而村业务员只用告诉申请人办理结果即可。最后是对于乡镇一级不能一步到位办理的事项，则继续上传，由县进一步审核处理，等手续全部完成后，再由上到下，从县将结果反馈到乡镇最后到村，整个纵向过程就协调完成了农民所需事项的办理任务。

这样一来，通过技术来延伸公共服务层级，就改变了过去农民办手续要逐层逐级找干部而且各种困难百出的状况。现在，通过信息服务平台，农民只需要跑到村里的便民服务室，一切事情便不用再“劳心”。金果坪乡村民田金阶对此深有感触：“同样是审批业务，放在过去往县里跑、乡镇跑，时间非得个把月，跑路费没有四五千元钱办不下来。现在借助村里的服务平台，省钱、省力更省心。”而且，像向永浩之前那种“跑断腿”的经历也“一去不复返”了。2013 年 7 月，向永浩的嫂子去世，哥哥让他代办死亡注销和领取新农保发放的安葬费。然而，就在那一年年初，巴东县在 125 个村试点建立了“农民办事不出村”信息服务大厅，而向永浩所在村的办事大厅离他家不到 200 米，于是决定试一下。他也没有想到，借助这一平台，领取安葬费的手续二十几分钟就办好了，真的是政府亲自将服务送到了农民的手中，把政府“搬到”了农民的家门口。仅巴东县民政局，目前已下放了 15 项服务项目的受理与审批权限，2013 年一共办件 2200 件，办结率达到了 90%，极大方便了山区的办事群众。

（二）服务内容丰富，农民多享服务

对于山区农民来说，与其利益密切相关的事项也许不仅仅是办理行政审批事务这样的“大事”，也牵涉到更多的生产生活中的“小事”，可能是交个电费、话费，领个养老保险金，买个车票等。但即使是这些与他们的日常生活密切相关的小事，对于巴东县的农民来说，实现起来也极为不方便，往往是“抓了芝麻丢了西瓜”，办事成本反而比原来的收益还要大。但农民的小事在其自身看来却往往是最重要的事。“农民办事不出村”信息服务项目的建设，则让农民除了能够不出村便享受到政府行政审批服务外，在一定程度上也实现了让更为多样化的公共服务类型进入村庄，农民享受到的不仅仅是党务、政务服务，还有进一步开拓出的社会化、市场化等其他多元服务，社会服务和市场服务等同党务、政务、事务服务一道被送到了农民手上，让农民生活“变了个样儿”。

例如，“农民办事不出村”信息服务系统将与农民生产生活密切相关的农行、建行、邮政、电信、人寿保险等社会服务和市场服务，与政府行政审批服务一起引进服务平台，农民在村里同时可以实现交话费、交电费、领取养老保险金等，这样“快而省”的各类型公共服务使农民更加安心、舒心和放心。具体来看：

其一，县政府引导先行，让服务进了村。巴东县政府最开始主动联系了当地的多家银行企业，鼓励它们借助“农民办事不出村”信息服务平台把服务送入农村市场，将自己的市场服务引进到信息服务系统内，这样就可以让农民在村里也享受到诸多市场服务。当然，在刚入驻系统时，一些企业的经济收益并不明显，有些项目可能还存在着“亏本”的情况。像电信部门，巴东县政府每年支付其60万元的支持资金，但仅在2013年系统最先运行时，电信部门便投入了2000万元的建设资金，远远超出了补贴。但县农业银行行长赵万华也同时讲到，他们更多地是承担着社会责任，县里很信任，他们工作一直做得比较好，所以他们也愿意让利于民，首先让农民获得实惠。正是在政府的引导下，更多的银行、企业等单位加入进来，目前，进驻平台的银行包括了农行、建行、中行和邮政储蓄银行等，已经逐步覆盖县域内的所有银行单位。

其二，多方面打好基础，让服务有了条件。同样以银行为例。决定入驻“农民办事不出村”信息服务平台后的多个银行，首先免费为数百个村庄安装了机具，并主要开通了农民办理新农保、电费、话费的支付业务和银行转账、小规模的取款等项目，银行还同时负责机具的后期维修。赵万华表示：“虽然农业银行不属于行政审批范畴，但它是‘农民办事不出村’服务系统外的一个补充。现在，我们有7.4万户享受领取55元的业务。”无疑，这不仅方便了山区农民，对于银行自身也是个激励，赵行长还专门算了笔账：假如一个村有100位老年人的话，按照当地的养老金标准（55元/月/人），那么一个人一年就需要领660元的新农保补助。如果这些人都选择在农行领取，银行按照千分之五的比例来提利润，也将是一笔不小的利润收益，可以说是个双赢的结果。当然，对于广大农民来说，银行等单位的积极性被调动，从另一方面也极大地保障了他们享受社会化和市场化服务的连续性。

其三，多领域拓展功能，让服务多了内容。农民享受服务的连续性一定程度上要建立在服务业务功能不断丰富的基础上。各企业单位进入信息服务系统后，他们也进一步开动了脑筋，把拓展服务项目作为第一位目标。如巴东县邮政储蓄银行计划增加代购火车票、飞机票、彩票以及代收包裹等业务，以进一步方便百姓。又如，在实施“农民办事不出村”信息服务项目的过程中，大支坪镇耀英坪村大学生村官官向伟发现老百姓家中自产的土豆粉、干洋芋等农特产品存在大量闲置情况，为了让这些富有农家特色的产品发挥经济效益，官向伟主动发起并组织全镇大学生村官积极参与，借助“农民办事不出村”信息服务系统，在淘宝网上建起了“巴东县大学生村官农特产品代售店”，实现了在网上代销农特产品。可以说，耀英坪村便民服务室目前已经成为服务农村、惠及农民的“农村综合服务大超市”。

而在巴东县野三关镇杨家店村，“农民办事不出村”信息化项目拓展出的网络商务服务平台，同样为村内的“辣椒户”带来了“山旮旯里的幸福”。杨家店村距离巴东县第一大镇野三关18公里，平均海拔1200米，不仅交通相对便利，而且土地肥沃、资源丰富，是典型的高山村，村民多种植辣椒、核桃、板栗等经济作物。但是，村支部书记祝正明介绍说，过去，虽然农产品年年增产，但是因为销路不畅，大大影响了种植户的积极性，“每年辣椒能产15万公斤，但最少有5万公斤因没售出而烂在了田里”。正由于此，村内的辣椒种植户都是依靠二道贩子进村收购来卖辣椒，而每公斤辣椒仅2.4元，价钱压得很低。直到2013年，杨家店村作为野三关镇最早一批启动“农民办事不出村”服务项目的村庄，率先在信息系统上拓展业务，建立了网络商务平台，借助于“农民办事不出村”服务系统，在网上发布起了村民的农产品信息。就在当年的7月份，武汉吉祥天食品有限公司的负责人恰好在网上看到了杨家店村发布的辣椒销售信息，就直接进村收购了村民8万公斤的辣椒，单价达到了3.6元/公斤，远远超过之前的价格。“去年种植了2.2亩辣椒，才卖了2500元，简直是浪费了土地。”谈起去年的收成，杨家店村4组村民祝正楚直摇脑袋。对种植辣椒丧失了信心的他，今年减少了一亩地种植面积，但没想到，就是今年这1.2亩的辣椒竟然卖出了1.1万元的“天价”。村书记祝正明算了一笔账，通过“农民办事不出村”信息项目拓展的商务服务，2013年，全村15万公斤的辣椒全部售完，仅此一项便为村里增加收入50多万元，村民更是高兴得“合不拢嘴”了。

当前，“农村办事不出村”信息服务平台已经整合进金融、邮政、卫生、供销、通信、电力等数家单位的多类服务项目，并在服务平台上开设出电子邮政商易通、金穗支付通、供销裕农网、电信空中充值机等电子商务终端，创办了“连锁商务网店”，实行惠农补贴领取、电费收缴、话费充值、网上购物、汇款转账、信息咨询和车票代购等综合性的服务，真正实现了党务、政务、村务、事务、商务的“五务合一”。①

对于广大的山区农民来说，如今，银行进了村，服务到了家，幸福指数也得到了提升。老百姓觉得，现在农村群众的幸福指数不单单是收入增加、环境变美，还有一种叫办事公开平等，方便快捷。据初步统计，巴东县目前有 5.7 万农村老人和低保户依托信息平台进行现金支取；全县完成取款、转账业务 6.2 万笔；办理电费缴纳、话费充值业务 5.1 万笔；网上产品交易额超过了 1540 万元；2013 年，总计为农民节约办事成本达 470 余万元。巴东县绿葱坡镇北界村村民缪光青直言网上办事“很实在”。

（三）服务态度转变，农民乐享服务

过去，就巴东县山区农民来说，他们难以享受到政府提供的公共服务，除了自然条件限制导致服务难下村之外，在一定程度上也因为部分干部不愿提供，干部缺乏提供服务的动力和热情，对待农民的态度也是不冷不热。特别是对于距离农民生产生活最近的村干部而言，其的一言一行、愿不愿行、行优行劣都直接关系到农民享受服务的数量和质量，如果这一环节处理不好，将在很大程度上影响到农民群众对基层干部的印象，干群也容易从“鱼水关系”转化为“油水关系”。

但不得不说，自“农民办事不出村”信息服务平台建设和运行以来，巴东县山区农民很快从原来的黑脸“等”服务变成了笑脸“享”服务，而这在很大程度上要得益于各级干部为民服务态度的转变。

针对“农民办事不出村”信息系统的服务功能，巴东县特别设置了村级便民服务室业务受理员周一、周四的坐班制，其中规定村干部或村庄业务员要在一周内集中于周一和周四这两天办公。那么，相对应的，对于

① 《党建要报》，2014 年第 22 期，总第 498 期。

乡镇和县级便民服务中心的工作人员来说，他们就特别需要注意在周一和周四这两天接收来自村一级的待办事务。同时，正如前面所提及，针对县、乡（镇）两级的业务办理人员，巴东县设立了专门的管理和监督制度，对于他们可能存在的在职不在线、在线不作为等状况，都设立有专门的奖惩措施，这也就保障了农民急办的事情不会再被无故拖延。相比较而言，巴东县对村干部的工作也有专门性的考核和量化标准，即用基本工资保障村业务受理员的物质基础；同时又设立绩效工资标准，通过将受理的事项分为行政审批类（50%）、商务类（30%）、预约类（10%）和咨询类（10%）四种类别，根据办件类型的差异赋予不同的绩效奖励值，使村内的业务员每办理一件事情就可以得到相应的绩效补助金，进一步调动了他们的工作积极性。官渡口镇火烽村业务受理员向春，从 2013 年 7 月份接手信息服务平台的工作，截至目前，经他个人办理的事项达到了 1158 件，其中商务业务办理了 889 件，而每办理一件千元的取款服务，他便可以得到 5 元钱的补助，对他本人也形成了不小的激励。

更重要的是，通过“农民办事不出村”信息服务平台，干部们的态度和观念大变了样，农民再想到要办事都是“乐呵呵”的。首先，网上办理，同等受益。通过网上办事、系统受理的程序，改变了原来靠人来监督的管理方式，技术监察统计减少了办事过程中的人情世故，减少了农民“看脸色”“说好话”才能办成事的现象，所有人都被同等看待，农民不用再“有苦无处说”。其次，及时处理，保障效率。巴东县的党务、政务、村务、事务和商务这“五务”都一律在网上办理，系统的监督功能让农民的所有要办事项都分时、分秒地显示在网上，这就要求各级受理员必须在第一时间进行办理，原来无故拖延、慢时低效的办事诟病逐渐得到了削减。茶店子镇洞坪村村民高映旗讲，过去到城里办事，自己不认识字，人多的时候挤都挤不进去，办事人员还经常不耐烦。但是，“现在在村里办事就像买东西一样方便。去年我换户口簿 5 天就办好了”。最后，热情处理，实时回应。通过信息系统设立的村干部周一、周四坐班制，让农民集中在这两天办事，农民足不出户、通过电话咨询村干部就可以清楚掌握到自己要办事项的经办人和办理状态等信息。即使是在周一和周四外的其他时间，村民只要电话联系村干部和业务受理员，农民要办的事仍然能够得到及时处理。长此以往，村干部得到村民的信任和依赖，其向心力和凝聚力自然而然地受到强化，这也进一步增强了村干部的责任心和成就感，遇到农民要来办事，也更加热情和有动力。可以看到，利用“农民办事不出村”信息服务平台实现了村内办事以后，农民很大一个感受就是干部们的态度变好了。野三关镇石桥坪村村支部书记邓习爱评价说：“千言万语一句话，党的政策好，各级干部转作风……这是各级干部为老百姓办的一件大实事。”

三　山区探出和谐治理新路

在经济快速发展和社会极速转型的当前时期，社会矛盾随着社会发展不时“凸显”，特别是基层社会的矛盾纠纷也表现了一定程度上的“易发性”和“高发性”。但在“稳定压倒一切”的方针下，我国长期以来在处理基层矛盾时都是多被动、少主动；强管制、疏预防；重维稳、轻服务。不少地方政府将“不出事”作为社会治理的主要目标，有些地方政府还片面地把社会治理理解为社会“危机”管理，不断强调社会治理的维稳功能，过分地追求社会治安和社会稳定，习惯采用拦、堵、阻、截的方式进行基层社会矛盾的化解，结果将社会治理转化为政治控制，但到头来往往是进一步激化了矛盾冲突。

维稳虽作为实现经济社会快速发展的一个重要手段，但是，保障社会稳定更为根本的则是要通过让人民生活得更加幸福、更有尊严、更为和谐来实现的。十八届三中全会同样提出了“创新有效预防和化解社会矛盾体制”的要求，强调要把及时反映和满足群众的切身利益诉求作为第一位的考虑，这无疑是对目前基层社会矛盾化解机制做出的最新部署。不可否认的是，巴东县确实找到了化解农村社会基层矛盾的有效手段，在山区社会和谐、人民幸福方面探出了新路子。这对于自然环境条件恶劣的偏远贫困山区来说，着实是个不小的“奇迹”。

我们知道，巴东县境内因涉及长江三峡、葛洲坝、潜江等多个国家大型水利工程以及铁路、天然气管道等工程的修建，同时引起了数次的移民搬迁，因此，由工程建设引发的征地、拆迁、移民赔偿、搬迁纠纷等问题在一段时期内较为突出，这也极大地增加了基层地方政府的行政负担和治理成本，对政府治理能力提出了更大的考验。而在引入“农民办事不出村”信息服务项目之后，其最大的变化就是使农民成了政府变革的最大受益人，干群互动的增加和良性运行、基层干部作风的转型等，变过去的靠权力和强制保障社会发展，为现在的靠干部的威信治理农村，农民的戾气、怨气大为减少，自然而然，随之而来的是整个山区农村社会的和谐。

（一）干群互动，矛盾“源头”有效捕捉

“农民办事不出村”信息服务项目运行后，对于村里的干部和群众来说，最大的变化就是干群联系增多了，干群互动增加了。以往，村干部到村委会后只是“喝喝茶”“扯扯淡”，不仅无事可做，而且也缺乏主动为村民办事的积极性。而农民也是“无事不登三宝殿”，多忙于自己家庭的农活和其他事务，而鲜有与村里干部的交流走动，村干部更多的变成了一种“符号”或职业代名词。

在“农民办事不出村”信息服务系统进入各村庄之后，首先将村干部由原来的“自由散漫人”变成了有“专事”“专时”的“守时工作人”，村干部成了群众事务的“特派员”，这就为村干部发现和捕捉村里的矛盾纠纷提供了极大便利，有利于将矛盾化解在源头。

一方面，干群交流大幅增加。“农民办事不出村”信息服务系统设置的农民办事流程，使村干部和村里的业务受理员成为农民办事的专门性申办人，农民每到有事，首先得自己到村委会找到村干部和业务员提出申请，而之后的程序，包括填写办事登记簿、查阅工作手册、指导服务对象填写表格、扫描材料、出具受理通知书和上传电子附件等工作，都需要村干部和业务受理员的参与配合完成，极大地规范了沟通流程。这样，农民和村干部的互动交流便极大地增加了，农民对村干部的信任度和依赖度也不断提高，村干部成了农民的“知心人”，极大方便了村干部挖掘矛盾源头。另一方面，矛盾了解面得到扩大。干群互动的增多，直接增加了村干部对村民个人情况的了解度，也便于他们及时把握村民当前的生产生活状态和面临的问题。而对于在村民个人和村民之间存在的矛盾纠纷，村干部则可以在为村民办事的过程中进行更多的把握，这样也可以在很大程度上对不稳定因素进行有效预防和排查。巴东县溪丘湾镇石碾村邓光林书记说：“通过这个平台，村里可以掌握更多村民的情况。”村干部杜海奎也表示：“现在农民有事找村干部，村委会成为农民的生活中心之一，农村

信息可及时在村委会汇集。”

（二）回应诉求，矛盾“苗头”有效化解

农村基层社会矛盾纠纷多，往往是由于牵涉到的农民利益难协调，利益在很大程度上成为基层矛盾苗头进一步扩散的“导火索”。在巴东县，过去农民办事，往往是村难出、门难进、脸难看、事难办，使农民办起事来“火气很大”。特别是遇事找村干部，村民上门提东西、带礼物已经成为约定俗成的事情，农民为此跑了很多冤枉路，花了不少冤枉钱，他们对此更是多有不满。在“农民办事不出村”信息服务项目建设后，这些情况的改善是显而易见的，而其带来的更为重要的成效无疑是使基层矛盾化解起来更为“顺风顺水”。

其一，办事成本降低，农民获满意。“农民办事不出村”信息服务项目给农民带来的最直观效益可以说是直接节约了农民的办事成本，一是来往的时间消耗成本；二是来往办事过程的消费成本；三是人情礼成本。现在，农民不再像以前那样，来回奔波于办事路上，奔跑在各部门之间，节省了自己办事的物质花费；也不用再专门想办法买礼物、提礼品地“登门拜访”干部，以求其“照顾”，节省了“面子”礼的花费。

巴东县溪丘湾乡石碾村村民陈开平，有过一段“刻骨铭心”的办事史。两年前，陈开平家里需要建房，按政策规定必须得首先办理建房手续，但是却一直都没办好。“以前办事你就是塞一些东西也可能办不成。说起来就伤心啊，一年跑了六七趟，政府、土管所、城建局、供电所我都去过，要他们盖章子，但是他们都不给办，有些时候我也找不到人。2012年修的房子，证件一直就没办好。我家离县里20多公里，一趟来回至少二三十元。”办不到建房证，陈开平最后就自己开始悄悄地建。而在“农民办事不出村”信息服务项目开始后，他同样是直接就办好了。“最开始我把相关材料交给村里后，我还以为要自己去找人盖章，结果他们说不用了，直接在村里就可以办好。乡政府的人以前可不得了，现在态度也变好了。”

据统计，“农民办事不出村”信息服务平台自2013年5月试运行以来，到目前为止一共覆盖了巴东县的257个村庄，受益群众达到30万人

次；同时，累计受理行政审批服务事项23985件，其中办结23025件，办结率近97%；而且商务等服务受理了11.3万余件，直接为办事的农民群众节约办事成本达2300万元。截至2014年9月份，仅巴东县公安局通过信息服务平台就办理了4060件审批服务，合计让办事的农民少跑81万公里路程，节约了近40万元的花费。用县委书记陈行甲的话讲就是，“让农民办事不出村，让农民少跑路、少花钱，这本身就是化解矛盾的好形式”。

其二，诉求被回应，价值感增强。“农民办事不出村”信息系统建成后，通过网上办理及在线监察等，农民要办的事情可以及时得到受理，农民的利益诉求也得到了快速回应，农民不用再担心自己的需求会被无故拖延甚至忽视了。特别是对于居住在高山上的老弱病残等弱势农民群体来说，如果下山到村委会步行也要一两个小时的话，那么即使“不出村”办事，对于他们来说也是有极大的困难。而“农民办事不出村”信息服务系统无疑为这一群体找到了“拐杖”。

朱慈凤老人今年82岁，一个人居住在海拔相对1100米的高山上，老人讲到自己的情况时也是难掩心里的苦楚，像缴电费、领银行卡里的补助，“我又难得走”。为了照顾这些留守的独居老人，巴东县很多村利用村干部和业务受理员经常的走访入户，采取了收送件代办的方式，尽可能做到让留守老人等弱势群体办起事来可以“足不出户”，更广范围内满足了农民的需求。“农民办事不出村”信息服务项目，让大山深处的老百姓有了心理上的归宿感和主人翁感，农民办事只需找村干部和业务受理员，不再多头跑、多头求人，很大程度维护了农民的尊严。对于偏远贫穷山区来说，群众的满意要比任何形式的维稳手段更有利于解决矛盾纠纷，也更能保障基层社会的和谐稳定。

其三，干部有威信，矛盾调解得力。对于矛盾双方来说，如果能够有一个站在矛盾纠纷外的公正而有威信的调解人，那么对矛盾两方的调解也是种隐性的有利资本。“农民办事不出村”信息服务平台正是将村干部打造成了这样一位“公正人”。信息服务项目将看人情办事转化为了靠技术处理事，把为民办事当成了各级干部必须做好的分内的事情，自然就提高了群众对干部的“打分”。巴东县溪丘湾乡魏家梁子村业务员田春艳之前是村里的党委委员，但在2014年年底的村委会换届选举中被群众选为村主任，并且镇里也批准她同时兼任村支部书记。对于这些成绩，她自己认为是因为自己在村里担任“农民办事不出村”信息服务系统的业务受理员时，与村里的老百姓建立了深厚的感情，群众信任她才愿意投自己的票，而她也同时表示，正是群众的这份感情，让她感到自己肩膀上的责任更重了。

可以说，村干部为农民办的实事越多，他们留给老百姓的印象就越鲜活，村干部威信的重塑自然就增加了其在调解村民间矛盾时的说话分量，矛盾处理起来也会更加得心应手。大支坪镇十二岭村村主任刘宇兰明显感受到，实现了农民办事不出村后，“村干部与村民沟通机会多了，老百姓对村干部意见少了，村里的矛盾纠纷也少了。现在当个村干部‘有劲头了’”。耀英坪村计生专干吕奎接手便民服务室工作后的最大感受也是“干群关系变好了，村里打架、上访、扯皮的事情也变少了”。巴东县组织部部长王韬讲道：“以往农民需要提烟、提酒求干部。改革后，干部要限时办，还要接受农民考核。干部获利少了，但威信增加了，调节矛盾时农民也多少会给干部点‘面子’。”

据巴东县绿葱坡镇信访办主任谭清爱介绍，去年，该镇的农民上访量下降了40%，“农民办事不出村”让村干部说话更有威信，矛盾也化解在了基层。[①] 大支坪镇党委书记周和平每次谈到这个问题都是深有感触，他评价这个信息服务平台就像链条一样：“把农民和村干部的感情连起来了，干部有成就感，群众有幸福感。搞了多年的基层服务，就数这项工程最受欢迎！”

（三）作风转型，矛盾“势头”有效削减

基层干部作为为群众办事、回应群众基本利益需求以及与群众距离最近的互动主体，其工作作风和处事行为优劣代表着党和政府的形象，也直接关系到群众对党和各级政府的评价。一般来讲，群众往往以自身最基本的利益诉求是否能够实现来进行自己的评价，并引导着自己在社会生活中的行为方式，农民心里都有杆秤。因此，在过去的干部中，其

---

① 《巴东探索“农民办事不出村”信息化便民服务：数据多跑路，群众少跑腿》，《湖北日报》2014年1月15日。

“官老爷”式、“主人”式的工作作风，不仅不能得到老百姓的认可，还极大地损害了政府形象，更在一定程度上加剧了基层矛盾，干部在处理和化解矛盾的时候经常力不从心，往往处在被动地位。“农民办事不出村”信息服务平台运行以后，“倒逼”着政府各部门以及村干部的工作作风进行转型，使整个农村基层社会的矛盾势头得到了有效控制与缓和。

一是为农民办事由“求我办”到“我来办”。在巴东县，大山虽然阻隔着山区农民的交通出行，但是却阻挡不了农民走出大山、向外发展的强烈愿景。在全县近50万的总人口中，外出的打工人员达到了15万左右，500人以下的村庄将近有100个，致使有的人笑称“巴东县只有在年关的时候，才能看到大街小巷都是回家过年的年轻女孩子，成了一道风景线，而在平时压根看不到。”而位于沿渡河镇的宋子园村，在合村前仅剩下了2户家庭共5口人，原有的村集体几近不存在。大量的年轻人和主要劳动力的离村，使留下的多是老年人、妇女、留守儿童等文化程度较低、甚至不认识字的弱势人群，遇到急需办理的事情，可能都不知道要到哪个部门、去哪里找人。

“农民办事不出村”信息服务平台设置的在线监督功能，将21个部门87项业务明确分类和公示，可实时反馈各级业务员的在线办公情况，对服务端口的业务办理状况起到了良好的工作督促作用，促使干部明晰工作权责并主动服务。这种技术“倒逼”机制对各级干部的工作纪律作风改善起到了极大的促进作用，网上审批让农民办事公开化、透明化、及时化，无形中推动了干部的作风转型，也使农民不再苦求着干部来办事，相反，各级干部办事有了责任感和主动性，自然消解了农民往日的怨气。县大支坪镇耀英坪村业务员吕奎谈到自己工作职责的变化时说：“现在明确了我的工作内容和责任，还规定了必须在几天内完成业务办理，逼着我主动为群众办好事情。”更进一步地说，村民依赖村干部办了一些小事，村干部赢得了村民的信任，下次村里办什么事，大家自然就会很支持，也由此增强了村级组织的凝聚力，可以说是个多赢的好事。①

① 巴东县委书记陈行甲在2013年5月13日“农民办事不出村”信息化项目建设推进会上的讲话。

二是使干部处事由“送情”变“还情”。这体现的是基层干部工作态度和服务思想的根本转变。过去，老百姓找干部办事，总是有一种“欠情”心理，石碾村村民邓光林称：“以前找干部办事总要带点礼物，不然自己心里没底”，“遇到脾气不好的，遇到吃拿卡要的，更要送礼，要买好烟”。长此以往，办事干部总会落下“送情”的心态，认为办事收礼是理所应当的事情，是老百姓应该给自己的情分，而自己为群众办事也是出于馈赠情分。特别是在巴东县山区农村，找村干部办事，农民掂块腊肉、提壶小酒、带点特产的事情极为普遍，怕空手去事情办不好。如今，“农民办事不出村”信息项目让基层干部有了“还情”意愿，一方面改变了过去向农民索取的心态，更多的是主动奉献；另一方面增加了其积极为民解忧的心愿，农民的大事无“小事”。大支坪镇耀英坪村村民孙仁梅说：“‘农民办事不出村’这事对我们老百姓蛮好。以前要交养老保险得去大支坪镇，坐半个小时的车，现在在对门儿就把这事办好了。镇政府和村委会对我们村民就像妈妈照顾孩子一样，非常好。现在办事方便多了，业务也是我们最欢心的，我分钱不花，但事能办好，老百姓‘睡着了都笑醒了’。现在的村干部我们没得意见。”该县洞坪村高映旗老人也说，现在在村里办事时，“小姑娘（村业务受理员）又耐心，又讲得细，对我们这些老年人又礼貌，自己不懂的，还可以让她帮帮忙，我们也相信她，还不用排队”；“过去你去办事情，人家 12 点下班，你 11 点半去，你就要等到下午去，在这儿我们来找业务员就是了”。这位 63 岁的老人在谈到自己身边的巨大变化时兴致勃勃，更是作了一首打油诗来表达自己内心的喜悦：“过去办事急死人，提起猪头找庙门；找了张三找李四，脚板磨破事不成；现在实行信息化，农民办事方便哒；不要装烟不提酒，办好事情乐哈哈。”

是让农民下山来，还是让服务上山去；是把清闲留给干部，还是把方便留给群众，这体现的是干部的工作作风和服务理念。实践证明，把服务送上门，让群众少劳神，正是转变干部作风、密切干群关系的有效办法。巴东县通过“农民办事不出村”信息服务项目，将广大的山区农民视为服务的第一人、受益的第一人，将提高干部的服务效率、培养干部良好的工作作风作为重要目标，削减了矛盾的势头，赢得了群众的笑脸，换来的是农村基层社会的和谐与农民生活的巨大福祉。无疑，这一偏远贫困山区里探索出的“巴东创举”，更是有望走出大山，成为推进全国基层治理变革的有效经验范本。

结　论

巴东县借助“农民办事不出村”信息服务系统，将政府公共服务与社会服务有效整合，并将服务链条延伸至村一级，使农民足不出村就能享受到基本的公共服务。特别是借助这一改革，有效实现了政府的服务转型。信息技术给巴东县社会治理带来的巨变，是新时期实现治理能力和治理体现现代化的重要探索。

一　巴东创举的内容

巴东创举是应用现代信息技术破解农民公共服务享受难的一次有力探索。然而在信息技术的应用过程中，这一探索又“倒逼”着政府自身的变革与转型。

（一）巴东创举源于信息技术的运用

巴东县的改革创新，源于对“农民办事不出村”信息服务平台的打造建设。为解决山区农民出村办事难的问题，巴东县创造性的借助现代信息技术，以农村党员远程教育网络为依托，建立起横向连接县、乡镇、部门窗口，纵向连接县、乡、村（社区）政务服务体系的网上政务服务综合信息平台。同时，通过拓展商务服务，整合银行、电力、通信、商务等部门功能，实现党务、政务、村务、事务、商务“五务合一”。借助这一信息平台，“让数据多跑路、让群众少跑腿”，农民足不出村就能够通过互联网办理以往需要前往乡镇、县城办理的公共服务事项。

长期以来，现代化的信息技术被认为是只有在高素质、高文化水平的人群中才能得到有效应用。因此，在巴东县推进“农民办事不出村”信息服务平台建设过程中，以前沿的现代化信息技术作为改革的抓手和突破口，引起了外界甚至是当地干部的广泛争论。然而，在推进“农民办事不出村”信息服务平台建设过程中，巴东县从事的更多的是“技术应用”而非“技术创新”，以此避免农民文化素质偏低难题。但巴东县将最前沿的信息技术应用到最偏远、最贫穷的山区，应用到素质最差的农民身上，让公共服务的阳光普照到山区的角落，切切实实解决了农民公共服务享受难的难题，这本身即可堪称“创举”。

（二）巴东创举核心是政府简政放权

“农民办事不出村”信息服务平台的建设完成仅仅是改革的开始。信息技术的有效应用是农民便捷享受公共服务的载体与手段。但农民能够享受到何种公共服务，关键还取决于政府和社会服务内容的充实。对此，在“农民办事不出村”信息服务平台的建设完成后，巴东县县委、县政府与各县直部门主动沟通，协调各部门将相关审批事项下放至“农民办事不出村”信息服务系统。其中，在 2013 年，巴东县就将涉及为农民办事、为农民服务的 22 个职能部门的 76 项事项授权行政村公共服务站受理，进入“农民办事不出村”信息服务系统。

“农民办事不出村”信息服务系统的建设难在系统因地制宜的设计与开发，难在互联网基础设施的建设与投入。但借助于相关资金的整合应用以及信息技术部门的支持，技术难题与资金难题并非不可克服。然而，政府自身的简政放权却是对政府自身的一次挑战，是对政府核心权力的一次变革，甚至可以说是一场政府的自我革命。在巴东县改革过程中，正是政府主动推进简政放权、进行政府的自我瘦身，才避免了“农民办事不出村”信息服务系统成为一个空架子，让农民群众切切实实享受到政府“家门口的服务”。

（三）巴东创举关键是政府职能转型

强化政府有效管理，维护社会的稳定与秩序是基层政府追求的重要目标之一。而改革开放以来，对经济发展的强调成为政府追求的又一重要目标之一。因此，维稳、招商引资成为基层政府工作的重中之重，管理型政府、发展型政府成为基层政府的形象概括。近年来，尽管国家不断强调要建设形成服务型政府，但是对于巴东县这样的偏远山区而言，管理型政府、发展型政府尚在深化发展过程中，服务型政府似乎还是一个遥远的发展目标。但巴东县通过“农民办事不出村”信息服务平台建设，“倒逼”政府由管理型向服务型政府跨越，是实现政府“再造”的“领先一步”。

对于大多数地方政府而言，为增强政府的管理能力、服务能力，政府往往通过“做加法”，重在“增人增事”，即增加人力资源和财力资源投入，扩充政府职能。但单纯依靠增加人事，既加重了政府治理的成本，也增加了政府自身的协调难度。特别是对于巴东县这样的落后山区县而言，单纯依靠“增人增事”，对政府治理能力的提升作用有限。巴东县借助信息技术，通过“做减法”，重在“减人减事”，依靠数据“跑路”而非人跑路，在短短两年时间内极大地促进了政府的服务转型，这在某种意义上堪称政府转型变革的巴东创举。

二　巴东创举的成效

自“农民办事不出村”信息服务平台运行以来，让农民享受到了改革带来的巨大好处，同时也让政府自身实现了大转型。巴东改革为提升政府治理能力提供了有效路径，给山区社会治理带来了巨变。

（一）政府服务方式有效转变

“农民办事不出村”信息服务平台建设，将政府的“办公桌”建到了村里，“搬”到了农民家门口，使以往的政府服务由请农民下山来享受转变为政府上山请农民享受。一是借助信息技术，将县直部门、乡镇政府、村委会有效联接起来，打通了县乡村三级网上服务系统，让农民在村里就能办到以往需要到乡镇、到县里才能办好的事情，农民办事不再东奔西走、到处求人。二是“农民办事不出村”信息服务平台进一步推动了政府的放权与简权，政府对农民办事的条条框框限制少了，但社会却有效激活了。可以说，技术运用改变了政府的服务方式，实现了“让数据多跑路、让群众少跑腿”，农民也由此享受到了更多实惠。

（二）干部工作作风有效转型

在过去，农民限于自身文化水平与素质，往往处于弱势地位。群众办事需上门找干部，干部爱理不理、想理就理，吃拿卡要、推诿拖拉，“门难进、脸难看、事难办”现象时有发生。而农民一旦办成事，还存有一种“欠情”心理，干部为老百姓办事也有一种“送情”心态。“农民办事不出村”信息服务平台通过网络阳光运行，最大限度地避免了干部和农民之间面对面接触，压缩了部门“吃、拿、卡、要”“收好处办事、看情面办事”的空间。同时，通过设立村干部和村级业务受理员周一、周四坐班制，使农民能找得到村干部，找得到能办事的干部。

（三）基层社会矛盾有效化解

“农民办事不出村”信息服务平台让技术“做媒”，在政府与农民之间拉了一道“红线”。通过及时反映和协调农民的利益需求，解决了农民最关心最直接的现实利益诉求，进一步增加了农村社会和谐因素。一是农民办事只需找村干部和业务受理员，不再多头跑、多头求人，减少了干群之间的摩擦。二是“农民办事不出村”服务系统也减少了农民的办事成本，为农民带来切实的好处。如2013年3月至12月，“农民办事不出村”服务系统累计受理审批事项14765件，办结13317件，让群众少跑路240多万公里，直接为农民群众节约办事成本1500万元以上。三是促进了干群的良性互动。通过代办农民的公共服务，村干部能够及时了解农民所需，及时化解农民之间不稳定因素。村干部杜海奎也表示：“现在农民有事找村干部，村委会成为农民的生活中心之一，农村信息可及时在村委会汇集。”

（四）政府内部管理有效升级

过去，单一的权力监督主体和薄弱的监督力量，导致权力的监督空有形式而少见实质性成效，一些基层干部对权力监督有恃无恐。“农民办事不出村”信息服务平台建设运转后，巴东县创新性地探索出了源头监督、痕迹监督等一系列的新型权力监督管理方式，实现了权力监督的多主体、全过程、客观化。同时，通过系统在线监督和及时反馈功能，农民的待办事项可以实时办理，全程公开，让政府在阳光下运行，有效避免了“庸政懒政”。该县县委书记陈行甲表示：“以往，因为没有良好的监督机制，‘百姓事，马上办’的口号往往流于形式，现在，通过信息技术，我们就可以马上知道到底有没有‘马上办’。”

三 巴东创举的价值

巴东县的改革探索是针对巴东县偏远山区的实际，从切实解决农民办事难、公共服务享受难出发，具有强烈的现实价值和长远意义。

（一）弥缺了公共服务“最后一公里”

长期以来，城乡差距成为制约我国均衡发展的重要因素，甚至是最主要因素。城乡差距不仅在于经济发展水平的差距，更主要的还在于城乡公共服务的差距。而城乡公共服务差距的主要问题点又在于农村公共服务难以有效落地。特别是在山区，山区空间阻隔可以说是“公共服务均等化”的最大障碍。而巴东的技术牵引型治理则为山区公共服务延伸到村提供了一条有效路径。信息技术的应用打破了空间阻隔，使山里山外享受公共服务的距离差缩小到几乎为零。同时，信息技术转变了传统公共服务依靠人力、物力供给的方式，使人跑路变为数据跑路。

（二）构筑了农村稳定的“社会之基”

长期以来，维护农村稳定是农村基层政府工作中的重点工作。长期以来，基层政府主要采用强化社会控制的刚性维稳方式，但往往效果并不好，甚至出现越维稳、越不稳的现象。由于严重的“官民对立”情绪，巴东县曾经是全国综治维稳重点县。但是巴东县为破解农村社会稳定的难题，采取的并不是传统的刚性维稳方式，而是通过强化农村公共服务，解决农民所需所想的问题来着手缓解这一难题，并取得了良好成效。一是干群互动增强，社会矛盾及时知晓。村干部杜海奎表示，“现在农民有事找村干部，农村信息能及时在村委会汇集”。二是干部服务增强，农民怨气有效化解。村民高云翔表示：“以往办事村难出、门难进、事难办，农民火气很大。现在村里办，节约了时间，不用操心，农民舒心了。”三是增强了干部威信，社会矛盾有效缓解。该县组织部部长王韬说道："以往农民需提烟提酒求干部。改革后干部要限时办，还要接受农民考核。干部获利少了，但威信增加了，干部调节矛盾时农民多少会给干部点面子。"

（三）化解了山区治理的"能力瓶颈"

对于经济发达地区的市县而言，通过增加政府人力、物力投入来强化政府能力似乎是一条可行路径。但对于偏远的巴东县而言，其自身经济条件有限，治理能力的提升依靠经济投入的增加似乎难以实现。而巴东县通过将最先进的信息技术运用到最偏远的山区，似乎为其治理能力的现代化寻求到一条新路。具体而言，一是找到了治理能力现代化的有效手段。信息技术是打破空间界限的有效途径。该县县委书记陈行甲表示，其在任主要修了两条路，一条是乡村公路，一条是信息高速路，后者给农民带来的影响甚至大于前者。二是找到了治理能力现代化的有效方式。如果说传统政府各部门条块分割、分散治理，其治理能力处于 1.0 版本，近年来城市地区通过部门协调，兴建行政服务大厅等方式使政府治理能力提升到 2.0 版本，那么技术牵引型治理将政府办到农民家门口，则实现了政府治理能力的再进一步。

（四）突破了政府变革的"职能困境"

长期以来，如何实现有效管理、实现政府权力的"纵向到底"是偏远山区政府行政的重要出发点。因此，经济落后的山区政府往往具有强烈的"管制型"政府色彩。而改革开放后随着市场经济的不断深入，追求经济增长、经济发展成为山区政府的又一重要着力点，政府职能也逐步进入"发展型"政府阶段。近年来，国家不断强调建设服务型政府，但服务型政府的转型则往往缺乏动力。巴东县借助"农民办事不出村"信息服务平台建设，则寻求到一条政府服务转型的有效路径。通过信息技术，由以往政府"喊着转"变为"主动转"。

四　巴东创举的局限

改革实践是一个不断摸索前进的过程。巴东县的改革实践虽然取得了深远也富有成效的价值，但仍有进一步完善、继续深化探索之处。

（一）治理体系有待进一步完善

当前，巴东县的探索创新还主要表现在借助现代信息技术促进公共服务便捷、快速、高效地进村入户上，改变了政府以往公共服务的供给方式与手段。可以说，巴东县“农民办事不出村”信息化服务平台建设是提升政府治理能力的有效路径。但信息技术带动的政府变革关系到政府的权力重新组合，是政府的自我“革命”。在推进“农民办事不出村”信息服务平台建设的过程中，难免出现权力难以下放、部门难以协同的问题。而随着改革的进一步深化，体制机制的改革将更多地被触及，需要进一步强化，特别需要从系统上、总体上进行顶层设计。

从巴东已有的改革来看，治理体系的改革可以从以下两方面着手。一是在村一级区分两个单元，即自治单元和服务单元。村级公共服务平台的建设往往需要一定的服务人口规模才能保障公共服务供给的基本效率。但村民自治在相对更小的规模内可能更有效率。而公共服务单元与村名自治单元可能存在不同的规模大小。因而，服务单元和自治单元不协调的问题需要在改革推进的过程中加以思考和解决。二是深化推进政府服务转型。在政府服务转型过程中，特别需要厘定乡镇、县、州等层级间的权力与责任关系，这更是一项需要探索完善的系统工程。对此，巴东县委、县政府也特别强调要对改革形成大制度保障，使改革做法上升到体系、制度与理论高度。

（二）治理方式有待进一步丰富

在推进“农民办事不出村”信息化服务平台建设过程中，公共服务逐步成为政府的一项主要职责，也是一种主要的治理方式。然而，政府从管理型和发展型政府向服务型政府的转变过程更多的是由包括县委组织部、县纪委等强力部门在内的巴东县委、县政府强力推动的结果。但这种依靠强势主政者、强力部门推动的方式使其持续性、长久性容易受到制约。特别是新时期，如何化解巴东县长期历史遗留的社会矛盾问题，促进社会的和谐稳定，需要从体制机制上着手，进一步完善和丰富治理方式。

因此，从长远来看，建立长效保障机制应成为下一步的着力点。从巴东的改革发展趋势来看，今后可以从三个方面加以强化。一是强化机制建设。技术治理的持续性离不开长效的机制保障。只有通过体制机制的建设，才能避免“人亡政息”。二是强化法治化治理。在当前简政放权过程中如何避免乡镇干部、村干部乱用、滥用权力，就特别需要依法办事、按规办事。三是社会化治理。在推进公共服务下乡进村过程中，银行、企业等社会主体也逐步进入巴东乡村。但如何让其更多更有效地参与基层社会治理，则需要进一步深化探索。

（三）治理内容有待进一步充实

巴东县利用“农民办事不出村”信息服务平台建设，将过去管理型的政府治理方式推进到现代服务型治理模式，解决了农民最直接最现实的利益需求，实现了治理的巨大“跨越”。但同时也需要注意，这一平台在当前更多强调的是“回应”与提供，农民缺什么政府就“补”什么，其虽在一定程度上实现了互联，但总体而言，这仍是政府的单一行为，政府与农民的互动仍有所欠缺。而社会治理强调的是合作共赢与良性互动，目前巴东县单一的政府行为难以真正体系治理现代化的核心要求。

因此，如何将农民纳入政府服务平台，让农民参与到整个议事、决事和监事过程，使农民与政府通过互动共同解决治理问题，从而实现服务型治理向参与型治理的进一步提升，应成为巴东县的未来发展走向。对此，巴东县可以从两个方面着手。一是扩展公共服务内容。当前“农民办事不出村”信息化服务平台主要提供的还是行政审批服务和少量的商贸服务。但这些服务毕竟有限，比如办理准生证，农民一辈子可能只办理一两次，大部分农民一年可能办不了一次。因此，如何将农业生产服务、农业产业发展服务等与政府公共服务相结合是提高当前改革成效的重要途径。二是将系统进一步延伸到农民，让农民更便捷地参与，以促进农民与政府、政府内部之间的沟通与协作，这些都是巴东政府在深化改革过程中需要探索和完善的地方。

第二部分

改革个案

技术牵引型公共服务的落地与发展

——以湖北省巴东县“农民办事不出村”实践为例

长期以来，农村公共服务的“最后一公里”难题始终难以解决，成为困扰地方基层治理的一大困境。尤其是随着城镇化进程的不断加快和农村经济社会的不断发展，乡村社会对公共服务和公共管理的需求越来越大，需求的层次也越来越高，形式也更加多样，城乡基本公共服务均等化的任务变得极其紧迫。在新的形势下，面对农民多样化和多层次的需求，政府提供公共服务的目标与能力之间形成了较大差距，尤其是对于欠发达地区而言，基层政府由于受财力、资源、体制等各方面的限制，其公共服务的供给能力更为缺乏，这就为政府创新公共服务的供给方式和体制提出了要求和动力。在此背景下，湖北省巴东县以信息技术为牵引，通过建立“农民办事不出村”信息化服务平台，将政府行政服务和公共服务的末梢延伸至乡村，使农民在村里就可以享受到便捷的行政服务与公共服务，探索出一条技术牵引型的公共服务供给机制，有效地解决了服务难落地的问题。

一　巴东困局：夹缝中寻求突破

巴东县古称为“巴”，地处湖北省西南部，居恩施土家苗族自治州东北部，境内武陵山余脉、巫山山脉、大巴山余脉纵横交错，造成了山峦起伏，峡谷幽深，沟壑纵横的独特地貌。从地势来看，巴东幅员辽阔，东西狭窄，南北狭长，素有“八百里巴东”之称。特殊的地形与地貌，使其集“老、少、边、穷、库、险”于一体。长期以来，连绵不断的大山和封闭的环境阻隔了政府与群众的联系，导致政府公共服务进村难，农民走出大山办事难，从而引发了基层的公共服务困境，产生了公共服务入村难、农村社会治理难、群众出村办事难的现实困境，并引发了基层的矛盾与冲突。

(一) 服务难进村

巴东县总面积3354平方公里，下辖12个乡镇，491个行政村，总人口约（49.4）49.6万，总体上呈现山大人稀的特点。身居深山的百姓不仅难以享受到基本的公共服务，有时享受公共服务反而成为一种负担。

1. 行政服务难落地

相较于县、乡二级完善的行政服务体系，村级明显处于弱势地位，农民群众长期难以享受到最基本的服务。近些年来，虽然村级也发展起了便民服务室，但与县级政务服务中心和乡级便民服务大厅相比，其能提供的服务可谓少之又少。服务群众，特别是山区群众“最后一公里”的问题，始终难以解决。

为了改变这种局面，巴东付出了艰辛的努力。2012年巴东GDP总额为65.6亿元，在湖北省106个县级市中排名86位，面对落后的县域经济和境内3000多座坡陡路险的山头，单要把公路连通已然不是一件轻而易举的事情，更不用说发展公共服务了。此外，各村所处环境的不尽相同也加大了统筹发展的难度。有的村靠近县城、乡镇或者公路，拥有一定的区位优势，推进审批权下放、促进服务一体化可以说总体难度不大，但对于大山深处的村庄来说，实现行政服务下乡的难度就不言而喻了。特别是近些年来，越来越多有能力的村民纷纷搬出大山，这些村庄面临着老龄化严重、人口稀少的局面。相较于山外普遍1000—2000人的村庄规模，这些村庄人口往往仅有几百人，少的甚至只有100多人。在大山深处，要想使群众也享受到均等化的服务投入相对较大，有限的治理资源难以惠及更多的群众。而从事权下放的角度来看，组织、人社、公安、卫计、民政、国土等县直部门“迷恋”审批权，部门利益难以协调则是审批权迟迟难以下放的重要原因。

2. 政策服务难对接

低保、新农保、新农合等惠农政策本身应该给农民提供便利或优惠，促进农村、农业、农民可持续发展。然而，农民为取几十块钱要花上同样多甚至更多的车费却使惠农政策变成了“鸡肋”。不取可惜，但算一下成本，去领取一次补贴不仅拿到手上没几块钱，还要浪费不少时间。金果坪乡桃李溪村五组的文清培老人今年已经 71 岁，而且体弱多病。其每月有 50 多元的养老金，但是取钱要到金果坪镇上，往返车费就要花 40 元钱。每次取款要么是别人代取，要么是一年一取，有时急用钱，养老金却帮不上忙。惠农政策难以真正服务群众，显然与全国“工业反哺农业”的大背景产生了巨大落差，这不仅使巴东农民长期难以公平地享受各项惠农政策，还使得国家诸多公共政策难以“落户”农村。

3. 市场服务难实现

电信、邮政、中行、农行、电力等企事业单位往往将网点或者营业窗口设在乡镇。但山区许多村庄到乡镇走上一两个小时是“家常便饭”，交个手机费、电话费、电费要像“求爷爷、告奶奶”一样去请别人代办就成了巴东农民的生活常态。市场化服务也受到巴东环境因素的限制，扩展业务难度大。人口居住相对分散、经济相对落后、基础设施相对薄弱的巴东农村，发展市场化服务投资大，回报率低，因此一直未能成为企事业单位发展的主要市场。当然，电信、电业、邮政等企事业单位也不是不想进入农村，但由于种种原因而未能取得预期效果。如巴东农行从 2010 年 10 月起就承办新农保业务，在村里也布设了不少转账电话。但遗憾的是，这些转账电话由于使用率低而难以取得经济效益。无奈之下，农行只好从村组重返集镇，将大的城镇、片区和公路沿线的商埠和农保中心作为布放设备的主要地点。

（二）村庄难治理

农村经济的发展和社会的转型给巴东基层治理，特别是农村社会的治理带来了巨大的挑战。有限的治理资源和治理能力的不足，显然让巴东在事务压力、财政压力、舆论压力的面前变得措手不及。近些年来，随着集体经济“空心化”和人口“空心化”程度的逐步加剧，村庄治理“空心化”问题也日益被推上前台，成为了人们关注的焦点。

1. 基层服务缺阵地

落后的“吃饭财政”，显然让巴东在投资基础设施的建设上显得捉襟见肘，而无资源、无土地、无产业优势的“三无”村占绝大多数的现实状况，也断了村庄自我建设的后路。在公共服务难以入村的背景下，巴东农村也出现了服务阵地建设滞后的困境，造成了村委办公无场所、党群互动无媒介、服务群众缺手段、少载体等问题。基层服务阵地的缺失，不仅难以凝聚群众共识，更为村庄治理“空心化”埋下了伏笔。2012 年之前，巴东 491 个行政村中，有 170 多个村庄没有固定的村委会办公场所。如大支坪镇袁家坝村村委会就没有办公场所，老百姓有事都要爬坡上岭找到村干部家，村干部开展工作也是走家串户，不仅老百姓办事麻烦，村干部工作效率也低。此外，村干部兼职化、村委会不定时开门、公章随身挂也成为多数村庄的常态，村干部就好像在“流动的办公室”里办公。而由此衍生出来的办事不规范、办事不认真、办事不热情也成了基层生态的另一种写照。溪丘湾镇石碾村向主任就此谈道：“过去村干部 1 个月也去不了一两次村委会，不想给村民办的事情，我就给他说让去什么部门就不再管了。”

2. 人才队伍难稳定

阵地缺失也造成服务主体服务群众意识的下降和缺位。一方面，部分村干部年龄偏大，文化程度偏低，个人能力不足，服务群众能力有限；另一方面，村干部长期待遇低下，造成其思想不稳定，影响其工作积极性。如溪丘湾镇乡石碾村仅村支书、村主任两位主职干部享有每月不足 500 元的县级财政配套误工补贴，而村集体又无其他收入来源，这微薄的补助还要均分给其他两位非主职干部（计生专干和另一位支部委员）。石碾村上下海拔相差 600 米，村民间最远距离接近 10 公里，最远处到村委会骑摩托车超过 25 分钟，四个村干部分片管理 9 个村民小组、1581 位村民，工资不高但任务着实不轻。向主任说：“如果不给他们发钱，工作就没人干了，喊人下组也不好喊了。”而一些致富能手、村医、村教以及高学历者等村庄精英在村庄留守人群中个人能力强、影响力大、群众基础好、受信任程度高，但缺乏服务群众的机制性通道使其个人能力不能充分发挥。

3. 干群矛盾渐升温

“话不说死不开口，不骂党政机关不说话”成为干群关系对立的缩影。网上一些论坛上经常出现举报、辱骂官员干部的帖子，群众蜂拥跟帖，且评论多为负面，可见干群关系到了冰点，政府公信力受到极大冲击。不仅如此，随着农村社会群众需求日益增多，公信力危机也在向村委会蔓延，村干部在村民面前毫无威信可言。在村民不断猜疑之下，村干部与村民的关系就像火药桶一样"一点就着，一碰就爆"。石碾村村民陈开雄，房子被冲坏了，村干部好心好意为他申请了500元危房补贴，但是他却不领情。其看到村内另外两户领了1000元补贴后，便不分青红皂白地指责村干部把原本属于他的钱给贪污了。陈开雄不仅不听村干部解释，还把状一直告到了县里。最后到了民政局一查，他才发现别人的房子是完全垮毁了，而自己的房子只是损坏了一部分。

（三）农民办事难

在公共服务不发达的情况下，为了办一个许可证、准生证、砍伐证要来来回回跑上七八次，花上4—5个月时间。这一切让出村办事成了农民最头疼的事情。

1. 办事路程远

巴东东西宽最窄处10.3千米，南北长水平距135千米，然而农民出村去县城或者乡镇办事往往走的不是直线。在蜿蜒的山路上，农民少则要走上几十公里，多则要走上一两百公里才能到达目的地。离县城最远的金果坪乡距县城超过了200公里，开车也要走上五六个小时。在没通车之前，农民去县城办事早上就要出发，可能第二天才能到县城。即使现在通了车，离县城最远的村庄也无法在一天内到达县城，农民跑一趟县城需要花费2天时间。如果遇上雨雪等恶劣天气，出行就变得更加困难了。几年前的一个寒冬，大支坪镇十二岭村村民李坤凤为了去县城办个合作社的营业执照，足足在大雪中走了1天，走到县城时已经变成了"雪人"。

农民出村办事不仅路上距离远，办事过程更让农民心力交瘁。去办事并不是一次就可以完全办结，跑上个四五次是很"正常"的事情。如建房许可证需要村、乡（镇）、县三级联办，农民跑了村委会还要跑乡镇，跑完乡镇还要跑县城。而走上几十甚至几百公里到达目的地之后，却被告之所带材料不符合要求，要重新准备，这便更加让人恼火了。跑了"冤枉路"，还碰了"一鼻子灰"，最后还得原路返回，重新来过。溪丘湾镇石碾村村民陈开平就为了申办建房许可证，前前后后跑了七八十趟，可最后还是无功而返。

2. 办事成本高

在反复跑腿的过程中，花钱自然也是少不了的事情。有些村民去一次县城或乡镇办事，仅路费一项就要花上几十元，来来回回几趟甚至十几趟，至少要花上几百元。沿渡河镇界河村村民向永浩为帮同乡张志国办户口迁移，前后去了县城5次。这5次前往县城办事的经历，不仅历时8个多月，还让向永浩花费了500多块钱。

近两年随着物价不断上涨，农民入城办事不仅路上花费越来越高，进城之后花费也在不断上升。除了吃饭等基本开销，如果当天不能办完所有事情，在县城住宿一夜就是不可避免的事情。据了解，在巴东最发达的乡镇野三关镇住上一夜都要花费上百元，在县城住宿也自然不会低于这个价格。乐群药业合作社理事长田金阶介绍道："过去到县里申领农民专业合作社执照，交通费、食宿费、误工费等加起来，也要花费将近2000元。"

3. 办事门难进

这"门难进"既可以说是"门难找"也可以说是"找人难"。农民进城本身就人生地不熟，找到要去办事的政府部门已相当不易，要找到具体负责的工作人员更是不易，如果还要换办事地点那就等于是要重头再来了。大支坪镇水洞坪村村民夏青春为了给大女儿办准生证，先后跑县城六七次，等孩子出生了才办好，而其中大多数情况都是找不到人。就此她无奈地说道："找了政府，找半天找不到人。你从他对面过，有时候擦身过都不认识办手续的人。"与夏青春相同，向永浩也有类似遭遇。2007年10月他来到县城之后才发现当天是恩施自治州的州庆，县城放了假，所有工作人员都不上班。面对这种情况，向永浩无奈地说："老百姓只知道国庆、五一，不知道恩施州成立了还要放州庆。"2008年初向永浩第4次进县城，要找房管局去开证明，到处找不到房管局，然而等他找到房管局的时候，却发现由于机构改革和职能合并，房管局已经更名为住房和城乡建设局。当他弄明白怎么回事的时候，住建局工作人员早已到了下班时间，只能再次无功而返。

此外，农民办事"门难找"还体现在"找门多"的问题上。许多证件的申办并不是只找一个部门就可以完成全部审批，农民往往是去了村委会，还要去乡镇和县城；找了土管所、供电所，还要找公路局、住建局、林业局。

4. 事情难办结

一方面，过去在巴东早已形成了“要办事，先送礼”的风气，工作人员办事“吃拿卡要”成了家常便饭。有官员风趣地形容道：“工作人员给群众说一句晚上到我家来，群众就知道该怎么办了。”在这种工作作风影响下，干部不再是人民的公仆，给群众办不办事情，就要看群众会不会适当“表示”。

另一方面，农民办事前置条件太多也成了农民办事的“拦路虎”。为了审批一个事项，农民不仅要在各个部门之间来回周旋，还经常被各种让人“摸不到头脑”的条条框框弄得晕头转向。面对出村办事的重重困难，很多农民宁可不办证，甚至被罚钱也不愿意再前往县城办事了。随着村民收入的不断增加，石碾村盖起了一座座新房，但这些新房中超过一半都没有建房许可证。村民陈开平虽然没有完成建房许可证的申办，但建房的材料已经买好，施工队也已经找好，建不成房自己可就成了全村人的笑柄，即使证办不下来也只能“硬着头皮”开工。于是，陈开平走上了边办证、边偷偷建房的道路。为了防止相关部门执法人员把建材拉走，他本人只能天天住在地下室里，日夜守着工地。此间，建筑工地被停过无数次水电，先后停工了几十次，前期买的水泥、钢材、木料等施工材料到后期都没办法再继续使用了。

（四）社会矛盾日益尖锐

随着农村改革的深化和经济关系的调整，群众经济利益的摩擦、思想观念的碰撞等引发的矛盾更加复杂多样。巴东贫困人口达到了16万人，残疾人口达到了1.2万人，还有1580名精神病患者和786名艾滋病患者。这些数据之下隐含着群众心中的怨气，暗藏着社会矛盾爆发的导火索，使上访事件日益增多。

1. 社会怨气日渐积聚

除了农民增收缓慢、产权纠纷、征地拆迁与安置等全国普遍性问题，巴东社会怨气的来源还因其有着特殊的社会土壤。作为典型的山区农业县，巴东有农业人口43.8万人，外出务工人员8.22万人。在绝大多数农村青壮年外出务工的情况下，留守在家的主要是老、弱、病、残及妇女和儿童。这些“389961部队”出村已不容易，出村办事更困难重重。群众对完善农村公共基础设施及公共服务的迫切要求和落后的农村发展水平之间明显形成了矛盾。行政审批服务、市场化服务、社会化服务这些基本的服务本是农民应享受的基本权益。然而，巴东农民却长期被排斥在公共服务之外。一些部门甚至仍未改变计划经济体制下的本位主义、官僚主义和“衙门”作风，县、乡（镇）下放的政府行政审批职能和乡镇基层站所履行的部门职能还没有完全转变到位。农民外出办事经常不是找不到门，就是找不到人，“跑冤枉路、花冤枉钱、受冤枉气”的状态直接点燃了农民的不满情绪。

2. 群众上访数量有所增加

在社会怨气不断累积和矛盾冲突愈演愈烈的背景下，巴东上访事件也在不断增加。近些年来，更是呈现出了上访次数越来越多、上访层级越来越高、上访群体化倾向越来越强的特点，甚至出现了野三关镇牛角冲村这样的“职业上访村”。据了解，该村 5 个组中，有超过 40% 的村民曾分别赴省、州、县、镇党政机关上过访，还出现过 10 多名村民串联闹事的事件。除此之外，各种集体上访、长期上访、专业上访的信息更是充斥着网络空间，水库移民 2000 余人围堵县政府、42 人集体上访遭拒绝等帖子也在网上随处可见。上访事件及由此衍生出来的冲突事件就像是一块口香糖，黏在地上难以清理。这不仅使巴东社会矛盾进一步公开化，还使法制的权威受到践踏，制造了社会的不安定因素，造成了治理难题。

二 技术引入：变革迎来新契机

（一）用脚步去丈量民情

2011 年换届交流时陈行甲由宜都市市长被派到巴东县担任县委书记，从一个经济发达的城市到一个“老、少、边、穷、库、险”的贫困县，这是一个严峻的挑战。巴东县经济落后，每年财政收入仅 30 多亿。地势起伏较大，仅野三关镇有一些平地可以发展工业。面对发展之落后、面积之大、问题之多的“八百里”巴东，陈书记急需找寻到一个解决问题的突破口。

1. 走访基层，了解群众之困

陈书记上任之后，为了进一步加深对巴东的了解，开展了“县委书记边界行”活动，遍访所属十二个乡镇。其中一次陈书记到金果坪村去调研，路上就花了6个小时，与从巴东县城到武汉的时间已经相差无几。接下来的2天时间中，陈书记紧赶慢赶也仅仅只跑了几个村。在调研期间，一个领低保的老人向陈书记反映，自己取50块低保要花上43元车费。这次调研深深地触动了陈书记，让陈书记见到了农民办事的不容易。此外，作为另一种走访群众的方式，陈书记坚持在“县委书记接访日”认真倾听群众心声。而每一次长长的上访队伍，都让陈书记感到震撼。五花八门的上访事件以及少数极端的群众，更是让陈书记真切体会到了这巨大的巴东群山给人制造出的压抑感。在多次与群众的深入交流之后，陈书记开始思考如何改变现状，不仅要让群众能够“走得出，回得去”，还要真正为群众解决办事难题。

2. 整修公路，连通大山内外

一次沿渡河镇出现灾情，陈书记要亲赴灾区指挥救灾。因为路上还有好几个小时的路程，所以司机便建议陈书记在车上先休息一下。然而在崎岖不平的山路上，陈书记却一分钟没能睡着。在这次抢险中，巴东落后的公路使陈书记印象深刻，也进一步坚定了陈书记连通大山内外的决心。于是，陈书记发出了：“有钱要修路，没钱要修路，砸锅卖铁也要修路”的感叹。回到县城之后，巴东县委便开始了积极的动员，一条条连通大山内外的公路迅速被建设了起来。

3. 思路创新，预建服务“新”路

在走访过程中，陈书记还发现了一个细节，那就是很多山村已经通了互联网，特别是组织部门实施的农村党员电教化远程网络已铺进大山。而在恩施城镇化、产业化的“双轮驱动”战略中，恩施将信息产业定为未来要重点打造的六大支柱产业。这个宏观战略的启发使陈书记眼前一亮，可否利用已经铺就的农村基层党建网络搭一条信息高速公路，以打通服务群众“最后一公里”，缩短农民办事距离，让农民不出村就可以办成事。

（二）开拓渠道，整合可利用的资金

如何让构想变成现实，使便民服务真正在巴东“老、少、边、穷、库、险”的山区县成为一道亮丽的风景线，成为让领导放心、让干部省心、让群众舒心的好政策，以解决农民找政府办事难的问题，资金的筹

集，是摆在眼前的首要难题。事难办不怕，集中自己的优势，积极争取社会帮扶资金，既靠自身造血，也靠外围输血。

1. 部门之间协调，县乡财政配合

“项目推动靠自身”，巴东县为实现“农民办事不出村”可谓拿出了自己的魄力，巴东虽为国家贫困县，但在这个为民服务的项目上，县领导没有丝毫的犹豫，虽有困难，但果断推行。为解决资金短缺的问题，县委县政府把目光放在了自身财政投入上，尽量多的开发自身的资金投入。整合不同部门之间的投入资金，并在财政上协调县乡政府的资金投入，有针对性的解决资金困难。

县委县政府首先把目标放在财政补贴上，县委通过召开常委会议讨论财政专项拨款事宜，召开专项会议统一各部门的思想，由财政局和组织部、纪委和政务服务中心牵头，将涉及到的各职能部门统筹起来，通过争取积极的财政项目来寻求资金来源。县委县政府先后投入3000多万元实施农村便民服务室提档升级，建成“农民办事不出村”信息化系统。

如何调动县乡部门领导干部积极参与“农民办事不出村”项目建设，为项目贡献一份力。县委将该项目纳入2013年基层党建“书记选题破难点”工程和十件民生实事，鼓励基层党员干部积极参与，并能给予嘉奖。积极争取到各级部门的资金1100多万元，在县、乡（镇）机关和125个具备光纤通信条件的村，建立起“农民办事不出村”智慧服务平台。到2015年实现全县491个村信息化系统全覆盖。

县、乡两级财政投入侧重点不同，乡镇的资金投入更偏向于基础设施建设，同时也承担业务员的部分工资补贴，这为县财政节约了资金，以便县财政把更多精力投入在系统的开发和人员的培训上。乡镇财政在项目上的辅助作用，为解决项目资金问题开拓了有利渠道。大支坪镇党委书记周和平称：“我们也考虑到县财政的困难，全县这么多的村，我们乡镇可以想办法做一些实在的事情，修一修便民服务室之类的，为项目做一些服务工作。”正是有了全县各部门各单位的大力支持，才使项目能够得到迅速落实，及时发挥便民服务的作用。

2. 积极争取社会帮扶资金

巴东县除了开拓自身的资金潜力外，还在积极寻求社会帮扶资金上做了较大的关注。县委书记陈行甲充分利用了其清华大学的校友等各种有益的个人社会关系，联系到了中国社会扶贫创新协作办公室和国家行政学院电子政务专家汪玉凯教授团队。

搭建信息化服务系统的筹划中，NGO 组织中国社会扶贫创新协作办公室发挥了明显的作用。创新扶贫办公室组织了相关团队到巴东实地调研和考察，探讨计划实施的可能性，并提供了一定的资金、技术和人员，更借用自己的平台为巴东县争取更多的社会资源。

巴东县以自身资金投入为基础，积极开拓多元的资金渠道，两年来，巴东县投入资金 4458 万元，新扩建村级办公活动场所 207 个，并通过搭建高规格的村级便民服务中心，来更换新服务窗口。标准的服务中心配置了数字电视、饮水机、沙发等设备。同时，县委县政府积极争取社会帮扶与捐助，其中软件设备等得到了大量的社会捐助，恩施州政府为项目的建设捐赠了一批电脑设备，国家行政学院更是为系统的软硬件设置提供了巨大的便利，仅仅只收取了象征性的费用，为项目的尽早完成提供了可能。此外，全力争取到国家社会扶贫创新协作办公室的支持，率先在全国开展“农民办事不出村”信息化项目示范，由中国改革研究所承担总体规划、软件定制和技术咨询。积极争取到了中国西部发展促进会支持，获赠 260 台电脑。

（二）系统的配置、调试与优化

克服了前期资金短缺的难题，摆在项目推进组面前的是如何设计和完善整个便民服务系统。系统的搭建离不开硬件设施的保障和软件设施的优化，项目组请来全国知名电子政务专家汪玉凯教授指导设计服务系统，为项目的早日运行提供了保障。项目组积极着力在硬件和软件设施的配置上，完善了系统的搭建。

1. 利用优势资源搭建系统

“农民办事不出村”信息化服务系统从设计到成型，最终到投入使用的过程中，国家行政学院电子政务专家汪玉凯教授及其团队作用明显。巴东县请汪玉凯教授及其团队来到巴东考察和调研，对巴东山区农民办事过程中存在的问题进行了探讨，并与项目筹划的领导仔细的交流解决问题的想法，论证电子化办公推进到农村的可能性。正如汪教授所言：难度不小，但值得一试，意义较大。项目“值得一试”，正是这样的肯定，使县委县政府领导更加坚定的推行项目，早日实现快速便捷的为民服务，减民众之疾苦。

汪玉凯教授及其团队在实地考察的基础上设计了整个项目的实施计划，包括软硬件问题的投入，人员的培训安排，运行后的调试及反馈，以及可能存在的问题和解决办法。在汪玉凯教授和其团队的指导下，系统设计经历了反复的论证和调试，不断得到优化和完善。

整合资源延伸网络。充分利用巴东“全国社会扶贫创新试点县”机遇，国家社会扶贫创新协作办公室捐赠价值近100万元的自动化办公设备，免费为巴东量身定制信息系统软件，有效整合政务服务系统、远程教育网络、政府门户网站，打造全新的“政务超市”延伸至村级党员群众服务中心，打通农民办事“最后一公里”，让农民群众在家门口就能实现行政审批与服务。

2. 硬件设施的投入

硬件设施主要包括系统自身和相关配套设施的投入。首先在解决硬件设施的投入上，县委县政府将责任明确到各级政府，县政府主要解决统筹和办公地点等难题，将偏远山区的村便民服务室建设起来。乡镇政府侧重解决与业务办理相关的设备，例如购置电脑、打印机和扫描器材等。

在相关配套设施上，搭建起连接全县的宽带网络是项目面对的一大难题。为解决这个难题，县委书记陈行甲专门约谈了中国电信巴东分公司的有关领导，向电信公司表明了县委县政府搭建信息服务系统的目的，以及能够给农民带来的好处，并且能够对电信公司带来一定的回报。电信公司的加入，为项目的推进起到了明显作用。面对山区网络不稳定，村级网络时常出现故障的情况，巴东县在各乡镇指定一家公司作为专门的网络协调基地，以便及时排除网络故障。

同时，与湖北供销裕农电子商务股份有限公司联合，整合农村商业银行、农业银行、邮政储蓄银行、电力公司、电信公司、联通公司、移动公司和供销社、商务局等部门功能，开通村级电子商务平台，实现惠农补贴资金领取、电费收缴、话费充值、网上购物、农资购买、办理小额信贷、信息咨询等综合服务，真正做到证件村里办、信息村里查、农资村里订、费用村里交、补贴村里领、矛盾村里调。

在此基础上，巴东进一步整合金融、邮政、通信、电力、供销、商务等资源，借助便民服务网络平台，打造“服务连锁超市”，农民不仅可以在家门口上网缴纳费用、订购农资、汇款转账、领取补贴、信息咨询、车票代购等生产生活综合服务，有些农民还开起网上商店，卖出不少特色农产品，为群众致富提供了一个平台。

3. 系统调试、修改与试运营

“农民办事不出村”信息化便民服务系统经历了长时间的运行和调试，不断得到优化和完善。2013 年 2 月，在前期的设计和规划成型后，电子政务专家汪玉凯教授及其团队在巴东县野三关镇现场进行操作办公，检验系统的可操作性。汪玉凯教授团队亲自在现场办公，农民向工作团队提出要求办理的业务，工作人员按照工作标准受理业务并审核材料，并将业务上传到审批的部门，实际操作整个业务办理的流程。试行效果良好。

“该项目标志着巴东县在武陵山区率先实现“农民办事不出村”，具有重要示范效应，适合在全国中西部地区农村推广。”5 月 13 日，国家行政学院电子政务专家委员会副主任汪玉凯代表鉴定专家组宣布，该县“农民办事不出村”信息化项目已达到结项标准。现场操作 3 个月后，即 2013 年 5 月，第一批“农民办事不出村”系统在全县 120 个村正式运行。巴东县已经完成了 125 个村的“农民办事不出村”信息化项目建设。巴东县委书记陈行甲说，将按照“试点先行、全面推开、三年为期、整体覆盖”的思路强力推进，力争到 2015 年实现全县 491 个村全覆盖。

（三）培训工作队伍

解决了系统软硬件环节的难题，在最快时间内训练出一支能够上岗的工作队伍，成为了摆在项目组面前的困难。项目组通过召集业务员进行封闭式的培训和严格标准的考核程序，训练出一批达到上岗要求的业务办理员。工作从培训内容的设定、人员的选拔和安排、考核与上岗三个方面展开。

1. 培训的内容

业务员队伍培训是前期工作的重中之重。在 2013 年 2 月现场试运行后，按照汪玉凯教授团队的培训要求，组织各级业务员到县里进行一个星期的封闭式培训。培训工作由县政务服务中心牵头，编制了《巴东县“农民办事不出村”信息化系统工作手册》和《巴东县“农民办事不出村”信息化系统操作规程》，采取集中培训和分散培训相结合的方式，组织县、乡镇业务受理员和村业务受理员的业务培训工作。

第一，基础电脑操作知识扫盲。由于基层业务受理员大多是电脑方面的新手，电脑操作对于这些人来说有一定的难度。通过培训使他们能够流畅的使用电脑，是能够为农民网上办事的前提。第二，相关业务办理的操作过程。除了学习基本的电脑操作知识，业务员还需重点学习如何在专业的“农民办事不出村”网络软件上办理具体的业务，比如如何受理业务，如何上传相关的资料，如何查看信息，如何反馈业务办理的情况，等等。第三，学习相关的法律法规。有一些业务办理涉及到相关的政策法规，这要求在业务员办理业务时必须遵守相关的法律法规，比如办理身份证时需要采集照片，办理土地证时不能占用规定的用地等，业务员都必须学习和了解，以免在业务办理过程中产生不必要的问题。

2. 人员选拔和安排

“农民办事不出村”整合了县、乡（镇）、村三级业务服务，将工作人员进行了新的优化组合。调整了原有的县级政务服务中心的工作人员，在乡镇增设了一些业务管理员专门指导和监督乡镇的业务受理员。同时，重点培育了一批基层村级业务受理员。

村级业务受理员是为该系统运行而培养的一支基层工作队伍。在选择村级业务受理员时，项目组优先考虑在村干部及组长、大学生村官中选择懂电脑的年轻人。每村选择 2 名业务受理员进行培训。村干部的身份能够保证业务受理员服务群众的责任意识，而且通过干部兼任能够使财政补贴和工资补助集中到一个人身上，能够保证业务受理员的工作报酬，使业务受理员更加放心的为老百姓服务。

事由谁来办？深入推进“农民办事不出村”信息化建设，人才队伍是关键，也是“软肋”。现在，要使用智慧服务平台当好受理员，很多村干部被逼着学业务、学政策、学电脑。巴东县大支坪镇耀英坪村业务受理员吕奎不仅学会了电脑操作，还开通了个人微信群，接受群众政策咨询和预约办事。

巴东县从试点各村主职干部、大学生村官中选定 2 名业务受理员形成“AB”角，集中培训后持证上岗，周一和周四坐班，村主职干部陪班，其他时间实行电话预约办理。原来的县、乡镇机关办事服务窗口，前移到了村级党员群众服务中心，服务触角延伸到了老百姓家门口。

一批业务受理员在服务群众的过程中增长了技能和才干，成为农村“带头致富、带领群众致富”的能人，促进了干部素质能力由“传声筒”向“万事通”转变。群众形象地说：“一个系统进了村，办事少了中转站，机关受‘冷’、群众受惠，智慧服务平台就是‘亲民岗’。”50多岁的十二岭村委会主任刘宇兰兼任村业务受理员，他明显感到“村干部与村民沟通机会多了，村里矛盾纠纷少了，现在当个村干部‘有劲头’”。

3. 考核和上岗

各级业务受理员集中在县里的培训时间为一个星期，在一个星期内，学员必须学会电脑的基本操作和具体的业务办理。项目组在培训结束后组织安排所有的学员进行考核，考核内容即为规定时间内在网上操作完成具体的某项业务办理。这对于业务受理员的电脑操作和业务流程的熟练程度有直接的帮助，也最能反映学员是否真正掌握了网上办理业务的能力。通过考核的检测，未能达标的学员将继续在下一期的培训中学习，直到考核达标为止才能够上岗。

2013年4月开始安排学员培训，共有120个村240名的村级业务受理员通过了培训考核，达到了上岗的标准。前期培训工作的顺利完成，为系统能在5月底正式的全面运行提供了可能。

另外，如何管理这支工作队伍，巴东县还创新运行管理机制和人才保障机制，严格实行服务承诺制、一周办结制、动态监督制、责任追究制，从村主职干部、计生专干、村级后备干部、大学生村官中择优选配村级业务受理员，采取集中培训、个别辅导等办法让业务受理员成为政策“万事通”。

三　技术拓展：服务的进一步延伸

面对偏远山区交通不便、农民办事成本过高和享受公共服务程度低的困境，巴东启动建设“农民办事不出村”信息化项目。“农民办事不出村”是将行政审批事项的受理权、公共服务事项的办理权集中授权到村便民服务室，由村业务受理员和各级办理员依托现代信息网络技术对农民辛勤办理信息的电子档案进行在线受理和办理，使“农民办事不出村”，达到解决公共服务“最后一公里”的问题。这一实践以行政审批改革为抓手、以公共服务延伸为目标、以完备机制建设为保障，从源头上有效解决了农民“办事难”问题，最大限度增加了社会和谐因素，有效推进了农村治理能力和治理体系现代化。

（一）简政放权：推进审批制度改革

1. 清理审批事项

在确定了简政放权的目标后，首要的任务是清理审批事项。主要由巴东县纪委、编办、政务服务中心人员组成行政审批改革领导小组办公室，推进“部门审批职能向科室集中、部门审批科室向政务服务中心集中、审批事项向‘农民办事不出村’信息系统集中”，对全县涉农部门的行政审批和服务事项进行全面清理。通过出台《巴东县“农民办事不出村”行政审批和服务事项目录》，将与人民群众息息相关的民政、计生、公安、林业、国土等21个单位划分为审批服务类、预约服务类、咨询服务类和商务服务类4类87项，纳入全县“农民办事不出村”信息服务平台。其中审批服务类涉及民政、国土、计生、地税、国税、公安、畜牧、农合、工商、林业、人社和党建11个部门可直接由乡镇、村直接办理的相关事项64项；预约类涉及民政、司法、农业、农合、林业5个部门10项；咨询类涉及工商、农业、畜牧、农合和人社5个部门技术及政策咨询5项；商务类涉及农行、建行、中行、邮政、电信、供销、人寿保险、财产保险8个部门8项。巴东县溪丘湾乡乡党委书记卢静曼在访谈时这样回答：“2013年在9个村进行了试点，9个试点村于2013年共办理1063件行政审批事项，并实现100%办结。”2014年上半年办理464件行政审批事项。其中，在较为偏远的宋家崖村仅2014年就办理了111件行政审批事项。魏家村则利用服务平台中的“裕农网”办理了160件涉农商务服务事项，成为县农机局希望推广典型。

2. 下放审批权限

简政放权、改革审批制度是一场政府的自上而下的“革命”。因此，正如县政务服务中心管理办公室主任熊学红所言：“在刚开始提出简政放权的时候，县里的各部门不同意，都不愿放权，在一定程度上，机关干部为了自己的‘帽子’问题，对行政审批权力的下放力度不够，加之村干部不愿领权。村干部不愿领权的原因在于，这些事项在过去不是自己的任务，为什么现在让自己来做?”但是，这项工程由县委书记陈行甲亲自狠抓，通过协商沟通，最终在县直各部门实现了思想上的统一。巴东县国土资源局副局长李银凤就说：“现在把所有的县以下的行政许可都下放到村里的便民服务室，在农民要求办理这方面的业务时，我们就几个部门的干部开联席会议、集中审查，方便老百姓办事。”但审批权力下放是个逐步推进的过程。下放都是尽量的少放，选择比较简单的，危害少点的先试一下，办好了再进一步下放，像要到县里审批的那些权力下放还是有一个过程的。最开始只下放了6项，今年又新增了5项，权力下放的整个过程都是把局里、乡镇计生方面的人员召集起来讨论决定的。

审批下放到乡镇这一级，其实就是把个关，事情做得好不好，材料合不合格。说白了就四个字，“同意上报”或“同意审批”。通过推行“部门审批职能向科室集中、部门审批科室向政务服务中心集中、审批事项向‘农民办事不出村’信息系统集中”的工作办法，将领导手中的权力交到窗口，将公章交给业务受理审批员。比如当地国土部门实行“三到场”原则，要现场勘查，现场办手续。在以前，百姓先要到村里面盖章，然后到镇里面签章，接着相关部门（公路、电力）审批，再到县里审批。现在仍然是三到场，老百姓只需提供所需资料，包括户口、老屋土地使用证，镇里办完后，老百姓就不用管了。

3. 强化审批监督

针对以往审批制度改革中存在的权力下放后没有收到拥有的效果、权力下放后失去了控制等情况，巴东县强化行政审批监督，推进行政审批全过程的“痕迹管理”，实现了对行政审批监督有效化。群众办理的审批事项按规定在线上操作，成为了防止腐败的保护层，以往办事要带好烟好酒的现象不见了。同时起到了一定的监督干部工作的作用，审批事务办理更加公开透明，“倒逼”干部工作效率必须提高。

所有办理事项均要在村两委成员的监督之下进行，申请材料需要村两委干部签字确认才可以上传至系统办理，以保证申请信息的真实有效，一件审批事项从资料上传开始到最后办结，纪检部门均能通过在线实时监督的方式跟踪各办理环节的进程。另外，巴东县将行政审批办结数量、办结率等审批办理情况纳入各职能部门及乡镇年度综合考核指标，形成提升行政审批服务质量的“倒逼”机制。通过公开办理事项、办理程序和收费标准，避免了群众“多花冤枉钱、多跑冤枉路”。同时，各村便民服务中心设置显示大屏幕，向群众公开每一步办理程序细节，真正把行政审批置于群众的公开监督之下。

大支坪镇的“农民办事不出村”系统管理员、镇纪检委员蒋渊芳对此深有体会，她说：“周一、周四会在线监察，每天都要进行统计，去年我们的办结率达到90%。早上十点半进行同步监察、同步审核。”村里的业务受理员有250元的基本工资，一般一上午不上班就扣15元，一天不上班就扣30元，一个月没有办理一件业务，就没有基本工资，绩效工资去年是每办理一件事情9元。在镇里一次没有办理好就是警告处分，三次以上就会有相关主管部门对其进行谈话。

（二）服务延伸：拓宽公共服务领域

1. 上下协调抓政务服务

针对村便民服务室办公条件差、管理不到位、作用发挥不明显等突出问题，近年来，巴东整合三峡后续工作农村社区建设、重点贫困村卫生室建设、整村推进扶贫开发、彩票公益金整村推进项目建设资金4458万元，新建和改造农村党员群众服务中心207个。农民办事不出村信息化平台，在农民家门口构建网上服务中心、打造全新政务超市、创办连锁商务网店，实现了“证件村里办、补贴村里领、信息村里查、矛盾村里调”，服务群众效应初步显现。自2013年5月在全县125个村运行以来，累计受理行政审批服务事项1.01万件，办结9418件，办结率94%；让农民少跑路240多万公里，直接为群众节约办事成本470万元；4.7万个农村老人和低保户在村里支取保险金。同时，完善了服务体系。近年来，巴东已逐步形成“以县级政务服务中心为龙头、以乡镇便民服务大厅为主体、以村便民服务室为基础”的三级政务服务体系。

将政务服务的触角延伸至村级党员群众服务中心，建立了方便、快捷、安全的网络服务平台，由“面对面”变“键对键”和“点对点”，打通了便民、利民、惠民的“绿色通道”，在家的农民办事不用出村，外出务工的也不用回村，把方便让给群众，把麻烦留给干部，农民在家门口办事，“只认一个门，只找一个人”，受到群众普遍欢迎。如巴东县绿葱坡镇北界村支部书记王祖华回忆："原来一件事要办几回才办得好，比如我们村里有一个80岁的老人，户口本弄丢了，要补办可麻烦了，一是他年纪大了，不认识人；二是找不到路，不知道各个部门在哪里，办了几个月都没有办下来。""农民办事不出村"平台建立后，老人的儿子拿着相关证件来村里服务大厅，经过受理员办理，五天就把户口本补办好了。

现在，如村民申办自然灾害生活救助，从提交资料、受理员审核上传到系统回复，用时不到10分钟，相比以前整整节约1天时间。金果坪乡距巴东县城单程200公里，以前到县城办事仅在路上就要耽搁2天。借助村里的网上服务中心，审批手续几天就可以办好，放在过去往县里跑，时间非得个把月，跑路费没有四五千元钱拿不下来。仅巴东县公安局一家单位，去年通过智慧服务平台办理涉农事项2280件，累计让农民少跑了60多万公里路，为群众节约近30万元的办事成本。

2. 商业服务延伸至村

巴东在做好行政审批和服务事项的同时，整合银行、商务、供销、通信、供电等部门功能，建立农村公共服务信息平台，开通邮政商务通、金穗支付通、供销裕农网、电话空中充值机等电子商务终端，实行惠农补贴领取、电费收缴、话费充值、网上购物、汇款转账、信息咨询等综合服务，打造"政务服务连锁超市"。

由县政府主动联系各大银行和企业，鼓励它们借助平台，抢占农村市场。目前，进驻"农民办事不出村"平台的银行有农行、建行、中行和邮政储蓄银行。后续就由各大银行免费为村级安装机具，主要是为农民办理新农保、电费、话费的支付，银行转账以及小规模的取款业务，并负责机具后期的维修。各大企业在服务功能开通以后，逐步开始开动脑筋，希望以拓展服务把脚踩得更实。如邮政储蓄银行下一步打算增加代购火车票、飞机票，代购彩票，代收包裹的业务，以进一步方便百姓。"农民办事不出村"的好处在于老百姓少跑了腿，特别是距离集镇较远的村落，服务终端的设置使服务平台下沉前移。与此同时，乡镇政府给每一位业务受理员配备了专用手机，以进行话费充缴等工作，更为方便地服务群众。

审批服务的开展改变了农民长期以来"一证难求"的状况；社会化服务的推进，使农民真正感受到了"下乡政府"好处；市场化服务的引进则解决了农民取款难、缴费难的问题。通过村委会服务功能的扩展，使村民在生产和生活上与村级服务中心紧密联系起来，村民们都夸服务办得好。比如交电话费、电费，村民有时只要给业务受理员打个电话，业务员就帮村民办理了，真正实现了农民从“不出村”向“不出户”的深化。正如年满60岁的大支坪镇村民孙仁东说的：“这个‘办事不出村’是专门为我们这些不懂文化，生活能力差，跟不上形势的人搞的，现在在村里办事妥妥的。”

（三）机制建设：保障改革持续深入

1. 专门机构统一筹划

随着“农民办事不出村”项目的推进，巴东县专门成立了由县委县政府及相关部门组成的工作机构，分工协调，高位推进，跟踪问效，统筹组织，建立由县委办公室统筹、县委组织部主抓、县纪委监察局督办、县政务服务中心具体实施的工作机制。

县委县政府将“农民办事不出村”信息化项目纳入2013年全县十件实事之一，成立了领导小组和三个工作专班来具体负责项目的组织、实施和协调。经过一个多月的时间，在5个村进行试点，取得了圆满成功，为全面推行积累了经验。通过严格实行服务承诺制、限时办结制、动态督查制、责任追究制和“倒逼”工作法等，将“农民办事不出村”信息化建设纳入全县政务服务体系建设内容，对审批服务事项、承诺时间、收费标准、业务受理员及联系方式进行全方位公示。同时，出台了《农民办事不出村信息化项目运行管理办法》，深入开展行政审批制度改革，进一步抓好事项目录清理和流程优化，全面拓展服务内容，达到简政放权的目的。

2. 多方力量合作共推

“农民办事不出村”是一项系统工程。因此巴东在推进过程中，以村级便民服务室为平台，将工作分解到具体平台，科学合理优化办事流程。有各个部门分步骤协调推进，即村民提交材料、村级业务受理员初审、资料扫描上传、县乡逐级审批、办理证件领取，实行限时办结。服务对象提出申请后，由受理员受理申请事项并填写登记簿，根据全县行政审批和服务事项目录，确定申请事项应填写的相关资料和所需表格，在系统中下载相关表格并指导服务对象填写。对符合办理条件的，由村委会签署意见并盖章，扫描申请办理事项必需的资料和表格并整理填写系统表单，上传电子档案，申请上级部门办理所受理的事项。经审查符合条件的，办理好后，服务对象凭受理通知书在便民室或乡镇及县相关部门领取证件。需要预约审批办理的，由业务受理员整理受理事项纸质档案并传递到相关部门。对相关部门审核不合格的退回村便民服务室，告之服务对象重新办理。

办事流程化自然而然地将政府、企业、业务受理员、村民等结合起来，实现了多元力量的互动协同。大支坪镇党委书记周和平就自豪地说："'农民办事不出村'将过去单一型、被动型的管理方式转化为互动型、服务型的。以前只是收款，那是管理，现在有了手段、载体进行互动。"此项工程同时也回应了老百姓的切身利益问题，以前政府光搞资料，那是自娱自乐，自拉自唱。现在就像开演唱会一样，干部在上面唱，下面群众跟着节奏走。

3. 专业人才队伍培养

每个村选配1—2名业务受理员，原则上从村级主职干部、计生专干、大学生村官和大中专毕业生中产生。受理员的录用和辞退由村委会提出，经乡镇党委政府审核备案。规定每周一和周四为村业务受理员网上办公时间，村主职干部陪班，集中办理涉农行政审批服务事项，其他工作时间实行电话预约办理。建立业务受理员培训常态机制，每年统筹人社、移民等部门的培训资金100万元，分期对"农民办事不出村"工作人员进行专项培训，使业务受理人员成为政策法规的"万金油"、业务办理的"百事通"，两年已累计培训1200人，"农民办事不出村"为村庄储备了大批人才和后备干部。在当时培训的时候先学习电脑基础知识，之后又逐个部门讲怎么办理业务，怎么去操作，办理一个业务需要什么材料，怎么去做，每个部门讲一次。

在对业务受理员大力培训的同时，还要对他们上岗后的表现和绩效进行制度化的考核，在这方面，巴东县制定了《农民办事不出村绩效考核办法》，建立了考评机制，乡镇业务办理员必须按时办结村申报的行政审批和服务事项，并做好事项登记、资料整理、归档上报、现场踏勘等工作，经县"农民办事不出村"领导小组办公室抽查在一周内有1件、2件、3件、4件及以上未办结事项的，分别按照提醒、全县通报、县领导约谈单位主要负责人、换岗进行处理。乡镇每月有零办件村和零办件部门的，扣除所在乡镇系统管理员考核分2分/单位。乡镇每月人均办件量连续三次位于全县第12名的，扣除所在乡镇系统管理员考核分0.5分。

此外，将业务受理员工资纳入县乡两级财政预算。村级业务受理员的工资由“基本工资+绩效工资”构成，通过综合考评结果发放到村，保证村业务受理员队伍稳定。

四 技术牵引：山区迎来大变革

自“农民办事不出村”信息服务平台运行以来，上到县乡各层干部，下至农村普通百姓，都切身感受到了技术运用送来的“福利”。对于“老、少、边、穷、库、险”区的巴东县来说，让“农民办事不出村”，不仅迎来了山区治理的转型，提升了治理能力；同时也为农民享受政府服务提供了便利，增加了百姓福祉，技术牵引着实给山区带来了大转变。

（一）主动上门，转变政府服务方式

巴东县地处偏远山区，由于山高路远，政府公共服务提供“鞭长莫及”，干部的服务积极性也不高，农民享受服务只能奔波“下山去”，但享受的服务内容和质量却往往难以保障。“农民办事不出村”信息服务平台建设后，变农民的“下山去”为政府服务的“上山来”，将政府“搬”到了农民家门口，延伸了政府服务的“手臂”。

一方面，依靠信息技术，打通了县、乡（镇）、村三级网上审批系统，村级便民服务室的建立，让农民办事不再东奔西走、到处求人。茶店子镇洞坪村村民高映旗讲，过去到城里办事，自己不认识字，人多的时候挤都挤不进去，办事人员还经常不耐烦，而现在在村里办事就像买东西一样方便，“去年我换户口簿5天就办好了”。另一方面，“农民办事不出村”信息服务平台进一步推动了政府的放权与清权，使过去的农民被动“要”服务转变为现在的政府主动“送”服务。陈开平是溪丘湾乡石碾村村民，两年前盖房子时要办建房证，但是“一年跑了六七趟，政府、土管所、城建局、供电所我都去过，直到临修房子前，证件还是没办好，说起来就伤心啊”。之后，他就在手续不齐的情况下偷偷盖起了房。而在

"农民办事不出村"服务平台进入之后，陈开平直接补办好了手续，"最开始我把相关材料交给村里后，我还以为要自己去找人盖章，结果他们说不用了，直接在村里就可以办好"。技术运用改变了政府的服务方式，农民也由此享受到了更多的实惠。

（二）简政放权，行政审批有的放矢

对于巴东县偏远山区的农民来讲，行政审批事项的办理长期都面临着路程远、时间长、成本高的难题，这也进一步加大了贫困山区群众对政府简政放权、深化行政审批制度改革的现实诉求。而"农民办事不出村"信息服务平台利用现代信息技术，通过清权、授权、活权与有效控权，使行政审批的受理关口下沉到各个村庄，搭建出县、乡（镇）、村三位一体的"一网式办结"平台，实现了"让数据多跑路，让群众少跑腿"，使当地行政审批制度改革卓有成效。

首先，延伸了服务层级，使行政审批事项可以在村里受理。过去，农民办手续要逐层逐级找干部，各种困难百出；现在，通过信息服务平台，农民只需要到村里的便民服务室，提交相关申请材料就可以转至业务员来代为办理。金果坪乡村民田金阶对此深有感触："同样是审批业务，放在过去往县里跑、乡镇跑，时间非得个把月，跑路费没有四五千元钱办不下来。现在借助村里的服务平台，省钱、省力、更省心了。"此外，信息平台让农民办事的方式也更为灵活，行政审批事项可以在"线上"办好。巴东县打造了"外网受理、内网办理、外网反馈"的行政审批新模式，使审批业务可以在网上直接办理，节省了一直以来农民办事的人力物力和财力成本消耗。可以说，巴东县借助现代技术，厘清了政府的权力清单，用活了行政审批权力，更重要的是将便利留给了群众，方便了大山深处的办事农民。

（三）网上审批，拉动干部作风转型

过去，农民限于自身文化水平与素质，往往处于弱势地位，"脸难看、门难进、事难办"使农民难免要在办事过程中给干部送人情礼，这也在一定程度上催生了"微"腐败，助长了"吃拿卡要"之风。而利用"农民办事不出村"信息服务平台实现了村内办事以后，农民很大一个感

受就是干部们的态度变好了。通过设立周一、周四坐班制，村干部的工作有了考核和量化标准，而农民在这两天集中办事，也进一步增强了村干部的责任心和成就感，干部的向心力、凝聚力得到强化，思想和工作作风得以优化。野三关镇石桥坪村村支部书记邓习爱评价道："千言万语一句话：党的政策好，各级干部转作风这是各级干部为老百姓办的一件大实事。"

此外，"农民办事不出村"信息服务平台设置了在线监督功能，可实时反馈各级业务受理员的在线办公情况，对服务端口起到了良好的工作督促作用，这种技术"倒逼"机制对各级干部纪律作风的改善同样起到了促进作用。村民陈开平说："以前的乡政府干部可不得了，现在态度变了，都变好了。"网上审批让农民办事公开化、透明化、及时化，无形中推动了各级干部的作风转型。

（四）足不出户，农民便享公共服务

巴东县地处偏远山区，农民往返县城、乡镇办事山高路远，时间和金钱成本高，特别是遇到雷雨天气，路况突发灾害多，更加剧了农民的办事难度。而"农民办事不出村"信息服务平台的建设，使农民足不出户就享受到了各类服务。

其一是使农民享受行政审批服务更加快捷。巴东县将涉及 21 个部门 87 项审批事项送进村，让农民不再跑冤枉路、花冤枉钱，过去农民"跑断腿"才能办到的诸如出生证办理、户口簿换发、结婚登记和民政救助等事项，现在在家门口就能够轻松办成。大支坪镇水洞坪村 3 组村民夏青春，每次回忆到两次替女儿办准生证的经历时，都很激动。2009 年，夏青春替大女儿办理第一胎准生证，但前后跑了六七次都找不到人，等好不容易找到了办事人，"他说这儿需要审批，那儿需要审批，这就是说要让你耐心地等待"。结果，等孩子快出生了证才办了出来，而这一等就是几个月。但是去年，替大女儿办二胎准生证的夏青春，三天内就拿到了证。"那天把头胎的准生证、生娃儿的出生证、身份证交了，他们当时就说，最多三天就拿到证了。等于说是根本没让我们跑，村里帮我们代办了，不用我们自己办了"，夏青春自己也表示，"现在当农民还是蛮舒服的事情"。

其二是农民享受商务、社会服务更加便捷。“农民办事不出村”信息服务系统还将与农民生产生活密切相关的农行、邮政、电信等社会化和市场化服务引入平台，农民在村里就可以实现交话费、交电费、领取养老保险金等，这就特别消解了年迈农民的“心头怕”，使农民足不出户就享受到了各类公共服务。这样“高快省”的办事效率使农民更加安心、舒心、放心，绿葱坡镇北界村村民缪光青直言网上办事“很实在”。

（五）解民之需，基层矛盾有效化解

“农民办事不出村”信息服务平台通过技术“做媒”，在政府与农民之间拉了一道“红线”，通过及时反映和协调农民的利益需求，解决了农民最关心最直接的现实利益诉求，进一步增加了农村和谐因素，实现了“大事不出村，难事不出乡，矛盾不上传”。

通过服务平台，农民办事只需找村干部和业务受理员，不再多头跑、多头求人，很大程度维护了农民尊严；同时，村干部为农民主动办事“送情”，增强了其在老百姓心中的威信，减少了干群对立，村干部说话更有分量，调整矛盾更加得心应手。大支坪镇耀英坪村村民孙仁梅说：“现在镇政府和村委会对我们村民就像妈妈照顾孩子一样，非常好，老百姓‘睡着了都笑醒了’，现在的村干部我们没得意见。”

另外，“农民办事不出村”服务系统也减少了农民的办事成本，一是节约了往返时间消耗；二是节省了多次往返路费。据统计，县公安局通过信息服务平台共办件4060个，合计让群众少跑81万公里路程，节约了近40万元的花费。用县委书记陈行甲的话讲，“让农民办事不出村，让农民少跑路、少花钱，这本身就是化解矛盾的好形式”。再者，通过信息服务平台，村干部与农民的接触机会比以往有大幅增加，通过待办事项，村干部能够及时得知村民所需和家庭状况，扩大了对群众矛盾的了解面，不稳定因素得以有效预防和排查。溪丘湾镇石碾村邓光林书记说：“通过这个平台，村里可以掌握更多村民的情况”；溪丘湾乡石碾村业务受理员杜海奎也表示：“现在农民有事找村干部，村委会成为农民的生活中心之一，农村信息可及时在村委会汇集”。

（六）技术施力，权力监督得以创新

“农民办事不出村”信息服务平台建设运转后，巴东县创新性地探索出了源头监督、痕迹监督等一系列的新型权力监督方式，实现了权力监督的多主体、全过程、客观化，巴东县利用现代技术推动了权力监督手段的现代化转型。

过去，单一的权力监督主体和薄弱的监督力量，导致权力的监督空有形式而少见实质性成效，巴东县则通过在纵向上延伸监督链条，同时辅以横向上的监督范围拓展，既使处理农民待办事项的过程公开化，也增加了权力监督渠道，增强了监督力量，各部门的互相督促对权力运行形成了良好的约束效应。巴东县纪委部门就曾对“农民办事不出村”服务平台建设落实不利的两位乡镇干部进行过通报约谈。另外，通过在线监督和及时反馈功能，农民的待办事项可以实时办理，增加了权力行使的时效性，克服了“庸政懒政”，农民可以不用再为着急办理的事情被无故拖延、被反复推脱而担忧。县委书记陈行甲也表示：“以往，因为没有良好的监督机制，‘百姓事，马上办’的口号往往流于形式，现在，通过信息技术，我们就可以马上知道到底有没有‘马上办’。”

除上述外，信息服务平台提供的事项办结数、办结率、出勤率、群众满意率等统计数据，为监督取证的精细化、客观化提供了依据，这就进一步规范了权力监督的操作手段和程序。大支坪镇党委书记周和平也反应道：“过去办事都是‘蒙着搞’，干部可以推脱不干事，或者慢点干事，而现在就拉开了权力的‘帘子’。”

五　结论与思考

总的来看，巴东县的“农民办事不出村”信息服务平台建设，找到了基层政府治理能力提升的有效“抓手”，推动了当地的治理转型。与此同时，其带来的对政府服务方式、基层治理模式以及矛盾化解形式的影响也是全面的，可以称得上是贫困山区利用小技术“撬”出大成效的成功典型。对“农民办事不出村”信息服务项目建设经验的总结，对于推动基层治理模式创新、促进山区治理能力现代化有较大的参考价值。

（一）治理能力提升是山区有效治理的有力保障

进入20世纪90年代以来，“治理”就成为政治学领域中的“热词”，与“管理”相比，“治理”更多地强调了“共识、合作共赢与良性互动”。[①] 2013年11月，中共十八届三中全会作出了《全面深化改革若干重大问题的决定》，并首次提出了“推进国家治理体系和治理能力现代化”。政府作为国家制度的主要执行者，与过去的“国家统治”与“国家管理”不同，国家治理能力现代化对政府提出了更高和更全面的要求，对于一个现代政府而言，一是效率要高；二是成本要低；三是为政要廉。对于偏远边穷山区来说，寻找治理能力提升的有效路径，挖掘现代化的治理手段则显得更为必要，而在这一点，巴东县无疑已经走在了前列。

巴东县利用“农民办事不出村”信息服务平台，搭建了政府服务的输送带，通过将公共服务送进村，既破解了政府服务“最后一公里”的难题，回应了农民最直接最迫切的现实利益诉求；同时促进了政府治理能力的有效提升，探索出了山区治理的有效路径。通过三级互联服务平台，一方面提高了当地政府的办事效率，农民的待办事项不再无故受到拖延；另一方面也降低了政府的治理成本，在节省政府和农民双方物力、人力的条件下，实现了山区的有效治理；再者，通过在线行政审批，促进了政府服务的公开化、透明化，政府用权被置于“阳光下运行”，进一步打造了廉洁政府。巴东县利用现代技术，极大地提升了自身的治理能力，这既是对国家治理能力现代化的有力呼应，更为山区有效治理提供了价值借鉴。

（二）技术牵引是治理能力现代化的有效形式

一直以来，我国各级政府改革都重在“增人增事”，通过增补人力资源和办事数量，以此推进各项创新改革进程。然而，这一单靠增加人事的改革手段，既加重了政府治理的成本负担，与建立现代化政府的目标相背离；同时，对于大多数偏远贫困山区来说，过多的人力、物力投入，并不适合经济落后的山区治理环境，单纯依靠“增人增事”来提升山区治理

---

① 徐勇：《热话题与冷思考——关于国家治理体系和治理能力现代化的对话》，《当代世界与社会主义》2014年第1期。

能力并促进治理能力现代化，无异于“杯水车薪”，难以持续。因此，对于贫困山区而言，治理能力如何增强，治理能力如何现代化，更需要探索新的有效实现形式。

总的来讲，巴东县通过现代信息技术的牵引，打造出“农民办事不出村”信息服务平台，依靠数据替农民“跑路”，一是打破了过去各政府部门条块分割、松散无序的治理方式弊端；二是又在当前已经日渐成熟的部门协同、联合办公的基础上，直接将政府“搬”到了农民家门口，通过技术搭台，实现了当地政府治理能力的“再领先一步”。巴东县的成功经验也进一步说明，在不“增人增事”的前提下，在较低的治理成本投入条件下，通过现代技术运用，推动治理手段技术化、治理方式规范化、治理内容多元化和治理主体协同化，以此实现政府治理理念和治理制度的现代化转型，对于偏远山区来讲，能够成为可借鉴、可推广的做法尝试。从长远来看，构建技术牵引型的治理模式，可成为偏远山区治理能力提升和治理能力现代化的有效实现手段。

（三）局限与不足

巴东县利用现代信息技术探索出了治理能力提升的有效路径，成为山区治理的成功典型。但同时值得关注的是，巴东县的技术服务平台搭建还存在着局限与不足，就目前来看，其先进经验的推广仍需因地制宜，其持续发展道路还需要不断探索研究。

1. 参与型治理应成为未来发展方向

巴东县利用“农民办事不出村”信息服务平台建设，将过去管理型的政府治理方式推进到现代服务型治理模式，实现了治理的第一次“跨越”。“农民办事不出村”服务平台，将政府服务送到了农民家门口，解决了农民最直接最现实的利益需求，但同时也需要注意，这一平台在当前更多强调的是“回应”与提供，农民缺什么政府就“补”什么，其虽在一定程度上实现了互联，但总体来讲，其治理还未完全落在农民身上，仍是政府的单一行为，政府与农民的互动还有所欠缺。从治理的内涵来讲，其强调的是合作共赢与良性互动，因此，如何将农民纳入政府服务平台，让农民参与到整个议事、决事和监事过程，使农民与政府通过互动共同解决治理问题，从而实现自服务型治理向参与型治理的进一步提升，在一定程度上应成为巴东县技术型治理的未来发展方向。

2. 技术治理的持续性离不开长效的机制保障

巴东县“农民办事不出村”信息服务平台的成功建设，离不开县委书记陈行甲个人的努力和推进。一方面，在建设计划最初提出时，思想不统一成为开展工作的最大障碍，最后，陈行甲的拍板决定才使整个工作得以启动；另一方面，陈行甲依靠个人资源，与其他机构共同研发了信息服务系统；除此外，在政府各部门审批权下放的过程中，陈行甲“不放权，就交官”的改革魄力，才最终使这项工作实至名归。可以说，从建设到发展，“农民办事不出村”始终离不开县委书记这一权威式人物的大力推动，也正因为如此，这项工作的持续性、长久性受到了关注。作为稀缺资源，并不是所有地方都具备这一人力条件，同时，如果离开了当初的大力推动者，此项工作的持续推广也会受到质疑。因此，从长远来看，建立长效保障机制应成为下一步的着力点。

3. 部门权力下放是一个渐进过程

下放权力关系到政府部门的自我“革命”，一定程度上决定了行政清权的长期性。巴东县在推进“农民办事不出村”信息服务平台建设的过程中，也出现了权力难以下放、部门难以协同的问题，其中的一个主要原因是行政权力下放前置条件多，而有的权力并不适合完全无条件下放。特别是对于群众意见较多的国土资源部门，像建房许可证办理等事项，可能同时涉及到公路、电信等多个部门的协调，再加上上级的政策难以突破，全部放权到网上审批目前还面临较多障碍。由此也可以看到，部门权力下放与各个部门的并联协同是一个长期性的渐进工作，巴东县技术治理的经验推广，不应仅仅停留在对信息技术简单复制应用这一层面，而更多地应放于对权力下放与治理改革的考量上。

第三部分

实践经验

技术牵引型治理：治理能力现代化的有效形式*

——基于湖北省巴东县的调查与研究

胡平江

党的十八届三中全会通过的《改革决定》明确提出，“推进国家治理体系和治理能力现代化”。在集“老、少、边、穷、库、险”于一身的湖北省巴东县，大山阻隔与经济落后严重制约着政府的治理能力，使社会治理面临“政府无力管、农民无人管、社会无法管”的困境。近两年，该县通过运用先进的信息技术，探索出一条“技术牵引型治理”的新路子。即通过运用信息技术，打造“农民办事不出村”系统，促进政府规范化、标准化、协作化运作，让政府搬到农民家门口，农民足不出村享受到基本的公共服务，以此提升政府的治理能力，实现社会治理的现代化。

一　“小技术”带来治理能力“大提升”

“技术牵引型治理”是技术推动下的改革，是以信息技术应用“倒逼”基层行政管理变革和治理能力的大提升，以此弥补政府管理不足甚至失效的新型社会管理方式。

（一）从“线下”到“线上”，治理手段技术化

借助现代信息技术，建立横向到边、纵向到底的治理服务平台。首先，建立“农民办事不出村”网络信息系统，实现网上办事、网络服务。

* 作者：胡平江，华中师范大学中国农村研究院课题组成员。

目前，该系统已经整合进21个部门87项行政审批服务以及邮政、银行、农资等多类市场服务。其次，组建县、乡（镇）、村三级联动网络，让公共服务借助互联网延伸到行政村。目前，该系统已经覆盖全县320多个村。最后，构建“部门横向联动”服务平台，采用“并联审批”等方式，使不同部门对同一事件进行同步审批、实时办理。

（二）从“看人”到“看事”，治理方式规范化

一是标准化治理。即统一编制服务标准化手册，对如何办、谁来办、多久办进行标准化规定。巴东县政务服务中心管理办公室主任熊学红表示：“农民只需按照手册规定提交相应材料，其他工作网络‘自动’办好。”二是流程化治理。设置网上审批环节，将每一项服务的办事程序固定化。一般而言，农民只需要到村服务中心提交资料，由村干部上传至信息系统，乡镇、县逐级审批，结果通过系统自动反馈到村。三是制度化治理。每一项业务对应相应办理制度，审批人员则根据审批制度进行核实审批。

（三）从“审批”到“服务”，治理内容多元化

巴东县一改以往行政审批唱主角，利用率低的弊病，将治理内容横向扩展。其一，以行政审批服务为抓手。巴东县将与农民息息相关的87项行政审批服务整合进入信息系统，激发不同部门的参与动力。其二，融合公共服务。将新农保、新农合等公共服务纳入服务平台，让农民无需到乡镇就能领取养老金、报销医疗费用。该县农业银行每年为7万多农民提供养老金领取服务，为农民节省交通费200多万元。其三，嵌入市场服务。通过与电信、电力、邮政等市场企业合作，让农民足不出村就能购买农资产品、缴纳话费电费。

（四）从“单干”到“联动”，治理主体协同化

巴东县通过简单的信息技术运用，将“死气沉沉”的基层激活起来。一是激发村干部积极性。以往村干部到村委会只是“喝喝茶、扯扯淡”。如今村干部作为业务受理员，有了“专事”和“专时”。大支坪镇耀英坪村业务受理员吕奎还开通个人微信群，接受农民政策咨询和预约办事。二

是充实乡镇办事能力。近两年，巴东县已下放87项行政审批权到乡镇。对此该县大支坪镇党委书记周和平表示：“以前乡镇光搞资料，那是自拉自唱；现在乡镇有能力回应老百姓的切身利益问题，就像开起演唱会，干部唱，群众一起唱。”三是促进县级政府转型。权力下放、让县级部门从业务办理员变为业务监督员。该县国土局副局长李银凤表示：“农民村里办业务让自己能抽身出来，不用天天向农民重复解释。”

二 “小技术”促进治理体系“大转型”

巴东的改革以信息技术的运用为突破口，带来的是整个巴东的“治理革命”。

（一）“科学化”管理，治理理念的现代化转型

一是多元合作理念。传统的政府管理，往往是政府演独角戏。巴东县通过将银行、邮政、电信等市场主体纳入到治理主体中，形成了政府搭台、多方唱戏的新格局。二是法治治理理念。通过聘请“律师顾问团”为业务员以及农民提供在线咨询服务，使农民办事从“依理”向“依法”转变。三是现代技术理念。现代技术往往被认为只有在经济发达地区、人口素质高的地区才能落地生根。巴东县通过将现代信息技术应用到最贫穷、素质相对较低的农民身上，“倒逼”干部改变治理方式。

（二）“智慧化”管理，治理制度的现代化转型

在推进技术牵引治理过程中，巴东县创新了政府监督、激励与管理机制。其一，痕迹管理。对办事员的网上操作进行全记录，甚至精确到“分、秒”。该县纪委书记黄光辉表示：“材料到了哪个部门、谁在审批，系统记录得清清楚楚，一旦出现问题纪委便能准确问责相应部门。”其二，立体考核。对政府日常办公实行时限判别、异常处理、分析预警等，实现事前、事中和事后全过程考核。如2013年5月该县纪委得到系统提示，发现村民办理采伐证还需亲自跑到乡镇签字盖章，县纪委第一时间责令林业部门整改。其三，动态激励。设立专项绩效奖励金，根据办事员的事项办结情况、投诉情况等给予一项业务1元至8元奖励。

（三）“系统化”管理，治理运行的现代化转型

一是从“关系治理”到“制度治理”转变。传统治理是人对人的治理，往往出现“看情面办事、见好处办事”。技术性治理是制度对人的治理，农民群众只要提供规定提供的材料，不用见面就能把事办成。二是从“分割治理”向“协同治理”转型。传统治理纵向县、乡（镇）、村分级，横向部门分割，技术牵引治理则将不同层级不同部门整合在一个平台。该县大支坪镇耀英村村民孙仁梅表示：“以往村委会盖完一个章就不管了，还要单独去乡镇、去县里。如今村干部点几下鼠标，申请就自动跑到各个部门去了。”三是从“延时治理”向“实时治理”转型。2011 年水洞坪村夏青春办理一个准生证跑了 7 趟县乡部门，耗时 3 个月。而 2014 年办理二胎准生证在村委会一天不到就办成了。

三 “小技术”助推社会治理“大突破”

技术牵引型治理是对政府治理能力的极大提升，这为农村基层社会治理过程中诸多难题的破解提供了基础。

（一）弥缺了公共服务“最后一公里”

山区空间阻隔是“公共服务均等化”的最大障碍。技术牵引型治理则为山区公共服务延伸到村提供了一条有效路径。其一，缩短了服务距离。信息技术的应用打破了空间阻隔，使山里山外享受公共服务的距离差缩小到几乎为零。其二，节约了服务成本。信息技术转变了传统公共服务依靠人力物力供给的方式，使人跑路变为数据跑路。该县野三关镇石桥坪村 2013 年下半年办结业务 176 件，较农民跑到乡镇节省路费 3 万多元。其三，提升了服务成效。茶店子镇洞坪村村民高云祥老人感触道：“以往大老远去办事，认不得字，搞不清要找谁。现今在村里办，不用排队，村干部又耐心又礼貌，还能代我们办。”

（二）构筑了农村稳定的“社会之基”

由于严重的“官民对立”情绪，巴东县曾经是全国综治维稳重点县。

而技术型治理则有效缓解了这一难题。一是干群互动增强，社会矛盾及时知晓。村干部杜海奎表示：“现在农民有事找村干部，农村信息能及时在村委会汇集。”二是干部服务增强，农民怨气有效化解。村民高云翔表示：“以往办事村难出、门难进、事难办，农民火气很大。现在村里办，节约了时间，不用操心，农民舒心了。”三是增强了干部威信，社会矛盾有效缓解。该县组织部部长王韬表述：“以往农民需提烟提酒求干部。改革后干部要限时办，还要接受农民考核。干部获利少了，但威信增加了，调节矛盾时多少会给干部点面子。”

（三）化解了山区治理的“能力瓶颈”

巴东县通过将最先进的信息技术运用到最偏远的山区，实现了政府治理能力的蜕变。一是找到了治理能力现代化的有效手段。信息技术是打破空间界限的有效途径。该县县委书记陈行甲表示，其在任主要修了两条路，一条是乡村公路；一条是信息高速路，后者给农民带来的影响甚至大于前者。二是找到了治理能力现代化的有效方式。如果说传统政府各部门条块分割、分散治理，其治理能力处于1.0版本，近年来城市地区通过部门协调，兴建行政服务大厅等方式使政府治理能力提升到2.0版本，那么技术牵引型治理将政府办到农民家门口，则实现了政府治理能力的再进一步。

四　“小技术”引发国家治理“大思考”

技术牵引型治理促进了巴东县治理能力的飞跃式发展，同时，也为国家治理能力的现代化提供了启迪与借鉴。

（一）治理能力提升是山区有效治理的基础

对于山区而言，农民与政府交往更为稀少，距离更为疏远，社会治理难度更大。加之山区经济发展水平的滞后限制了政府治理能力的发挥，容易陷入“政府管不到，农民无人管”的困境。在此情况下，是让群众下山来，还是政府上山去？巴东县无疑选了政府上山去。技术牵引下政府治理能力的巨大提升，使“山高皇帝远”变为“政府在身边”。可见，提升政府治理能力，将服务送上门，让群众少劳神，是实现政府有效治理的基础。

（二）技术牵引是治理能力提升的有效形式

“推进国家治理体系和治理能力现代化”是全面深化改革的总目标，但治理能力如何现代化还需寻求有效的实现形式。目前国内的改革创新多以“增人增事”为主，但这种增加治理成本的改革路径并不一定适合山区经济落后的治理环境。巴东县有效实现治理能力提升的关键就在于以“信息技术”为突破口，实现了改革的低成本投入。改革过程中，巴东县村部大楼建设、信息系统研发等总投入仅为4458万元，且并未增加一编一职。但仅在2013年下半年，该县125个村就办结农民服务9418项，让农民少跑路240多万公里，节约交通成本470万元。

（三）技术牵引型治理的应用应避免技术化

巴东县技术牵引型治理的成功运用，并不在于对信息技术的创新发展，而关键在于借助信息技术的运用“倒逼”政府的行政改革和治理体系的现代化转型。如巴东县配套进行了政府简政放权改革、行政审批制度改革，并依据技术牵引型治理的发展需要，在治理体系上通过“精县扩乡，合村实组”，逐步形成了“州统筹、县协调、乡管理、村服务、组自治”的新型治理体系。因此，对技术牵引型治理的推广应用，不仅仅是“信息办事系统”的简单复制，更应该落实在治理体系改革的层次上。

技术治理：推进政府简政放权的有益尝试*

——基于对湖北省巴东县行政审批制度改革的调查

孔　浩

深化行政审批制度改革是加快政府职能转变，建设“服务型政府”的迫切需要，十八届三中全会更是明确提出要“进一步简政放权，深化行政审批制度改革”。但是对于偏远山区的农民来讲，办理行政审批仍面临着“路程远、时间长、成本高”的难题，长久以来致使农民办理审批“门难找、人难认、事难办”。对此，湖北省巴东县深化简政放权，借助现代信息技术手段打造“农民办事不出村”信息化服务平台，将行政审批受理关口下沉到村，通过搭建县、乡（镇）、村三位一体的“一网式办结”平台，让农民享受到行政审批村内办理的“一站式服务”，真正实现了“让数据多跑路，让群众少跑腿”，行政审批制度改革卓有成效。

一　巴东县行政审批制度改革的具体做法

（一）清权——规范审批事项，打造“阳光政务”

一是组建审改机构。巴东县抽调成立了由县纪委、编办、政务服务中心人员组成的行政审批改革领导小组办公室，依据巴东本地农村实际及工作需要，对全县涉农部门的行政审批和服务事项进行全面清理。二是厘清审批权力。巴东县将与人民群众息息相关的民政、计生、公安、

---

* 作者：孔浩，华中师范大学中国农村研究院课题组成员。

林业、国土等21个部门87项审批事项，全部纳入全县“农民办事不出村”信息服务平台并向群众公示宣传。三是简化审批流程。对于办理程序复杂的审批事项，在不违反法律法规的前提下，通过归并审批部门、减少审批环节等方式简化办事流程。针对部分审批事项前置条件多，前置审查程序繁杂的情况，相关部门充分调研，对于不必要的前置条件进行简化甚至取消。

（二）授权——坚持审批下放，建设“身边政府”

巴东县在行政审批制度改革中借助信息技术手段推进简政放权、充分授权，进行政府的“自我革命”。一是按照“按需下放、能放则放”的原则，推行“部门审批职能向科室集中、部门审批科室向政务服务中心集中、审批事项向农民办事不出村信息系统集中”的工作办法。例如巴东县卫计局将涉及人口计划生育的11项审批权力全部下放到村级授理、乡镇办理，并实现了相关业务的100%在线办理。二是坚持“应进必进、能进则进”的原则，即凡是可以进驻“农民办事不出村”信息化平台的审批事项一律实现在线办理。2013年以来，已先后有21个部门87项行政审批服务事项进驻“农民办事不出村”信息化平台，农民在家门口就能办结计生证明、建房手续、林木砍伐许可等贴近生产生活实际的行政审批，真正把政府建在了农民家门口。

（三）活权——整合审批平台，实现“一网办理”

一是整合已有政务资源。巴东县在建设“农民办事不出村”信息化系统的过程中注重整合已有资源，通过充分利用已建成的农村党员远程教育网络、县政务服务中心网络实现了各乡（镇）、村基本办公网络的互通，并避免了网络设施建设的重复投资。二是开发专业审批平台。巴东县通过开发“农民办事不出村”信息化系统，打通了县政府服务中心、乡镇便民服务大厅、村便民服务室等各层级审批单位，在线审批办理实现了行政审批“面对面”到“键对键”的转变。三是用活审批服务网络。巴东县通过用活网络审批服务平台，实现了审批资料线上传输、审批程序无缝对接、审批结果在线反馈，彻底改变过去农民办事“分层级奔跑，分部门报批”的烦琐程序，实现了“一网式”审批办理。

（四）控权——加强审批监督，推动“痕迹管理”

针对以往审批制度改革中存在的“减权不增效、放权不控权”情况，巴东县强化行政审批监督，推进行政审批全过程的“痕迹管理”。一是进行实时监督，一件审批事项从资料上传开始到最后办结，纪检部门均能通过在线实时监督的方式跟踪各办理环节进程。二是进行绩效监督，巴东县将行政审批办结数量、办结率等审批办理情况纳入各职能部门及乡镇年度综合考核指标，形成提升行政审批服务质量的“倒逼”机制。三是进行公开监督，巴东县在各村便民服务中心设置显示大屏幕，向群众公开每一步办理流程细节，真正把行政审批置于群众的公开监督之下。

二　巴东县行政审批制度改革的突出亮点

（一）服务层级延伸，行政审批“村内办”

巴东县行政审批服务通过“农民办事不出村”信息化平台实现了将行政审批进一步延伸到乡镇、村庄的目标。过去群众办手续要一级一级找村、乡镇、县里的干部，现在群众进行行政审批办理只需向村业务受理员提交相关申请材料即可，群众办事“只进一个门、只找一个人”，由此实现了“变群众跑为干部跑、变多次办为一次办、变随意办为规范办”。对此，金果坪乡村民田金阶深有感触：“同样是审批业务，放在过去往县里跑、乡镇跑，时间非得个把月，跑路费没有四五千元钱办不下来。现在借助村里的服务平台，审批手续 5 天就办好了，省钱省力更省心。”

（二）方式灵活多样，行政审批“线上办”

通过“农民办事不出村”平台的建设，巴东县形成了“外网受理、内网办理、外网反馈”的行政审批新模式。审批业务的网上办理切实方便了大山深处的普通农民，以往“门难找、人难认、事难办”的老大难一去不复返，大大节约了农民办事的经济成本和时间成本，让老百姓能办事、办成事。自 2013 年 5 月在巴东县全县 125 个村试点运行“农民办事不出村”系统以来，累计受理行政审批服务事项 1.01 万件，办结 9418

件，办结率94%；让农民少跑路240多万公里，直接为群众节约办事成本470万元。

（三）程序有效监控，行政审批“限时办”

巴东县在进行“农民办事不出村”信息化项目建设中，对审批服务事项、承诺时间、收费标准、业务受理员及联系方式进行全方位公示。实施“农民办事不出村”后，村级便民服务中心实行每周一、周四村委干部及业务受理员坐班制，对于符合程序要求、证件材料齐全的行政审批申请实行“一周内办结”制度。在线查阅、在线投诉、纪委督查问责等一系列监督机制的设定，实现了县、乡（镇）、村三级既相互监督，又互相提醒的行政审批办理体系。“农民办事不出村”信息化系统使审批服务受理公开透明，行政审批效率大大提升。

（四）审批带动服务，便民事项“身边办”

巴东县以行政审批服务改革为切入点，通过联合邮政储蓄、商业银行、电信部门、农资部门在村内设置便民服务点的形式，实现了养老保险领取、电费代缴、话费充缴、农资购置等多项便民服务，真正实现了“补贴村里领、农资村里订、费用村里交”。自2013年5月至今，已有4.7万个农村老人和低保户在村里支取保险金，完成取款、转账业务2.64万笔；村民办理电费缴纳、话费充值业务2.48万笔，网上产品交易额超过500万元，真正实现了便民事项“身边办”。

三　巴东县行政审批制度改革的经验启示

（一）深化简政放权是行政审批改革的首要条件

要真正做到行政审批事项“减量”、办理“增效”、服务“提质”，就必须进一步深化简政放权，把便利留给群众。巴东县厘清政府“权力清单”，将审批受理权下放到村，将审批办理权置于窗口，审批办理程序放到网上，真正将审批权力用活。巴东县行政审批制度改革实践证明，只有将审批权力充分下放，并通过适当的平台、以合理的方式充分用活，才能真正畅通农村信息“高速路”、开启公共服务“直通车”。

（二）确保权力可控是行政审批改革的必要条件

行政审批简政放权并非一放了之，后续监管须相应跟上。应确保行政审批活权而可控，放管相结合，解决以往行政部门领导“对审批迷恋、对监管迷茫”的问题。对每一项行政审批事项进行事中、事后监管，在审批程序的各项流程中做到跟踪了解、检查落实。巴东县所进行的行政审批制度改革正是通过信息化手段实现对行政审批的“痕迹管理”，形成了审批权力实时可控、审批流程动态跟踪的新型行政审批监督模式。

（三）创新审批方式是行政审批改革的路径要求

巴东县运用现代信息手段探索出了行政审批服务的新路径。现阶段，创新审批方式要以信息化手段为支撑，通过建设“纵横到底、横向到边、互联互通”的线上电子政务平台，推进审批方式的电子化、无缝化、阳光化。同时要依托线上电子政务平台，构建起各级政府部门上下联动、部门之间协同配合的行政审批服务体系，做到“纵向打通、横向协同”，使这一平台真正成为“倒逼”简政放权、转变政府职能的平台，成为服务群众、便民惠民的载体。

（四）整合多元服务是行政审批改革的发展方向

单独建设一套行政审批服务平台，会面临建设成本高、基层受理员收益低、难以维系运营的困难，长此以往会影响基层受理员的工作积极性。对此，巴东县“农民办事不出村”平台通过协同电信部门、金融机构、农资公司为农民提供了涉及社保、金融、农资购置等公共服务，实现了“农民办事一站通”的服务目标。基层业务受理员也通过办理相关业务获得一定劳务收益，由此保证了受理员工作的长效性。这说明，行政审批服务平台建设还需进一步整合多元社会服务，实现便民服务扩容增量，以此满足不同群众的多层次需求。

技术牵引：权力在阳光下运行的新探索*

——基于湖北省巴东县技术治理的经验启示

陈胤丽

十八届三中全会明确提出要坚持用制度管权，让人民监督权力，实现权力在阳光下运行。但长期以来，权力运行“暗箱操作、潜规则、走后门、托关系”等问题仍然存在，阳光用权面临着“干部无动力、农民无途径”的问题。对此，湖北省巴东县借助“农民办事不出村”基层治理模式转变契机，探索出了一条“以技术‘倒逼’权力阳光运行”的有效路径，取得了良好的成效。其主要做法为：以窗口为平台，以网络为依托，以群众为导向，以服务为宗旨，理清权力边界，规范权力运行，避免权力腐败，优化权力使用，以此为实现权力在阳光下运行寻求突破口。

一　巴东县“阳光用权”的探索实践

巴东县利用信息技术打造“农民办事不出村”平台，解决了长期以来权力边界不清、运行不规范等问题，实现了权力在阳光下运行。

（一）从闭门办事到开门办事，理清了权力边界

传统部门分割闭门办公方式，群众难以了解各个部门的权力职能，办事经常“走错门”“找错人”，部门之间也会因为权力边界不清出现办事互相推诿现象。巴东县以“农民办事不出村”平台为载体，彻底拉开遮

* 作者：陈胤丽，华中师范大学中国农村研究院课题组成员。

住权力的帘子。

一是分级开门，理清纵向权力边界。巴东县在县、乡（镇）、村开设三级服务大厅，打通办事“绿色通道”。首先村受理，把与农民联系紧密的行政审批事项授权给村级服务中心受理申办；其次乡（镇）办理，按照“应进必进、能进则进、进必授权”的原则，凡与“农民办事不出村”信息化工程有关的单位一律进入乡（镇）服务大厅业务代理；最后县监督，统一对全县各个乡镇推进“农民办事不出村”平台建设工作进行监督，对于实施不积极或者不配合的乡镇，及时给予处罚。

二是分类开窗，理清横向权力边界。通过“人员进中心、公章进中心、分管领导进中心、所有手续进中心”，实现各个部门办理事项在服务大厅“一窗式办结”，提高了办事效率。

三是分流理事，促进权力纵横协调。“农民办事不出村”系统将县、乡（镇）、村三级，以及各部门通过网络连通。村受理事项在线传输到镇不能代办时，将由镇直接上传到县办理；涉及到多个部门的事项，由部门联席会议进行审批，如建房许可证办理时，会涉及到交通、林业、电力等部门，国土局将召集各部门进行联席会议，并联审批。

巴东县从闭门办事到开门办事的转变，理清了权力边界，上下层级之间、横向部门之间分工明确，各司其职，规范了干部用权，方便了群众办事。正如茶店子镇洞坪村村民高云祥说：“以前要去政府好几次才找得到人办事！现在好了，我去服务大厅窗口就能办了，再也不用来回奔波。”

（二）从一支笔办事到一条网办事，规范了权力运行

巴东县农民常用“签字难”“盖章难”来形容以前到政府办事的情形。为此，巴东县通过构建“一网式办结”网上政务服务综合平台，破解了权力运行不规范的难题。

一是网上审理，公开权力运行。农民提出办事申请后，村级受理员将所需材料扫描进入“农民办事不出村”系统，各部门在网上进行“一网式”审批办理。同时，服务大厅设有大屏幕，网上办理流程向农民公开。

二是网上监督，制约权力运行。办理事项进入网络系统后，何时开始办理、何时结束办理、由谁在办理都有明确记录，办事每个环节都留下“痕迹”，形成完整的“监察链”，有效制约权力运行。

三是网上反馈，透明运行结果。一方面服务大厅电子屏幕上同步显示网上办结事项；另一方面对于不能办理的事项，要写明原因，权力运行结果应让群众知晓。

巴东县从一支笔办事到一条网办事的转变，规范了权力运行，业务员要严格根据网上流程办事，真正落实了权力按“规矩”办事。正如访谈中原大支坪镇组织委员李宁所言：“我们镇里现在可以说是权力无限小，责任无限大，群众交齐材料，证件齐全，干部没有理由不给办理。”

（三）从见人办事到见事办事，避免了权力腐败

以前巴东县群众到政府办事难免会遇到“吃拿卡要”的情况。但“农民办事不出村”平台建立以后，群众与干部从“面对面”办事到“键对键”办事，使腐败没有滋生的空间。

一是坐班等事，避免权力私用。根据“在岗即在线，在线即办事”：业务受理员定时定窗口值班，值班期间必须处于在线状态，在线须办理事项，值班期间处于下线状态或没有一定的办结率要受到处罚，从而有效堵住了权力私用的空间和时间，实现权能为人人用。

二是提醒办事，避免权力错用。“农民办事不出村”系统与业务受理员的手机绑定，对于待办事项，系统通过短信实时提醒相关办理人员什么时候应该办结什么事项，权力能做什么该做什么清楚明了。

三是限时结事，避免权力滥用。县纪委监察局和乡（镇）监察人员在工作日对各部门的在线办公情况进行监督，所办理的事项在限定时间内办结完毕。让农民办理的事项能及时办理，权力滥用得到遏制。

巴东县从见人办事到见事办事的转变，杜绝了干部“看情面、看好处办事”的现象，干部是见事“不得不办”“不敢不办”，从源头上避免了腐败滋生。巴东县委书记陈行甲谈道：“通过网络阳光运行，最大限度避免了办事人和管理者之间面对面接触，极大压缩了可能产生腐败的空间。”

（四）从替民办事到为民办事，优化了权力使用

以往群众上门求办事，干部想理就理，推诿拖拉。“农民办事不出村”平台建立后，改变了这种“求”的心态，充分发挥了权力效能。

一是逐步放权，便于民。在行政审批改革中，根据农民需要，一步一步下放权力。如卫计局开始只下放了6项审批权，今年又将农民办理较多的“二孩特殊情况”5项审批权下放，给农民办事带来方便。大支坪镇水洞坪村的夏青春讲道：“2009年给女儿办第一胎准生证时，前前后后跑了六七次，办了几个月，直到孩子都要生下来了，才办好。今年为女儿办第二胎准生证，3天就拿到了。”

二是整合资源，惠于民。服务上，除了能受理相关行政审批事项，巴东县还进一步整合金融、邮政、通信等部门，使农民在家门口就可以上网缴费、订购农资、汇款转账、领取补贴等，为农民节约了办事成本。绿葱坡镇北界村村民谬光清感慨道：“以前交电费去镇里，电费才30元，车费都要用50元，现在不花一分钱，在村里就交了！”

巴东县从替民办事到为民办事的转变，优化了权力使用，为民解忧、为民谋利，拉近了干部与群众的距离，群众对干部的怨气少了，信任增多了。大支坪镇耀英坪村村民孙仁梅激动地说：“现在干部就像我们亲人一样，我们动嘴，他们跑腿。‘农民办事不出村’，的确让我们农民得到不少实惠。”

二 巴东县“阳光用权”的启示与价值

巴东县“让权力在阳光下运行”的实践探索，通过技术治理的方式有效地实现权力公开、公平、公正、透明的运行，具有重要的启示意义和推广价值。

（一）信息技术是阳光用权的有效载体

长期以来，权力在阳光下运行缺乏一个有效载体，导致权力仍有暗箱操作的行为空间。巴东县利用信息技术，开创“农民办事不出村”服务平台，在为群众提供“零距离”服务的同时，也为权力运行提供了一个公开的平台。可以说，是信息技术的使用“倒逼”了政府公共权力运行方式的重大转变。这就启迪我们，权力要实现阳光运行，需要以有效载体来使权力能够合理有效使用。

（二）政府职能转变是阳光用权的关键

长期以来，政府权力自上而下深入社会，往往只重视对社会的管理，而不重服务，权力运行过于单一和垄断，因此转变政府职能，重新定位政府角色，改变权力运行方式，是实现阳光用权的关键。巴东县“农民办事不出村”平台就是把“政府办到家门口”“服务送到家门口”，实现了政府从“管理者”到“服务者”的转变，真正让权力走进群众，为民所用。

（三）阳光用权需要政府“一把手”强力推动

阳光用权是政府的自我革命，是对官员权力的限制，往往容易受到多方阻力。巴东县阳光用权的成功实践，其重要原因是以县委书记为代表的党政主要领导的强力推动，缓解了阻力，使改革有效实施。这就启迪我们，阳光用权的实现，需要以党和政府主要领导人带头为抓手，从顶层设计及制度层面推动改革。

（四）阳光用权是权力运行制度化的有益探索

十八届三中全会明确提出了要用制度管权，这就指明了我国行政权力的改革方向，即让权力运行逐步走向制度化的道路。而阳光用权是迈出权力运行制度化道路的重要一步，只有让权力在阳光下运行，才能让群众看得见权力，监督得了权力，享受得到权力。巴东县阳光用权的成功实践，为我国实现权力运行制度化找到了一个重要的突破口。

技术监督：实现监督现代化的新思路*

——基于湖北省巴东县的调查与思考

何　骏

习近平总书记提出，要健全权力运行制约和监督体系，把权力关进制度的笼子。然而，传统的监督体系以政府监督为主体，以上级监督下级为主要方式，导致监督“主体单一、标准模糊、方式低效、内容空转”，使监督难以有效落地。近年来，巴东县以信息技术应用为契机，借助“技术牵引型治理”，创新性的探索出源头监督、痕迹监督和考核监督等新型监督方式，实现了“多主体、全过程、客观化”监督，为建立协调、科学的现代化监督体系提供了新思路。

一　技术监督：实现监督现代化的新实践

（一）源头监督，实现事前监督公开化

巴东县通过技术监督，让百姓清楚明白“能办什么，谁能办事，怎么办事”，从源头上实现了事前监督的公开与透明。

首先，公开事项，明确办事范围。巴东县下放与百姓密切相关21个部门87项行政审批事项，并通过网络、纸质媒体、标语等各种方式“示权”，让群众清楚知道在家门口就能通过网络办成什么事。其次，窗口下移，确定办事主体。巴东县依托信息技术，在村中设立便民服务室，明确两名办事员，使村民办事由以前的“找不到人”变成“找熟人”。大支坪

* 作者：何骏，华中师范大学中国农村研究院课题组成员。

镇耀英村村民田世富说："以前办个事，不知道要找谁，现在只要认准村里办事员就可以解决问题。"最后，简化流程，明示办事程序。村民只需要到村便民服务中心提交相关材料，村受理员上传相关附件，再由乡（镇）、县逐级审核、办理，结果通过平台反馈到村。这改变了过去农民办事"分层级奔跑，分部门报批"的烦琐程序，使村民办事由"面对面"变为公开透明的"键对键"。

（二）痕迹监督，实现事中监督实时化

巴东县依托"痕迹监督"机制，有效考察了行政人员"办事考勤与办事效率"情况，实现了事中监督实时化的新格局。

一是在线监督，在岗情况可考化。办事员"在线即在岗，下线即缺勤"，通过"农民办事不出村"的电子系统，轻松地实现考察办事员"有没有在办事"的目的。同时，为规避"在线不在岗"情况，自动识别规定时间内未进行操作的账号下线，实现考勤自动化。该县纪委书记黄光辉说道："以前大家办不办事我们都不清楚，现在打开电脑，谁在谁不在，一目了然。"二是环节监督，行政效能高效化。巴东县将电子监察平台与职能部门的行政服务业务系统直接对接，自动采集行政服务办理过程的信息，实现办事操作全记录与办事环节全覆盖。三是时点监督，监督手段精准化。办事员的每一项操作精确"时、分、秒"，监督人员对办事员的办结效率一目了然，方便他们进行及时督办，提高政府的响应能力，促进行政效能升级。

（三）考核监督，实现事后监督规范化

"无规矩不成方圆"，巴东县通过技术监督充分了解行政办事人员的"办事数量与办事质量"，实现事后监督规范化。

一是监察统计，奖惩有依据。依托电子统计系统，每月可对县、乡（镇）、村三级办事员的在线率、办事件数、办结率等情况进行统计，对"办事多、质量高"的办事员予以物质、精神奖励，对"办事少、质量低"的办事员实行约谈或通报，实现"奖惩有依据，绩效考核精细化"。二是服务反馈，反映有渠道。巴东县在各级服务中心设立电子服务评价体系，并公开"县长邮箱"，使农民反映有渠道，让意见"上得去"。三是

巡察督办，纠偏有机制。巴东县纪委与组织部施行巡察督办制，监管部门派出工作组每个季度巡察下辖各镇一次。如2013年5月，巴东县纪委在基层巡察以后，约谈林业部门相关领导人，责令其进行整改，精简林业砍伐证办事流程，方便群众办事。

二　技术监督：实现监督现代化的新思路

技术监督延展了监督主体，明确了监督标准，做实了监督内容，实现监督体系的全面转型升级，为实现监督现代化提供了新思路。

（一）延展主体，破解监督力量不足缺陷

传统监督主体相对固定与单一，然而监督事务面广线长，监督力量存在不足。如今，通过技术监督，巴东县延展了监督主体的范围，实现了监督主体广泛化。一是纵向打通，延伸监督链条。在技术监督的支撑下，上至县长下到百姓都能查看各级办事员办事状态，了解整个权力的运行过程，做到办事“对上瞒不了，对下遮不住”的局面。二是横向并联，扩展监督范围。如农民宅基地使用证的办理，就由以往农民单独找各个部门，变成了国土部门办事员找其他部门协调，并且在一周办结制的约束下，“倒逼”各个部门互相督促，协同将事更快更高效地办好。

（二）问责客体，打破监督时效不高僵局

以往的监督机制存在着“实时监督难，百姓反馈难”的问题。技术监督则对监督客体做到了有效问责，打破了监督时效不高僵局。一是实时督办。实时在线监督，实时督办，克服“庸政懒政”。巴东县委书记陈行甲表示，以往“百姓事，马上办”流于形式，没有良好监督机制，现在通过信息技术，我们马上知道有没有马上办。二是实人反馈。百姓可以实时评分，马上反馈办事员办得好不好，防止“为官不为”。三是实事督办。监管部门对“百姓事”实时纠偏，督办各部门优化办事流程，实现“对症下药”。

（三）明确标准，扭转监督操作不准困境

清晰的监督标准需注重具体性、操作性、实用性，使得监督重事实、重证据，用事实说话。一是取证有时间，有地点。巴东县电子监察系统能将任何一个业务的办理，精确到“时、分、秒”，并同步显示每个办事主体所属单位。二是取证有人物，有过程。技术监督实现办事操作全记录，办事环节全覆盖，将责任切实落实到具体负责人。三是取证有结果，有反馈。办结数、办结率、出勤率、群众满意率等数据的有效统计为监督取证的精细化、客观化提供了依据。

（四）做实内容，破解监督效果不好难题

传统的监督模式可操作性弱，一定程度上造成监督部门难以监督。技术监督，则让监督内容落到实处。一是转变了监督理念。巴东县由以往闭塞、单一的监督，变为“公开、分享、参与”的监督。它将信息公开，将资源共享，让多主体参与监督，形成互动式监督。二是转变监督方式。技术监督实现了模糊监督到定位监督、分散监督到统一平台监督、单事项监督到全过程监督的方式转变。三是监督作风的转变。以往监督部门的监督无抓手，一般是事后的监督，使得监督人员监督主动性不强。依托技术监督，监督人员可以坐在办公室实时监督，监督也有了依据，工作作风明显提升。大支坪镇党委书记周和平说，过去都是“蒙着搞”，干部可以推脱不干事，或者慢点干事，现在拉开了权力的“帘子”，“倒逼”干部转变工作作风。

三　技术监督：实现监督现代化的启示

（一）监督现代化需以政府改革为前提

如何将虚拟化、信息化的监督方式做到实处是改革者们的普遍疑虑。巴东县实现监督现代化是靠政府的改革配套来做实的，其关键在于政府进行自我改革，做到管该管的，放不该管的。如果技术监督离开政府的放权与让权，将成为“无本之木、无源之水”。因此，监督现代化应该与政府推进国家治理能力现代化与治理体系现代化相配套，实现协同共进。

（二）技术监督是监督现代化的重要突破口

实现监督现代化，对落实党风廉政建设，打造勤政清廉的政府具有重要意义。监督现代化需要政府的自我改革为前提，然而“革自己的命”往往缺乏动力性机制。巴东县以现代信息技术为手段，让监察机关对政府工作人员的一言一行“看得见”，对政府部门的一举一动“管得住”，这使得政府部门不得不提升行政效能，优化部门协调机制，从而“倒逼”政府改革。可见，技术监督是实现“情况明、数字准、责任清、作风正、工作实”的现代化监督的有效突破口之一。

（三）监督现代化需以多元主体为核心

现代化监督要有广泛的监督主体。然而，以往监督体系基本都是自上而下的监督，自下而上的监督不足。尤其是基层民主监督缺乏有效的监督平台，面临着村民监督意识不强、监督能力不高、监督动力不足和监督机会不多的难题。巴东县技术监督的形式，给纪检部门、基层干部以及普通农民提供有效监督的途径，为使监督的有效落地提供了有益借鉴。

（四）监督现代化需注重制度体系建设

中央纪委书记王岐山同志指出，要从“反腐风暴”过渡到“润物细无声”的常态化、制度化反腐。突击式、运动式的监督方式具有暂时性和表象性的特点，它难以适应提高监督效能与构建法治社会的需求。巴东县在技术监督的过程中，不仅仅依靠于技术本身，更重要的在于建立了绩效考核机制、问责督办机制等相关配套制度，以此实现监督的有效落地。因此，在监督现代化的过程中，更应注重以法治为基础，以制度为保障，实现监督创新的长效化、规范化运营。

技术衔接：以信息技术破解公共服务进村难题*

——基于巴东县“农民办事不出村”信息服务平台的调查与思考

温都拉

十八届三中全会提出要推进城乡基本公共服务均等化。然而，在湖北省巴东县，恶劣的自然条件与落后的经济基础制约着公共服务的进村入户，导致了“公共服务意识弱、公共服务方式单一、公共服务差距严重”等问题。对此，巴东县依托信息技术，创建“农民办事不出村”服务系统，开启“技术撬动政府公共服务转型”的新道路。其主要做法为：纵向延伸服务网络，实现服务“均等化”转型；横向拓展服务内容，实现服务“多元化”转型；纵横规范服务网络，实现服务法制化转型，从而有效促进了政府“服务型”转变，切实解决了公共服务“最后一公里”的难题。

一　纵向延伸服务网络，实现服务“体系化”转型

巴东县通过“农民办事不出村”信息化服务平台，将政府建立在农民家门口，实现了从农民进城办事到政府进村服务的转变，解决了城乡公共服务非均等化难题。

---

* 作者：温都拉，华中师范大学中国农村研究院课题组成员。

（一）多门到一门：服务阵地的转变

政府公共服务涉及诸多部门与科室，以往农民进城办事时常遇到“门难找、人难见、事难办”的状况。巴东县通过推进政务服务体系标准化建设，实现了公共服务从“多门”到“一门”的转变。一是建设标准化阵地。建立县政务服务中心、乡（镇）便民服务大厅、村便民服务室等三级公共服务阵地。二是搭建互联式网络。研发信息平台和办公软件，组建县、乡（镇）、村三级联动网络。三是建立专业化队伍。成立由系统管理维护员、系统业务受理员、村庄业务受理员组成的服务人员体系，将政府服务人员延伸至农村基层。目前，全县 125 个村庄实现了在村内提供“一窗式”公共服务。这一做法将过去的分散服务模式转变为集中服务模式，解决了群众“办一件事就要进几个门”或“找不着门”的难题。

（二）多级到一级：服务层级的转变

以往的行政审批层级繁多，手续复杂，导致农民办事时间长、路程远、成本高。巴东县通过重构行政审批服务流程，实现了公共服务从“多级”到“一级”的转变。一是村级受理。将政务服务的关口前移到村便民服务室，由业务员受理农民的服务申请。目前，信息平台已将与农民息息相关的 21 个部门 87 项行政审批事项授权至村便民服务室。二是乡镇代理。由乡镇业务员集中代理县级下放的行政审批事项，完成审核或递交上级政府。三是县级监管。由纪委和县直部门负责监管行政审批事项的办理情况。行政审批权的层层下放，真正实现了让群众“少跑一趟路，少找一个人”。

（三）多头到一头：管理方式的转变

传统政府管理模式条块分解，具有部门内部沟通不顺，外部协调不畅的弊端。巴东县通过建立三级政务服务中心，实现了从“多头管理”到“一头统筹”的转型。一方面，统一内部管理标准。充分发挥政务服务中心综合协调、统筹管理的作用，进一步理顺内部管理机制，对各部门进行统一培训、考核和监管。另一方面，统一村庄联络口径。由各乡镇政务服务中心联系所属的村庄便民服务室，对其公共服务的办理进行指导和监督，形成了“一头式”管理机制，实现了政务工作“少一些推诿、少一些扯皮”。

二 横向拓展服务内容，实现服务“多元化”转型

巴东县通过“农民办事不出村”服务平台，使农村公共服务的服务主体、服务内容与服务方式实现从单一到多元的转型，解决了政府公共服务结构非均等化问题。

（一）以多元服务充实服务主体

长期以来，我国农村公共服务由政府提供，造就了一个高成本、低效率的全能政府。巴东县以信息技术重构了公共服务供给体系。首先，政府搭台。政府通过整合各方资金，建立了县、乡（镇）、村三级行政服务中心，实现农村公共服务“有阵地”。其次，通信牵线。各通信公司加入基础建设工作，开发建立网络系统和信息平台，让公共服务“有线可传”。目前，全县 80 个村已经畅通了网络。再次，社会唱戏。金融业、通信业、商业的 8 大企业进驻了服务网络，为农民提供多元化公共服务。最后，民众参与。政府通过聘请村庄能人为业务受理员，使农民在村庄就能享受熟人带来的热情服务。

（二）以综合服务丰富服务内容

传统村庄公共服务主要以村务为主，存在内容少、水平低、质量差等问题。巴东县以农村服务信息化为契机，以行政审批为抓手，将公共服务、市场服务纳入了村级公共服务范围。一是行政审批服务。将与农民息息相关的 87 项行政审批服务整合进信息系统，并借助县、乡（镇）、村三级服务平台，让农民不出村就能办好事。二是社会服务。将低保、新农合等社会服务纳入服务平台，让农民在家门口就能领取低保补助，办理医疗费用报销等事项。三是市场服务。通过与电信、电力、邮政等市场企业合作，让农民足不出村就能购买农资产品，缴纳电费、话费。该系统至今已完成取款、转账业务 2.64 万笔，办理电费缴纳、话费充值 2.48 万笔，受益农户达 10 万人以上。

（三）以多边考核强化服务绩效

以往政府各职能部门的考核因标准不统一、主体不一致、内容不规范，无法保障农村公共服务的公正廉洁。对此，巴东县采取了多方位、多维度的考核方式。一是党政线考核。纪委对县直部门及合作企业的阵地建设、制度建设、在线运行管理等方面进行多方位考核。二是部门线考核。将行政审批办结数量、办结率等审批办理情况纳入各职能部门年度综合考核指标，由县级行政部门对乡镇直属部门进行多维度考核。三是服务线考核。由县级领导小组对乡（镇）服务大厅，由乡镇领导小组对便民服务室进行在线监督和实地考察，考核工作人员的在岗情况、办件情况、登记情况和群众反馈情况。三线考核的运行不仅提高了公共服务效能，还促进了干部作风转型。该县纪委书记黄光辉表示："村一级党风廉政建设取得了很大成效，上方投诉变少了，部门、干部的潜规则也少了很多。"

三 纵横规范服务网络，实现服务"制度化"转型

巴东县在技术推动下完成了公共服务现代化转型，实现了干部办事从"看人"到"看制"的转变，政府治理从"管理型"到"服务型"的转变。

（一）服务手段实现从人工服务到网络服务的转变

以往的公共服务需要干部与群众面对面地交流，巴东县通过"网络高速公路"的建设，使农民在村里就能享受优质、便捷的服务。一是网络审核。由村级受理员统一扫描、上传所需资料，各部门在网上进行"一网式"审批办理。二是网络反馈。各级业务受理员通过信息系统在线答复业务审批结果，村民也可在电子屏幕上查阅事项的办理情况。三是网络监督。电子监察平台自动采集业务办理的全程信息，实时监督办事流程和办事效率。正如绿葱坡镇北界村村民谬光清所说，"这个办公服务中心确实是很实在，老百姓现在办事确实方便多了"。

（二）服务方式实现从无序到规范的转变

我国政府公共服务长期以来存在服务流程不清楚、不规范的问题。巴东县将信息技术应用于公共服务的做法，使公共服务从“无序”转变为“有序”。一是规范服务流程。智慧服务平台以简单明了的方式明晰操作流程，明确业务办理主体。大支坪镇党委书记周和平表示：“过去我办事，随便一个理由就可以推脱，现在只要群众一来，你就不能不办。”二是规范服务内容。通过编辑出版全县行政审批和服务事项目录，为村级业务受理员业务资料初审、收集、整理、上传明确提供依据。三是规范办理时限。根据业务办理前置条件、审核部门和业务类别确定业务的办结时限，并通为群众提供更为高效、优质、便民的服务。

（三）服务观念实现从人情服务到法制服务的转变

传统公共服务是面对面的人情服务，关系的亲疏远近影响着服务的成效。巴东县通过信息技术手段，促进了公共服务的法制化转型，其做法为：其一，律师进村。即通过聘请律师为村级业务受理员或村级法律顾问的形式，为农民提供专业法律援助，使农民从“依理办事”向“依法办事”转变。其二，法规培训。对公开遴选的129名年轻干部进行为期10天的封闭式培训，进行最新政策与法律法规知识教育，使业务员在法律的框架和制度规范下行使权力。这些做法引导农民树立理性的人情观，促进了农村的法治化进程。

四　信息技术推动公共服务转型的启示

巴东县“农民办事不出村”服务平台的建设，不仅解决了公共服务“最后一公里”难题，也为我国公共服务均等化提供了启迪借鉴。

（一）公共服务转型是公共服务均等化的重要前提

我国农村公共服务体系建设成本高、难度大、成效低，公共服务“最后一公里”难题已成为全国性瓶颈。要真正做到公共服务的全覆盖、均等化、一体化，需进一步深化公共服务改革，实现服务体系现代化转型。巴东县通过搭建“农民办事不出村”信息服务平台，打通了县、乡（镇）、村三级服务网络，将政府公共服务送到了农民家门口，实现了城乡公共服务的均等化供给。可见，通过公共服务的现代化转型，不仅可以统筹城乡公共服务建设，还能有效提升公共服务水平与质量，实现公共服务均等化的最终目标。

（二）信息技术是促进公共服务转型的有效途径

公共服务的现代化转型并非自然形成，而是需要合适有效地手段去推动。巴东县成功实现公共服务转型的关键在于以“信息技术”为突破口和抓手，实现了公共服务的低投入与高产出，解决了农村公共服务“最后一公里”难题。据统计，在“农民办事不出村”建设总投入仅 4458 万元，但每年能够让群众办事至少少跑 360 多万公里路，节省交通成本 900 多万元。信息技术的成功运用，不仅在于对信息技术的创新应用，更在于推动公共服务的现代化转型，发掘实现公共服务均等化的新途径。

（三）公共服务有效转型应注重长效保障机制建设

巴东县运用现代信息手段探索出了公共服务均等化的新路径。然而，农村公共服务不仅需要深入末端，更需要注重实效和长效。尤其在公共服务需求日益增长的新形势下，如何形成“供求互动”的长效机制已成为改革成功与否的关键。巴东县“农民办事不出村”信息服务平台在通过实时查询、在线反馈等方式及时掌握供求信息的同时，通过考核制度、监督制度保障了公共服务的长效供给。这说明，农村公共服务体系的现代化转型不仅要完善的公共服务体系，更需要保障互动性和长效性的公共服务制度，从而实现公共服务均等化的目标。

技术“倒逼”：信息技术助推干部作风转型*

——基于湖北巴东信息化便民服务平台的经验探索

吴春来

党的十八届三中全会《决议》中强调：“健全改进作风常态化制度，反对形式主义、官僚主义、享乐主义和奢靡之风。”长期以来，在基层干部队伍中，存在着服务群众“有距离、少诚意”，工作中“走过场、少实干”，个人纪律“好散漫、易贪腐”等问题。湖北省巴东县运用信息技术促进干部作风的转型，通过搭建“农民办事不出村”平台，配套建立实时监督体系，将干部推向“服务第一线”，使干部有事做、做实事，使基层干部接受多方位监督，以此让基层干部“主动”为群众办实事、办好事，在工作中端正干部作风。

一 巴东县以信息技术助推干部作风转型的做法

巴东县搭建了新型服务平台、充实了干部工作内容、完善了监督体系，为促进干部作风转型提供了保障。

（一）平台建在最基层，助干部“服务零距离”

巴东县利用信息技术搭建新型便民服务平台，为干部服务群众创造了条件。一是村村建平台，服务面对面。服务中心建在村里，“建在农民家

* 作者：吴春来，华中师范大学中国农村研究院课题组成员。

门口”，并制定村干部定期坐班规则。溪丘湾乡石碾村村委会主任向太丙称：“以前干部是随意办公，现在则是‘周一周四定期会晤’。”二是小村大平台，业务全覆盖。审批权的下放，增强了村干部“最后拍板定夺”的权力，村民“来了就能解决问题”。石碾村支部书记邓光林称：“现在村里只需盖章、扫描、传输就办好了，办理业务的能力提高了。”三是小平台大功能，纵向层级联动。平台建在最基层，但业务办理却从村内受理到逐级上传再到审批核实，农民不出村即能借小平台办大事。巴东县委书记陈行甲称：“小平台有‘通天’的大本事，借着平台，村里的小事能够最快到达县里，审批的速度大大提高。”

（二）提供工作抓手，促干部“服务有责任”

“农民办事不出村”为干部提供工作抓手，明确工作权责，充实工作内容，使干部服务群众更有责任意识。其一，工作权责明晰，干部主动服务。将21个部门87项业务明确分类和公示，明确各级业务员的权责，以责任督促干部服务。大支坪镇耀英坪村业务受理员吕奎言道：“现在明确了我的工作内容和责任，还规定了必须在几天内完成业务办理，逼着我主动为群众办好事情。”其二，工作内容充实，干部有事可做。系统将便民服务整合集中，统一受理、办理，增加了村干部工作量，减少了村民去乡（镇）办事的次数，基层干部工作充实。大支坪镇水洞坪村书记夏善友称：“村民有事都找业务员，现在一周的工作量是以前半个月甚至一个月的工作量。”其三，工作方法创新，干部规范办事。信息技术改变了干部工作方式，标准化的在线审核和资料传输，使干部的工作更加规范。大支坪镇党委书记周和平直言：“现在统一网上办公，有利于干部工作更加标准，减少工作过失。”

（三）优化监督系统，防干部“服务无持续”

巴东县通过网络监督、专员监督和组织监督，防止干部服务群众产生懈怠情绪，促其保持高效服务。其一，系统化的网络监督。“农民办事不出村”将业务搬到网上，同时也把监督放在网上，借用信息技术实现对干部的在线监督。县政务服务中心管理办公室信息股股长陈晓称：“系统实时监督全县的业务员，查询其业务情况，是干部背后的一双眼睛。”其二，角色化的专员监督。在村级，设AB岗和干部值班的制度；在乡（镇），统合各部门业务受理员，设专员负责指导监督业务受理员工作；在县级，设信息专员负责指导并审查全县业务员工作情况，实现定时定点监督。其三，独立外的组织监督。系统整合县委组织部、县纪委、县（政府）政务服务中心等部门，设立专门监督小组，强化了系统内部的监督管理。监督小组独立于业务办理部门之外，对系统的监督更有力。

二 巴东县以信息技术助推干部作风转型的成效

巴东县借用信息技术来助推干部作风转变，增强了服务意识和效率意识，促干部纪律作风转变。

（一）技术运用"倒逼"思想作风转变

信息技术使便民服务全面升级，"倒逼"基层干部思想作风转变。一是网络整合公务，增进服务意识。信息网络拉近业务受理员与群众的距离，"熟人办公，服务更显亲情"。绿葱坡镇北界村村民谬光清认为："现在有事直接找业务受理员就行了，她是村里人，我们都熟悉，她服务态度很好，办事很热情。"二是，层级痕迹管理，提高效率意识。通过层级和痕迹管理，促进干部服务增效，有效减少干部"在岗不做事"的现象。大支坪镇国土资源所干部陈忠国直言："每天固定时段必须在线办事，系统能够查阅我们办理业务的流程，我们必须确保在线办公。"三是，融合商务服务，提高参与意识。系统整合商业缴费项目，村受理员能够通过办理商业服务获得报酬，更主动为群众办事。耀英坪村业务受理员吕奎表示："积极为群众办理商业服务，像取低保、交电费话费等，能得到一定的手续费，很乐意为群众帮忙。"

（二）平台抓手助推工作作风转变

平台搭建改变了工作方式，有效促进干部工作作风的转变。一是流程简化，增进作风务实。简化业务办理流程，网络办公由"面对面"变为"键对键"，杜绝了以往"求人办事难、办事跑断腿"的现象。县国土资源局副局长李银凤称："我们不用跑现场了，工作减少了，更能专心做几件实事。”二是监督全面，促使工作负责。整合党委组织部、纪委及政府政务服务中心等相关部门，通过设立县级监督专员、乡（镇）业务指导员来监督业务工作。同时通过网络渠道管理全县的业务员，达到即时监督、全天候监督。三是奖惩分明，助推工作提效。在薪金考核上，设立每月全勤奖励、年终计件奖励和违规罚款等手段，来确保干部的工作积极性，保证工作提效。大支坪镇系统管理员蒋渊芳称：“按照业绩来衡量工资，还是很能促进工作积极性的，也提高了办事效率。”

（三）系统管理促使纪律作风转变

系统创新了对干部的管理方法，促其纪律作风转变。其一，从主到仆，减少官僚作风。通过痕迹管理、限时办理、在线投诉、纪委督查等，让干部由主变仆。蛇口山村农民李传荣表示：“工作人员态度好，烟都不抽一支，还把我们当客人招待。”其二，从暗到明，压制贪腐之风。系统实现了业务办理事项、办事流程网络公开透明，使得业务办理过程从暗到明，减少了暗箱操作的空间，杜绝了“吃拿卡要”的现象。石碾村村民邓光林称：“以前办事要带点礼物，不然心里没底，现在空手去事情也能办好了。”

三　巴东县经验探索的启示

巴东县探索出促进干部作风转变的长效机制，为建设服务型政府和实现国家治理能力现代化提供了经验和启示。

（一）简政放权是促干部转变作风的前提条件

简政放权规范权力，是改变干部思想作风的前提。巴东县改革行政审批制度，简政放权，将部分审批权授权给村里。通过村级便民服务系统“将政府服务送到了家门口”，“直接面对面为群众服务”，促使基层干部改变服务观念，更主动为群众办实事，办好事，干部作风明显改变。简政放权，权力下放，权责落实到部门，落实到个人，正是巴东能够促作风转变的宝贵经验，有推广价值。

（二）服务平台是促干部作风转型的必要条件

如何在工作实践中助推干部的作风转型，是解决作风问题的关键。巴东县创新服务平台，为干部工作创造了新环境、提供新抓手，使干部服务群众有了真正可用、可靠的依托，干部思想作风、工作作风、纪律作风焕然一新。巴东探索经验表明，通过搭建服务平台，优化干部的工作系统和工作环境，能够助推干部改变工作方式，在实践中促进干部转变作风。

（三）长效机制是促干部作风转型的有力保障

如何有效促使基层党员干部作风转型，且能够长久保持干部作风，机制保障尤为重要。巴东县创造出立足于全面、统筹、协调和系统化的便民服务体系，切实提高了政府行政工作效率，干部服务群众更主动、更热心，解决了困扰山区农民办事难的老问题。同时，通过加强监管，明确奖惩，确保干部工作保持积极性。巴东建立起一套运行良好、可持久、可复制和可推广的体系，探索出促进干部作风转型的长效机制。

（四）干部作风转型提升了政府的治理能力

实现治理能力的现代化，依托于一支工作能力强、思想作风正、组织纪律好的干部队伍，而且优秀的干部队伍必须成长于长期的实践探索之中。巴东县借“农民办事不出村”平台，促进干部思想转变，在实践中锻炼出一支能服务群众、能效率办事、能接受监督的“三能”队伍。干部“办事效率大大提高”“为群众办好事情更高兴”，政府和社会的风气得到了改善，对提高社会治理能力，作用明显。

政府下乡：走好服务群众的“最后一公里”*

——基于巴东县“农民办事不出村”实践的调查与思考

李　琳

党的十八届三中全会指出政府要加强公共服务的提供，建设好服务型政府。但是，长期以来，政府服务存在着“服务方式难落地、服务平台难进村、服务内容难入户”的问题，从而导致农民享受服务面临“路程远、时间长、成本高”的困境。对此，湖北省巴东县以下放权力创建服务为抓手，以拓展内容开启绿色通道，以构建机制树立重要支撑，将政府服务的触角延伸至家门口，使农民在家门口就能享受优质、便捷的服务，切实解决了服务“最后一公里”难题。

一　重心下沉，使服务“下得去”

巴东县在村一级开展政府服务下乡的探索，营造良好的硬件和软件环境来承接权力的下放，使服务重心能在村一级落地。

（一）网络下通

网络下通是开启“农民办事不出村”绿色通道的前提。针对山区连网成本高的问题，巴东县县政府与电信公司协商，鼓励村民借此机会在家中搭建网络，使连网成本控制在公司和村一级可接受的范围内。如巴东县

* 作者：李琳，华中师范大学中国农村研究院课题组成员。

茶店子镇洞坪村连网的基础是需要有 30 户农户安装网络，农户一年连同座机费缴纳 800 元钱给电信公司，顺利解决了网络不通的问题。面对山区网络不稳定，村级网络时常出现故障的情况，巴东县在各乡镇指定一家公司作为专门的网络协调基地，以便及时排除网络故障。

（二）关口下移

一是系统末梢下沉。将“农民办事不出村”服务平台的终端一直延伸到村一级，建立以县政务服务中心为龙头，县直相关部门服务窗口和乡镇便民服务大厅为主体，村（社区）便民服务室为基础的便民服务网络。二是服务窗口下设。近两年来，巴东县投入资金 4458 万元，新扩建村级办公活动场所 207 个，并通过搭建高规格的村级便民服务中心来更新服务窗口。目前，新扩建的服务中心配置了数字电视、饮水机、沙发等设备，村民一进中心就能感受到家的温暖和热情。

（三）权力下放

首先，清权。按照权力“能放则放”，程序“能简则简”的原则，在不改变部门主体责任，不违背法律法规的前提下，归并审批部门，减少审批环节，清理出能够入驻平台的审批事项。其次，试权。根据权力清单和审批程序，联动三级服务中心进行现场操作，实时发现问题，进行修改。最后，放权。各部门根据现实需要和运行成效，逐步拓展服务事项，如巴东县卫计局经过了“6 + 5”逐步下放的过程。最终，巴东县将与农民生产生活息息相关的 21 个部门 87 项行政审批服务事项授权村级便民服务中心进行受理。

通过牵一条“线”，巴东县达到了山里山外同步沟通的实效；搭一个平台，解决了以前“干部办事在家中，农民找人四处跑”的难题；放一点权，则使村委会成了“有权可使”的“小政府”。在优质的硬件、软件条件的“双轮”驱动下，政府服务重心的下沉有了坚实基础。

二　内容拓展，使服务“办得好”

巴东县村民经常用“挂牌子”“收发室”来形容以前的村委会，但是，通过服务内容的扩展，村一级开启了“有事可办”的新篇章。

（一）以审批服务为突破口

行政审批服务历来掌握在政府手中，农民办证面临着审批程序复杂，审批前置条件多的难题。通过上级逐步下放行政审批权，对于林木采伐许可、土地建房和计划生育等与农民息息相关的审批事项，农民只需到村委会提供业务办理所需资料，由受理员指导填表后，经过扫描“点对点”地在线向镇里提交数据，经镇便民服务中心初步审核通过后，由镇提交给县相关职能部门，实现逐级网上审批。相关部门再将办理结果以邮寄或专送方式反馈至镇、村便民服务中心。

（二）以社会化服务为导向

一方面，探索农业社会化服务。前期由受理员在网络平台了解市场动态和上级政策导向，及时发布市场信息，中期发挥“三农服务站”代购生产资料和提供技术咨询服务的优势，后期部分村还在网上为群众开展农产品交易服务。另一方面，优化农民社会化服务。针对村中部分老年人行走不便的情况，村干部还主动上门服务，实现了农民享受服务从“不出村”向“不出户”的深化。正如年满60岁的大支坪镇村民孙仁东反映：“这个‘办事不出村’是专门为我们这些生活能力差，跟不上形势的人搞的，现在在村里办事妥妥的。”

（三）以市场化服务为杠杆

一是引导先行。由县政府主动联系各大企业，鼓励它们借助平台，抢占农村市场。目前，进驻平台的有农行、建行、中行和邮政储蓄银行等金融机构。二是打好基础。各大银行免费为村级安装机具，主要为农民办理新农保、电费、话费的支付，银行转账以及小规模的取款业务，并负责机具后期的维修。三是拓展功能。各企业在服务功能开通后，进一步开动脑筋，拓展服务，把脚踩得更实。如邮政储蓄银行下一步打算增加代购火车票、飞机票，代购彩票，代收包裹等业务，以进一步方便群众。

审批服务的开展，改变了农民长期以来“一证难求”的状况；社会化服务的推进，使农民感受到了“下乡政府”的“和煦春风”；市场化服务的引进则解决了农民取款难、缴费难的问题。村委会服务功能的扩展，使村民与村委会紧密联系起来。

三　机制构建，使服务“靠得牢”

“农民办事不出村”平台的有效运作离不开统筹机制、分流机制、监督机制和保障机制的重要支撑。

（一）优化统筹机制

巴东县在实践过程中，互动互联，组建了一支高质、高效的工作队伍，为政府下乡开辟了道路。首先，县委办统筹，谋方向。对试点的确定，硬件、软件的配套，权力的下放和部门的协调进行精心布局。其次，组织部牵头，打基础。负责村级业务受理员的把关，以及定期和不定期地对受理员计算机基本操作、系统软件操作、业务办理能力以及相关政策的法律、法规进行统一教学。最后，纪委督办，抓实效。主要是督促职能部门充分授权，使政府下乡的推进工作能落到实处。

（二）细化分流机制

“农民办事不出村”平台的搭建，为不同类型服务事项的办理理清了线索。一是办事项直接办理。如取款、缴费等能当场办结的事项立即办理。二是上报项负责受理。需经过初步审核，进一步上传的，规定在一周即五个工作日内办结。三是退回项答复办理。面对资料不全，手续不完备的情况，受理员一次性告知服务对象继续办理所需的资料和手续。茶店子镇洞坪村的村民高映旗就深有感触地说：“现在我们办事‘只认一个门，只找一个人’，事情好办多了！”

（三）实化监督机制

以技术为载体，实施可控、规范、实时的监督机制。其一，事前透明监督。通过公开办理事项和办理流程，让农民知道哪些事项可以办理。“现在农民来办事，你就不能推了”，溪丘湾乡石碾村村支部书记邓光林如是说。其二，事中实时监督。查考勤，看工作人员是否在岗在线；查台账，看档案管理是否规范；查办件，看业务知识是否熟悉。其三，事后痕迹监督。通过平台查阅具体事项的办理情况，看审批事项是否“搁置”。通过在线和不在线地督查，对受理员“有没有办事”“办了多少事”“办得好不好”的情况有了清晰的掌握。

（四）强化保障机制

其一，整合资源，确保服务有资金。通过整合“农民办事不出村”、“网络化”管理资金以及村（社区）综治经费，实行县、乡（镇）财政分级负担，破解了资金不足的瓶颈。其二，绩效考核，实现服务有动力。规定村级受理员的待遇由基础工资和绩效工资构成，绩效工资根据业务员的办件情况来确定，并纳入财政预算。其三，责任追究，保证服务有质量。对责任意识不强，业务不熟悉，工作出现重大失误的，由村委会和纪委共同组织调查，并提出处理意见。

在统筹机制、分流机制、监督机制和保障机制“四驾马车”的同时发力下，下乡政府逐渐做到了“有人可用”“有规可循”，并以牢靠的服务凝聚了民心。

四　巴东政府下乡创新实践的启示

巴东县依托网络服务平台，向村民提供政审批服务、社会化服务和市场化服务的创新实践，具有重大的现实意义和推广价值。

（一）信息技术是拓展政府服务的有效途径

目前，政府服务链条大多只延伸到乡镇一级，政府拓展服务缺乏有效抓手。巴东县运用“小技术”撬动了“大资源”，通过“农民办事不出村”智慧服务系统的研发，串联了县、乡（镇）、村三级服务平台，延伸了服务链条，并充实了服务内容，使农民在家门口的“小政府”就可以享受到除审批服务外的多元服务。巴东县以信息技术为载体便捷农民享受公共服务的做法，促进了政府服务的华丽转身。

（二）服务型政府的创建需寻求多元实现形式

过去，在“政府上山”还是“农民下山”来满足农民公共服务需求这一问题上，绝大多数政府选择了后者。对于交通便捷，农民生计较好的地区，政府通过转变职能、理顺关系、提高效能来实现政府由“管制型”政府向“服务型”政府的转变，能够取得较大成效。而巴东县“政府下乡”的探索实践则为边远山区新型服务型政府的创建找到了重要突破口，使农民不出村、不下山甚至不出户就能办好事，丰富了建设服务型政府的形式。

（三）政府下乡要以合理的服务单元为依托

巴东县以不同规模的村落为基本单元来开展“政府下乡”的实践探索启迪我们，目前的部分村庄的规模可能是村民自治的有效单元，但未必是服务的最佳单元。如野三关镇最小村的人口在200人左右，像这样小规模的村，政府在后期推广改革的过程中可能会遇到平台搭建成本高，业务受理员工作量难以饱和，以及业务员绩效工资上不去的难题。因而从合理的服务单元出发，以中心村辐射周边村，来实现政府下乡的全覆盖值得进一步思考。

新“枫桥经验”：技术牵引下的基层矛盾化解新路径*

——基于巴东县“农民办事不出村”信息服务平台的调研与思考

刘迎君

长期以来，我国基层矛盾化解“多被动、少主动；强管制、疏预防；重维稳、轻服务”，制约了基层矛盾化解成效。2013 年，习近平总书记就创新群众工作方法作出重要指示，“把‘枫桥经验’坚持好、发展好”。然而，“枫桥经验”作为 20 世纪 60 年代阶级斗争的产物，如何在以社会建设为核心的新时期有效运用与发展，还需“因时制宜”寻求新的实现形式。湖北省巴东县以现代信息技术为关口，横向联接县、乡镇部门窗口，纵向贯通县、乡、村三级审批平台，通过技术“做媒”，在政府服务与农民之间拉起一条“红线”，使农民足不出村即可便享政府服务，借助公共服务入村实现“大事不出村、难事不出乡、矛盾不上传”，堪称新时期的“枫桥经验”。

一　以公共服务“进村”实现“农民办事不出村”

巴东县以现代信息技术为依托，通过延伸公共服务“手臂”，使农民足不出村就能便享政府服务。

* 作者：刘迎君，华中师范大学中国农村研究院课题组成员。

（一）筑牢服务根基，让农民“能办事”

巴东县将基层服务建设放在第一位，使农民办事有了着落。一是组建硬件服务平台。近两年，巴东县通过整合财政资金，新扩建207个村级便民服务场所；同时，按照统一的综合服务平台、调频广播、数字电视、沙发、饮水机等“五大件”标准改造村级服务设施，为农民办事提供了场地。二是搭建信息服务系统。在相关部门的配合下，研发出贯通县乡村三级、同时具备在线传输、同步审核、结果反馈、实时提醒、监察统计等6大功能的网上审批系统，使农民在村办事有了抓手。三是优培一批服务人员。每村重点从村支书、村主任、计生专干和大学生村官中选拔2名业务受理员，通过组织培训与严格考核，提升受理员的技术和政策水平，保障村干部的基本服务能力。

（二）整合服务渠道，让农民“好办事”

通过整合服务，打通了为民服务前台和窗口，让农民在村方便办事。其一，服务窗口前移。通过权力下放，将涉及21个部门87项行政审批事项授权村便民服务室受理，让原来只能在县乡办理的审批事项延伸到村，扩展了服务“手臂”。其二，服务部门协同。通过在线传输与同步审核功能，及时回应农民需求；对涉及多个部门的事项则采取“并联审批”，通过联席会议方式集中审查办理，变单个部门的“独奏”为多个部门的“大合唱”，使原来“少则十几天，多则几个月”能办好的事“两三天就办好了”。其三，服务信息沟通。通过结果反馈和实时提醒，农民事项经办人、办理状态等信息可及时转至村业务受理员，农民足不出户即可通过电话咨询掌握办事进度。绿葱坡镇北界村村民缪光青直言网上办事“很实在”。

（三）夯实服务后盾，让农民“办成事”

运用在线监督、法律咨询等手段，巴东县做实服务后盾，保障农民成功办事。一是打通三级政务服务体系。利用“点对点”网络传输，将农民审批电子档案由村便民服务室逐层上传，通过县乡村系统互联，打造出“农民点餐、政府配菜”式的政务服务体系。大支坪镇耀英坪村5组村民田世富表示：“网络技术确实给农民生活带来了改变。”二是打造实时管控机制。通过一周办结、在线监督、绩效工资挂钩等“倒逼”机制，建立起群众事情马上办、群众需求上心办、能在网上办就不在网下拖延的工作常态。三是进驻律师顾问团。巴东县将“律师进村”项目引入“农民办事不出村”平台，让律师加入各级业务受理员的QQ群，及时为办事人员提供法律咨询服务，保障农民办事既合情也合法。

二　以“农民办事不出村”实现“矛盾不出村”

巴东县以信息技术为“输送带”，借助公共服务入村实现了“大事不出村、难事不出乡、矛盾不上传”，有效化解了基层矛盾。

（一）足不出户“能办事”，化解矛盾“源头”

通过现代信息技术，农民办事不再跑冤枉路、花冤枉钱，农民便享政府服务，有效消解了矛盾来源。一是减少了农民怨气。通过技术入村将公共服务送到农民家门口，使农民办事不再为路远发愁、为成本犯愁，化解了农民怨气。据统计，通过信息服务平台，巴东县公安局共办件4060个，合计让群众少跑81万公里路程，节约了近40万元花费。用县委书记陈行甲的话来讲，“让农民办事不出村，让农民少跑路、少花钱，这本身就是化解矛盾的好形式”。二是缓解了干群对立。通过“把政府搬到家门口”，改变了过去面对面的办事方式，哪些事能办、哪些事该办、事情办得怎么样都公开在网上，农民办事不再求人，在源头上杜绝了干部的“吃拿卡要”，维护了农民尊严，减少了干群矛盾。

（二）服务上门“好办事”，削减矛盾“势头”

通过送服务“上门”，干群感情得以深化，矛盾势头得到有效削弱。其一，干部能力增强。通过组织培训与严格考核，有效提升了村干部的技术和业务水平，服务能力不断增强，农民矛盾找到了“调解人”。其二，干部主动“送情”。通过一周办结与在线监督机制，变干部的被动服务为现在的主动服务，变要求“还情”为自愿“送情”，农民享受到了信息化带来的福利，和谐指数得以提升。大支坪镇耀英坪村计生专干吕奎接手便民服务工作后的最大感受是，“干群关系变好了，村里打架、上访、扯皮的事情也变少了”。三是干群增加感情。“要办事，找专干”。村干部为农民办的实事更多，“留给老百姓的印象更加鲜活”，村干部的威信得到重塑，说话也有分量，处理矛盾更加得心应手。大支坪镇十二岭村村主任刘宇兰明显感受到，“村干部与村民沟通机会多了，老百姓对村干部意见少了，村里的矛盾纠纷也少了”。

（三）互动交流“办成事”，捕捉矛盾“苗头”

及时反映和协调群众各方面各层次的利益诉求，是化解基层矛盾的重要保障。巴东县通过技术搭桥，使矛盾得到有效预防和排查。一是信息及时知晓。农民办事由过去的“多头跑”变为现在的“只进一个门、只找一个人”，村民与业务受理员的互动增强，村干部可随时掌握办件进度，知晓农民办事满意度。茶店子镇洞坪村村民高映旗老人说：“以往我们大老远去办事，认不得字，搞不清要找谁。现今在村里办，不用排队，村干部又耐心又礼貌，还能代我们把事办好。”二是矛盾有效预防。通过村民待办事项，村干部能够及时得知村民所需和家庭状况，扩大了对群众矛盾的了解面，不稳定因素得以有效预防和排查。溪丘湾镇石碾村村支部书记邓光林说：“通过这个平台，村里可以掌握更多村民的情况”；而村干部杜海奎也表示：“现在农民有事找村干部，村委会成为农民的生活中心之一，农村信息可及时在村委会汇集”。

三　新时期实践“枫桥经验”的借鉴与启示

巴东县以现代技术为杠杆，通过转变公共服务提供方式，找到了预防和化解矛盾的有效机制，为社会治理方式转型提供了有益参考。

（一）新时期实践“枫桥经验”需寻求新的实现形式

五十一年前，浙江枫桥镇干部为适应阶级斗争需要，率先创造了发动和依靠群众、就地解决矛盾的“枫桥经验”。然而，在当前社会主义建设新形势下，“枫桥经验”的一些具体做法已难合时宜，“枫桥经验”思想精髓的持续推广必须找寻新的实现路子。巴东县创新政府服务提供方式，利用“农民办事不出村”信息化平台，变群众被动“要”服务为政府主动“送”服务，通过服务“进村”，解决了农民最切身、最直接的现实利益需求，找到了化解基层矛盾的“金钥匙”，为践行“枫桥经验”核心价值挖掘了新的实现形式。

（二）信息技术运用是促进基层矛盾化解的有效途径

过去，政府服务多只是“停留在嘴上”而没有将实惠真正落实在农民“身上”，政府缺乏提供公共服务的主动性，“人情礼”成为催生干群对立的主因。巴东县运用现代信息技术，打通了县、乡（镇）、村三级在线服务平台，通过网上文件传输与在线反馈，变“面对面”为“数据见”，使农民在家门口就能享受政府服务，既降低了办事成本，也解决了农民“人难找、门难进、脸难看”的办事难题，减少了农民怨气。巴东县运用信息技术实现了政府服务转型，发掘了有效预防和化解社会矛盾的新机制，利用小技术“撬”出了大成效。

（三）基层矛盾化解的关键在于实现干群良性互动

基层干部队伍作为服务群众的主要力量，其与老百姓的感情优劣、亲疏直接关系着群众利益能否实现、基层矛盾是否可控。巴东县以信息技术“做媒”，在干部和群众间拉起一道“红线”，农民有问题找村干部、村干部解民之需马上办，农民办事不再送礼求人，干部服务群众的责任心也更强，干群之间形成了良性互动，使基层矛盾变得可防、可控、可调解。

（四）基层矛盾有效化解需因地制宜寻求多元路径

长期以来，我国基层政府治理管理有余而服务不足，基层矛盾化解多强调管控，矛盾化解路径较为单一。当前，巴东县利用“农民办事不出村”信息服务平台，通过简政放权与部门协同，将“政府办到农民家门口”，帮民之需、解民之难，简权但不减效，探索出了新时期“大事不出村，难事不出乡，矛盾不上传”的基层矛盾化解机制。这也启示我们，基层治理不是仅可停留在管理与控制，化解基层矛盾也不能“一刀切”，巴东县以“服务进村”实现“矛盾不出村”就为创新基层矛盾化解机制提供了有效示范。

农民办事不出村，群众路线新实践*

——基于巴东县“农民办事不出村”的经验与启示

魏　晨

十八大之后，轰轰烈烈的群众路线教育实践活动在全国各地陆续展开。然而，在结合地方特色的实践过程中，要使群众路线制度化、常态化、现代化仍需要进一步探索有效的实现形式，使其避免陷入“运动式、空谈式、过场式”的尴尬局面。湖北省巴东县结合“农民办事不出村”实践，深入基层，知群众之所想，忧群众之所忧，解群众之所困。并在此基础上，以信息技术为支撑，以服务进村为抓手，以重塑阵地为依托，真正做到了团结群众、联系群众、服务群众、组织群众。

一　巴东群众路线的探索实践

巴东以维护群众的根本利益为出发点，通过扎根基层、技术引领、加强服务、阵地重建四个步骤谱写了群众路线新篇章。

（一）深入群众，夯实团结群众基础

巴东地处鄂西山区，连绵的大山使出村办事成为萦绕在农民心头的乌云。鉴于此，巴东一是走下去，用脚步丈量民情。在开展党的群众路线教育实践活动之后，将深入一线直接听取群众意见作为工作的重点，促进了

* 作者：魏晨，华中师范大学中国农村研究院课题组成员。

干部与群众直接沟通。二是听民意，用真心忧民之忧。在走访基层中，党员干部也深刻体会到了农民出村办事的不易。鉴于此，县委决定以改善农民办事环境为突破口，大力破解农民办事难题。三是下决心，用行动解民之困。针对农民“门难进、话难听、事难办”的现实状况，大胆提出了“农民办事不出村”的概念，并积极统筹各方资源，为解民之困奠定了基础。

（二）技术下乡，疏通联系群众渠道

巴东特殊的地理环境不仅加大了农民办事的难度，也造成了干部与群众的时空阻隔，降低了党和群众的亲密度。而信息技术则突破了障碍，搭起了党和人民群众之间的“连心桥”。其一，让网络连起来。通过“农民办事不出村”信息平台系统的建设，不仅实现了县、乡（镇）、村的三级联动，还实现了县、乡（镇）、部门窗口的协同互助。其二，让服务通起来。以县、乡（镇）、村三级服务网络为基础，使公共服务、社会化服务、市场化服务借助互联网延伸到村庄，实现了公共服务与农村社区的“无缝对接”。其三，让数据跑起来。过去，农民办事难不仅距离远，而且找人难。如大支坪镇水洞坪村村民夏青春的大女儿办个准生证就前前后后跑了六七次。这使干群关系在地理隔阂上又加上了一重人为隔阂。而现在，在“让数据多跑路，让农民少跑腿”的理念下，在网络的两端实现了“零距离”接触的及时办理。

（三）服务进村，构筑服务群众体系

践行群众路线的一个重要方面在于解决服务群众“最后一公里”的问题。首先，划分服务单元，让群众均等受益。在建立“一站式”服务体系的基础上，积极打造“一小时服务圈”，让群众最多一个小时便可享受到基本的公共服务。同时，为了使处于大山深处的农民也能享受到便利，巴东还进一步将人口较少、资源稀缺、地缘相近的村庄进行合并，使有限的资源能够惠及更多的群众。其次，扩充服务内容，让群众更多得益。在充实政府服务的基础上，继续扩大行政审批服务、基础公共服务、市场化服务，实现党务、政务、商务、村务、事务“五务合一”。群众过去领50元低保要花43元车费的现象就此成为历史。最后，组建服务团

队，让群众更加满意。在县、乡（镇）两级服务体系日益成熟的基础上，着力打造村级服务团队。通过培训和严格考核，将村干部、村医、村教、大学生村官、大中专毕业生等农村精英变成为群众服务的业务员。由精通技术和政策的业务员为群众服务，让群众办事更感贴心。

（四）重塑阵地，搭建组织群众平台

阵地建设能激活基层党组织的凝聚力和战斗力，充分发挥基层党员作用，有效组织群众协力发展。第一，以完善设施为依托，促进党群互动。通过整合三峡后续移民工作农村社区建设、重点贫困村卫生室建设、彩票公益金整村推进项目建设资金 4458 万，巴东推动了村委会、党群服务中心、网格管理中心的协同发展，解决了办公无阵地和党员活动无场所的难题。第二，以服务平台为纽带，重聚群众共识。“农民办事不出村”的实施，把农民前往便民服务室办事的过程变成了农民与干部交流和沟通的好时机。巴东规定每周一和周四为村业务受理员集中办理涉农行政审批服务事项的时间，在此期间村主职干部一定要陪同坐班。村干部不仅在服务群众的过程中强化了服务意识，还进一步增强了干部在群众心中的公信力。就此大支坪乡耀英村村民孙仁梅形象地形容道：“现在村干部就像妈妈照顾孩子一样，照顾得非常好。”

二　巴东群众路线的基本特征

巴东践行群众路线的特点在于以群众需求为依归，以信息技术为牵引，以公共服务为突破，极大地满足了群众的需求与渴望。

（一）以群众需求为依归

群众路线要尊重群众利益诉求，真正地为群众办事。一是从实际出发，为群众办小事。在“老、少、边、穷、库、险”的地理环境下，留守村庄的“389961 部队”出村已不是一件易事，出村办事更是难上加难。鉴于此，巴东从与群众联系最紧密的事情做起，通过信息技术推动下的简政放权，使村民最关心的办事难题，足不出村就可以顺利解决。二是从行动出发，为群众办实事。实现“农民办事不出村”是政府对群众许下的

坚定承诺。为了实现这一承诺，巴东积极研发信息系统、搭建服务平台、强化事权下放、培育服务队伍、建立长效机制，用脚踏实地的行动为群众交上了满意的答卷。三是从成效出发，为群众办成事。一周办结、系统在线监督、业务员绩效工资挂钩等机制，加强了各级办事人员的责任心，避免了“庸政懒政”现象的发生。溪丘湾镇石碾村村民陈开平因为办房产证的事情一年里跑了七八十趟都未能最终办成。本来已不抱太大希望的他抱着试一试的心态来到了便民服务室，却只花 10 分钟便完成了申办。

（二）以技术牵引为抓手

群众路线要结合时代需求，升华和发扬党的这一优良传统。一是让民办事更便捷。技术搭桥不仅使在村农民办事不出村，还做到了外出农民不回村。只需将证件拍照发回，农民哪怕身处上千公里之外，也能享受到快捷的服务。二是为民办事更效率。信息技术大大缩短了农民的办事距离，减少了群众办事的成本，实现机关和百姓“门对门”。同时，技术还强化了监督，如痕迹管理、网上监察、在线投诉、纪委问责等配套机制的实行，使实现一周办结的承诺成为了可能。2013 年 3 月起，村便民服务室累计受理行政审批事项 1.6 万条，办结率达 96%。三是为民办事更规范。以前，“要办事，先送礼”的现象在巴东较为普遍，而技术使这一现象从此一去不复返。通过办理事项网上公开、办理流程网上公布、办理结果网上查询，使权力运行完全置于群众的监督之下，不仅使机关办事更规范，也使干部作风得到了转变。

（三）以公共服务为载体

如何提供更优质、更均衡的公共服务，是党和政府践行群众路线的根本要求。一是更为公平。在城乡二元格局下，农村与城市最大的差别就在于公共服务的供给上。为了进一步增强服务群众能力，巴东以提升农村公共服务的供给能力为突破点，“农民办事不出村”项目开展以来，农民享受到了党务、政务、村务、事务、商务“五务一体”的立体化服务，逐步实现了城乡一体化。二是更为开放。巴东通过鼓励社会组织、企业单位以商业模式来提供服务，使中行、电信、邮政等机构进入公共服务这个舞台，促进了跨部门、跨机构的合作，打破了公共服务全部由政府提供的模式，使政府由公共服务的提供者转变为安排者，促进了服务提供主体的多元化。三是更为互动。通过技术统计，巴东不仅能得出为民办事的成功率，还能准确分析出农民哪些事情办不成、哪些事情不好办、哪些事情最常办。并以此为基础，调整行政审批事项、优化公共服务内容、改革公共服务体系。

三 巴东群众路线的经验启示

巴东创造性地将信息技术与群众路线相结合，创新了群众路线的实现形式，推进了群众路线与地方改革实践的结合，促发了群众路线的内生动力。其反映了群众路线的时代要求，意义深远而重大。

（一）实践群众路线要因地制宜创新实现形式

巴东自然环境的恶劣、经济水平的低下、基础设施的落后致使干群关系高度紧张、社会治理问题频发，迫使其必须要找到一条加强与群众联系的新通道。基于此，巴东以信息技术为牵引推动事权下放、搭建服务平台、建立长效机制，并在推进了公共服务均等化的基础上强化了干群联系，改善了干群关系，激活了干群互动。这表明，群众路线一定要打破路径依赖，结合时代要求和地方特点，利用现代科技，大胆创新。

（二）实践群众路线要与地方改革创新相结合

群众路线教育实践活动中往往会存在“学用脱节”“两张皮”“应景式”的问题，而将教育实践活动与地方改革有机结合则能有效破解这一难题。群众路线与巴东“农民办事不出村”的相辅相成，不仅解决了践行群众路线易脱离实际的困境，找到了实践的着力点，还促进了群众路线向现代化的全面提升，找到了迈向常态化的方式。可见，以地方改革为依托，是群众路线可持续发展的重要途径。

（三）实践群众路线要促发农民群众内生动力

群众路线要坚持“从群众中来，到群众中去”的方法论。这就要求在政府外力推动的基础上，进一步激发群众内生活力，使其由政府“推动”转变为群众“自动”。巴东一方面通过将精英转变成为民服务的业务员，激活了精英的热情；另一方面也通过对群众的切身利益的维护，保障了群众的参与。这说明，在群众路线的实践活动中一定要尊重群众主体地位，秉承“一切依靠群众”的理念，充分激活群众的参与，弥补内力不足的缺陷，为群众路线增添持久活力。

巴东创举：技术治理何以能在落后山区生根*

——基于湖北省巴东县“农民办事不出村”的调查与思考

赵铁成

自“信息化”提出以来，信息技术取得了巨大发展。但是，长久以来，信息技术被认为是高端产业，存在“成本低不下来、应用沉不下去”的问题。特别是在偏远的山区，山大人稀、交通不便、财政不足，现代化的信息技术如何在落后的山区生根发芽，是一个值得注意的问题。鉴于此，湖北省巴东县以“农民办事不出村”为契机，整合治理资源、深化服务改革、创新管理制度，从“钱从哪里来、事应如何办、人该如何管”三方面实现了信息技术在落后山区生根发芽，创新了一条以技术治理服务群众的巴东创举之路。

一　为什么要实现巴东创举

（一）政府有动力

在新的形势下，巴东县进行实践探索的动力主要源于两方面。一方面，政府服务延伸到底的动力。现有的政府服务体系将主要力量集中在城镇，存在“服务层级延伸不到村庄、服务事项覆盖不了农民”的突出问题，不利于农村政治的稳定、社会公平正义的形成以及国家凝聚力的增强。巴东县的农民就是如此，在村里基本享受不到政府提供的服务，必须

* 作者：赵铁成，华中师范大学中国农村研究院课题组成员。

去乡镇和县城才能办事。另一方面，政府管理纵向到底的动力。随着经济的发展，我国农村不仅出现了“人口空心化”现象，而且也出现了“管理空心化”问题。领导干部未能深入基层，对农村情况知之甚少。村干部沦为兼职，村委会不定时开门。政府对农村的管理在逐渐脱节，农民与政府的距离也在逐渐加大。巴东县农民外出务工人数较多，留在村里的农民，去村委会的次数也较少。

（二）农民有需求

随着社会的发展，农民到乡镇、县城办事的需求越来越多。但是，在山大人稀的巴东县，农民到乡镇、县城办事极其困难，主要有三大特点。首先，办事路程远。按照行政审批的一般程序，农民办事，应当先将申报资料送到村、乡镇，再到县城政务服务中心窗口办理。巴东县沿渡河镇界河村村民向永浩从家到县城，先要经 1 个多小时的车程到沿渡河镇，后换乘客车或客船 2 个半小时才能到县城。其次，办事时间长。政府机关上班实行 8 小时工作制，农民办事早不得、晚不得，碰上双休日、节假日又见不到、办不得。农民经常为办一个证、盖一个章、签一个字而往返折腾数次、历时数月。最后，办事成本高。一方面农民到乡镇、县城办事的车费、食宿费成本高。另一方面，遇到一些故意刁难的领导和办事员，农民还需送点特产、烟酒等礼品。巴东县沿渡河镇界河村农民张志国，办理个人建房土地使用证，先后 5 次往返县城，花费近 800 元，历时 8 个月才拿到证件。

（三）社会有诉求

长久以来，巴东县群众都有“走得出、回得来、富起来”的诉求。一是“走得出”。巴东县隶属湖北省恩施土家族苗族自治州，东临宜昌、南接五峰、西交重庆、北靠神农架林区，远离所属省份与毗邻直辖市的政治、经济、文化中心，百姓都有走出去的愿望。二是“回得来”。巴东县地势狭长、西高东低，南北最大纵距 400 公里，海拔高差 2900 米，境内大巴山、巫山、武陵山三山盘踞，长江、清江两江分割，地表崎岖、山峦起伏，交通不便。最偏远的金果坪乡距县城单程长达 200 公里，农民去县乡办事很困难，办完事回村庄也不方便。三是“富起来”。巴东县是国家级贫困县，地处长江三峡腹地，是“老、少、边、穷、库、险”区，自身造血功能有限，主要靠国家转移支付。由于第二、第三产业不发达，巴东是典型的山区农业县，农业人口 43.8 万人，外出务工人员 8.22 万人，巴东群众，特别是农民有强烈脱贫致富的诉求。

二 巴东创举如何实现

（一）钱从哪里来：整合治理资源

巴东县虽然是国家级贫困县，但是面对政府有动力、农民有需求、社会有诉求的实际情形，整合治理资源，解决了钱从哪里来的问题。一方面，整合内部资源。巴东县充分利用已经铺就的农村基层党建网络这条信息高速公路，弥补山区交通条件落后的“短板”，将政务服务的触角延伸到村级党员群众服务中心，让农民办事不出村。巴东县先期投资 3000 多万元实施农村党员群众服务中心“提档升级工程”，实现了服务阵地标准化。另一方面，借助外部资源。巴东县争取到国家社会扶贫创新协作办公室的支持，率先在全国开展“农民办事不出村”信息化项目示范，由中国改革研究所承担总体规划、软件开发和技术咨询。2013 年，巴东在全县范围内选取 125 个村作为试点，共投入 358 万元便取得了巨大的成功。

（二）事应如何办：深化服务改革

面对农民到乡镇、县城办事极其困难的情况，巴东县利用“农民办事不出村”信息技术平台，从三个方面着手解决了农民的烦忧。一是构建服务体系。巴东县依托信息化系统将县级政务服务中心、乡镇便民服务大厅和村级便民服务室网络连为一体，实现了服务群众的纵向到底。同时，将与农民息息相关的民政、计生、人社等 21 个部门 87 项行政审批服务事项归并到信息技术平台，达到了服务群众的横向联动。二是规范服务事项。巴东县以村级便民服务室为平台，村民提交材料、村级业务受理员初审、资料扫描上传、县乡逐级审批、办理证件领取，实行限时办结。同时坚持即办事项直接办理、一般事项承诺办理、上报事项负责办理、退回事项答复办理，规范了服务标准和服务方式。三是拓宽服务范围。整合银行、通信、电力等市场服务，将服务终端延伸到村，提供惠农补贴领取、电费收缴、话费充值、网上购物、农资订购、汇款转账、信息咨询等市场化服务。

（三）人该如何管：创新管理制度

“农民办事不出村”项目要长效运行，必须实现制度化，巴东县经过全盘考虑，从三个方面创建了一套制度来强化保障。首先，加强政策执行制度。巴东县成立由县委书记任组长的项目建设领导小组，建立“县委办统筹、县委组织部主抓、县纪委（监察局）督办、县政务服务中心具体实施”的执行制度，高位推进，跟踪问效。其次，严格考核管理制度。严格实行服务承诺制、一周办结制、动态督查制、责任追究制和“倒逼”工作法，并将该项工作纳入各级各部门基层党建考评内容。最后，完善人才保障制度。从村级主职干部、计生专干、大学生村官和大中专毕业生中择优选配村级业务受理员，采取集中培训、个别辅导等办法，使受理员成为政策法规的“百事通”、业务办理的“多面手”。同时，村级业务受理员的工资由“基本工资＋绩效工资”构成，并纳入县乡两级财政预算，通过综合考评结果发放到村，从而保证村业务受理员队伍稳定。

三　巴东创举的经验启示

（一）技术治理是一种低成本治理方式

传统政府治理由于占有和支配社会资源较多，容易产生“高成本、低效率”的问题。因而现代政府治理十分关注财政控制、成本核算、效率问题，低成本是现代政府治理追求的一个目标。巴东县整合治理资源，前后只投入了4000多万元，便取得了“农民办事不出村”项目的巨大成功，实现了技术治理服务群众的目的。由此可知，技术治理是一种低成本治理方式，体现了治理的现代性。

（二）技术治理的关键在于技术应用

技术治理是技术推动下的改革，是以信息技术应用“倒逼”基层行政管理变革和治理能力的大提升，其关键在于技术的应用。特别是在偏远山区，距离信息技术并不遥远，现代技术应用是破解山区服务供给难的有效途径。巴东县利用信息技术建成统一的“农民办事不出村”信息化服务平台，创新了技术治理服务群众的奇迹之路。因此，要使技术治理落地生根，关键在于技术的应用。

（三）技术治理的核心在于政府改革

技术治理是一种新型的治理方式，其突破口是技术，落脚点却在于治理创新。技术治理不单单是技术的应用，更核心的在于政府改革。通过政府转型、职能转变等政府改革，充实和推动了技术的应用。如巴东县配套进行了政府简政放权改革、行政审批制度改革，助推了技术治理服务群众的实现。由此可见，技术治理不能着眼于前沿技术的简单应用，而是需要政府改革的配合。

（四）技术治理的保障在于制度创新

制度创新不仅要求除旧去弊，还强调求新、强调创造性。技术治理的落地生根，总是在一定的体制环境下进行的，完善、合理的制度能够为技术治理提供强有力的保障。巴东县通过体制机制的创新，探索出了一条全新的技术治理服务群众的方式。这就告诉我们，需要通过制度创新，推进技术治理服务群众的常态化、长效化，确保技术治理走得好、走得远。

第四部分

社会反响

湖北巴东：信息平台让农民办事不出村

《新闻联播》　2014 年 6 月 4 日

央视网消息（新闻联播）湖北省巴东县搭建信息化服务平台，完善服务措施，让农民不出村子，就能办理行政审批手续。

巴东县木龙垭村的黄枝琴因为要盖新房子，不久前到村里递交了材料，办理土地使用证。这才没几天，就接到通知审批已经办好了。

黄枝琴说，就在两年前，她给孩子办准生证的时候，前后跑了快一个月才办好。这回不用出村就办好了土地使用证，都是因为去年开始巴东县构建的“农民办事不出村”信息化平台，公安、计生、民政等 22 个部门 76 项行政审批服务事项，全被授权给村便民服务室来受理，所有审批均可在网上完成。

目前，巴东县已经在 125 个村建立了“农民办事不出村”信息平台，累计受理行政审批 12789 件，办结率达 95%。到明年，巴东将实现全县 491 个村的信息平台全覆盖。

《焦点访谈》：服务送上门 办事不出村

《焦点访谈》　　2014 年 6 月 4 日

央视网消息（焦点访谈）：现在在大多数地方大家办个事、交个费，都很方便，可是在某些偏远地区却不成。比如湖北省恩施土家族苗族自治州，方圆 800 里分布着 3000 多个山头，不少农民从村里到县里坐车得走六七个小时，“办事难”简直就是山里人的“心头怕”。

向永浩是巴东县沿渡河镇界河村村民，2007 年，他帮同乡张志国办户口迁移。一说起那次办事过程，向永浩就用“跑断腿”来形容。

向永浩说，从村里到县城以前没通车的时候全靠腿走，早上 7 点出发，傍晚 5 点多才能到，2005 年通车后单程也要三五个小时。2007 年 8 月，向永浩第一次进县城就被告知需返回村里重新准备资料，因为政策规定户口迁移可以随父母，但是不能随兄弟。一个月以后向永浩第二次进县城，这次材料准备对了，但是张志国的人名被迁出地派出所打错了一个字。一字之差，向永浩又白跑了 140 公里的冤枉路。

2007 年 10 月，向永浩第三次进县城，这一次他依然是无功而返。但这次无功而返的理由，向永浩感到很无奈，因为州庆放假。

2008 年初，向永浩第四次进县城，要找房管局开证明。到处找不到房管局，等他找到的时候，才发现房管局没有了，因机构改革和职能合并，已经更名为住房和城乡建设局了。好不容易搞清楚了状况，但办事人员已经下班了。坐在县城的高楼大厦间，向永浩看着手中的材料有苦说不出。于是 3 个多月后，向永浩不得不第五次进县城。这次总算是把事办成了，但好几个部门的字签下来，又赶上下班时间了，批文当天取不了。

向永浩 5 次进县城，2 次夜宿旅馆，往返 700 多公里山路，花费 500 多块钱。一个户口迁移从开始办到办结，历时 8 个月零 28 天。像向永浩这样办个事、跑断腿的经历，很多山区老百姓都遇到过。在采访中记者还发现很多简单事儿，在大山里却成了村民生活中的“拦路虎”。交个电费要跑几十公里的山路；领55块钱的养老金要花60块钱的路费；手机充个值，要求爷爷告奶奶的请人代办。

2013年7月1日，向永浩的嫂子去世，需办理死亡注销和领取新农保发放的安葬费。哥哥找到他帮助办理，以往这一套手续要村里、镇里、县里来来回回跑若干趟，不跑个几百公里是不可能办成的。然而就在那一年年初，县里在129个村进行试点，建立“农民办事不出村”大厅。向永浩所在村的办事大厅就离他家不到200米，于是向永浩决定试一下，结果不到半个小时就办好了。

山里人除了办证盖章以外，随着物质生活的改善，越来越多的事急需就近办理。比如说新农保支取、手机充值等。现在这些以前办起来不简单的小事，都可以不出村就能办了。

在“农民办事不出村”的事项目录中，记者看到老百姓最经常需要办证盖章事宜都在其中，比如说结婚登记、生育证办理、出生申报、个体户登记等，共有57项。

“农民办事不出村”给村民们带来了方便，但对于住在高山上的留守老人，下山到村委会，步行要一两个小时，不出村办事也有困难。

为了照顾这些留守老人，很多村利用兽医和村干部经常走村入户方便，采取收送件代办的方式，尽可能做到让留守老人“办事不出户”。

村民动嘴、数据跑腿。村民只要动动嘴，签个字，事情申办表、所需的证件等就第一时间通过互联网传送到镇、县等相关审批部门。审批下来，村干部代取。

在巴东县试点的同时，恩施土家族苗族自治州的其他县市也在进行积极探索。“农民办事不出村”让山里人办事不跑路了，不花钱了，不受气了，不受累了，也让干部办事不敢乱来了。过去干部为群众办事，能不能办干部一人说了算、群众看不到也监督不到，现在通过网上办理、痕迹管理，能不能办、什么时候办好、办得是否合乎规范，一目了然。纪委等专门的监督部门，随时监看所有办件的时间节点和每一步操作。这有效防止了“门难进、脸难看、事难办”和“吃、拿、卡、要”等现象。

是让群众下山来，还是我们上山去？是把轻闲留给自己，还是把方便留给群众？这体现的是我们的作风和理念。实践证明，把服务送上门，让群众少劳神，正是转变干部作风、密切干群关系的有效办法，它能帮助我们提高工作的效率、赢得群众的笑脸。

20140604《焦点访谈》：服务送上门 办事不出村

本报率先报道引发关注

中央媒体聚焦巴东“农民办事不出村”

《湖北日报》　2014年5月9日　作者：刘畅

湖北日报讯（记者刘畅）昨日，《人民日报》、新华社、中央电视台《新闻联播》、《焦点访谈》栏目、中央人民广播电台等中央主流媒体记者来到巴东，对巴东县“农民办事不出村”的群众路线探索进行实地采访。

巴东大山莽莽，3000多座山头坡陡路险，最远的乡镇乘车去县城要6个多小时，农民进城办事跋山涉水，十分不便。该县利用组织部门已经铺就的农村党员电教化远程网络，全面推进网上政务往村级下沉，让老百姓不出村就能办成事，变“泥腿跑”为“数据跑”，变“面对面”为“键对键”。截至目前，全县利用该平台累计受理行政审批服务事项1.01万件，办结9418件，办结率94%，让农民少跑路240多万公里，4.7万名农村老人和低保户在村里就能领到保险金。

2013年5月21日，本报记者赶赴巴东，率先报道当天启动的“农民办事不出村”这一新生事物。今年1月15日，本报一版以《数据多跑路群众少跑腿》为题，再次进行深度报道，引发社会广泛关注。

4月11日，中央政治局常委、中央书记处书记刘云山在恩施调研时，现场观看后给予高度评价：“你们通过网络平台，让农民办事不出村，抓得很好，是深入贯彻党中央关于发展服务型党组织的具体体现，转作风就要从实际问题改起，解决联系群众最后一公里，服务好群众‘最后一步路’的问题。”

湖北日報
HUBEI DAILY
2014.5.9 星期五
今日 12 版

本报率先报道引发关注

中央媒体聚焦巴东农民办事不出村

本报讯（记者刘畅）昨日，《人民日报》、新华社、中央电视台《新闻联播》、《焦点访谈》栏目、中央人民广播电台等中央主流媒体记者来到巴东，对巴东县农民办事不出村的群众路线探索进行实地采访。

巴东大山莽莽，3000多座山头被陡路隔，最远的乡镇乘车去县城要6个多小时，农民进城办事跋山涉水，十分不便。该县利用组织部门已经建成的农村党员电教化远程网络，全面推进网上政务往村级下沉，让老百姓不出村就能办成事，变"泥腿跑"为"数据跑"，变"面对面"为"键对键"。截至目前，全县利用该平台累计受理行政审批服务事项1.01万件，办结9418件，办结率94%，让农民少跑路240多万公里，4.7万名农村老人和低保户在村里就能领到保险金。

去年5月21日，本报记者赶赴巴东，率先报道当天启动的农民办事不出村这一新生事物。今年1月15日，本报一版以《数据多跑路 群众少跑腿》为题，再次进行深度报道，引发广泛关注。

4月11日，中央政治局常委、中央书记处书记刘云山在恩施调研时，现场观看后给予高度评价："你们通过网络平台，让农民办事不出村，抓得很好，是深入贯彻党中央关于发展服务型党组织的具体体现。转作风就要从实际问题改起，解决联系群众最后一公里，服务好群众最后一步路的问题。"

聚智大别山 攻坚"高大上"

——黄冈市校合作促转型发展探访

记者 孙国平 范步 严运涛 陈春保 通讯员 雷电 周勇

一尾、两尾、三尾……看着刚孵化出的鳜鱼苗在摘盟欢快游动，娄气永博士很开心。

一个多月前，娄气永所在的中科院水生所与黄冈达成协议——在黄冈水产科学研究所设立院士工作站。

带着饲料转化课题，娄气永来到了黄冈。

新一轮市校合作启动不到一年，黄冈已与20所高校院所"牵手"，签约合作项目42个，共建省级科研平台22个；56名专家成为市政府智库成员；9000余名大学生实习实训，千余人选择扎根这片热土。

火红5月，行走黄冈，"借智"风暴聚集的发展"核能量"让人惊叹。

老区接力联姻高校院所

4月28日，黄冈市市长陈安丽带领8个市直部门负责人，再度到华中科技大学，洽谈深化合作。

继2006年开启市校合作之后，2013年6月，黄冈新一轮高校科研院所合作计划再次启动，"政产学研资"协同创新发展在老区风生水起。

市校合作办主任程凯军介绍，不到一年时间，武大、华科大、中科院武汉分院、武汉邮科院等20所重点高校、科研院所，以及北京中关村、武汉东湖高新2家管委会与黄冈市签订了战略合作协议。

向高校院所"借智引才"，黄冈没有停留在一纸协议上，而是高端设计、搭建平台、紧密对接、扎实推进——

以建设"一园八基地"（高校科研院所产业园，大学生实习实训基地、就业创业基地、国家和省科研平台延伸基地、科研成果转化基地、人才智库基地、优质生源基地、农产品供应基地、留学回国人员创业基地）为载体，全面实施市校合作计划。

……

（下转第3版）

全国人大农委来鄂

调研新农村建设和农技推广

本报讯（记者翟兴波、通讯员徐勇）6日至8日，全国人大农业与农村委员会组成以副主任委员陈光国为组长、副主任委员江帆、委员张作哈为成员的调研组，来我省调研新农村建设情况，同时就《农业技术推广法》贯彻实施情况进行执法调研。

调研组听取了省政府及相关部门关于新农村建设及《农业技术推广法》贯彻实施情况的汇报，实地察看了鄂州、仙桃、监利三市县新农村建设、农村环境整治、公共服务、农产品大市场、现代农业建设以及农技推广服务中心等，与农民、农业技术推广人员及基层干部亲切交谈，并就农业技术推广管理体制、队伍建设、经费保障等进行深入了解。

陈光国充分肯定了我省新农村建设成果。他说，新农村建设不能搞一刀切，要因地制宜发挥特色，搞好农村养老、医疗卫生等基本公共服务，做好失地农民的保障工作。针对基层反映的农技推广方面的问题，他强调，湖北是农业大省，在贯彻实施《农业技术推广法》方面做了大量卓有成效的工作，要认真总结多年改革的成功经验和教训，进一步探索完善乡镇农业技术服务体系，通过改革完善的办法来解决实践中的具体问题，努力使农业技术推广能适应当前现代农业发展的需求。

省人大常委会副主任王玲陪同调研。

东航首航航班的乘客走下飞机。（记者 李溪 摄）

神农架机场昨正式通航

本报讯（记者李彦睿）昨日13时58分，东航MU5380航班满载游客飞离神农架红坪机场。华中最高机场神农架机场正式通航，机场建成投运将为神农架建设"世界著名生态旅游目的地"搭建空中走廊。

当日8时45分，东航MU5379航班自浦东机场起飞，经停武汉天河机场，满载首批前往神农架的游客，经过50分钟飞行，平安降落华中最高机场。该线路为上海—武汉—神农架，初步计划每周三班，6月起增至每日一班。航线的成功运营犹如城际空中巴士，将让神秘而美丽的神农架通过上海、武汉与世界各地紧密连接，这将一举改变湖北"一江两山"国际精品旅游线路接待格局。据东航武汉公司介绍，东航首航执飞的飞机是采用被誉为"高原雄鹰"的空客A319高原机型，座位数122个。

今日视点 04版

神农架通航 四大焦点释疑

安陆村官养老保险稳队伍激活力

85个后进村转化为先进村

发展质量指数居全国第八、中部第一

我省走出质量驱动经济增长新模式

本报讯（记者甘勇）武汉大学质量发展战略研究院日前发布研究报告表明，去年湖北经济社会发展质量指数排名全国第6位，在中部六省中排名第1位。其中，与民生相关的就医、入学、养老及居住条件等指标，在全国排名靠前，分别居于第2、3、5、6位。

"这表明，湖北正走出一条提质增效、以质量创新驱动GDP数量增长的新模式。"报告起草者、武大质量院院长程虹说。

……

数据显示，我省经济社会发展质量各项指标中，企业的质量信用标准高居全国第2位，尤其是汽车行业，去年突破300万辆，提前2年实现了汽车行业的五年发展目标。实体经济产品和服务质量的提高，直接驱动了我省GDP的数量增长。去年我省工业增加值首破万亿元，是2009年的2倍多。

……

王国生到黄冈调研县域经济发展

本报讯（记者蔡朝阳）昨日，省长王国生就加快推进县域经济发展到黄冈市蕲春县、武穴市调研。

蕲春和武穴是长江之滨的两个县市。近年来，两地坚持走特色发展之路……

……

建设黄金水道 打造新增长极

本报推出《长江经济》新闻专刊

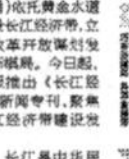

相关链接>>>08版

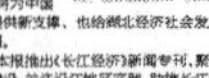

精彩看点

汉川18岁女孩捐献眼角膜

大武汉｜新闻各地 09版

亚太天空 我主沉浮

12版

湖北巴东：政务服务送进村 农民办事不求人

新华网　　2014 年 5 月 12 日　　作者：谭元斌

新华网武汉 5 月 12 日电（记者谭元斌）在党的群众路线教育实践活动中，鄂西山区巴东县问需于民，大胆创新，通过信息化平台将 50 项行政审批服务下放村便民服务室受理，有效解决了广大农民办事难问题。

信息化平台打通政务服务“最后一公里”

5 月 8 日中午，走进湖北省巴东县信陵镇青山村便民服务室，蓝底白色大字“让数据多跑路，让群众少跑腿”映入眼帘。过去一年，这 12 个字给巴东县带来了一场前所未有的变革。

巴东县是“老、少、边、穷、库、险”区，交通欠发达，农民到乡镇、县城办事极为不便，甚至有人写信给县委书记反映，取 60 元钱的低保花了 50 元钱的车费。

为解决农民办事难这一突出问题，去年 3 月，在全国社会扶贫创新协作办公室的支持下，巴东县开始实施“农民办事不出村”信息化项目，借助网络连接县、乡政务服务中心和村便民服务室，授权村便民服务室受理行政审批服务，材料录入系统上传，县、乡政务服务中心相应部门在线办理，结果即时反馈，打通了政务服务“最后一公里”。

“相比以前方便太多了。”巴东县溪丘湾乡石碾村村民李铁运说。2012 年 4 月至 5 月，他找有关部门办理建房用地许可证，跑了一个半月未果，近日通过“农民办事不出村”信息化服务系统两天就补办好了。

巴东县政务服务中心管理办公室主任熊学红介绍，目前授权村便民服务室受理的行政审批服务达到 50 项，涵盖民政、国土、人社等 22 个部门，全部要求一周之内办结。

据统计，2013 年 3 月 1 日至 2014 年 5 月 6 日，“农民办事不出村”信息化服务系统受理事项 10013 件，办结 9418 件。

“技术 + 制度”搭建党群、干群“连心桥”

“他们态度很好，工作蛮负责。”谈起村干部，巴东县大支坪镇耀英坪村村民谭国芳说。今年 4 月 21 日，村便民服务室受理了她的自然灾害救助申请，系统记录显示，从村委会、镇民政办录入意见到县民政局办结，只花了不到 4 分钟时间。

巴东县纪委综合室主任谭文华表示，农民办事难不只因为出行难，还因为干部作风不正、官僚主义盛行，一些干部“吃卡拿要”，“见好处办事”，无形之中制造了障碍。

“过去是‘求我办’，现在是‘我来办’，‘农民办事不出村’信息化服务平台‘倒逼’干部改变工作作风、提高工作能力，更好地为群众服务。”巴东县纪委书记黄光辉说。

巴东县溪丘湾乡石碾村党支书邓光林对此深有体会。他表示，自己虽然不是受理员，但一样得钻研业务，把政策和程序学通，全方面提高服务群众的能力，“压力大得很”。

记者了解到，在巴东县一些地方，农民拎着“猪蹄子”到村干部、镇干部家去“求人办事”或者“感谢办事”的现象十分常见。“猪蹄子”由猪腿盐腌、烟熏而成，一般送给心目中最重要的人，比如拜年、祝寿送给父母，农民办事难由此可见一斑。

巴东县委组织部副部长张正兴表示，“农民办事不出村”信息化服务系统通过数据跑路、在线办公，实现了审批人与服务对象的分离，所需材料、办理流程全部网上公开，投诉电话印在墙上，受理又有了固定场所，腐败空间大大压缩。

为防止“消极怠工”，该系统实行电子监察、痕迹管理，哪个环节“卡了壳”一目了然。黄光辉表示，对于不履行职责、不积极为农民办事的干部，一律严肃查处，绝不姑息。

针对问题“查漏补缺”，在实践中逐步完善

除了行政审批服务，“农民办事不出村”信息化服务平台还可以受理农技、农机、畜牧技术和合作医疗政策等咨询类事项和转账、取款、缴费、充值等商务类事项。去年 8 月，巴东县茶店子镇洞坪村大学生村官王巧甚至利用它帮村民卖了 3 万多公斤西红柿。

“看似一件件小事，对于老百姓来说都是好事实事。”巴东县水布垭镇党委书记饶光明说。记者赴尚未开通该服务系统的水布垭镇东向门村采访，不少村民表示非常期待这个项目尽快在村里落地。

巴东县委书记陈行甲介绍，去年全县 125 个村完成了“农民办事不出村”信息化项目建设，今年计划再完成 180 个村，明年力争实现全覆盖。

既定目标受到严峻考验。陈行甲表示，最大的障碍来自于网络，全县 491 个村中至今还有 170 个村不通网络。此外，资金也是一大难题。目前业务受理员的工资一年仅 5000 元，其中 1000 元是办公经费，1000 元实行绩效考核，很难留住人。

与此同时，系统本身的瓶颈性问题也开始浮出水面，比如一些程序比较烦琐，一些部门放权不够。

“我们将在实践中逐步完善。”熊学红说，接下来会把县直 22 个部门的分管领导和业务办理员拉到村里办事，“查漏补缺”，不断改进。

恩施州委书记王海涛表示，“农民办事不出村”信息化服务平台是运用信息技术加强基层党组织建设、提升基层党组织服务能力的有益探索，恩施市、宣恩县、建始县正同步推进，包括巴东县在内目前全州已有 369 个村基本实现了“农民办事不出村”的目标，下一步将全面推广。

湖北省巴东县打造信息化平台实现农民办事不出村

《光明日报》　2014 年 5 月 13 日　作者：夏静　张晶

“这里办事太不方便了！”2012 年，湖北省巴东县新上任的县委书记陈行甲深入农户调研时，发现村里人要去县里办事得坐 6 个小时的车。有时办一个简单的准生证就要来回跑几趟。

“现在真是太方便了！”日前，在巴东县大支坪镇耀英坪村便民服务室，村民孙仁梅只用了 10 分钟，就完成了自然灾害救助申办手续。

这一转变源自巴东县推行的“农民办事不出村”政府信息化服务。

近两年来，巴东县投入 4458 万元资金，新扩建村级办公活动场所 207 个，每个村都建立了规范的党员群众服务中心。在此基础上，巴东县与国家社会扶贫创新协作办公室、中国改革发展研究院及相关科研单位合作，研发了专用网络办公软件，并在县、乡机关和 125 个具备光纤通信条件的村安装运行，建立起“农民办事不出村”智慧服务平台。

过去，山区的农民办事通常要先在村里出个证明，再去乡镇、县城一个一个部门跑。一件事可能半年都办不下来，费时又费钱。自从开通智慧服务平台后，群众动动嘴、干部敲敲键、数据“跑跑腿”，在家的农民办事不用出村，外出务工人员也不用回村了。

2013 年，巴东县 125 个试点村通过智慧服务平台累计受理行政审批服务事项 8951 件，办结率达 94%；4.7 万名农村老人和低保户直接支取保险金，完成取款、转账业务 2.64 万笔；办理电费缴纳、话费充值业务 2.48 万笔，网上产品交易额超过 500 万元，受益农户达 10 万人以上，直接节约成本 470 多万元。基本实现了“证件村里办、补贴村里领、信息村里查、农资村里订、费用村里交、矛盾村里调”。

如今，恩施市、建始县、宣恩县等地也对如何利用信息化手段方便农民办事进行了积极探索。恩施土家族苗族自治州州委书记王海涛说：“利用信息技术手段实现“农民办事不出村”，不仅让农民得到了实惠，还缩小了山区和发达地区的差距，更让农村基层党组织和党员干部作风产生了转变，缩短了党员干部和群众之间的距离，为基层服务型党组织建设打开了一条新路子。”

湖北巴东：农民办事不出村

《经济日报》 2014年5月13日 作者：魏劲松 周诗泉

本报讯 记者魏劲松、通讯员周诗泉报道："借助村里的网上服务中心，我们的审批手续5天就办好了。就像网店购物一样，只需在家下单和收货，再也不用到处跑路求人了。"5月7日，湖北省巴东县万众中药材种植专业合作社理事长谭百炼说。

老谭告诉记者："以往农民专业合作社登记注册要往县里跑，来回得大半个月，没有三四千块钱拿不下来。"

地处鄂西南山区的巴东县，山高人稀、坡陡路险，南北纵距129公里、海拔高差2900米，长江、清江两江分割，离县城最远处单程200多公里，农民到镇上、县里办事极为不便。为破解这一难题，巴东县在国家有关部门的支持下，开展"农民办事不出村"信息化项目建设，整合资源打造"电子政务超市"，将与农民生产生活息息相关的行政审批受理权限下放到村，让群众少跑腿、让数据多"跑路"，畅通了农民办事的"最后一公里"。

过去农民"分层级奔走、分部门报批"，现在县级政务服务中心、乡（镇）便民服务大厅和村级便民服务室网络连为一体，形成"一网式"服务体系，民政、计生等15个部门57项行政审批服务事项授权村便民服务室受理，县、乡（镇）、村三级通过信息化系统进行在线传输、同步审核、结果反馈、实时提醒、流程跟踪，农民足不出村就能办结行政审批服务事项。巴东还整合银行、通信、电力、供销社和商务局等部门功能，开通村级电子商务平台，实现惠农补贴资金领取、农资购买、办理小额信贷、信息咨询等综合服务，做到证件村里办、信息村里查、农资村里订、费用村里交、补贴村里领、矛盾村里调。

为保证惠民举措落到实处，巴东县创新运行管理机制和人才保障机制，严格实行服务承诺制、一周办结制、动态监督制、责任追究制，从村主职干部、计生专干、村级后备干部、大学生村官中择优选配村级业务受理员，采取集中培训、个别辅导等办法让业务受理员成为政策“万事通”。

目前，巴东县已完成125个村“农民办事不出村”信息化项目建设。村便民服务室累计受理行政审批服务事项8951件，办结率达94%，受益农户10万人以上。今年，巴东还将加大“农民办事不出村”项目建设力度，将业务范围从15个部门扩大到22个，服务项目从57项增至76项，涵盖审批服务、预约、咨询、商务四大类。巴东县委书记陈行甲说，力争到2015年实现全县491个村全覆盖。

湖北巴东县推进信息化项目

央广网　　2014 年 5 月 13 日　　作者：左艾甫　谢黎旭

央广网北京 5 月 13 日消息（记者左艾甫 巴东台记者谢黎旭）据中国之声《新闻和报纸摘要》报道，湖北省巴东县地处武陵山深处，山大人稀、交通不便。为方便群众办事，巴东县“农民办事不出村”信息化项目，把办事窗口搬到了老百姓的家门口，让数据多跑路，百姓少跑腿，打通了山区农村便民服务的“最后一公里”。

巴东县野三关镇冉家村九组村民田发恕只用了不到 30 分钟的时间，就在村便民服务室完成了专业合作社的登记注册，过几天再到村里拿营业执照就行了。“我觉得信息化到村以后，我们农民确实减少了办事时间，我们不要走一步路了，（办事）太简单了。”

“农民办事不出村”信息化项目主要是利用农村远程教育网络，将县、乡两级政务服务窗口下移到村便民服务室，村级受理员将老百姓申办事项的相关资料利用网络上传到乡镇，或者再由乡镇上传到县里，群众足不出村就能办完事。除了办理审批外，“农民办事不出村”信息系统还为山区群众办理电费缴纳、话费充值、小额贷款、取款等业务，并实时发布农技推广、农产品质量安全、动植物重大疫病防治等信息，专家跟进咨询、现场服务，基本实现了证件村里办、信息村里查、补贴村里领、矛盾村里调的便民服务新目标。巴东县委书记陈行甲说道：“老百姓平常办事非常不方便，花费的社会成本非常高，把我们县里的行政服务中心、乡（镇）的便民服务大厅延伸到村一级，我们期望通过这样一种服务，让老百姓办事方便，让老百姓满意。”

目前，湖北恩施州正在全州推广“农民办事不出村”信息系统，以打通直接服务群众的“最后一公里”。

巴东县农民办事不出村

《农民日报》　2014 年 5 月 13 日　作者：乐明凯　沈献轩

“仅 17 分钟，太方便了!”湖北省恩施州巴东县野三关镇村民谭志学在村头的便民服务室里，通过网上政务系统，从提交到回复，很快就完成了申办自然灾害救助手续，他由衷地感慨道，这在以前是不敢想象的。

巴东地处长江三峡腹地，是“老、少、边、穷、库、险”区，农民办事非常不便。

一定要打通直接服务群众的“最后一公里”，实现“农民办事不出村”。恩施州委书记王海涛介绍说，近两年来，恩施州积极探索提升村级组织治理能力的新路径，以巴东县为试点，搭建信息化服务平台，着力把服务平台建成为方便群众办事的“直通车”、服务群众的信息“高速路”。

钱从哪里来?

搭建信息化平台需要大量的资金，钱从哪里来?在巴东县最初动议时，各种反对意见此起彼伏。

2012 年，刚履新不久的巴东县委书记陈行甲入户调研时，一边有感于群众出村办事的不便，一边又注意到一个细节，组织部门实施的农村党员电教化远程网络已铺进大山，可否利用农村基层党建网络这条信息公路，让老百姓不出村就能办成事?

说干就干，巴东县先期投资 3000 多万元实施农村党员群众服务中心“提档升级工程”，实现了服务阵地标准化。同时，全力争取到国家社会扶贫创新协作办公室的支持，率先在全国开展“农村办事不出村”信息化项目示范，由中国改革研究所承担总体规划、软件定制和技术咨询。积极争取到了中国西部发展促进会支持，获赠 260 台电脑。

巴东县将该项目纳入 2013 年基层党建“书记选题破难点”工程和十件民生实事，投资 1100 多万元，在县、乡（镇）机关和 125 个具备光纤通信条件的村，建立起“农民办事不出村”智慧服务平台。到 2015 年实现全县 491 个村信息化系统全覆盖。

事由谁来办？

深入推进“农民办事不出村”信息化，人才队伍是关键，也是“软肋”。

现在，要使用智慧服务平台当好受理员，很多村干部被逼着学业务、学政策、学电脑。巴东县耀英坪村业务受理员吕奎不仅学会了电脑操作，还开通了个人微信群，接受群众政策咨询和预约办事。

巴东县从试点各村主职干部、大学生村官中选定 2 名受理员形成“AB”角，集中培训后持证上岗，周一和周四坐班，村主职干部陪班，其他时间实行电话预约办理。原来的县、乡镇机关办事服务窗口，前移到了村级党员群众服务中心，服务触角延伸到了老百姓家门口。

一批业务受理员在服务群众的过程中增长了技能和才干，成为农村“带头致富、带领群众致富”的能人，促进了干部素质能力由“传声筒”向“万事通”转变。

群众形象地说：“一个系统进了村，办事少了中转站，机关受‘冷’、群众受惠，智慧服务平台就是‘亲民岗’。”50 多岁的十二岭村委会主任刘宇兰兼任村业务受理员，他明显感到“村干部与村民沟通机会多了，村里矛盾纠纷少了，现在当个村干部‘有劲头’”。

怎么办好事？

现在，巴东县信息化项目试点村的农民办事，只需要到村党员群众服务中心提交资料、填写表格，村受理员负责初审并上传相关附件，再由乡镇、县政务服务中心按照管理权限逐级审核、办理，其结果通过该平台反馈到村，最后由村里告知申请人办理结果。

22 个县直部门，割肉放权，巴东县首批将 76 个涉农行政审批服务事项全部授权到村级直接受理，县、乡（镇）、村三级进行在线传输、同步审核、结果反馈、实时提醒、流程跟踪……

在此基础上，巴东进一步整合金融、邮政、通信、电力、供销、商务等资源，打造“服务连锁超市”，农民不仅可以在家门口上网缴纳费用、订购农资、汇款转账、领取补贴、信息咨询、车票代购等生产生活综合服务，有些农民还开起网上商店，卖出不少特色农产品。

经过一年的运行，2013 年仅巴东县的 125 个试点村就累计受理行政审批服务事项 8951 件，4.7 万名农村老人和低保户直接支取保险金，完成取款、转账业务 2.64 万笔，办理电费缴纳、话费充值业务 2.48 万笔，网上产品交易额超过 500 万元，受益农户达 10 万人以上，为群众办事直接节约成本 470 多万元。

目前，恩施州委正对全州的试点情况进行总结，拟规范后在全州推广。

4 综合新闻　2014年5月13日 星期二　农民日报

2014年科技活动周即将举办

小型集成影院有望进入乡镇

中国艺术家白明将赴法办展

报告文学《梦想照亮生活》研讨会召开

临邑县金融帮扶农村计生家庭发展种养

寻找最美农技员

“爱上这一行，离不开它了”

——记山西省吉县东城乡农技员葛成稳

农民眼中的“苹果财神”

“老葛讲的科学，咱们听得懂”

打通服务群众“最后一公里”——

巴东县农民办事不出村

钱从哪里来？

怎么办好事？

事由谁来办？

北京过半农户今年“减煤换煤”

物价补贴，三亚实行全民发放

外来农民工同样也能分享

“面对面”变“键对键”鄂西山区巴东县125个村农民办事不出村

《新华网》　　2013 年 12 月 13 日　　作者：谭元斌　谭明福

新华网武汉 12 月 13 日电（谭元斌、谭明福）“借助村里的网上服务中心，我们的审批手续 5 天就办好了，放在过去往县里跑，非得个把月不可，二三百公里的山路，来来回回，没有四五千块钱拿不下来。”湖北省巴东县金果坪乡乐群药业种植专业合作社理事长田金阶说。

巴东县依托信息化建设，通过网络将公共服务延伸至村级党员群众服务中心，让农民不出村就能办成事，服务效率提高了，办事成本降低了。

地处鄂西南山区的巴东县，山大人稀、坡陡路险，南北纵距 129 公里、海拔高差 2900 米，长江、清江两江分割，离县城最远处单程 200 多公里，广大农民到镇上、县里办事极为不便。

为破解这一难题，巴东县在国家有关部门的支持下，开展“农民办事不出村”信息化项目建设，弥补山区交通条件落后的“短板”。

过去农民“分层级奔走、分部门报批”，现在县级政务服务中心、乡（镇）便民服务大厅和村级便民服务室网络连为一体，形成“一网式”服务体系，与农民息息相关的民政、计生等 15 个部门 57 项行政审批服务事项授权村便民服务室受理，县、乡（镇）、村三级通过信息化系统进行在线传输、同步审核、结果反馈、实时提醒、流程跟踪，农民足不出村就能办结行政审批服务事项。

从“面对面”到“键对键”，“网上办理、电子监察”，真正实现了“阳光操作、公开透明”。

为保证惠民举措落到实处，巴东县创新运行管理机制和人才保障机制，严格实行服务承诺制、一周办结制、动态监督制、责任追究制，从村主职干部、计生专干、村级后备干部、大学生村官中择优选配村级业务受理员，采取集中培训、个别辅导等办法让业务受理员成为政策"万事通"。

目前，巴东县已经完成了125个村的"农民办事不出村"信息化项目建设。巴东县委书记陈行甲说，将按照"试点先行、全面推开、三年为期、整体覆盖"的思路强力推进，力争到2015年实现全县491个村全覆盖。

巴东实现农民办事不出村

《湖北日报》　2013 年 5 月 21 日　作者：刘畅

湖北日报讯（记者刘畅、通讯员谭明福、谭红）“太方便了！”13 日，巴东县野三关镇冉家村村民田徐金来到村便民服务室申办临时身份证，从上网提交资料、受理员审核到收到县公安局在线回复，仅 17 分钟就完成了手续。

当日，在巴东举行的全国试点验收会上，国家电子政务专家委员会副主任汪玉凯称赞，巴东实施的农民不出村项目，在武陵山区独一无二，其试点经验可在全国山区推广。

巴东山大人稀，地势险峻，最偏远的金果坪乡到县城有 210 多公里，跋山涉水，需走 6 个多小时，相当于去一趟省城，农民办事苦不堪言。县委书记陈行甲在调研时发现，可以利用已经铺就的农村基层党建网络这条信息高速公路，将网上办事服务平台下沉到村级。

国家社会扶贫创新办公室经多次考察，将巴东纳入全国首个创新试点县，去年 11 月与巴东县签订了“农民办事不出村”信息化项目示范协议，由中国改革研究所承担总体规划、软件定制和技术咨询。今年初，巴东将“农民办事不出村”信息化项目列入 10 件便民实事之首，成立领导小组，整合政务服务、远程教育和政府门户网站，搭建县、乡（镇）、村一体化服务平台，国土、计生、林业等 15 个部门 57 项审批业务均可在村级便民服务室办理。项目投资 1100 多万元，在 491 个村实现全覆盖，享受服务的农民将达到 30 多万人。

中央主流媒体聚焦我州农民办事不出村

《恩施日报》　　2014 年 5 月 13 日

本报讯 5 月 12 日，新华社播发通稿《湖北巴东：政务服务送进村 农民办事不求人》，深入报道我州以巴东县为试点，实现“农民办事不出村”，积极探索提升村级组织治理能力的新路子。

从 5 月 7 日开始，由中宣部组织的人民日报、新华社、光明日报、经济日报、中央人民广播电台、中央电视台等主流媒体采访团，深入我州巴东县开展了为期 3 天的集中采访，聚焦我州“农民办事不出村”的主要做法和具体成效，并于近期陆续报道。

近年来，州委积极探索提升基层治理服务能力的新途径，以巴东为试点，搭建信息化服务平台，打通直接服务群众“最后一公里”，实现“农民办事不出村”，着力把服务平台建成方便群众办事的“直通车”、服务群众的信息“高速路”，是我州开展群众路线教育实践活动的有益探索和实践。4 月 11 日，中共中央政治局常委、中央书记处书记刘云山在我州调研时，对这一做法予以肯定。

采访团在恩施采访期间，州委书记、州人大常委会主任王海涛会见记者并介绍了相关情况。他指出，“农民办事不出村”的探索实践，主要是着眼于基层服务手段和方法创新，是落实中央、省委关于提升基层治理服务能力相关要求的具体体现，也是群众路线教育实践活动的具体行动。通过试点运行并向全州推广，我们认为这项工作来源于群众创造，符合山区实际，符合改革发展需求，拓宽了党委、政府联系服务群众的渠道。

州委常委、宣传部长杨陈清，州委常委、组织部长周静参加了会见。

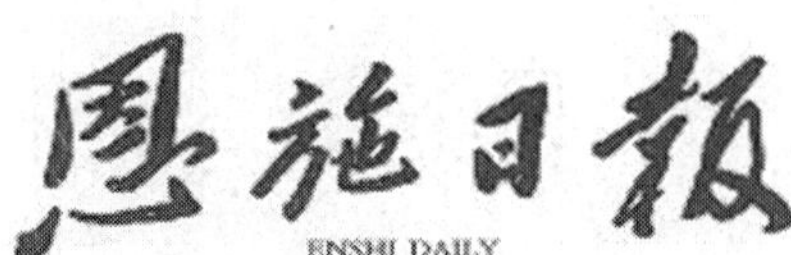

2014年5月13日 星期二

中央主流媒体聚焦我州"农民办事不出村"

湖北巴东：

政务服务送进村 农民办事不求人

信息化平台打通政务服务"最后一公里"

"技术+制度"搭建便群、干群"连心桥"

我州部署防汛抗旱工作

恩施硒茶进京启动仪式昨举行

香港言爱基金会在我州

捐建九年一贯制寄宿制学校

"百姓大舞台"启幕

我州考点共有4151人参考

来凤轻质碳酸钙生产项目即将投产

我州启动宣传月活动

今日导读

我州今年中考招生政策出台

小园区的大追求

——恒桃工业园转型升级观察

全面深化改革·荆楚行

湖北巴东：农民办事不出村

《人民日报》　　2014 年 5 月 14 日　　作者：付文

“我取养老保险，你给我查下这卡里有几多钱?”

日前，在湖北巴东县沿渡河镇界河村便民服务室，71 岁的龙云慧老人不到 5 分钟就取出了养老金。而以前，他要先花 10 元钱坐汽车走 22 公里山路到镇上，然后再找银行网点才能把钱取出来。“那个系统搞得蛮好，不然我跑到镇上去花了钱不说，事情还不一定办得成。”

龙云慧说的“系统”，就是巴东县自去年 3 月开始运行的“农民办事不出村”信息化系统。巴东辖内有 12 个乡镇 491 个村，最偏僻的村离县城单程近 200 公里。

山高坡陡路远，乡亲办事苦不堪言。巴东县委书记陈行甲刚就任时有一次下乡调研，路上就花了 6 个小时，和到武汉的时间差不多。如何解决山区交通落后导致的农民办事难，打通农民办事“最后一公里”？巴东县委县政府大胆构想：依托互联网这条信息高速公路，将政务服务的触角延伸到村级党员群众服务中心，让农民不出村就能办成事。

县委、县政府先后投入 3000 多万元实施农村便民服务室提档升级，建成“农民办事不出村”信息化系统。系统将与农民群众息息相关的 22 个部门 76 项行政审批与服务事项，全部授权给村便民服务室受理。农民足不出村就能办结社会救助、个人建房、林木采伐、生育登记等行政审批事项。

“这个系统，横向来看连通了县、乡（镇）职能部门的窗口，纵向来看把县政务服务中心、乡（镇）便民服务大厅和村便民服务室网络连为一体，形成横向互通、纵向直达的一网式服务体系。整个过程，让电脑数据多跑路，让群众少跑腿。”陈行甲说，巴东进一步整合金融、邮政、通信、电力等部门职能，在村便民服务室开通惠农补贴领取、电费收缴、汇款转账等综合服务，形成了“服务连锁超市”。

一年多来，巴东已有 125 个村（社区）全面开通了该系统，175 个村正在启动实施，全县受益农户在 10 万人以上。村便民服务室累计受理行政审批服务事项 8951 件，办结率达 94%；4.7 万个农村老人和低保户在村里支取保险金，完成取款、转账业务 2.64 万笔，办理电费缴纳、话费充值业务 2.48 万笔。

6 要闻 人民日报

海上新丝路 广西再出发

湖北巴东 农民办事不出村

校园“农家乐”

上网前 先学学换位思考

首个以全国道德模范命名志愿服务团成立

长汀经验助力生态建设

四省举行宣传教育活动

06版:要闻 PDF版下载 上一版 下一版

各地基层干部表示

努力做焦裕禄式的好党员好干部

新华网　　2014年5月15日

新华网北京5月15日电　穿越历史烟云，焦裕禄精神历久弥新。5月14日，是县委书记的榜样——焦裕禄逝世50周年，各地基层干部表达深切缅怀之情，同时表示，响应习近平总书记的号召，努力做焦裕禄式的好党员、好干部。

焦裕禄“心中装着全体人民，唯独没有他自己”的公仆情怀，深深感染、激励着基层干部。山东莒县县委书记刘守亮的家乡与兰考紧邻，大学时曾专程骑自行车去兰考焦裕禄墓前凭吊，写了一篇思考焦裕禄精神的短文发表在校报上。担任县委书记后，他对焦裕禄精神有了更深的思考。“学习焦裕禄，最重要的是要有坚定的为民情怀。把为民情怀内化于心、外化于行。”刘守亮说。

江西瑞金是共和国摇篮、党的群众路线的重要发源地和苏区精神的主要孕育地。瑞金市市长许锐说，焦裕禄精神同井冈山精神、苏区精神、延安精神等革命传统和伟大精神一样，过去是、现在是、将来仍然是我们党的宝贵精神财富。学习弘扬焦裕禄精神，就要继承一脉相传的“红色基因”，切实为民办实事，让百姓过得更加幸福。

因老县城地处向家坝水电站库区而整体搬迁的云南绥江县，在新城建设中，所有机关单位不设围墙。绥江县委书记杨淞说：“要让群众能够自由出入各机关单位，反映问题、解决问题，从心坎儿上和党员干部融在一起。践行全心全意为人民服务的宗旨，应该体现在具体的工作上，而不是停留在口号上。”

黑龙江海伦市海北镇党委书记盛春景、湖北京山县委书记胡小国、黑龙江青冈县劳动乡原党委书记李岳华、湖北谷城县委书记艾文金表示，焦裕禄的身躯并不高大，却是一个“敢教日月换新天”的斗士，一个为党和人民的事业鞠躬尽瘁的斗士。

第二批党的群众路线教育实践活动正在全国市、县领导机关、领导班子和领导干部中深入展开。各地干部以焦裕禄为“镜”，照出了当下“四风”的沉疴痼疾，以焦裕禄精神为标杆，认清了“为了谁”“依靠谁”“我是谁”。

山东蒙阴县委书记朱开国、山西孝义市振兴街道党工委书记梁洪等说，要像焦裕禄同志一样，民有所呼，我有所应；民有所求，我有所为。作为基层党员干部，要会走田间路，吃得农家饭、愿干百姓活。如果整天只坐在高楼上、办公室里，就接不到“地气”，找不到干群一家的感觉。

江苏洪泽县委书记徐东海、盱眙县委书记李森表示，当前，一些基层干部中不同程度存在着急功近利甚至搞虚假政绩等问题。这些问题的总根子是思想观念问题和工作作风问题。以焦裕禄为镜子照照，我们就要反思，自己所做的每一件事情是不是为人民的利益着想。

“曾有群众写信反映取60元的低保花了50元的车费，我看后很受触动。”湖北巴东县委书记陈行甲说，巴东县地广人稀、山高路险，过去农民到乡镇、县城办事极为不便。信息化服务平台开通后，不仅方便群众办事，也提高了基层党组织在群众心目中的地位。

从《干部十不准》、“任何时候都不搞特殊化”到焦裕禄的家风，各地基层干部表示，要以焦裕禄为榜样，严格要求自己、严格要求身边干部、严格要求家属。

“学习焦裕禄，要学习他严格要求自己、严格要求家属的家风。堡垒往往从内部攻破，现在一些出了问题的干部，就是因为没有严格律己，没有把家属管住。学习焦裕禄，还要学习他权为民用的正确权力观，保持为民、奉献的共产党员本色。”刚刚读完《焦裕禄在兰考的470天》一书的安徽庐江县委书记王民生认为，新时期，党的执政环境更加复杂，领导干部面临的诱惑更多，这时学习弘扬焦裕禄精神，重温他起草制定的《干部十不准》和不搞特殊化的做法，非常有针对性。

宁夏泾源县委书记李志达说，在新时期，领导干部面临外界诸多利益诱惑，面临的挑战更为严峻，焦裕禄是我们学习的楷模。作为一个国家级贫困县的“父母官”，不仅要带领群众脱贫致富，更要在工作上、生活细节上从严要求自己，切实把为人民服务牢记心上，体现在行动中，同时管好干部，管好自己的家属和子女。

江西奉新县委书记张家良、安徽凤阳县小岗村党委第一书记张行宇认为，学习弘扬焦裕禄精神，就是要“严”字当头，严以修身，坚定理想信念；严于用权，坚持用权为民；严于律己，严格要求身边干部，严格要求家属。

让“最后一公里”直达群众心头

《湖北日报》　　2014 年 6 月 6 日　　作者：艾丹

（湖北日报讯 艾丹）巴东农民办事不出村，由本报率先报道后，受到中央媒体关注。6 月 4 日晚，央视《新闻联播》《焦点访谈》再次聚焦湖北恩施，报道巴东县全面推进网上政务，打通农民办事“最后一公里”，让农民在家门口就能实现行政审批与服务。

过去，领取 50 元养老金，要花 60 元路费；缴纳电话费要花一天的时间；办一个户口迁移要往返几百公里，折腾好几回……深山农户办事难的历史，如今在数据化服务之下变得简单、便捷。这种改变，考验的不单是网上政务建设的能力，更是政府部门的服务思维。

是主动上门服务群众、创新服务方式，还是让群众跑断腿？转变政府职能，改进工作作风，如何具体体现？做了多少思想汇报，写了多少检查材料，并不能说明问题，重要的是在关切民生的问题上，是否做到了真转、真改。近期，武汉市治庸办暗访了一些窗口部门，脱岗现象时有发生，甚至有的人为了“给领导倒水”，将来办事的群众晾在一边。服务群众，并不是有没有条件、有没有能力的问题，而是心中有没有群众、把群众放在怎样的位置的问题。

脸难看，事难办，一直是群众反映强烈的问题。盖不完的章，排不完的队，整不完的材料，冷冰冰的脸……要让群众办事方便，就要从简化审批流程开始，从提高政务效率开始，从真正让群众少跑路开始。6 月 4 日的国务院常务会议上，李克强总理谈道：“有些审批事项，设立 8 年来，竟连一次申请都没受理过。说起来都好笑！”减掉一切不必要的审批，的确有很大空间。

要让群众少跑腿，政府部门就不能怕麻烦。尽管一些职能部门工作作风有所转变，但与群众的要求仍有距离。有的部门习惯于等着群众上门来找，而不是主动走下去为群众服务；有的部门害怕给自己找事，宁可按部就班，也不愿意创新工作方式；有的服务窗口来办事的群众排成长龙，但还是会一分不差地准点下班，服务窗口的数量也不会多开一个……这样"以我为主"的观念，怕麻烦的心态，正是需要转变的政务思维。

以解决群众难题为导向，以满足群众需要为目标，转变"以我为主"的服务思维，把自己真正放在一个"服务者"的位置，才能打通"最后一公里"，直达群众心坎上。

巴东社保服务网络延伸到乡村

《荆楚网》　2014 年 7 月 29 日　　作者：向华东

农村新报讯（通讯员向东华）“过去社保年检要跑到镇上去，费时又费力，现在村里服务窗口就可以办!”25 日，在巴东县官渡口镇水坪村“农民办事不出村”窗口，企业退休职工老谭说话间就办完社保年检，一脸的轻松。

长期以来，山高人稀的巴东县，群众到乡（镇）、县城办事饱受奔波之苦。跑趟乡镇或县城少则两三个小时，多则六七个小时。针对部分社保对象反映“社会保险程序复杂、手续繁多、办事不便”的问题，县人社局会同各经办机构，对涉及养老、医疗和工伤保险等社保办理流程进行优化，能并则并、能简则简、能放则放。

据介绍，“农民办事不出村”涉及人社办理业务 6 项，去年至今，先后办理了相关业务 12000 多件，受到群众广泛好评。

服务群众“零距离”

——巴东健全“农民办事不出村”服务平台

《长江巴东网》　2014年9月16日　记者：陈江

8月29日至9月4日，华中师范大学中国农村研究院教授邓大才一行来到巴东，实地调研“农民办事不出村”信息化项目运行情况。

为切实解决农民办事“最后一公里”问题，华师中国农村研究院对巴东“农民办事不出村”改革实践进行调研总结、经验研究、理论研究和改革指导，不断深化巴东模式。与华师中国农村研究院的项目合作，只是巴东深入推进“农民办事不出村”信息服务平台建设的一个缩影。“农民办事不出村”系统是将与农民息息相关的行政审批和服务事项，全部授权给村便民服务室受理，让农民足不出村，就能办结社会救助、个人建房、林木采伐、生育登记等行政审批事项。项目一经实施，受到群众欢迎，并迅速推广。

在党的群众路线教育实践活动中，部分项目村群众反映，“办事不出村”十分方便，但一些部门办理时间过长，严重影响整体办事进度。

巴东县通过实地暗访、群众座谈，摸清底细，找准症结，并对症下药。今年6月，县委办、县政府办联合出台“农民办事不出村”信息服务平台建设工作推进方案。明确规定，全县围绕“四个升级”（战略升级、系统升级、队伍升级、服务升级），开展“四项工作”（召开一次高规格的理论研讨会，下放一批行政审批和服务事项，打造一个科学、统一的软件工作平台，建设一支高素质的服务队伍），达到“四有目标”（有完整的理论体系、有规范的事项目录、有科学的工作平台、有优秀的服务队伍），探索建立具有巴东特色的政务服务模式，放大服务平台的品牌效应。

7月，巴东县举办“农民办事不出村”信息服务平台应用培训班，对12个乡镇业务办理员和村级业务员进行培训。“原来我对计算机一窍不通。通过培训，我这个老头子也能上网办事了。”野三关镇水田坝村党支部书记、60岁的业务受理员周科杰说。

针对村级工作经费没有保障，业务代理员责、权、利不符的实际情况，巴东县积极探索村级业务受理员专业化和职业化，将村受理员的报酬及办公经费纳入预算，实行绩效考核与责任追究同步。

“农民办事不出村”信息服务项目实施以来，一批村级业务受理员成为农村“双带”（带头致富、带领群众致富）能人。大支坪镇耀英坪村计生专干吕奎就是其中之一。一年多来，她在服务群众中受到锻炼，工作能力得到提升。今年7月，她被县委表彰为首届“最美乡村干部”。

为最大限度发挥信息平台作用，巴东对行政审批目录进行梳理，剔除不适用在村办结的审批项目，将适合在村受理的事项全部下放到村。目前，全县已将76项涉农行政审批服务事项全部授权到村直接受理，行政审批、商务服务的范围和内容不断拓展。

巴东将农村网格化与“农民办事不出村”系统进行融合，对设备、人力和信息平台实行有效整合。积极筹建行政审批和电子监察系统，努力实现党建、网格管理、行政审批、政务公开、协同办公、网络问政、新闻信息的有机融合，最终达到“对外一个站、到村一张网”的效果。

一年多来，“农民办事不出村”取得良好效果，为创新山区社会治理探索出了一条新路。

中国偏远山区用现代信息技术实现“农民办事不出村”

《新华网》　2014 年 11 月 18 日　记者：吴植　李志晖　谭元斌

新华网北京 11 月 18 日电（记者吴植、李志晖、谭元斌）通过在全国率先建成的“农民办事不出村”电子信息系统，鄂西大山深处巴东县金果坪乡桃李溪村村民熊龙军在村便民服务室只用 10 分钟，就完成了生育服务证审批流程。几天后，他便收到了系统业务受理员寄来的证件。

而在几年前，巴东县沿渡河镇界河村村民向永浩为办理户口迁移手续，先后 5 次往返集镇和县城，累计车船行程 700 多公里，花费 500 多元，历时 8 个月才办完。

地处长江三峡库区的巴东县属于国家确定的武陵山连片特困地区，那里山高路远、交通闭塞，农村群众到乡镇、县城办事时间长、成本高。曾有群众写信反映，取 60 元的低保金要花去 50 元的车费。于是，当地党委政府决心下功夫解决这个突出问题。

近年，巴东县投资 4400 多万元，对 207 个农村党员群众服务中心进行提档升级。县政府又与国家社会扶贫创新协作办公室合作，斥资 1100 万元，在全国率先开展“农村办事不出村”信息化便民服务项目示范。同时，当地还确立了服务承诺制、一周办结制、动态督查制、责任追究制和“倒逼”工作法等一套运行考核机制。

“实现‘农民办事不出村’，最核心的其实是简政放权。把直接面向基层、量大面广的经济社会事项，一律下放到基层，不仅能让群众享受基层治理带来的实惠，还能促使干部队伍发生从管理到服务的理念革命，压缩腐败滋生的空间。”巴东县纪委书记黄光辉说。

目前，巴东已在 257 个村建立信息化服务平台，与农民群众息息相关的民政、计生、国土等21个部门87项行政审批服务事项授权村便民服务室受理，县、乡（镇）、村通过服务平台在线传输、同步审核、结果反馈、实时提醒、流程跟踪。明年，该平台将覆盖全县491个村（社区）。

有感于“路难跑、门难进、脸难看、事难办”现象的终结，巴东县茶店子镇村民高映祺作了一首打油诗：过去办事急死人，提起猪头找庙门；找了张三找李四，脚板磨破事不成；现在实行信息化，农民办事方便哒；不要装烟不提酒，办好事情乐哈哈。

华中师范大学中国农村研究院执行院长邓大才教授说，巴东的技术牵引型治理使“山高皇帝远”变为了“政府在身边”，实现了“群众动嘴，干部动手，数据跑路”。这些举措有望解决长期困扰中国山区农村治理的两大难题：一是山区治理能力瓶颈问题；二是农村公共服务“最后一公里”难题。

首届地方政府改革创新成果新闻发布会在京举行

《南方农村报》 2014年11月18日 记者：胡新科

南方农村报讯（记者胡新科）11月18日上午，由华中师范大学中国农村研究院、教育部《高校智库专刊》社会发展编辑室、华中师范大学中国城市治理研究院联合创办的，首届“中国地方政府改革创新新闻发布会暨‘全面深化改革’地方经验报告会”（以下简称“经验发布会”）在北京召开。来自全国的地方改革先行者、探索者以及五十余家国内外媒体出席此次会议。

华中师范大学中国农村研究院执行院长邓大才教授昨晚向《南方农村报》透露，此次经验发布会主要面向地方市、县级和市县级以下政府单位及其组成部门，根据自愿性、无偿性、公正性原则，由专家评审委员会和筹备委员会两大机构评审、遴选出具有创新典型性和重要推广价值的地方改革实践4宗，分别是：厦门市海沧区“美丽厦门，共同缔造”社会治理实践、广东省蕉岭县“三位一体”农业生产经营综合体改革、山东省东平县土地股份合作社及集体经济有效实现形式探索实践、湖北省巴东县“农民办事不出村”信息化服务项目建设。

蕉岭县凭借“三位一体”的农村综合改革，依靠打造农村产权交易综合体、农业生产经营综合体和新型城乡发展综合体这“三体”，激活了农村资产资源，创新了农业经营方式，促进了城乡“一体化”发展的综合改革，成功入选首次地方政府改革改革创新成果展示，并获得专家广泛好评。

邓大才表示，作为国务院农村综合改革示范试点单位，蕉岭县先行先试，大胆探索实践，提出了独具特色的“三位一体”农村综合改革思路，探索走出一条具有蕉岭特色的农村改革发展新路，成为广东省乃至全国农村改革大潮中的一个闪光点和风向标。

蕉岭“三位一体”改革以农村土地承包经营权确权颁证为先导，搭建县、乡（镇）、村三级产权交易平台，引导农民主动参与产权市场，以市场配置提升农村资源的价值，破解了农村土地等资源通过市场难增值的问题。同时通过培育和发展家庭农场、龙头企业等新型农业经营主体，促进农业生产的规模化，破解了未来农村“谁来种地，谁能种好地”的难题。再者，蕉岭县依托优秀的客家文化，加大农村基础设施建设，提高农民生活品质，解决了农民长期以来难以享受均等化公共服务的难题。蕉岭改革回应了三中全会“赋予农民更多财产权利”“加快构建新型经营体系”“完善城镇化健康发展体制机制”等要求，实现了农村发展的“蕉岭突围”。

学者盘点地方改革举措　第三方视角推基层改革

《中新网》　2014 年 11 月 18 日　作者：马海燕

中新网北京 11 月 18 日电（记者 马海燕）由华中师范大学中国农村研究院、教育部《高校智库专刊》社会发展编辑室、华中师范大学中国城市治理研究院联合创办的首届中国地方政府改革创新暨全面深化改革地方经验报告会今日在京举行。由学者盘点地方政府改革创新举措给了基层改革不一样的视角。

华中师范大学中国农村研究院执行院长邓大才教授表示，此次经验发布会主要面向地市、县级和市县级以下政府单位及其组成部门，根据自愿性、无偿性、公正性原则，由专家评审委员会和筹备委员会两大机构评审、遴选出具有创新典型性和重要推广价值的地方改革实践进行重点挖掘并予以发布。

此次入选的四个改革颇有特色的地方包括：厦门市海沧区“美丽厦门，共同缔造”社会治理实践、广东省蕉岭县“三位一体”农业生产经营综合体改革、山东省东平县土地股份合作社及集体经济有效实现形式探索实践以及湖北省巴东县“农民办事不出村”信息化服务项目建设。邓大才教授认为，这为中国全局性的深化改革提供了实践参考，为治理决策提供了经验范本。

会议主办方希望通过此次发布会来“牵线搭桥”，促进中央精神与地方探索的积极互动，推动创新实践的经验推广和理论提升，更好地推进实现国家治理体系和治理能力现代化。

据悉，以后中国地方改革创新经验发布会将形成年度性新闻发布模式，对各地经济、政治、社会、文化、生态等领域的体制改革及实践创新进行全方位、立体式的传播，以促进地方改革创新经验的推广与理论提升。

首届中国地方改革创新成果新闻发布会在北京召开

《央广网》　2014年11月18日　记者：吴菁　何骏

央广网北京11月18日消息（记者吴菁 通讯员何骏）今天上午，由华中师范大学中国农村研究院、教育部《高校智库专刊》社会发展编辑室、华中师范大学中国城市治理研究院联合创办的首届“中国地方改革创新新闻发布会暨‘全面深化改革’地方经验报告会”（以下简称“经验发布会”）在北京成功召开。来自全国的地方改革先行者、探索者以及五十余家国内外媒体出席了此次会议。

华中师范大学中国农村研究院执行院长邓大才教授代表会议主办方，作了地方改革创新实践总体情况汇报。首先，邓大才教授就经验发布会的评审标准与会议目标作了介绍。他指出此次经验发布会主要面向地方市、县级和市县级以下政府单位及其组成部门，根据自愿性、无偿性、公正性原则，由专家评审委员会和筹备委员会两大机构评审、遴选出具有创新典型性和重要推广价值的地方改革实践进行重点挖掘并予以发布。会议主办方希望通过此次发布会来“牵线搭桥”，促进中央精神与地方探索的积极互动，推动创新实践的经验推广和理论提升，更好地展示中国特色社会主义实践成就，实现国家治理体系和治理能力现代化。其次，邓大才教授分别介绍了四地的改革实践活动及当前地方实践总体进展情况。他认为，厦门市海沧区“美丽厦门，共同缔造”社会治理实践、山东省东平县土地股份合作社及集体经济有效实现形式探索、湖北省巴东县“农民办事不出村”信息化服务项目建设，以及广东省蕉岭县“三位一体”农业生产经营综合体改革，对十八届三中全会的战略部署做出的积极回应，为我国全局性的深化改革提供了先进的实践参考，为治理决策提供了经验范本。

来自厦门市海沧区、山东省东平县、湖北省巴东县及广东省蕉岭县的地方改革代表分别作了经验分享与成果汇报。

据悉，中国地方改革创新经验发布会将形成年度性新闻发布模式。

首届中国地方改革创新成果发布会在北京召开

《中国经济网》　2014 年 11 月 18 日　记者：乔金亮

中国经济网北京 11 月 18 日讯（记者 乔金亮）由华中师范大学中国农村研究院、教育部《高校智库专刊》社会发展编辑室、华中师范大学中国城市治理研究院联合举办的首届中国地方改革创新成果发布会暨全面深化改革地方经验报告会今天在北京召开。来自全国多地的改革创新代表出席了此次会议。

华中师范大学中国农村研究院执行院长邓大才教授作了地方改革创新实践总体情况汇报。他表示，此次发布会主要面向地方市、县级和市县级以下政府单位及其组成部门，根据自愿性、公正性原则，由专家评审委员会和筹备委员会两大机构评审、遴选出具有创新典型性和重要推广价值的地方改革实践进行重点挖掘并予以发布。会议主办方希望通过此次发布会来“牵线搭桥”，促进中央精神与地方探索的积极互动，推动创新实践的经验推广和理论提升，更好地展示中国特色社会主义实践成就，实现国家治理体系和治理能力现代化。

邓大才教授分别介绍了四地的改革实践活动及当前地方实践总体进展情况。他认为，厦门市海沧区“美丽厦门·共同缔造”社会治理实践、广东省蕉岭县“三位一体”农业生产经营综合体改革、山东省东平县土地股份合作社及集体经济有效实现形式探索实践以及湖北省巴东县“农民办事不出村”信息化服务项目建设，对十八届三中全会的战略部署做出的积极回应，为我国全局性的深化改革提供了先进的实践参考，为治理决策提供了经验范本。

来自厦门市海沧区、山东省东平县、湖北省巴东县及广东省蕉岭县的地方改革代表分别作了经验分享。厦门市海沧区以着力破解“中等收入社会难题”为突破口，借助“美丽厦门，共同缔造”这一契机，从过去管理有序、服务到位、组织健全三个发展阶段的治理模式进一步过渡到“4.0”版本的“互动共治”治理模式，形成了“纵向到底、横向到边”的新型治理体系。纵向上形成（厦门）市规划、区统筹、街道管理、社区服务、小区自治、楼栋自治的治理架构，横向上形成了党组织、居委会、社区工作站、社会组织等多元参与的自治格局。

山东省东平县通过创建“土地股份合作社”这一新型农业经营主体，创新了农村集体经济的有效实现形式，为农村基层治理，特别是解决农村“空壳化”问题提供了经济基础。这一改革以“土地”为核心。农民基本都有一块土地，因此都能参与到合作组织中。以产权改革为保障。即通过土地确权，使土地的承包权得以明晰；特别是将承包权分离出经营权，通过入股经营的方式创新土地经营形式。

湖北省巴东县借助现代信息技术，促进了山区治理能力的现代化。巴东县以解决农民办事“难”为突破口，利用信息技术打造“农民办事不出村”系统，让农民不出村就能办好以前需要到乡镇、到县里办的事情。这一改革解决了长期困扰农村治理的两大难题：一是山区治理能力瓶颈问题。通过信息技术，让政府与农民零距离，提高了政府治理能力。二是解决了农村公共服务群众“最后一公里”难题。依托现代技术，使山区农民享受城市居民一样便捷的基本公共服务。

广东省蕉岭县“三位一体”的农村综合改革，依靠打造农村产权交易综合体、农业生产经营综合体以及新型城乡发展综合体这“三体”，激活了农村资产资源，创新了农业经营方式，促进了城乡“一体化”发展的综合改革。首先，改革以农村土地承包经营权确权颁证为先导，搭建县、乡（镇）、村三级产权交易平台，引导农民主动参与产权市场，以市场配置提升农村资源的价值，破解了农村土地等资源通过市场难增值的问题。其次，通过培育和发展新型农业经营主体，促进农业生产的规模化，破解了未来农村“谁来种地，谁能种好地”的难题。

据悉，中国地方改革创新经验发布会将形成年度性发布模式，对各地经济、政治、社会、文化、生态等领域的体制改革及实践创新进行全方位、立体式的总结，以促进地方改革创新经验的理论提升。

首届中国地方改革创新成果新闻发布会暨“全面深化改革”地方经验报告会在京成功召开

《经济观察网》　2014 年 11 月 18 日

11 月 18 日上午，由华中师范大学中国农村研究院、教育部《高校智库专刊》社会发展编辑室、华中师范大学中国城市治理研究院联合创办的首届“中国地方改革创新新闻发布会暨‘全面深化改革’地方经验报告会”（以下简称“经验发布会”）在北京成功召开。来自全国的地方改革先行者、探索者以及五十余家国内外媒体出席了此次会议。

华中师范大学中国农村研究院执行院长邓大才教授代表会议主办方，作了地方改革创新实践总体情况汇报。首先，邓大才教授就经验发布会的评审标准与会议目标作了介绍。他指出此次经验发布会主要面向地方市、县级和市县级以下政府单位及其组成部门，根据自愿性、无偿性、公正性原则，由专家评审委员会和筹备委员会两大机构评审、遴选出具有创新典型性和重要推广价值的地方改革实践进行重点挖掘并予以发布。会议主办方希望通过此次发布会来“牵线搭桥”，促进中央精神与地方探索的积极互动，推动创新实践的经验推广和理论提升，更好地展示中国特色社会主义实践成就，实现国家治理体系和治理能力现代化。其次，邓教授分别介绍了四地的改革实践活动及当前地方实践总体进展情况。他认为，厦门市海沧区“美丽厦门，共同缔造”社会治理实践、山东省东平县土地股份合作社及集体经济有效实现形式探索、湖北省巴东县“农民办事不出村”信息化服务项目建设，以及广东省蕉岭县“三位一体”农业生产经营综合体改革，对十八届三中全会的战略部署做出的积极回应，为我国全局性的深化改革提供了先进的实践参考，为治理决策提供了经验范本。

接下来，来自厦门市海沧区、山东省东平县、湖北省巴东县及广东省蕉岭县的地方改革代表分别作了经验分享与成果汇报。

共同缔造：实现互动共治的“海沧跨越”

厦门市海沧区以着力破解“中等收入社会难题”为突破口，借助“美丽厦门，共同缔造”这一契机，从过去管理有序、服务到位、组织健全三个发展阶段的治理模式进一步过渡到“4.0”版本的“互动共治”治理模式，形成了“纵向到底、横向到边”的新型治理体系。一是纵向上形成（厦门）市规划、区统筹、街道管理、社区服务、小区自治、楼栋自治的治理架构；二是横向上形成了党组织、居委会、社区工作站、社会组织等多元参与的自治格局。海沧改革实践对《改革决定》“发展基层民主”和“改进社会治理方式”的具体要求做出了积极探索，实现了治理体系上的“海沧跨越”。

股份合作：集体经济有效实现的“东平崛起”

山东省东平县通过创建“土地股份合作社”这一新型农业经营主体，创新了农村集体经济的有效实现形式，为农村基层治理，特别是解决农村“空壳化”问题提供了经济基础。这一改革有三大特点：一是以“土地”为核心。农民基本都有一块土地，因此都能参与到合作组织中。二是以产权改革为保障。即通过土地确权，使土地的承包权得以明晰；特别是将承包权分离出经营权，通过入股经营的方式创新土地经营形式。三是分配公平，农民加入土地股份合作社后不仅能得到基本租金，还能获得经营分红以及风险收益，这进一步解决了小农致富和发展难题。总体来看，东平县的改革创新对十八届三中全会提出的“加快构建新型农业经营体系”和“赋予农民更多的财产权利”等要求做出了积极回应，实现了集体经济的“东平崛起”。

办事不出村：山区治理信息现代化的“巴东奇迹”

湖北省巴东县借助现代信息技术，促进了山区治理能力的现代化。简而言之，巴东县以解决农民办事“难”为突破口，利用信息技术打造“农民办事不出村”系统，让农民不出村就能办好以前需要到乡镇、到县里办的事情。这一改革解决了长期困扰农村治理的两大难题：一是山区治理能力瓶颈问题。通过信息技术，让政府与农民零距离，提高了政府治理能力。二是解决了农村公共服务群众“最后一公里”难题。依托现代技术，而非传统的人力物力，使山区农民享受城市居民一样便捷的基本公共服务。巴东改革是对“全面正确履行政府职能”“改进社会治理方式”等具体要求的创新实践，创造了山区治理的“巴东奇迹”。

三位一体：探索农村综合改革的“蕉岭突围”

广东省蕉岭县“三位一体”的农村综合改革，依靠打造农村产权交易综合体、农业生产经营综合体以及新型城乡发展综合体这“三体”，激活了农村资产资源，创新了农业经营方式，促进了城乡“一体化”发展的综合改革。首先，改革以农村土地承包经营权确权颁证为先导，搭建县、乡（镇）、村三级产权交易平台，引导农民主动参与产权市场，以市场配置提升农村资源的价值，破解了农村土地等资源通过市场难增值的问题。其次，通过培育和发展家庭农场、龙头企业等新型农业经营主体，促进农业生产的规模化，破解了未来农村“谁来种地，谁能种好地”的难题；最后，蕉岭县依托优秀的客家文化，加大农村基础设施建设，提高农民生活品质，解决了农民长期以来难以享受均等化公共服务的难题。蕉岭改革回应了三中全会“赋予农民更多财产权利”“加快构建新型经营体系”“完善城镇化健康发展体制机制”等要求，实现了农村发展的“蕉岭突围”。

徐勇教授在总结发言中谈到，十一届三中全会以来，“自下而上式摸着石头过河”的改革模式，推动着改革开放不断深入，即在基层探索的基础上，国家予以认可并出台政策，据此形成制度化成果；十八届三中全会作出了《全面深化改革若干重大问题的决定》，推动着改革路径步入顶层设计的全新模式；与此遥相呼应下的地方实践对于推动改革迈向中央与地方互动共进、政策与实践双向互补的局面意义深远。徐勇教授认为，海沧、东平、巴东、蕉岭的探索实践为深化改革，推动国家治理体系与治理能力现代化交出了优秀答卷，堪称地方改革的领跑者。这些地方改革创新经验的实践推动着治理模式从过去管理有序、服务完善、组织健全进一步过渡到互动共治“4.0”版本的跨越，形成了“纵向到底、横向到边”的新型治理体系。

据悉，中国地方改革创新经验发布会将形成年度性新闻发布模式。通过召开高水平新闻发布会的方式，广泛邀请海内外知名广播电视媒体、平面媒体、互联网媒体，对各地经济、政治、社会、文化、生态等领域的体制改革及实践创新进行全方位、立体式的宣传报道，以促进地方改革创新经验的宣传推广与理论提升，展示中国特色社会主义实践成就。

第一届中国地方改革创新成果新闻发布会在京召开

《华大在线》　2014 年 11 月 18 日　记者：华轩

华大在线讯（通讯员 华轩）11 月 18 日上午，由我校中国农村研究院、教育部《高校智库专刊》社会发展编辑室、我校中国城市治理研究院联合创办的第一届中国地方改革创新新闻发布会暨“全面深化改革”地方经验报告会在北京成功召开。来自全国的地方改革先行者以及新华社、中央电视台、人民日报、光明日报、中国青年报等五十余家国内外媒体出席。发布会由中国农村研究院郝亚光副教授主持。

中国农村研究院执行院长邓大才教授就发布会的评审标准与会议目标作了介绍。他指出此次经验发布会主要面向地方市、县级和市县级以下政府单位及其组成部门，根据自愿性、无偿性、公正性原则，由专家评审委员会和筹备委员会两大机构评审、遴选出具有创新典型性和重要推广价值的地方改革实践进行重点挖掘并予以发布。会议主办方希望通过此次发布会来“牵线搭桥”，促进中央精神与地方探索的积极互动，推动创新实践的经验推广和理论提升，更好地展示中国特色社会主义实践成就，实现国家治理体系和治理能力现代化。

邓大才教授分别介绍了四地的改革实践活动及当前地方实践总体进展情况。他认为，厦门市海沧区“美丽厦门，共同缔造”社会治理实践、广东省蕉岭县“三位一体”农业生产经营综合体改革、山东省东平县土地股份合作社及集体经济有效实现形式探索实践以及湖北省巴东县“农民办事不出村”信息化服务项目建设，对十八届三中全会的战略部署做出的积极回应，为我国全局性的深化改革提供了先进的实践参考，为治理决策提供了经验范本。

来自厦门市海沧区、山东省东平县、湖北省巴东县、广东省蕉岭县的地方改革代表分别作了经验分享与成果汇报并回答记者提问。

中国农村研究院院长徐勇教授在最后总结说，2013 年 11 月，党的十八届三中全会作出了《全面深化改革若干重大问题的决定》，重点研究了深化改革的“六十条”战略性部署，并首次提出“推进国家治理体系和治理能力现代化”。在党的十八届三中全会召开一周年之际，这“六十条”在地方落实的如何，在实践中的推进程度如何，特别需要各级地方政府来给予回应。今天发布会推介的四个地方改革经验各有特色，具有普遍价值，值得大力推广。四个地方体制机制创新经验、做法、措施、效果为中央全面深化改革交出了优秀的答卷，希望借助媒体扩大其影响。

中国地方改革创新成果在京发布

《科学网》　2014 年 11 月 18 日　记者：郑金武

科学网讯（记者　郑金武）11 月 18 日上午，由华中师范大学中国农村研究院、教育部《高校智库专刊》社会发展编辑室、华中师范大学中国城市治理研究院联合创办的首届“中国地方改革创新新闻发布会暨‘全面深化改革’地方经验报告会”在北京召开，会上发布了厦门等四地的改革实践活动及当前地方实践总体进展情况。

华中师范大学中国农村研究院执行院长邓大才教授在会上介绍，此次经验发布会主要面向地方市、县级和市县级以下政府单位及其组成部门，根据自愿性、无偿性、公正性原则，由专家评审委员会和筹备委员会两大机构评审、遴选出具有创新典型性和重要推广价值的地方改革实践进行重点挖掘并予以发布。

发布会上，邓大才教授介绍了厦门等四地的改革实践活动及当前地方实践总体进展情况。他说，厦门市海沧区“美丽厦门，共同缔造”社会治理实践、广东省蕉岭县“三位一体”农业生产经营综合体改革、山东省东平县土地股份合作社及集体经济有效实现形式探索实践以及湖北省巴东县“农民办事不出村”信息化服务项目建设，对十八届三中全会的战略部署做出的积极回应，为我国全局性的深化改革提供了先进的实践参考，为治理决策提供了经验范本。

据介绍，会议主办方希望通过此次发布会来“牵线搭桥”，促进中央精神与地方探索的积极互动，推动创新实践的经验推广和理论提升，更好地展示中国特色社会主义实践成就，实现国家治理体系和治理能力现代化。

会上，来自厦门市海沧区、山东省东平县、湖北省巴东县以及广东省蕉岭县的地方改革代表分别作了经验分享与成果汇报。

共同缔造：实现互动共治的“海沧跨越”

厦门市海沧区以着力破解“中等收入社会难题”为突破口，借助“美丽厦门，共同缔造”这一契机，从过去管理有序、服务到位、组织健全三个发展阶段的治理模式进一步过渡到“4.0”版本的“互动共治”治理模式，形成了“纵向到底、横向到边”的新型治理体系。一是纵向上形成（厦门）市规划、区统筹、街道管理、社区服务、小区自治、楼栋自治的治理架构；二是横向上形成了党组织、居委会、社区工作站、社会组织等多元参与的自治格局。海沧改革实践对《改革决定》“发展基层民主”和“改进社会治理方式”的具体要求做出了积极探索，实现了治理体系上的“海沧跨越”。

股份合作：集体经济有效实现的“东平崛起”

山东省东平县通过创建“土地股份合作社”这一新型农业经营主体，创新了农村集体经济的有效实现形式，为农村基层治理，特别是解决农村“空壳化”问题提供了经济基础。这一改革有三大特点：一是以“土地”为核心。农民基本都有一块土地，因此都能参与到合作组织中。二是以产权改革为保障。即通过土地确权，使土地的承包权得以明晰；特别是将承包权分离出经营权，通过入股经营的方式创新土地经营形式。三是分配公平，农民加入土地股份合作社后不仅能得到基本租金，还能获得经营分红以及风险收益，这进一步解决了小农致富和发展难题。总体来看，东平县的改革创新对十八届三中全会提出的“加快构建新型农业经营体系”和“赋予农民更多的财产权利”等要求做出了积极回应，实现了集体经济的“东平崛起”。

办事不出村：山区治理信息现代化的“巴东奇迹”

湖北省巴东县借助现代信息技术，促进了山区治理能力的现代化。简而言之，巴东县以解决农民办事“难”为突破口，利用信息技术打造“农民办事不出村”系统，让农民不出村就能办好以前需要到乡镇、到县里办的事情。这一改革解决了长期困扰农村治理的两大难题：一是山区治理能力瓶颈问题。通过信息技术，让政府与农民零距离，提高了政府治理能力。二是解决了农村公共服务群众“最后一公里”难题。依托现代技术，而非传统的人力物力，使山区农民享受城市居民一样便捷的基本公共服务。巴东改革是对“全面正确履行政府职能”“改进社会治理方式”等具体要求的创新实践，创造了山区治理的“巴东奇迹”。

三位一体：探索农村综合改革的“蕉岭突围”

广东省蕉岭县“三位一体”的农村综合改革，依靠打造农村产权交易综合体、农业生产经营综合体以及新型城乡发展综合体这“三体”，激活了农村资产资源，创新了农业经营方式，促进了城乡“一体化”发展的综合改革。首先，改革以农村土地承包经营权确权颁证为先导，搭建县、乡（镇）、村三级产权交易平台，引导农民主动参与产权市场，以市场配置提升农村资源的价值，破解了农村土地等资源通过市场难增值的问题。其次，通过培育和发展家庭农场、龙头企业等新型农业经营主体，促进农业生产的规模化，破解了未来农村“谁来种地，谁能种好地”的难题；最后，蕉岭县依托优秀的客家文化，加大农村基础设施建设，提高农民生活品质，解决了农民长期以来难以享受均等化公共服务的难题。蕉岭改革回应了三中全会“赋予农民更多财产权利”“加快构建新型经营体系”“完善城镇化健康发展体制机制”等要求，实现了农村发展的“蕉岭突围”。

据悉，中国地方改革创新经验发布会将形成年度性新闻发布模式。通过召开高水平新闻发布会的方式，广泛邀请海内外知名广播电视媒体、平面媒体、互联网媒体，对各地经济、政治、社会、文化、生态等领域的体制改革及实践创新进行全方位、立体式的宣传报道，以促进地方改革创新经验的宣传推广与理论提升，展示中国特色社会主义实践成就。

地方政府改革创新成果发布四县（区）探索基层治理新路

《人民日报》　2014年11月19日　作者：董洪亮

本报北京11月18日电（记者　董洪亮）首届中国地方政府改革创新成果18日在京发布，福建省厦门市海沧区“美丽厦门，共同缔造”社会治理实践、广东省蕉岭县“三位一体”农业生产经营综合体改革、山东省东平县土地股份合作社及集体经济有效实现形式探索实践，以及湖北省巴东县“农民办事不出村”信息化服务项目建设，响应十八届三中全会的战略部署，积极探索基层县域治理新途径。

该成果由华中师范大学中国农村研究院及中国城市治理研究院、教育部《高校智库专刊》社会发展编辑室联合发布。

人民日报评论员：从人民中汲取改革智慧

——四论在新起点上乘势而上

《人民日报》　2015 年 1 月 7 日

有人说，“只有当群众知道一切，能判断一切，并自觉地从事一切的时候，国家才有力量”。回望刚刚过去的 2014 年，正是因为推进改革的每个足印中，都倾注着人民的参与和支持，熔铸着群众的智慧和力量，我们才能在全面深化改革的开局之年，汇聚如此大的力量，实现如此多的突破。

久推不转的养老改革，踏上并轨之路；城乡二元的户籍壁垒，坚冰逐渐消融；众多行政审批事项，被陆续下放或取消……过去一年，公平正义在改革中不断彰显，社会活力在改革中不断激发，民生红利在改革中不断释放，诠释着什么是“为了人民的改革”，演绎着什么是“发挥群众首创精神”，在“依靠人民”中汲取了无尽的智慧。也更加清晰地表明：最大程度地吸纳群众参与，最大程度地促进共建共享，才能确保改革始终拥有众志成城的民意基础，始终保持披荆斩棘的锐气勇毅。

“群之所为事无不成，众之所举业无不胜”。回首改革历程，从包产到户的全面推开，到万众创业的蓬勃兴起，正是广大人民群众的积极参与、勇敢探索，推动着中国改革步步向前。今天的改革难度更高、情况更复杂，就更需要凝心聚力、集思广益；改革的整体性、协同性、复杂性日益凸显，就更需要鼓励创新、宽容试错。一言以蔽之，深化改革的任务越是繁重，越要善于从人民的实践创造中汲取智慧和力量。

引导全社会共同为改革想招、一起为改革发力，实现顶层设计与基层探索的良性互动，是全面深化改革的重要方法论。在山东，“土地股份合作社”促进了集体经济的发展，也为解决农村“空壳化”提供了经济基础。在福建，基层政府从“替民当家”“大包大揽”向倡导“共同参与”转变，提高了基层治理的水平。在湖北，“农民办事不出村”的电子信息系统，架起了乡村治理的“高速公路”……在深化改革的实践中，基层探索是沸腾的实验室，群众创新是不竭的能量场。正因此，习近平总书记在新年贺词中由衷慨叹，“我们的各级干部也是蛮拼的”“我要为我们伟大的人民点赞”。

2015 年，我们迈入全面深化改革的关键之年。能不能继续调动起公众对改革的参与热情、畅通参与渠道、健全参与机制，关乎改革成败。我们当以更大决心和勇气，进一步松绑除障、凝聚民智，抓住“最大的机遇”，释放“最大的潜力”。

鲁迅先生说过：“多数的力量是伟大的、要紧的。有志于改革者倘不深知民众的心，设法利导、改进，则无论怎样的高文宏议，浪漫古典，都和他们无干。”改革开放是亿万人民自己的事业，就是要尊重人民群众首创精神，激发“多数的力量”。在新起点上乘势前行，让一切创新活力竞相迸发，让一切创造热情充分涌流，则何事不成、何功不立？

中国地方改革创新成果在京发布

《长江日报》　2014 年 11 月 19 日　作者：柯立　何骏

本报北京电（驻京记者柯立 通讯员何骏）11 月 18 日，华中师范大学在京举办首届“中国地方改革创新成果暨‘全面深化改革’地方经验报告会”，会上发布了湖北巴东县、厦门海沧区、山东东平县、广东蕉岭县等地的改革实践活动。

发布会上，华中师范大学中国农村研究院执行院长邓大才教授介绍，此次经验发布会主要面向地方市、县级和市县级以下政府单位及其组成部门，遴选出具有创新典型性和重要推广价值的地方改革实践进行重点挖掘并予以发布。

来自厦门市海沧区、山东省东平县、湖北省巴东县及广东省蕉岭县的地方改革代表，分别与会作了经验分享与成果汇报。邓大才教授说：厦门市海沧区“美丽厦门·共同缔造”社会治理实践、广东省蕉岭县“三位一体”农业生产经营综合体改革、山东省东平县土地股份合作社及集体经济有效实现形式探索实践以及湖北省巴东县“农民办事不出村”信息化服务项目建设，对十八届三中全会的战略部署做出的积极回应，为我国全局性的深化改革提供了先进的实践参考，为治理决策提供了经验范本。

华中师大举办首届中国地方改革创新成果案例发布

《中国青年报》　2014年11月19日　作者：雷宇　何骏

中青在线讯（何骏 中国青年报·中青在线记者 雷宇）十八届三中全会提出改革“六十条”一年来，地方落实情况如何？11月18日上午，教育部人文社科重点研究基地——华中师范大学中国农村研究院等国内知名研究机构在京举行首届“中国地方改革创新新闻发布会暨‘全面深化改革’地方经验报告会”，盘点推介全国地方改革先行成果案例。

华中师范大学中国农村研究院执行院长邓大才教授介绍，发布会主要面向地方市、县级和市县级以下政府单位及其组成部门，根据自愿性、无偿性、公正性原则，由专家评审委员会进行理论价值评估、实地考察论证筛选定期举办。旨在促进中央精神与地方探索的积极互动，推动创新实践的经验推广和理论提升。

发布会上，邓大才教授分别介绍了国内四地的改革实践活动：

飞速发展的中国城市如何破解“中等收入社会难题”？厦门市海沧区探索互动共治的治理模式，纵向上形成（厦门）市规划、区统筹、街道管理、社区服务、小区自治、楼栋自治的治理架构，横向上形成了党组织、居委会、社区工作站、社会组织等多元参与的自治格局，荣获“2013年度中国社区治理十大创新成果”。对《改革决定》“发展基层民主”和“改进社会治理方式”做出了积极探索，实现了治理体系上的“海沧跨越”。

集体经济崛起“东平模式”。山东省东平县通过创建“土地股份合作社”这一新型农业经营主体，创新了农村集体经济的有效实现形式，农民加入合作社后不仅能得到基本租金，还能获得经营分红以及风险收益，进一步解决了小农致富和发展难题，目前入社农户7797户，规模经营土地4万多亩。对《改革决定》“加快构建新型农业经营体系”和“赋予农民更多的财产权利”等要求做出了积极回应。

湖北省巴东县地处巴山巫山之间，老百姓行路难、办事难。去年3月起，巴东利用信息技术打造“农民办事不出村”系统，让农民不出村就能办好以前需要到乡镇、到县里办的事情，提高了政府治理能力，解决了农村公共服务群众“最后一公里”难题，一年时间受益群众达30多万人，是对“六十条”中“全面正确履行政府职能”“改进社会治理方式”等具体要求的创新实践，创造了山区治理的“巴东奇迹”。

广东省蕉岭县“三位一体”的农村综合改革，依靠打造农村产权交易综合体、农业生产经营综合体以及新型城乡发展综合体这“三体”，激活了农村资产资源，创新了农业经营方式，促进了城乡“一体化”发展的综合改革，目前全县耕地确权98%。回应了三中全会“赋予农民更多财产权利”“加快构建新型经营体系”“完善城镇化健康发展体制机制”等要求，实现了农村发展的“蕉岭突围”。

中国政治学会副会长、长江学者、中国农村研究院院长徐勇教授在发布会上表示，改革需要“自上而下”的顶层设计，也需要“自下而上”的地方实践探索，本次遴选推介的四个地方案例为三中全会“六十条”改革交出了一份优秀答卷，形成了地方对中央的呼应，为我国全局性深化改革提供了实践参考。

发布会上，来自厦门市海沧区、山东省东平县、湖北省巴东县及广东省蕉岭县的负责改革的政府领导分别作了经验分享与成果汇报。

地方治理模式跨越到互动共治“4.0”版本，新型治理体系正在形成

《中国社会科学网》　2014 年 11 月 19 日

作者：吴文康　张清俐

11 月 18 日，首届“中国地方改革创新新闻发布会暨‘全面深化改革’地方经验报告会”（以下简称“经验发布会”）在京举行。经验发布会由华中师范大学中国农村研究院、教育部《高校智库专刊》社会发展编辑室、华中师范大学中国城市治理研究院联合主办。

正值党的十八届三中全会召开一周年之际，本次经验发布会上，来自厦门市海沧区、山东省东平县、湖北省巴东县、广东省蕉岭县等地方代表介绍了党的十八届三中全会召开以来各所在地在地方治理上的实践经验，与会学者认为，这些经验体现了《全面深化改革若干重大问题的决定》的战略性部署在地方的落实情况，“推进国家治理体系和治理能力现代化”的目标在实践中的推进程度。

首届地方改革创新成果新闻发布会在京召开

《半月谈网》　2014 年 11 月 19 日　作者：何晏

11 月 18 日上午，由华中师范大学中国农村研究院、教育部《高校智库专刊》社会发展编辑室、华中师范大学中国城市治理研究院联合创办的首届“中国地方改革创新新闻发布会暨‘全面深化改革’地方经验报告会”在北京召开。

华中师范大学中国农村研究院执行院长邓大才教授代表会议主办方，作了地方改革创新实践总体情况介绍。邓大才教授指出，此次发布会主要面向地方市、县级和市县级以下政府单位及其组成部门，根据自愿性、无偿性、公正性原则，由专家评审委员会和筹备委员会两大机构评审、遴选出具有创新典型性和重要推广价值的地方改革实践进行重点挖掘并予以发布。会议主办方希望通过此次发布会来“牵线搭桥”，促进中央精神与地方探索的积极互动，推动创新实践的经验推广和理论提升。

关于四地的改革实践活动总体进展情况。邓大才教授认为，厦门市海沧区“美丽厦门·共同缔造”社会治理实践、广东省蕉岭县“三位一体”农业生产经营综合体改革、山东省东平县土地股份合作社及集体经济有效实现形式探索实践以及湖北省巴东县“农民办事不出村”信息化服务项目建设，对党的十八届三中全会的战略部署做出了积极回应，为我国全局性的深化改革提供了实践参考，为治理决策提供了经验范本。

随后，来自厦门市海沧区、山东省东平县、湖北省巴东县及广东省蕉岭县的地方代表分别作了经验分享与成果介绍。

华中师范大学中国农村研究院院长徐勇教授在总结发言中表示，海沧、东平、巴东、蕉岭堪称地方改革的领跑者。这些地方改革创新经验的实践推动着治理模式从过去管理有序、服务完善、组织健全进一步过渡到互动共治“4.0”版本的跨越，形成了“纵向到底、横向到边”的新型治理体系。

据悉，中国地方改革创新经验发布会将形成年度性新闻发布模式，对各地经济、政治、社会、文化、生态等领域的体制改革及实践创新进行全方位、立体式的总结，以促进地方改革创新经验的理论提升。

首届中国地方政府改革创新成果新闻发布会推介巴东经验

《恩施电视台》　2014 年 11 月 19 日

记者：谢黎旭　田植峰　付开思

11 月 18 日，第一届“中国地方政府改革创新成果新闻发布会暨‘全面深化改革’地方经验报告会”在北京举行，湖北省巴东县作为全国重点推介的四个区县之一，在会上就“农民办事不出村”信息化服务项目建设作了经验介绍。福建省厦门市、山东省东平县、湖北省巴东县、广东省蕉岭县等四个地方改革先行者、探索者分别作了经验交流并回答了记者提问。

地处武陵山区的巴东县借助现代信息技术，以解决农民办事“难”为突破口，打造“农民办事不出村”系统，与农民密切相关的 21 个部门 87 项行政审批服务事项在村里就能办理完成，解决了农村公共服务群众“最后一公里”的难题，促进了山区治理能力的现代化，创造了山区治理的“巴东奇迹”。这一服务项目有幸在全国得到推广。

华中师范大学中国农村研究院执行院长邓大才教授说巴东县“农民办事不出村”改革创新最主要的意义，是改变了政府管理体制，让政府直接与群众面对面，通过“农民办事不出村”改革的方式，让政府与农民联系的更紧密，农民的需求政府了解得更清楚，应该说是从技术上推动了行政体制的改革和治理能力的提升。

由华中师范大学中国农村研究院、教育部《高校智库专刊》社会发展编辑室、华中师范大学中国城市治理研究院联合创办的中国地方政府改革创新成果新闻发布会暨“全面深化改革”地方经验报告会，旨在征集并发布涉及地方经济、政治、社会、文化、生态等领域的体制改革及实践创新成果，并通过向社会各界广泛宣传、推介地方改革创新实践成果。

中国农村研究院院长徐勇教授认为本次发布会推介的四个地方改革经验各有特色，具有普遍价值，值得大力推广，四个地方对十八届三中全会的战略部署做出了积极回应，其体制机制创新经验、做法、措施、效果为中央全面深化改革交出了优秀的答卷，为中国全局性的深化改革提供了先进的实践参考，为治理决策提供了经验范本。

巴东技术牵引型治理模式“走进”北京推介会

《长江巴东网》　2014 年 11 月 19 日　记者：王克龙

11 月 18 日，由华中师范大学中国农村研究院、教育部《高校智库专刊》社会发展编辑室、华中师范大学中国城市治理研究院联合创办的首届中国地方政府改革创新新闻发布会暨“全面深化改革”地方经验报告会在北京召开，会上隆重推介巴东县“农民办事不出村”技术牵引型治理模式。来自全国的地方改革先行者、探索者及五十余家国内外媒体参加。

新闻发布会上，中国农村研究院执行院长邓大才教授，详细推介了巴东“农民办事不出村”借助现代信息技术，促进山区治理能力现代化的成功经验。他介绍说，巴东县以解决农民办事难为突破口，利用信息技术打造“农民办事不出村”系统，让农民不出村就能办好以前需要到乡镇、到县里办理的事情，创造了山区治理的“巴东奇迹”。这一改革解决了长期困扰农村治理的两大难题：一是通过信息技术，让政府与农民零距离，提高政府治理能力，突破山区治理能力瓶颈问题；二是依托现代技术，使山区农民享受城市居民一样便捷的基本公共服务，解决了农村公共服务群众“最后一公里”难题。

巴东县委常委、纪委书记黄光辉从项目建设资金筹备、投资成本与效益比等向与会者和媒体进行介绍。巴东通过“农民办事不出村”信息平台的运行，让农民办事不再面临“门难进、脸难看、事难办”的状况，有效治理了干部微腐败，优化了政治生态环境，农村基层治理效果明显。

据统计，巴东每年通过“农民办事不出村”信息平台大约办理 2.2 万件行政审批事项和 11.3 万件商务服务事项，为农民节约办事成本约

2300万元，少跑路240万公里，极大地为农民群众日常生产生活提供了便利。

新闻发布会上，还对厦门市海沧区“美丽厦门·共同缔造”社会治理实践广东省蕉岭县“三位一体”农业生产经营综合体改革、山东省东平县土地股份合作社及集体经济有效实现形式探索实践进行了推介。

地方创新成果发布

《人民日报》海外版　2014 年 11 月 20 日　作者：杨子岩

本报北京 11 月 19 日电（记者　杨子岩）首届“中国地方改革创新新闻发布会暨‘全面深化改革’地方经验报告会”昨天在京召开。

经过专家评审，华中师范大学中国农村研究院、教育部《高校智库专刊》等研究机构认为，福建省厦门市海沧区“美丽厦门·共同缔造”社会治理实践、广东省蕉岭县“三位一体”农业生产经营综合体改革、山东省东平县土地股份合作社及集体经济有效实现形式探索实践，以及湖北省巴东县“农民办事不出村”信息化服务项目建设，为我国全局性的深化改革提供了先进的实践参考。

首届中国地方改革创新成果在京发布

《中国质量报》　2014 年 11 月 20 日　记者：徐建华

本报讯（记者　徐建华）11 月 18 日，首届中国地方改革创新新闻发布会暨全面深化改革地方经验报告会在京举行。举办方同时发布了首届地方改革创新成果：厦门市海沧区“美丽厦门·共同缔造”社会治理实践、广东省蕉岭县“三位一体”农业生产经营综合体改革、山东省东平县土地股份合作社及集体经济有效实现形式探索实践，以及湖北省巴东县“农民办事不出村”信息化服务项目建设。

据悉，中国地方政府改革创新成果新闻发布会是由教育部人文社会科学重点研究基地——华中师范大学中国农村研究院、教育部《高校智库专刊》社会发展编辑室、华中师范大学中国城市治理研究院于 2014 年创办的年度性地方政府改革创新成果发布会，旨在征集并发布涉及各地经济、政治、社会、文化、生态等领域的体制改革及实践创新，并通过向社会各界广泛宣传、推介地方改革创新实践成果，充分反映中央精神与地方探索的积极互动，促进地方改革创新经验的宣传推广与理论提升，展示中国特色社会主义实践成就，推进国家治理体系与治理能力现代化进程。该经验发布会主要面向地方市、县级和市县级以下政府单位及其组成部门，根据自愿性、无偿性、公正性原则，由专家评审委员会和筹备委员会评审遴选出具有创新典型性和重要推广价值的地方改革实践进行重点挖掘并予以发布。

中国地方改革创新新闻发布会召开

《中国农民合作社信息网》 2014 年 11 月 20 日

11 月 19 日，在京召开了首届“中国地方改革创新新闻发布会暨‘全面深化改革’地方经验报告会”。

经过专家评审，华中师范大学中国农村研究院、教育部《高校智库专刊》等研究机构认为，福建省厦门市海沧区“美丽厦门·共同缔造”社会治理实践、广东省蕉岭县“三位一体”农业生产经营综合体改革、山东省东平县土地股份合作社及集体经济有效实现形式探索实践，以及湖北省巴东县“农民办事不出村”信息化服务项目建设，为我国全局性的深化改革提供了先进的实践参考。

农村改革出“新样”

《中国产经新闻报》 2014年11月21日 作者：邵志媛

当前，农业经营的外部环境和经营方式正发生显著变化，传统的小规模经营日益式微，农村基本经营制度亟须创新。

随着城乡一体化持续推进，农村发展到了一个新的“十字”路口，面临一系列新的问题和挑战。其中典型的问题主要有：土地零碎、过于分散，使本来规模就小的小农经济更加支离破碎，很难获得土地规模效益，土地产出率、劳动生产率低，农民增收难以持续。农业比较效益降低，经营体系亟待创新；另外，随着工业化和城镇化水平的提高，农民对农业的依赖程度在减弱，农村大量青壮年劳动力外出，农业兼业化、老龄化、女性化经营日益明显。同时，传统农业缺乏现代资本要素的支持，依靠自身积累难以获得产业培育资本，难以形成现代高效农业。

其实，这样的问题还有很多，集体经济乏力，给农民增收带来了巨大的困扰。在改革逐渐走入深水区的同时，如何破解农村急需解决的难题以及激活农村发展活力成为现在关注的重点话题。

不久前，在中央深改组召开了第五次会议上，习近平总书记对深化农村土地制度改革作了重要讲话，指出：“我们要在坚持农村土地集体所有制的前提下，促使承包权和经营权分离，形成所有权、承包权、经营权三权分置、经营权流转的格局。”

中央对农村土地改革做出了重要的指导，关注度可想而知。感受到中央改革的决心后，各地纷纷响应，提交答卷，展现深化改革在地方的落实情况。

在首届“中国地方改革创新新闻发布会暨‘全面深化改革’地方经验报告会”上，山东省东平县委办公室常务副主任白常顺介绍道，针对农村改革，东平县突出三大特点：一是以“土地”为核心。农民基本都有一块土地，因此都能参与到合作组织中。二是以产权改革为保障。即通过土地确权，使土地的承包权得以明晰；特别是将承包权分离出经营权，通过入股经营的方式创新土地经营形式。三是分配公平，农民加入土地股份合作社后不仅能得到基本租金，还能获得经营分红以及风险收益，这进一步解决了小农致富和发展难题。

土地所有权确定好以后，农民增收、发展地方经济的难题也需要解答，而广东省蕉岭县“三位一体”的农村综合改革恰恰又为此提供了相关的经验。

据蕉岭县委常委、纪委书记卢尧生介绍，首先，蕉岭县改革以农村土地承包经营权确权颁证为先导，搭建县、乡（镇）、村三级产权交易平台，引导农民主动参与产权市场，以市场配置提升农村资源的价值，破解了农村土地等资源通过市场难增值的问题。其次，通过培育和发展家庭农场、龙头企业等新型农业经营主体，促进农业生产的规模化，破解了未来农村“谁来种地，谁能种好地”的难题；最后，蕉岭县依托优秀的客家文化，加大农村基础设施建设，提高农民生活品质，解决了农民长期以来难以享受均等化公共服务的难题。

那么这两个地方在农村改革方面又有什么共同点呢？

华中师范大学中国农村研究院邓大才教授在会上对《中国产经新闻》记者表示，这两个地方的共同之处在于确权，确权是农村经营改革的第一步，也是保障农民财产权的最重要环节，在这个确权的基础上他们搞活了经营权，因此在所有权、经营权、承包权三权分立之下，就为新兴的农业经营主体发展壮大提供了有效机遇，而且这两个地方以产权为导向的农村体制改革应该是可复制、可推广的。

可以看到，保障了权利还得盘活经济，充实农民的钱袋子，这样才能让农民切身感受到改革的红利。

首届中国地方政府改革创新成果新闻发布会推介巴东模式

《恩施新闻网》 2014年11月21日 记者：谭举先

11月18日上午，由华中师范大学中国农村研究院、教育部《高校智库专刊》社会发展编辑室、华中师范大学中国城市治理研究院合办的首届“中国地方政府改革创新新闻发布会暨‘全面深化改革’地方经验报告会”在北京召开，推介了巴东县“农民办事不出村”技术牵引型治理模式。新闻发布会上，中国农村研究院执行院长邓大才教授介绍说，巴东县打造“农民办事不出村”系统，让农民不出村就能办好以前要到乡镇、县里办的事情，创造了山区治理的“巴东奇迹”。这一改革解决了长期困扰农村治理的两大难题：一是通过信息技术，让政府与农民零距离，提高政府治理能力，突破山区治理能力瓶颈问题；二是依托现代技术，使山区农民享受城市居民一样便捷的基本公共服务。

据统计，巴东每年通过农民办事不出村信息平台办理2.2万件行政审批事项和11.3万件商务服务事项，为农民节约办事成本约2300万元，少跑路240万公里。

第一届中国地方改革创新成果新闻发布会在京召开

《中国经济导报》 2014年11月22日 记者：季晓莉

中国经济导报讯（记者 季晓莉）11月18日，由华中师范大学中国农村研究院等机构联合创办的第一届“中国地方改革创新成果新闻发布会暨‘全面深化改革’地方经验报告会”在北京召开。

据华中师范大学中国农村研究院执行院长邓大才教授介绍，此次入选的厦门市海沧区“美丽厦门，共同缔造”社会治理实践、广东省蕉岭县“三位一体”农业生产经营综合体改革、山东省东平县土地股份合作社及集体经济有效实现形式探索实践，以及湖北省巴东县“农民办事不出村”信息化服务项目建设，对十八届三中全会的战略部署做出积极回应，为我国全局性深化改革提供了实践参考，为治理决策提供了经验范本。

厦门市海沧区以着力破解“中等收入社会难题”为突破口，借助“美丽厦门，共同缔造”这一契机，形成了“纵向到底、横向到边”的新型治理体系。一是纵向上形成厦门市规划、区统筹、街道管理、社区服务、小区自治、楼栋自治的治理架构；二是横向上形成了党组织、居委会、社区工作站、社会组织等多元参与的自治格局。

山东省东平县通过创建“土地股份合作社”这一新型农业经营主体，创新了农村集体经济的有效实现形式，为农村基层治理，特别是解决农村“空壳化”问题提供了经济基础。

湖北省巴东县借助现代信息技术，打造“农民办事不出村”系统，让政府与农民零距离，提高了政府治理能力；使山区农民享受城市居民一样便捷的基本公共服务。

广东省蕉岭县“三位一体”的农村综合改革，依靠打造农村产权交易综合体、农业生产经营综合体以及新型城乡发展综合体这“三体”，激活了农村资产资源，创新了农业经营方式。

中国地方改革新成果北京发布

《光明网》 2014 年 11 月 22 日 记者：张晶

光明网讯（记者 张晶 通讯员 何骏）中央命题，地方作答。11 月 18 日上午，由华中师范大学中国农村研究院、教育部《高校智库专刊》社会发展编辑室、华中师范大学中国城市治理研究院联合主办的首届“中国地方改革创新成果新闻发布会暨‘全面深化改革’地方经验报告会”在北京举行。来自全国各地的改革者、实践者通过各具特色的经验汇报，有效回应了中央《全面深化改革若干重大问题的决定》的若干命题，展现了“六十条”战略性部署在地方的落实情况，解答了“推进国家治理体系和治理能力现代化”的目标在实践中的推进程度。

华中师范大学中国农村研究院执行院长邓大才教授作地方改革创新实践总体情况汇报。他指出，此次经验报告会主要面向地市、县级、乡镇（街道）及其组成部门，根据自愿性、无偿性、公正性原则，由专家评审委员会和筹备委员会两大机构评审、遴选出具有创新典型性和重要推广价值的地方改革实践进行重点挖掘并予以发布。会议主办方希望通过此次发布会来“牵线搭桥”，促进中央精神与地方探索的积极互动，推动创新实践的经验推广和理论提升，更好地展示中国特色社会主义实践成就，实现国家治理体系和治理能力现代化。邓大才教授还介绍了厦门海沧、山东东平、湖北巴东、广东蕉岭四地的改革实践活动及当前地方实践总体进展情况。他认为，厦门市海沧区“美丽厦门·共同缔造”社会治理实践、山东省东平县土地股份合作社及集体经济有效实现形式探索、湖北省巴东县“农民办事不出村”信息化服务项目建设，以及广东省蕉岭县“三位一体”农业生产经营综合体改革，对十八届三中全会的战略部署做出的积极回应，为我国全局性的深化改革提供了先进的实践参考，为治理决策提供了经验范本。

厦门市海沧区以着力破解“中等收入社会难题”为突破口，借助“美丽厦门，共同缔造”这一契机，对此予以了积极实践，实现了治理体系上的“海沧跨越”。海沧区首先从纵向上形成（厦门）市规划、区统筹、街道管理、社区服务、小区自治、楼栋自治的治理架构；其次，从横向上形成了党组织、居委会、社区工作站、社会组织等多元参与的治理格局。这使得海沧从过去管理有序、服务完善、组织健全三个发展阶段的治理模式进一步过渡到“4.0”版本的“互动共治”治理模式，形成了“纵向到底、横向到边”的新型治理体系。

山东省东平县通过创建新型农业经营主体——土地股份合作社，对《决定》予以了有效回应，实现了集体经济的“东平崛起”。东平县创新了农村集体经济的有效实现形式，为农村基层治理，特别是解决农村“空壳化”问题提供了经济基础。这一改革有三大特点：一是以“土地”为核心，农民基本都有一块土地，因此都能参与到合作组织中；二是以产权改革为保障，即通过土地确权，使土地的承包权得以明晰，特别是将承包权分离出经营权，通过入股经营的方式创新土地经营形式；三是分配公平，农民加入土地股份合作社后不仅能得到基本租金，还能获得经营分红以及风险收益，这进一步解决了小农致富和发展难题。

湖北省巴东县借助现代信息技术，促进了治理能力的现代化，创造了山区治理的“巴东奇迹”。简而言之，巴东县以解决农民办事“难”为突破口，利用信息技术打造“农民办事不出村”系统，让农民不出村就能办好以前需要到乡镇、到县里办的事情。这一改革解决了长期困扰农村治理的两大难题：一是山区治理能力瓶颈问题，即通过信息技术，让政府与农民零距离，提高了政府治理能力；二是解决了农村公共服务群众“最后一公里”难题，依托现代技术，而非传统的人力物力，使山区农民能够享受到与城镇居民一样便捷的基本公共服务。

广东省蕉岭县“三位一体”的农村综合改革，依靠打造农村产权交易综合体、农业生产经营综合体以及新型城乡发展综合体这“三体”，激活了农村资产资源，创新了农业经营方式，促进了城乡“一体化”发展的综合改革。首先，改革以农村土地承包经营权确权颁证为先导，搭建县、乡（镇）、村三级产权交易平台，引导农民主动参与产权市场，以市场配置提升农村资源的价值，破解了农村土地等资源通过市场难增值的问题；其次，通过培育和发展家庭农场、龙头企业等新型农业经营主体，促进农业生产的规模化，破解了未来农村“谁来种地，谁能种好地”的难题；最后，蕉岭县依托优质的客家文化，加大农村基础设施建设，提高农民生活品质，解决了农民长期以来难以享受均等化公共服务的难题。

华中师范大学中国农村问题研究中心主任徐勇教授在总结发言中谈到，十一届三中全会以来，“自下而上式摸着石头过河”的改革模式，推动着改革开放不断深入，即在基层探索的基础上，国家予以认可并出台政策，据此形成制度化成果；十八届三中全会作出了《全面深化改革若干重大问题的决定》，推动着改革路径步入顶层设计的全新模式；与此遥相呼应下的地方实践对于推动改革迈向中央与地方互动共进、政策与实践双向互补的局面意义深远。他认为，海沧、东平、巴东、蕉岭的探索实践为深化改革，推动国家治理体系与治理能力现代化交出了优秀答卷，堪称地方改革的领跑者。这些地方改革创新经验的实践推动着治理模式从过去管理有序、服务完善、组织健全进一步过渡到互动共治“4.0”版本的跨越，形成了“纵向到底、横向到边”的新型治理体系。

据悉，中国地方改革创新经验报告会将形成年度性新闻发布模式。通过召开高水平新闻发布会的方式，广泛邀请海内外知名广播电视媒体、平面媒体、互联网媒体，对各地经济、政治、社会、文化、生态等领域的体制改革及实践创新进行全方位、立体式的宣传报道，以促进地方改革创新经验的宣传推广与理论提升，展示中国特色社会主义实践成就。

股份合作和信息化激发农村发展活力

《中国妇女报》　2014 年 11 月 23 日　记者：小尘

由华中师范大学中国农村研究院、教育部《高校智库专刊》社会发展编辑室、华中师范大学中国城市治理研究院联合创办的首届“中国地方改革创新新闻发布会暨‘全面深化改革’地方经验报告会”日前在北京召开。这次会议透出的信息让我们看到了改革创新给一些农村地区带来的巨大变化。

让农村土地“活”起来

山东省东平县土地细碎分散，农民增收面临困难。该县 17 万农户承包土地，户均经营规模 5.1 亩，规模弱小，很难获得土地规模效益。同时，农村大量青壮年劳动力外出，农业兼业化、老龄化、女性化经营日益明显。为解决这个难题，东平县在“不改变土地性质、不改变土地用途、不损害农民土地承包权”的“三大原则”下，激活土地经营权，推进土地股份化、产权资本化、农民组织化、农业产业化，引导农民带地入股，通过发展土地股份合作社，推行土地股份制改革，实现以地养农、以社兴农、以业富农，让土地真正“活”起来。

为提高合作社抵御自然和市场风险的能力，东平县指导合作社建立风险基金，每年从全部收益中提取一定比例存入，确保“旱涝保收”。假如按每亩纯收益 2000 元计算，保底分红 1000 元后，剩余的 1000 元按 70% 二次分红，30% 作为风险基金，逐年累积，用来保障保底股金发放，实现“以丰补歉”。

让农民办事不出村

湖北省巴东县在信息化服务项目建设上也取得了不小的成果，实现了

"农民办事不出村"。

巴东县沿渡河镇界河村村民向永浩以前代人办理户口迁移，先后5次往返集镇和县城，花费500多元，历时8个月才办完手续。从他家到巴东县城，坐车乘船需要将近4个小时。曾有群众写信反映，取60元的低保金要花去50元的车费。巴东南北纵距400公里，边远地方距离县城近200公里，农村群众到乡镇、县城办事时间长、成本高。

为解决这一难题，巴东县利用信息技术打造"农民办事不出村"系统，让农民不出村就能办好以前需要到乡镇、到县里办的事情。他们先期投资4458万元，对207个农村党员群众服务中心提档升级，实现了服务阵地标准化。县人民政府与国家社会扶贫创新协作办公室合作，斥资1100万元，开展"农民办事不出村"信息化便民服务项目。

2013年3月，这个服务平台在125个村建成运行，与农民群众息息相关的民政、计生、国土等15个部门57项行政审批服务事项授权给村便民服务室受理，县、乡（镇）、村通过服务平台在线传输、同步审核、结果反馈、实时提醒、流程跟踪，变"泥腿跑"为"数据跑"，过去办事"跑断腿"，现在足不出村就能办妥。巴东县金果坪乡桃李溪村村民熊龙军深有感触地说："10分钟就完成生育服务证审批流程，快得难以想象。"

这一改革解决了长期困扰农村治理的两大难题：一是山区治理能力瓶颈问题。通过信息技术，让政府与农民零距离，提高了政府治理能力。二是解决了农村公共服务群众"最后一公里"难题。依托现代技术，而非传统的人力物力，使山区农民享受城市居民一样便捷的基本公共服务。

中国基层“微创新”为全面改革发力

《新华网》 2014年11月24日 记者：李志晖

新华网北京11月24日电（记者 李志晖 吴植 任沁沁）长江三峡库区的湖北巴东县村民向永浩谈起几年前办理户口迁移手续的周折，那种“想哭的感觉”记忆犹新。

巴东山高路远、交通闭塞，边远地区距县城近200公里。向永浩鼓起勇气，乘船、坐车前往县城。但是，材料不全、证件姓名输入有误、恰逢节庆放假等种种原因让他一次次无功而返，“几乎绝望”。直到第5次进城，事情终于办妥。一个简单的户口迁移，前后历时8个多月，花费500多元。

这种办事“跑断腿”的际遇并非偶然。曾有人给巴东县委书记陈行甲写信反映，“进城取60元的低保金，要花50多元的车费”。

当地党委政府决心解决这个突出问题，斥资1100万元，借助现代信息技术，在全国率先建起“农民办事不出村”电子信息系统。民政、计生、国土等87项行政审批服务事项授权村便民服务室受理，在县、乡（镇）、村之间建起了信息传输和流程办理的“高速公路”。

一些村民说，以前“山高皇帝远”，如今“政府在身边”，办事、办证“快得难以想象”。

“实现农民办事不出村，最核心的是简政放权，让群众享受基层治理带来的实惠，还能促使干部队伍发生从管理到服务的理念革命。”巴东县纪委书记黄光辉说。

巴东解决服务群众“最后一公里”难题的尝试，是中国各地探索深化改革、改进社会治理方式的一个典型。

一年前，中共十八届三中全会作出了全面深化改革的重大决定。作为对中央顶层设计的积极回应和落实，各地“摸着石头过河”的改革实践，正在一些领域取得突破，“微创新”的成果为中国改革整体路线图的实施提供借鉴。

华中师范大学中国农村研究院、中国城市治理研究院等近日联合在京举办的首届“中国地方改革创新新闻发布会”上，来自各地的改革先行者，围绕全会决定在地方的落实情况，给出了更多参考样本。

东部沿海城市厦门海沧区，是设立最早、面积最大的台商投资区之一，人均生产总值达2.2万美元。但达到“中等收入”水平之后，长期习惯于“包打天下”的政府，在基础设施建设、民生保障等各项工作中正面临越来越多“费力不讨好”的尴尬。

“有的工作做了几年，总是停停走走。政府花钱还找骂，社会治理模式的转变越来越迫切。”一位当地官员说。

去年以来，海沧区政府以“共同缔造”为核心理念，由“独唱”变成了“领唱”。

厦门市委常委、海沧区委书记郑云峰说，海沧的施政理念已经悄然从“替民当家”向“让民做主”、从“大包大揽”向“共同参与”转变，提高了政府治理能力现代化的水平，促进了社会和谐。

管道燃气为何开通不了？社区广场舞演出要不要评分？……一些政府感觉“不好办”的难题，在社区居民推举的楼长们召开会议讨论之后，往往形成令各方接受的解决方案。

中国改革不仅涉及城市，更要破解城乡二元化结构，让广大农民平等参与现代化建设。十八届三中全会提出，加快构建新型农业经营体系，赋予农民更多财产权利。

山东省东平县在此方面进行了探索，通过创建“土地股份合作社”这一新型农业经营主体有效促进了集体经济的发展，也为农村基层治理，特别是解决农村“空壳化”问题提供了经济基础。

与大多数农村地区一样，东平县农民基本都有一块土地，但地块狭小，投入成本高，产出效益低，许多家庭青年劳力转而进城务工，留守的妇女老人更无力经营土地。

穷则思变。东平县彭集街道安村党支部决定，把全村土地入股，以合作社为平台采取灵活自主经营、合作经营等多种方式发展多种产业，让村民不仅有每亩100元的租金收入“保底”，还参与盈利分红。如今，安村农民年人均增收4000元，村集体年收入达150万元，一跃成为全县文明的富裕村。

在银山镇南堂子村，全体村民入股发展旅游观光农业，安置闲散劳动力200人。去年，这个村集体增收50万元，村民人均增收1000元。

东平县副县长臧玉海说，合作社经营这种集体经济新架构使村干部干事创业更安心，农民民主参与意识也不断增强，形成了公共事务人人参与的良好局面。

与东平模式相似的是，全国农村综合改革示范点——广东省蕉岭县，同样以确权确地为先导，打造农村产权交易综合体、农业生产经营综合体以及新型城乡发展综合体，激活了农村资产资源，促进了城乡“一体化”发展的综合改革。

华中师大政治学研究院院长徐勇教授认为，以上四地，无论地处东部沿海还是西部山区，都着眼体制机制，在社会治理等领域展开多元探索，为全面深化改革提供了先进的基层实践参考。

“这些地方改革创新经验的实践推动着治理模式从过去管理有序、服务完善、组织健全进一步过渡到互动共治‘4.0’版本，形成了‘纵向到底、横向到边’的新型治理体系。”他说，中国全局性的深化改革需要更多这样的地方改革领跑者。

“技术牵引”提升政府治理能力

《中国改革报》 2014年11月24日 记者：王森 何玲

“10分钟就完成生育服务证审批流程，真是快得难以想象！”在武汉做汽车营销的巴东县金果坪乡桃李溪村村民熊龙军感慨道。10月8日，他通过电子邮箱将资料传到村便民服务室，16日就收到了“农民办事不出村”系统业务受理员寄来的证件。

近年来，湖北省巴东县以解决农民办事“难”为突破口，利用信息技术打造“农民办事不出村”系统，让农民不出村就能办好以前需要到乡镇、到县里办的事情。巴东改革是对“全面正确履行政府职能”“改进社会治理方式”等具体要求的创新实践，创造了山区治理的“巴东奇迹”。

日前，在北京召开的第一届中国地方改革创新成果新闻发布会上，巴东县委常委、纪委书记黄光辉表示，为切实解决农民办事难的问题，围绕战略、系统、队伍、服务“四个升级”，今年6月，巴东县人民政府与华中师范大学中国农村研究院签订合作协议，未来将进一步探索具有巴东特色的社会治理模式，放大服务平台的品牌效应。

信息技术让村民共享发展成果

由于地理环境恶劣和基层治理弱化这两方面主要因素造成了农民办事难现象。在集“老、少、边、穷、库、险”于一身的巴东县，大山阻隔与经济落后严重制约着政府的治理能力，使社会治理面临“政府无力管、农民无人管、社会无法管”的困境。

“曾有群众写信反映，取60元的低保金花去50元的车费，我心里很受触动。”县委书记陈行甲说。巴东南北纵距400公里，边远地方距离县城近200公里，农村群众到乡镇、县城办事时间长、成本高。陈行甲出生山区农村，对农民办事难感同身受，他深入调研后，决心下大功夫解决这个突出问题。

近两年，巴东县通过运用先进的信息技术，探索出一条"技术牵引型治理"的新路子。通过运用信息技术，打造"农民办事不出村"系统，促进政府规范化、标准化、协作化运作，让村民足不出村就能享受到基本的公共服务，以此提升政府的治理能力。

"农民办事不出村"系统即在巴东县建立横向到边、纵向到底的治理服务平台。首先，建立"农村办事不出村"网络信息系统，实现网上办事、网络服务。目前，该系统已经整合21个部门87项行政审批服务以及邮政、银行、农资等多类市场服务。其次，组建县、乡、村三级联动网络，让公共服务借助互联网延伸到行政村。目前，该系统已经覆盖全县312个村。最后，构建"部门横向联动"服务平台，采用"并联审批"等方式，使不同的部门对同一事件进行同步审批、实时办理。巴东县政务服务中心管理办公室主任熊学红介绍，截至目前，已完成266个村的信息化服务平台建设，2015年将实现全县行政村（社区）全覆盖。

在技术牵引过程中，巴东县创新了政府监督、激励与治理机制。一方面，对办事员的网上操作进行全记录，甚至精确到"分、秒"，这样一旦出现问题就能及时问责到相应的部门。另一方面，对政府日常办公实现事前、事中和事后全过程考核，同时针对办事员的考核结果设立专项绩效奖励金。

线上联动，线下监督，这样就为村民建立了一套完善的信息化便民服务平台。截至2014年10月，"农民办事不出村"信息化服务平台累计办结行政审批事项21534件，商务服务受理11.5万件，直接为农民群众节约办事成本2300万元以上，受益群众达30万人以上。

地方改革创新成果发布

《农民日报》　2014 年 11 月 24 日　作者：张凤云

本报讯（记者　张凤云）日前，由华中师范大学中国农村研究院、教育部《高校智库专刊》社会发展编辑室、华中师范大学中国城市治理研究院联合创办的首届“中国地方改革创新新闻发布会暨‘全面深化改革’地方经验报告会”在北京召开。来自全国的地方改革先行者、探索者以及五十余家国内外媒体出席了此次会议。

据了解，发布会重点介绍了厦门市海沧区“美丽厦门，共同缔造”社会治理实践、山东省东平县土地股份合作社及集体经济有效实现形式探索、湖北省巴东县“农民办事不出村”信息化服务项目建设，以及广东省蕉岭县“三位一体”农业生产经营综合体改革等地方改革创新经验。华中师范大学中国农村研究院执行院长邓大才教授认为，这些极具地方特色的创新实践为我国全局性的深化改革提供了先进的实践参考，为治理决策提供了经验范本。

华中师大为地方政府改革创新创设发布平台

《中国教育报》 2014 年 11 月 24 日 记者：华士萱

日前，由华中师范大学中国农村研究院、教育部《高校智库专刊》社会发展编辑室、华中师范大学中国城市治理研究院联合创办的首届“中国地方政府改革创新新闻发布会暨‘全面深化改革’地方经验报告会”在北京召开。经验发布会主要面向地方市、县级和市县级以下政府单位及其组成部门，根据自愿性、无偿性、公正性原则，由专家评审委员会和筹备委员会两大机构评审、遴选出具有创新典型性和重要推广价值的地方改革实践进行重点挖掘并予以发布。他们认为，厦门市海沧区“美丽厦门，共同缔造”社会治理实践、广东省蕉岭县“三位一体”农业生产经营综合体改革、山东省东平县土地股份合作社及集体经济有效实现形式探索实践，以及湖北省巴东县“农民办事不出村”信息化服务项目建设，对十八届三中全会的战略部署做出的积极回应，为我国全局性的深化改革提供了先进的实践参考，为治理决策提供了经验范本。

技术牵引：山区社会治理现代化的巴东范本

《湖北日报》 2014 年 11 月 25 日 记者：李磊 谭明

党的十八届三中全会《决定》明确提出，推进国家治理体系和治理能力现代化。巴东县集老、少、边、穷、库、险于一身，大山阻隔与经济落后严重制约着政府的治理能力，使社会治理面临政府无力管、农民无人管、社会无法管的困境。近两年来，该县通过运用现代信息技术，探索出一条“技术牵引型治理”的新路子，打造“农民办事不出村”系统，促进政府规范化、标准化、协作化运作，让“政府”搬到农民家门口，农民足不出村就享受到基本的公共服务，以此提升政府的治理能力，实现社会治理的现代化。

“小技术”带来治理能力大提升

“技术牵引型治理”是技术推动下的改革，是以信息技术应用“倒逼”基层行政管理变革和治理能力的大提升，以此弥补政府管理不足甚至失效的新型社会管理方式。

从“线下”到“线上”，治理手段技术化。借助现代信息技术，建立“横向到边、纵向到底”的治理服务平台。首先，建立“农民办事不出村”网络信息系统，实现网上办事、网络服务。目前，该系统已经整合进 21 个部门 87 项行政审批服务以及邮政、银行、农资等多类市场服务。其次，组建县、乡、村三级联动网络，让公共服务借助互联网延伸到行政村。目前，该系统已经覆盖全县 257 个村。最后，构建“部门横向联动”服务平台，采用并联审批等方式，使不同部门对同一事件进行同步审批、实时办理。

从“看人”到“看事”，治理方式规范化。一是标准化治理。即统一编制服务标准化手册，对如何办、谁来办、多久办进行标准化规定。县政务服务中心管理办公室主任熊学红介绍，农民只需按照手册规定提交相应材料，其他工作网络自动办好。二是流程化治理。设置网上审批环节，将每一项服务的办事程序固定化。一般而言，农民只需要到村服务中心提交资料、由村干部上传至信息系统，乡（镇）、县逐级审批，结果通过系统自动反馈到村。三是制度化治理。每一项业务对应相应办理制度，审批人员则根据审批制度进行核实审批。

从“审批”到“服务”，治理内容多元化。巴东县一改以往行政审批唱主角，利用率低的弊病，将治理内容横向扩展。其一，以行政审批服务为抓手，将与农民息息相关的 64 项行政审批服务整合进入信息系统，激发不同部门的参与动力。其二，融合公共服务。将新农保、新农合等公共服务纳入服务平台，让农民无须到乡镇就能领取养老金、报销医疗费用。县农业银行每年为 7 万多农民提供养老金领取服务，为农民节省交费 200 多万元。其三，嵌入市场服务。通过与电信、电力、邮政等市场企业合作，让农民足不出村就能购买农资产品、缴纳话费电费等。

从“单干”到“联动”，治理主体协同化。通过简单的信息技术运用，将“死气沉沉”的基层激活起来。一是激发村干部积极性。以往村干部到村委会只是“喝喝茶、扯扯淡”，如今村干部作为业务代理员，有了“专事”和“专时”。大支坪镇耀英坪村业务受理员吕奎还开通个人微信群，接受农民政策咨询和预约办事。二是充实乡镇办事能力。近两年，该县总共调整和取消项目行政审批服务事项 174 项。大支坪镇党委书记周和平说，以前乡镇光搞资料，那是自拉自唱；现在乡镇有能力回应老百姓的切身利益问题，就像开起演唱会，干部唱，群众一起唱。三是促进县级政府转型。权力下放、让县级部门从业务办理员变为业务监督员。

“小技术”促进治理体系大转型

以信息技术的运用为突破口，带来的是整个巴东的“治理革命”。

科学化管理，治理理念的现代化转型。一是多元合作理念。传统的政府管理，往往是政府演独角戏。巴东县通过将银行、邮政、电信等市场主体纳入到治理主体中，形成了政府搭台、多方唱戏的新格局。二是法治治理理念。通过聘请“律师顾问团”为系统业务员以及农民群众提供在线咨询，使农民办事从“依理”向“依法”转变。三是现代技术理念。现代技术往往被认为只有在经济发达地区、人口素质高的地区才能落地生根，通过将现代信息技术应用到最贫穷、素质相对较低的农民身上，“倒逼”干部改变治理方式。

智慧化管理，治理制度的现代化转型。在推进技术牵引治理过程中，巴东创新了政府监督、激励与管理机制。一是痕迹管理。对办事员的网上操作进行全记录，甚至精确到分到秒。巴东县委常委、纪委书记黄光辉介绍，材料到了哪个部门、谁在审批系统，都记录得清清楚楚，一旦出现问题，纪委便能精准问责到部门。二是立体考核。对政府日常办公实行时限判别、异常处理、分析预警等，实现事前、事中和事后全过程考核。如2013年5月巴东县纪委得到系统提示，发现村民办理木材采伐证还需亲自到乡镇签字盖章，县纪委第一时间责令林业部门整改。三是动态激励。设立专项绩效奖励金，根据办事员的事项办结情况、投诉情况等给予一项业务1元至8元奖励。

系统化管理，治理运行的现代化转型。一是从“关系治理”到“制度治理”转变。传统治理是人对人的治理，往往出现“看情面办事、见好处办事”。技术性治理是制度对人的治理，农民只要提供规定提供的材料，不用见面就能把事办成。二是从“分割治理”向“协同治理”转型。传统治理纵向县乡村分级，横向部门分割，技术牵引治理则将不同层级不同部门整合在一个平台。耀英坪村村民孙仁梅说，以往村委会盖完一个章就不用管了，还要再去乡镇和县里。如今村干部点几下鼠标，申请就上传到相应部门去了。三是从“延时治理”向“实时治理”转型。水洞坪村村民夏青春4年前为女儿办《准生证》时跑了7趟县乡部门，耗时3个月，2014年在村委会办《二胎准生证》一天不到就办成了。

“小技术”助推社会治理大突破

技术牵引型治理是对政府治理能力的极大提升，这为农村基层社会治理过程中的诸多难题破解提供了基础。

弥补了公共服务“最后一公里”。山区空间阻隔是公共服务均等化的最大障碍。技术牵引型治理则为山区公共服务延伸到村提供了一条有效路径。其一，缩短了服务距离。信息技术的应用打破了空间阻隔，使山里山外享受公共服务的距离差缩小到几乎为零。其二，节约了服务成本。信息技术转变了传统公共服务依靠人力物力供给的方式，使人跑路变为数据跑路。野三关镇石桥坪村 2013 年下半年办结业务 176 件，较农民到乡镇办事节省路费 3 万多元。其三，提升了服务成效。茶店子镇洞坪村高映齐老人深有感触，以往大老远去办事，不认识字，搞不清要找谁。现今在村里办，不用排队，村干部又耐心又有礼貌，还能代办。

构筑了农村稳定的“社会之基”。由于严重的“官民对立”情绪，巴东曾经是全国综治维稳重点县，技术型治理则有效缓解了这一难题。一是干群互动增强，社会矛盾及时知晓。村干部杜海奎表示，现在农民有事找村干部，农村信息能及时在村委会汇集。二是干部服务增强，农民怨气有效化解。村民高云翔表示，以往办事村难出、门难进、事难办，农民火气很大。现在村里办，节约了时间，不用操心，农民舒心了。三是增强了干部威信，社会矛盾有效缓解。巴东县委常委、组织部部长王韬说，以往农民需提烟提酒求干部，现在要求干部限时办，还要接受农民考核。干部威信增加了，调节矛盾时会顺利很多。

化解了山区治理的“能力瓶颈”。巴东县通过将最先进的信息技术运用到最偏远的山区，实现了政府治理能力的蜕变。一是找到了治理能力现代化的有效手段。信息技术是打破空间界限的有效途径。巴东县委书记陈行甲说，其在任主要修了两条路，一条是生态乡村路，一条是信息高速路，后者给农民带来的影响甚至大于前者。二是找到了治理能力现代化的有效方式。如果说传统政府各部门条块分割、分散治理，其治理能力处于 1.0 版本，近年来城市地区通过部门协调，兴建行政服务大厅等方式使政府治理能力提升到 2.0 版本，那么技术牵引型治理将政府办到农民家门口，则实现了政府治理能力的再进一步。（作者系华中师范大学中国农村研究院研究员胡平江）

巴东范本完全可以在全国广泛推广

2013年5月，国家行政学院电子政务专家委员会副主任、教授汪玉凯在现场观摩后说，农民办事不出村在巴东成功试点，这是非常有意义的事情，完全可以在全国很多地方复制和放大，并且广泛推广。

国家政治生态人际关系的调整

省政协副主席刘善桥指出，多年来，我们党一直关注并致力破解农民办事难题，百姓找干部办事总有一种“欠情”心理，干部为群众办事也有一种“送情”心态。干部只有服务的义务，没有用权的权力。社会管理主要是上对下的管理，社会治理更多体现在平等与尊重，在于为了人、方便人。“农民办事不出村”的成功实现，是国家政治生态人际关系的一个调整，党员干部的角色回归到服务人民这个本位，机关门和百姓门“门对门”，农民在家门口就能办成事，不用进机关门办事，杜绝了“吃、拿、卡、要”行为，根除了“门难进、脸难看、事难办”现象。

山区治理信息现代化的“巴东奇迹”

华中师范大学中国农村研究院院长、教授徐勇说，以解决农民办事难为突破口，利用信息技术打造“农民办事不出村”系统，让政府与农民零距离，突破了山区治理能力瓶颈问题，促进了山区治理能力的现代化；依托现代技术而非传统的人力物力，打通了农村公共服务群众“最后一公里”，使山区农民享受城市居民一样便捷的基本公共服务。巴东改革是对党的十八届三中全会“全面正确履行政府职能”“改进社会治理方式”的创新实践，创造了山区治理信息现代化的“巴东奇迹”。

干部从管理到服务的理念革命

巴东县委书记陈行甲介绍，近两年，巴东主要修了两条路，一条是生态乡村路，一条是信息高速路，后者给山区农民带来的影响更深远。实现农民办事不出村，最核心的就是简政放权，通过分割部门利益，放权到基层，促使干部从管理到服务理念革命。通过阳光运行、源头治理，最大限度地避免了办事人和管理者之间面对面接触，极大地压缩了可能产生的腐败空间。

巴东县纪委开辟绿色服务通道

11 月 20 日，星期四，是巴东县“农民办事不出村”便民服务平台的坐班时间。这天上午 8 点 30 分，巴东县纪委监察局干部准时走进县政务中心电子监察室，对“农民办事不出村”系统的县、乡（镇）、村三级业务受理员在岗履职情况进行实时监督。

为跟踪监察县政务服务中心、乡（镇）便民服务大厅和村便民服务室的工作状态，统计三级受理和办结事项明细，该县在农民办事不出村服务平台时嵌入电子监察系统，形成了县纪委和政务服务中心全面监察、乡（镇）纪委和便民服务大厅区域监察、职能部门系统监察三大机制。

截至目前，该县对事项办理不及时的 8 个职能部门和 9 名工作人员予以通报批评，1 名违纪人员被查处。某乡镇民政窗口人员刘某 5 个工作日内未受理村里上传的 1 项业务，受到扣减工资的处罚。

链接

“农民办事不出村”信息化便民服务平台项目示范，由中国改革研究所承担总体规划、软件定制和技术咨询，中国西部发展促进会提供办公设备支持。2013 年 5 月，巴东县在 125 个村（社区）推行项目示范，2014 年再实施 180 个（社区），到 2015 年实现 322 个村（社区）全覆盖。

巴东县“农民办事不出村”信息化便民服务平台行政审批和服务事项，分为四大类，涉及 21 个部门 87 项。其中，审批服务类 64 项，包括民政、国土、计生、地税、国税、公安、畜牧、农合、工商、林业、人社、党务等；预约类 10 项，包括民政、司法、农业、林业、农合等；咨询类 5 项，包括工商、农业、畜牧、卫计、人社等；商务类 8 项，包括农行、建行、中行、邮政、电信、供销、人寿保险、财产保险等。

08 专题　　湖北日报

技术牵引：山区社会治理现代化的巴东范本

——巴东推行农民办事不出村信息化便民服务的成功探索

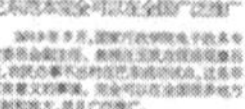

"小技术"带来治理能力大提升

"小技术"促进治理体系大转型

"小技术"助推社会治理大突破

运行流程

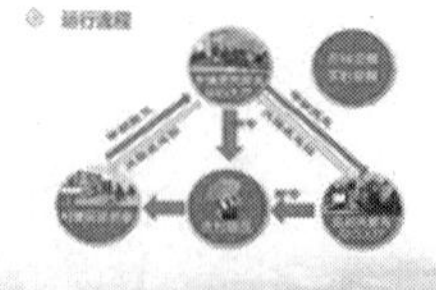

链接>>>

首届中国地方改革创新成果发布

《中华工商时报》　2014 年 11 月 25 日　作者：刘书艳

日前，由华中师范大学中国农村研究院、教育部《高校智库专刊》社会发展编辑室、华中师范大学中国城市治理研究院联合创办的首届“中国地方改革创新新闻发布会暨‘全面深化改革’地方经验报告会”(以下简称“经验发布会”)在北京召开。来自全国的地方改革先行者、探索者以及五十余家国内外媒体出席了此次会议。

华中师范大学中国农村研究院执行院长邓大才教授代表会议主办方，作了地方改革创新实践总体情况汇报。他指出，此次经验发布会主要面向地方市、县级和市县级以下政府单位及其组成部门，根据自愿性、无偿性、公正性原则，由专家评审委员会和筹备委员会两大机构评审、遴选出具有创新典型性和重要推广价值的地方改革实践进行重点挖掘并予以发布。会议主办方希望通过此次发布会来“牵线搭桥”，促进中央精神与地方探索的积极互动，推动创新实践的经验推广和理论提升。

发布会上，邓大才教授分别介绍了四地的改革实践活动及当前地方实践总体进展情况。他认为，厦门市海沧区“美丽厦门，共同缔造”社会治理实践、山东省东平县土地股份合作社及集体经济有效实现形式探索、湖北省巴东县“农民办事不出村”信息化服务项目建设，以及广东省蕉岭县“三位一体”农业生产经营综合体改革，对十八届三中全会的战略部署做出的积极回应，为我国全局性的深化改革提供了先进的实践参考，为治理决策提供了经验范本。

运用现代信息技术推进基层治理
巴东经验京城受关注

《湖北日报》 2014 年 11 月 27 日 记者：李彦睿

11 月 18 日，在京举办的首届中国地方政府改革创新成果新闻发布会上，巴东县利用现代信息技术打造“农民办事不出村”系统，改进社会治理方式的创新实践，被誉为山区治理的“巴东奇迹”。

早在 4 月 11 日，中央政治局常委、中央书记处书记刘云山在恩施州调研时，对巴东县“农民办事不出村”工作作出了高度评价。

18 日，该县纪委书记黄光辉向新华通讯社、中央人民广播电台等五十余家高端媒体，详尽介绍了“农民办事不出村”系统建设背景、运行效果和基本经验，并回答了记者提问。

10 分钟就完成生育服务证审批流程，在武汉做汽车营销的巴东县金果坪乡桃李溪村村民熊龙军觉得“快得难以想象”。10 月 8 日，他通过电子邮箱将资料传到村便民服务室，16 日就收到了寄来的证件。而此前，沿渡河镇界河村村民向永浩代人办理户口迁移，曾先后 5 次往返集镇和县城，花费 500 多元，历时 8 个月。

2012 年 11 月起，巴东县开展“农民办事不出村”信息化便民服务项目示范。仅半年时间，这个服务平台在 125 个村建成运行，过去办事“跑断腿”的农民，现在足不出村就能办结。到今年 10 月底，全县共调整和取消项目行政审批服务事项 174 项，“农民办事不出村”信息化服务平台受理事项优化增加到 21 个部门 87 项，行政审批时限缩短 1/3。

平台运行过程中，将服务群众由“面对面”变成“键对键”，实行痕迹管理、限时办结、在线查阅、在线投诉，纪检监察部门实行电子监察、督查问责，逐步形成了“县协调、乡管理、村服务、组自治”的新型治理体系。

今年6月，巴东县政府与华中师范大学中国农村研究院开展“农民办事不出村”信息服务平台《以服务为导向的基层治理研究》。华中师范大学教授邓大才认为，“小技术”破解大难题，实现了治理手段技术化、治理方式规范化、治理内容多元化、治理主体协同化。

技术牵引型治理使“山高皇帝远”，变为“政府在身边”，群众动嘴，干部动手，数据跑路。截至目前，农民办事不出村信息化便民服务平台在257个村成功运行，累计办结行政审批事项2.2万件，商务服务受理11.3万件，受益群众达30万人以上。

中国地方改革创新发布会举行

《光明日报》　2014 年 12 月 2 日　作者：靳晓燕

本报北京 12 月 1 日电（记者　靳晓燕）日前，由华中师范大学中国农村研究院、教育部《高校智库专刊》社会发展编辑室、华中师范大学中国城市治理研究院联合创办的首届“中国地方改革创新新闻发布会暨‘全面深化改革’地方经验报告会”在京举行。

厦门市海沧区“美丽厦门，共同缔造”社会治理实践、广东省蕉岭县“三位一体”农业生产经营综合体改革、山东省东平县土地股份合作社及集体经济有效实现形式探索实践，以及湖北省巴东县“农民办事不出村”信息化服务项目建设，为治理决策提供了范本。

中国地方政府改革创新成果发布

《中国科学报》 2014年12月3日 记者：郑金武

日前，由华中师范大学中国农村研究院、教育部《高校智库专刊》社会发展编辑室、华中师范大学中国城市治理研究院联合创办的首届"中国地方政府改革创新新闻发布会暨'全面深化改革'地方经验报告会"在北京召开。会上，来自厦门市海沧区、山东省东平县、湖北省巴东县以及广东省蕉岭县的代表分别作了经验分享与成果汇报。

“政务高速”通农家

《长江巴东网》 2015 年 1 月 7 日 记者：向东平

2014 年 11 月 18 日，在北京举办的首届中国地方政府改革创新成果新闻发布会上，巴东县利用现代信息技术打造“农民办事不出村”系统，改进社会治理方式的创新实践，被誉为山区治理的“巴东奇迹”，受到来自全国各地的改革先行者、探索者及五十余家国内外媒体广泛关注。

如今，这个巴东人倾力打造的“奇迹”，不断向外彰显魅力，得到了越来越多人的赞誉和追捧。

河北省正定县、内蒙古自治区扎兰屯市和喀喇沁旗、湖北省洪湖市和宜都市及荆州市荆州区等数十个市、县、区政府先后组团到巴东考察学习，这些地区已建有或正在建设“农民办事不出村”信息服务平台，其中正定县 154 个村实现全覆盖。

时光回溯到 2012 年。县委书记陈行甲在水布垭调研，一天多的时间，却只到了几个村。这让陈行甲深刻感受到老百姓的办事不易。“巴东山大人稀，最偏远的村到县城有 250 多公里，一个来回需要花 2 天的时间用去 200 多块钱，实在太不方便。”陈行甲发现，利用已经铺就的农村基层党建网络，将网上办事服务平台下沉到村级，让“老百姓少跑腿，让数据多跑路”是解决这一难题的有效途径。

反复地调研，反复地考证，县委的决心和信心越来越足。2013 年 3 月，在全国社会扶贫创新协作办公室的支持下，巴东投入资金 1100 万元，在全国率先启动“农民办事不出村”信息化项目，通过整合资源打造“政务超市”，将与农民生产生活息息相关的行政审批受理权限下放到村，畅通农民办事“最后一公里”。过去农民办事“跑断腿”，现在足不出村就能办结。

截至目前，全县共调整和取消行政审批服务事项 174 项，“农民办事不出村”信息化服务平台受理事项优化增加到 21 个部门 87 项，行政审批时限缩短三分之一。惠农补贴资金领取、电费收缴、话费充值、网上购物、农资购买、信息咨询等业务亦能随时办理。

平台运行过程中，将服务群众由“面对面”变成“键对键”，实行痕迹管理、限时办结、在线查阅、在线投诉，纪检监察部门实行电子监察、督查问责，逐步形成了“县协调、乡管理、村服务、组自治”的新型治理体系。

通过该平台，10 分钟就能完成生育服务证审批流程。在武汉做汽车营销的金果坪乡桃李溪村村民熊龙军至今想来，仍觉得“快得难以想象”。2014 年 10 月 8 日，他通过电子邮件发来资料，16 日就收到了寄来的证件。

水洞坪村村民夏青春 4 年前办准生证跑了 7 趟县乡部门，耗时 3 个月，2014 年在村委会办二胎准生证一天不到就办成了。

巴东连续两年将“农民办事不出村”项目建设列为“十件实事”之一。如今，实施该项目的村基本做到证件村里办、信息村里查、农资村里订、费用村里交、补贴村里领、矛盾村里调。

今年 6 月，巴东县政府与华中师范大学中国农村研究院开展“农民办事不出村”信息服务平台《以服务为导向的基层治理研究》。华中师范大学教授邓大才认为，“小技术”破解大难题，实现了治理手段技术化、治理方式规范化、治理内容多元化、治理主体协同化。

技术牵引型治理使“山高皇帝远”变为“政府在身边”，群众动嘴、干部动手、数据跑路。截至目前，农民办事不出村信息化便民服务平台在 257 个村成功运行，累计办结行政审批事项 2.2 万件，商务服务受理 11.3 万件，受益群众达 30 万人以上。

中央党建调研组和国家行政学院电子政务专家委员会副主任、教授汪玉凯在现场观摩后认为，巴东“农民办事不出村”实现了行政审批的高效化、公开化、标准化和队伍的专业化，在山区乃至全国具有广泛推广的价值。

满意从何而来

——巴东推进新型农村基层治理侧记

《长江巴东网》 2015年2月2日

作者：谭平 特约记者：张应喜 焦国斌 田恒书

“这样的干部我信任!” “以前需要去城里办的事儿如今村里也能办。”“不懂法没关系，现在我们也有‘私人律师’。”……这些质朴的语言，如今越来越多地出现于巴东县各乡镇不少村民之口。每每说起这些时，他们绽放的笑脸、洪亮的声音，无不透露出对干部作风转变、办事方便快捷和享受高效法律服务的满足之感。

村民们舒畅愉悦的心情，对当前生产生活状态满意度的提升，得益于近年来巴东县积极探索推进的新型农村基层治理模式。通过聚焦群众需求，以“村”为点，优选“村医村教”进村级班子，实施“农民办事不出村”，推行“律师进村、法律便民”，农村逐渐形成了以“多方参与基层组织体系、基层法治秩序体系、基层现代管理与服务体系”为内涵的农村治理新格局。一系列的转变，正推动着巴东新农村建设步伐。

村医村教兼职村官促发展

1月28日清晨，金果坪乡泗井水村村组公路建设现场，刘先忠跟往常一样，又早早地“泡”在这里。

严把工程质量，帮忙搭手出力，刘先忠一刻没闲着。“刘书记，我家的猪这两天好像病了，能不能过来帮忙看下。”忙碌中，村民樊传胜打来电话。“好！我马上来。”交代了施工的几个注意事项后，刘先忠匆匆赶了过去。“真是没选错，这态度跟以前一个样……”望着远去的背影，现场群众连连称赞。

刘先忠是村兽医，在当地干了20多年，深受广大人民群众的信任。去年12月，在村民的支持下，他多了个新身份：村书记兼村委会主任。上任后，他边认真履行兽医职责，同时积极谋划全村发展，受到一致好评。

近年来，随着大批青壮年外出打工，农村干部年龄老化、文化程度偏低，部分大学生村官留不住，村务管理捉襟见肘现象日益凸显。但同时，农村却有着众多的医务人员和教师，他们熟悉村情，有深厚的群众基础，备受群众信任。为整合资源，促进农村和谐稳定发展，巴东于去年全面启动村医村教进村级班子工作。跟刘先忠一样，大量优秀村医村教开始进入村级班子。

这批新鲜“血液”的加入，为巴东农村基层治理注入了强大活力。他们发挥文化素质高的优势，宣传党的方针政策；利用坐诊、家访等时机，主动为群众做好政策宣传工作。同时发挥熟悉村情民意的优势，优化村级班子决策，大大提高了村级治理水平。

完善村级发展规划、化解矛盾纠纷、协助农村经济主体发展、帮助困难留守群众……如今，这些“新官”正活跃在山乡村寨、田间地头、学校医院，成为促进农村发展、农民致富又一支生力军。

打通服务农民“最后一公里”

去年11月18日，巴东“农民办事不出村”入选首届中国地方政府改革创新成果，受到隆重推介，吸引来自全国各地的改革先行者、探索者及五十余家国内外媒体广泛关注。

而在此之前，巴东“农民办事不出村”不仅得到中央政治局常委、中央书记处书记刘云山高度评价，以及《人民日报》、新华社、《新闻联播》等中央主流媒体的集中报道，河北省正定县、内蒙古自治区扎兰屯市和喀喇沁旗以及湖北省洪湖市、宜都市、荆州市荆州区等数十个市、县、区政府还先后组团前来考察学习，在当地复制“农民办事不出村”建设。

作为改进基层治理方式的创新实践，巴东“农民办事不出村”信息化项目已得到越来越多的认可。

巴东山大人稀，多年来，农民进城办事跋山涉水，层层申报，十分不便。为破解难题，2013 年，巴东在全国率先启动“农民办事不出村”信息化项目建设。建立以县政务服务中心为龙头、乡（镇）便民服务大厅为主体、村级便民服务室为基础的“一网式”政务服务体系，并将与农民生产生活息息相关的 21 个部门 87 项行政审批受理权限下放到村，畅通农民办事“最后一公里”。

此外，依托“农民办事不出村”平台，开通惠农补贴资金领取、电费收缴、话费充值、网上购物、农资购买、信息咨询等业务，让农民基本做到证件村里办、信息村里查、农资村里订、费用村里交、补贴村里领、矛盾村里调。

曾经的“山高皇帝远”，变为如今的“政府在身边”，群众动嘴，干部动手，数据跑路。截至 2014 年底，“农民办事不出村”信息化便民服务平台在 257 个村成功运行，累计办结行政审批事项 2.2 万件，商务服务受理 11.3 万件，受益群众达 30 万人以上。

法律顾问为百姓提供贴心服务

“要是没有他们帮忙，我都不知道该怎么活下去了……”回想起去年“法律顾问团”对自己的帮助，沿渡河镇龙池村村民王安兴至今感激不尽。

2014 年 5 月 17 日，王安兴的老公谭志山在山东省龙口市金鑫矿业公司做工时，因矿洞垮塌导致受伤。治疗期间，矿主在谭志山伤未痊愈的情况下，强行办理了出院手续，之后不管不顾，也未履行赔偿责任。

王安兴万般无奈，上访至政府请求维权。得知这一情况后，政府“法律顾问团”的律师千里迢迢前往发案地，参与调查调解。经过十多次艰难沟通，该矿业终于对其进行一次性赔偿，王安兴十分满意。

去年以来，巴东在各县直单位、企事业单位、乡镇等普遍推行法律顾问制度，先后有 11 个党群部门、27 个政府部门、20 个事业单位、3 个国有企业、39 个非公有制经济组织、12 个乡镇及全部村（居）委会与相应的律师事务所签订了常年法律顾问合同，共组建法律顾问团 14 个。

法律顾问团对政府重大决策事项进行调查研究，并提出法律意见，运用法制化手段化解综治信访矛盾，并通过依法调解、法律宣传、法制讲座等方式，强化事前、事中介入，确保政府依法行政。通过网上咨询、电话联络、上门服务等方式，提供“点单式”“免单式”法律服务，为农村群众依法维权提供可靠的法律服务。

接地气，消怨气，添和气。截至目前，全县律师事务所、法律顾问团共办理刑事案件 35 件，民商案件 145 件，行政案件 21 件，提供法律咨询 712 人次，为单位出具法律意见书 25 件，提供法律援助 23 件。

湖北政务微信排行榜第25期 巴东“农民办事不出村”首上榜

《荆楚网》　2015年3月9日　作者：裴斌　袁筱

荆楚网消息（记者裴斌　袁筱）3月9日，由荆楚网联合清华大学新闻研究中心制作的湖北政务微信排行榜第25期发布。本期榜单中，“武汉交警”重返首位，“十堰交警”退居第二，“青春江岸”“罗田文联”领衔第二方阵，“巴东农民办事不出门”首次挤入总榜单。单篇阅读量榜单遭“武汉交警”刷屏，前十名中一举拦下9个名额。

一周排行榜点评（3月1日至3月7日）：

1. 上周，湖北各政务微信关注量延续回暖态势，WCI指数首次破千。根据WCI看，我省政务微信公众号受关注量越来越高。“武汉交警”单周发稿量创下历史新高，“duang”的一下发布12篇稿件，阅读量超过20万，可见该公众号小编对于内容的管理不再走“饥渴营销”路线，与往期最高的WCI数据997.54相比，从文章发布量到阅读量都有了质的跨越。

2. 近日，公众对雾霾问题关注度空前高涨。“英山旅游”顺势而为，将自身“天然氧吧”优势与时下热点结合，发布《请来英山森林呼吸吧!》一文引起高度关注，用各地无法直视的可怕雾霾天，与英山蓝天白云绿地作对比，更加让人对“天然氧吧”充满向往。森林覆盖率70%，2014年全年优良空气天数365天，小伙伴们快背上行李去英山洗洗肺吧!

3. “武汉国家粮食交易中心”自上期入榜后，本期再次登榜，公众对粮食问题的关注度可见一斑。第十二届全国人民代表大会第三次会议开幕式上，国务院总理李克强在作政府工作报告时表示，要加快推进农业现代化，2015年粮食产量要稳定在1.1万亿斤以上。会上提出，要保障粮食安全和主要农产品（000061，股吧）供给；新农村建设要惠及广大农民；推进农业现代化，改革是关键。

4. 巴东“农民办事不出村”公众号成为上周最大黑马，首次登陆总榜单。作为全方位了解巴东县“农民办事不出村”信息化项目的途径之一，该公众号以政务信息为主要发布内容，不仅让看客们了解到“农民办事不出村”信息化项目，同时还能了解我省其他相关政务信息，由点及面，辐射内容广。不但体现当地打造服务型党组织的决心，更体现出地方电子政务的迅猛发展势头。

排行榜规则说明：

1. 聚集湖北省内主要党政机关政务微信公众号，根据 WCI 指数数据进行科学排行。

2. 样本范围和数量每周会根据实际情况进行微调。目前，纳入统计的公众号样本有 409 个，还在不断扩大中。欢迎湖北省内政务微信的运营部门或负责人毛遂自荐，加入排行榜（联系电话：027－88567717）。

3. 在继续发布“湖北政务微信排行榜”的同时，荆楚网还会挑选省内优秀的政务微信运营团队进行访谈，欢迎毛遂自荐。

联系邮箱：hbyaowen@163.com。

3月1日0点至3月7日18点
湖北政务微信总阅读量排名前二十榜单

	微信账号	文章总数	阅读总数	平均阅读数	点赞总数	平均点赞数	WCI
★★★	武汉交警	12	270618	22552	1100	92	1069.79
★★	十堰交警	44	101483	2306	1401	32	921.46
★	英山旅游	2	35587	17794	353	177	863.17
4	青春江岸	39	22125	567	573	15	694.9
5	罗田文联	1	8823	8823	54	54	659.79
6	宜昌发布	28	22167	792	268	10	654.96
7	鄂检在线	38	16108	424	504	13	647.91
8	武汉发布	51	23483	461	254	5	647.9
9	青春武汉	26	8520	328	881	34	640.82
10	美丽远安	3	12925	4308	100	33	635.22
11	武汉青年志愿者	35	12681	362	478	14	621.55
12	香山人香山事	19	14533	765	67	4	552.4
13	武汉国家粮食交易中心	29	8889	307	210	7	551.96
14	宜昌315	17	10460	615	94	6	546.39
15	文明西陵	17	11302	665	78	5	532.43
16	青春湖北	20	7035	352	209	11	531.82
17	湖北高速交警	9	9180	1020	79	9	528.52
18	平安武汉	18	10427	579	82	5	527.17
19	湖北荆门交警	6	7665	1278	70	12	522.57
20	巴东农民办事不出村	9	4787	532	66	7	483.61

荆楚网与清华大学新闻研究中心合制

湖北政务微信总阅读量排行榜前二十榜单

后　记

2013年11月，党的十八届三中全会提出“推进国家治理体系和治理能力现代化”。但国家治理体系和治理能力现代化的有效实现关键还在于地方的实践落实。2013年，华中师范大学中国农村研究院在经济较为发达的厦门市海沧区指导了以“互动共治”为核心的治理体系现代化的探索，引起了学界和有关部门的高度重视。但相对而言，治理能力的现代化似乎是一个更为难以捉摸和操作的词汇。因此，寻求一个地方治理能力现代化的样本也成为华中师范大学中国农村研究院参与和指导地方改革实践的重要出发点之一。

2014年3月，课题组在湖北省巴东县接触到了该县改革的核心平台“农民办事不出村”信息服务系统。初识此系统，我们认为其不过是政务服务平台的简单延伸，并不感到新奇。其后，随着对巴东县改革探索了解程度的深化，特别是其作为一个偏远穷困山区能如此有效破解农村公共服务难题，吸引了我们注意。通过多次前往巴东县开展实地调查，课题组发现巴东县的“农民办事不出村”信息化服务系统建设不仅是一项信息技术在农村的简单实践，也不仅是农村公共服务的有效供给，更重要的是借助这一改革实现了政府的有效转型。可以说，巴东县通过短短两年时间的改革实践实现了由管理型、发展型政府向服务型政府的转变，而这即使在许多经济较为发达的市县也未必是一件轻而易举之事。可以说，巴东县的改革创新深深震撼着我们。最终，我们将巴东的改革实践形容为山区治理的“巴东创举”。

“巴东创举”的实现，与巴东县有着一支团结进取的改革团队不无关系。其中，该县县委书记陈行甲同志率先将信息技术理念引入贫穷落后的山区，并大力推行这一改革，足以体现其改革勇气与改革智慧。在陈行甲书记周围，还凝聚了一大批想改革、愿改革的基层干部，他们虚心向专家学者讨教，听取专家学者的改革建议，且亲力亲为说服和推动各级干部和群众接受、参与巴东的改革探索。特别值得注意的是，在巴东，如今改革受到了普普通通老百姓和乡村干部的极大欢迎。这也说明巴东的改革实践给巴东老百姓带来了切切实实的好处。而这种改革的气候与氛围也是鼓舞和推动巴东改革继续前进的莫大财富。

本书的撰写者仅仅是巴东改革创新做法以及徐勇教授、邓大才教授对巴东改革指导思想的简单描绘者与记录者。徐勇教授与邓大才教授不仅提出了巴东改革的理论与实践价值所在，更是对本书的写作框架和写作内容进行了详实的指导与审定。本书的具体执笔者是华中师范大学中国农村研究院一批年轻的80后、90后博士研究生与硕士研究生。其中，胡平江博士负责了本书的统稿以及导论、结论的撰写工作，张利明博士负责了第一章的写作；李琳硕士独自完成了第二章的撰写；陈胤丽、孔浩两位硕士研究生共同完成了第三章的撰写；吕进鹏和温都拉硕士是第四章的执笔人，第五章的执笔者是赵铁成和何骏硕士；第六章和第七章分别由吴春来硕士与刘迎君硕士独立完成。本书的经验总结部分由胡平江、张利明、魏晨、孔浩、吴春来、何骏、赵铁成、李琳、刘迎君、吕进鹏、温都拉、陈胤丽等共同撰写完成。由于本书撰写者理论与实践储备有限，不少观点可能有失偏颇，部分内容也有所纰漏，我们也期望能够得到读者的批评指正与谅解！

改革创新是一项不断探索前行的工作，只有起点，没有终点。巴东县的改革实践虽然取得了巨大的成就，但巴东县的改革脚步并未止步。我们相信，在中央改革创新精神的指引下，巴东县的实践探索一定能取得更大进步，创造山区经济落后县跨越发展的新创举！